SOUVENIRS

SUR

LA RÉVOLUTION

L'EMPIRE ET LA RESTAURATION

L'auteur et les éditeurs déclarent réserver leurs droits de traduction et de reproduction à l'étranger.

Ce volume a été déposé au ministère de l'intérieur (section de la librairie) en juin 1889.

Mansion pinx. Héliog. Dujardin.

LOUIS-VICTOR-LÉON COMTE DE ROCHECHOUART.
1788-1858

Imp. Eudes. E. Plon, Nourrit & C.ie Edit.

SOUVENIRS

SUR

LA RÉVOLUTION

L'EMPIRE ET LA RESTAURATION

PAR LE GÉNÉRAL

COMTE DE ROCHECHOUART

AIDE DE CAMP DU DUC DE RICHELIEU
AIDE DE CAMP DE L'EMPEREUR ALEXANDRE Ier
COMMANDANT LA PLACE DE PARIS SOUS LOUIS XVIII

MÉMOIRES INÉDITS PUBLIÉS PAR SON FILS

Ouvrage orné de deux portraits

DEUXIÈME ÉDITION

PARIS

LIBRAIRIE PLON

E. PLON, NOURRIT ET Cie, IMPRIMEURS-ÉDITEURS

RUE GARANCIÈRE, 10

1892

Tous droits réservés

Né en 1788, c'est-à-dire à la veille de la grande Révolution, victime de la tourmente, je commençai dès ma plus tendre enfance à souffrir de la faim, du froid, en un mot de toutes les misères humaines. Orphelin très jeune, sans fortune, sans appui, je trouvai chez le duc de Richelieu un toit qui me servit d'abri, un protecteur qui me facilita les premiers échelons de la carrière militaire, un second père qui ne cessa de me témoigner la plus tendre et la plus paternelle affection. Mon cœur lui conservera jusqu'à son dernier battement la plus sincère reconnaissance, c'est le mobile qui m'a décidé à publier ce volume. Je veux faire connaître dans l'intimité cet éminent homme d'État, sa bonté, sa simplicité, sa charité, son intégrité, son amour du devoir et de la patrie.

Presque toutes les villes de France ont élevé des statues à des hommes plus ou moins célèbres; pas une n'a songé au ministre qui dirigea les affaires de 1815 à 1819, libéra le territoire occupé par les armées étrangères, reconstitua le crédit de la France à tel point qu'en 1818, après le congrès d'Aix-la-Chapelle, la rente, dont on ne voulait offrir aucun prix en 1816, valait alors 75 francs, à celui enfin qui abandonna aux pauvres malades la dotation que les Chambres lui votaient. Pas un historien, tenté par cette grande figure, n'a écrit son histoire ! Je commencerai en montrant l'homme intime, espérant qu'un jour une plume plus autorisée fera connaître les services qu'il a rendus à sa patrie.

Je suivrai donc M. de Richelieu depuis 1805, époque de mon arrivée à Odessa, jusqu'en mai 1822, date de sa mort : dans sa création d'Odessa, dans ses expéditions en Circassie, dans l'inspection des troupes et des colonies, réparties dans les trois provinces de son vaste gouvernement de la Nouvelle-Russie, et enfin pendant ses deux ministères sous la Restauration. Je ne l'ai, pour ainsi dire, jamais quitté, je dirigeais sa maison; en ma qualité de secrétaire, de parent, d'ami, je recevais ses confidences les plus intimes; nul ne l'a connu aussi à fond, si ce n'est son confesseur.

Séparé de lui depuis la fin de 1812 jusqu'au milieu de 1814, malgré l'importance des événements, les difficultés des communications, j'entretins avec lui une correspondance régulière, dans laquelle on retrouvera à chaque instant les preuves de sa bonté et de son patriotisme. Pendant ces dix-huit mois, attaché à la personne de l'empereur Alexandre en qualité d'aide de camp, j'assistai à tous les événements qui suivirent le passage de la Bérézina, jusqu'à l'entrée des armées alliées dans Paris. Placé à l'état-major général, c'est-à-dire à l'endroit où tous les rapports, toutes les nouvelles se centralisent, honoré de la confiance de Sa Majesté Impériale, chargé par Elle de missions d'une certaine importance, je fournirai quelques détails inconnus ou peu connus, qui expliqueront plusieurs faits, et me permettront d'apporter mon faible tribut à l'histoire des campagnes mémorables de Saxe et de France.

Mais, je le répète, en livrant ce volume à la publicité, je désire avant tout : faire apprécier les vertus du duc de Richelieu, témoigner à sa mémoire mon affection toute filiale, acquitter la dette de reconnaissance qui remplit mon cœur, apprendre à mes enfants à vénérer le nom de mon bienfaiteur, et amener mes compatriotes à regretter l'oubli dans lequel ils ont laissé l'homme qui les a tant aimés et leur a rendu de si grands services.

J'aurais donc dû commencer mon récit à mon arrivée à Odessa et le terminer en 1822, époque de la mort de M. de Richelieu, mais j'ai cru intéressant de raconter les dures épreuves de mon enfance, et de finir par le récit de mon séjour à La Haye et des missions qui me furent confiées en 1833 et 1834 par madame la duchesse de Berry. J'ai ajouté aussi quelques détails pour faire connaître les suites de certains événements, ou la mort de personnes citées dans ces souvenirs.

A l'âge de douze ans, j'ai eu l'idée d'écrire, non pas des mémoires, mais de tenir note de tout ce qui m'arrivait; en continuant cette espèce de journal des faits qui me concernaient, à mesure que se déroulait devant moi le drame de la vie, j'écrivis insensiblement ce volume de souvenirs.

Les phases variées de ma jeunesse m'ont fait voir bien des pays, m'ont mis en relation avec de hauts personnages, m'ont rendu témoin de faits importants. Enfant, mes propres aventures m'ont fait une assez forte impression pour m'engager à en retracer le souvenir; plus tard, j'ai continué pour faire connaître les vertus de mon bienfaiteur.

En remettant au net les différentes notes de mon journal, j'ai laissé au style sa forme primitive, telle que j'écrivais au fur et à mesure des événements, corrigeant seulement les plus grosses fautes, élaguant des phrases ampoulées qui entravaient la marche des événements. Mais comment, me dira-t-on, à douze ans, écrire d'une manière supportable? Quelles réflexions un enfant de cet âge peut-il confier au papier? Est-il en état de porter un jugement quelconque sur l'événement le plus simple de la vie? Voici ma réponse : Rien ne forme comme l'adversité, quand elle n'abrutit pas; le malheur, aussi bien que les souffrances physiques, laisse des traces profondément gravées dans la mémoire; à cette école bien des choses s'apprennent sans livres. De bonne heure livré à moi-même, obligé de me créer une existence, je fus forcé de réfléchir, à l'âge où l'on joue à la balle ou aux barres.

Je possède tous les autographes des lettres reproduites dans ce volume, à l'exception des lettres écrites à l'abbé Nicolle, qui m'ont été communiquées par ce digne prêtre en 1828, et que j'ai retrouvées dans la *Vie de l'abbé Nicolle,* par M. l'abbé Frappaz.

Le général comte DE ROCHECHOUART.

Jumilhac, décembre 1857.

MÉMOIRES INÉDITS

DU GÉNÉRAL COMTE

DE ROCHECHOUART

CHAPITRE PREMIER

1788-1801.

Mes premières années. — Séjour à Caen, à Fribourg, à Londres, à Altona. — Voyage de Hambourg à Lisbonne. — Entrée au service militaire.

Louis-Pierre-Jules-César de Rochechouart, colonel du régiment d'Armagnac-infanterie, épousa, en 1775, Élisabeth-Armide Durey de Morsan. De cette union naquirent :

1º Victor, né en 1776, mort à Port-au-Prince en 1802 ;
2º Philippe, né en 1779, mort en 1791 ;
3º Louis, né en 1782, tué à Brienne en 1814 ;
4º Cornélie, née en 1784, morte en 1794 ;
5º Moi, Louis-Victor-Léon, né le 14 septembre 1788.

J'étais destiné, en ma qualité de cadet, à entrer soit dans les ordres, soit dans la marine. Le cardinal de Rochechouart, évêque de Laon, et mon grand-oncle, l'évêque de Bayeux, morts depuis quelques années seulement, m'avaient frayé le chemin des honneurs ecclésiastiques. La marine m'offrait les chances d'un avancement rapide, deux de mes cousins brillaient dans cette carrière : le vicomte de Rochechouart, chevalier du Saint-Esprit et chef d'escadre, s'était distingué au siège de Gibraltar, en 1782, coupant avec son vaisseau, *le Majestueux*, de 74 canons, la ligne de la flotte anglaise ; le vicomte de Mortemart venait d'acquérir une grande réputation de gloire et de bravoure au combat livré par M. de Grasse : le 12 avril 1782, il affrontait le feu de trois navires anglais, pour leur arracher son vaisseau *le Glorieux*, totalement désemparé. Un tableau représentant cette action se voit, à Paris, au ministère de la marine. Les événements décidèrent autrement de ma carrière.

Mis en nourrice chez une brave fermière de Saint-Germain en Laye, je restai chez elle jusqu'en 1794 ; je revins donc à la maison paternelle seulement dans ma sixième année.

Ma mère, amie de la duchesse de Polignac, avait été admise dans le cercle d'intimes que la reine Marie-Antoinette réunissait au petit Trianon, pour se reposer des réceptions officielles de la Cour ; elle avait donc pu apprécier, dans l'intimité, l'affabilité de cette gracieuse souveraine ; aussi fut-elle profondément affligée quand elle vit sa Reine torturée, diffamée, condamnée à mourir sur l'échafaud ; elle résolut de tout tenter pour l'arracher à ces ignominies. Joignant ses efforts à ceux du baron de Batz, elle avança une grosse partie de la somme nécessaire pour acheter des auxiliaires. Le *Moniteur universel* du 18 germinal an III, — 7 avril 1795, — n° 175, raconte en ces termes le projet de complot : « Il a existé « un projet d'enlever la Reine ; le complot était entre « la ci-devant comtesse de Rochechouart et le fameux

« Hébert, dit le *Père Duchêne;* la coalition avait payé
« Hébert, qui avait exigé deux millions; il avait déjà
« touché un million, et devait recevoir l'autre après
« l'exécution du projet, mais la peur le prit, et il se fit
« dénonciateur. »

Pour corrompre les gardiens, et prévenir l'infortunée prisonnière, il fallait une grande prudence, unie à une activité extraordinaire. Ma mère possédait seulement cette dernière qualité; elle se jeta en aveugle dans cette entreprise, sans examiner les chances de succès ni calculer les périls.

Dès les premières ouvertures, la Reine avait déclaré que si ses enfants ne devaient pas être délivrés en même temps, elle préférait subir toute la rigueur de son sort. Le coup manqué, on rechercha les auteurs, on connut vite leurs noms; ma mère figurait en première ligne sur la liste. On apprit en même temps que l'abbé Edgeworth, qui accompagna et consola le Roi jusque sur l'échafaud, avait quitté Paris, et sous le nom d'Essex, vivait caché chez mon père, au château de Montigny, près Pithiviers. Un mandat d'arrêt fut lancé immédiatement contre la ci-devant comtesse de Rochechouart, accusée de conspiration, etc., etc. Ma mère habitait Passy avec mon frère Louis, ma sœur Cornélie et moi; elle se rendait presque tous les jours à Paris pour ses affaires. Mon père était à Montigny, et mon frère Victor à l'armée des princes de Condé.

Le mandat d'arrêt décrété contre ma mère fut si secrètement et si promptement lancé, que personne ne put la prévenir du péril qui la menaçait. La municipalité de Passy, escortée de la gendarmerie chargée de garder les issues de la maison et de conduire l'aristocrate en prison, se présenta au logement de ma mère. Après des recherches minutieuses, acquérant la certitude qu'elle était absente, on fit main basse sur les papiers, dentelles, bijoux, argenterie, tous ces objets devaient servir de témoins à charge dans l'acte d'accusation ; mais les accusateurs se les approprièrent sans dresser aucun inventaire et se les partagèrent ; le fait m'a été affirmé plus tard au greffe. Ces honorables citoyens, désappointés par l'absence de la ci-devant, entrèrent en délibération : l'un d'eux proposa d'emmener toujours les enfants ; cette idée fut abandonnée ; ils ne figuraient pas sur le mandat d'arrêt. On fit subir un long interrogatoire au portier et aux domestiques, et l'on décida que l'on attendrait l'heure à laquelle la suspecte rentrait dîner, c'est-à-dire entre deux ou trois heures de l'après-midi. Les gendarmes entrèrent dans la maison pour ne pas éveiller les soupçons de la ci-devant.

Mon frère Louis, dont on ne se méfiait pas, avait tout entendu et compris ; il se glissa dans le jardin, monta sur le mur, sauta dans une ruelle peu fréquentée et se mit à courir jusqu'à la barrière. Il aperçut sa mère venant à pied, et lui raconta tout ce qui s'était passé. Ma mère, grâce à l'intelligence et au dévouement de son fils, échappa à une mort certaine ; au lieu d'aller à Passy, elle emmena Louis, retourna à Paris, et se cacha à l'hôtel Grange-Batelière, sous le nom de citoyenne Durey. Quelques jours après, elle envoyait une personne de confiance me chercher.

Ma mère, craignant que d'un moment à l'autre on ne découvrît sa retraite, partit pour Caen, avec mon frère et moi, laissant ma sœur dans une pension de Passy ; elle devait, plus tard, aller rejoindre notre grand'mère, Françoise d'Albignac, comtesse de Morsan, qui habitait à Villecresne, près de Grosbois.

Je vais tout de suite raconter le sort infortuné de ma

pauvre petite sœur Cornélie : la maîtresse de pension fut dénoncée comme suspecte, arrêtée, jugée, guillotinée, et les élèves mises à la porte dans la rue. Que l'on se figure l'embarras de cette malheureuse enfant, sachant sa mère absente, son père à trente lieues dans les terres! Elle n'avait que sa grand'mère auprès de qui elle pût se réfugier, mais à peine savait-elle où était située son habitation; sans argent, à demi morte de peur en face de son isolement complet! Elle se rappelait seulement que, pour aller chez sa grand'mère, on sortait par la barrière de Charenton, ou de la Grande-Pinte. Elle se dirigea donc en tremblant vers cette autre extrémité de la ville, osant à peine demander son chemin, pour ne pas attirer l'attention sur elle. Après avoir erré deux jours, soit à Paris, soit dans les environs, elle tomba de faiblesse et d'inanition dans un fossé de la route. Elle fut recueillie par une personne charitable qui, frappée de sa mise recherchée, mais en désordre, ainsi que de ses beaux traits flétris par la souffrance, essaya de la faire revenir à la vie, et sur ses indications la remit entre les mains de madame de Morsan, car cette scène se passait près de Villecresne. Malgré des soins empressés, ma pauvre sœur mourait au bout de deux jours dans les bras de son aïeule; la peur, la faim, la fatigue l'avaient épuisée et frappée à mort; elle avait dix ans!

Revenons à notre voyage : en arrivant à Caen, nous descendîmes chez un certain M. Dussaussais, qui tenait un établissement de bains, et louait des chambres garnies; je n'oublierai jamais son nom, car je fis chez lui mon apprentissage de misère.

Au bout de fort peu de temps, ma mère apprit, par un hasard providentiel (une lettre lue tout haut dans la rue, lorsqu'elle passait), que l'on avait découvert sa retraite, et que le citoyen Pomme, représentant du peuple, arrivait de Paris avec l'ordre de l'arrêter. Cet avertissement parut trop précieux pour être négligé, ma mère résolut de partir immédiatement; elle avait un passeport pour la Suisse, aussi en règle que possible, mais il fallait éviter d'éveiller des soupçons. L'abbé de La Geard, un de nos amis, caché également à Caen, lui conseilla de partir à pied, et de voyager ainsi quelques jours. Mon frère gardait le lit avec des engelures ouvertes, et moi, âgé de six ans, j'étais incapable de marcher longtemps. Elle fut donc forcée de nous laisser, comme on dit, à la grâce de Dieu!

Ma mère prévint M. Dussaussais qu'elle allait faire une visite dans les environs; elle le pria d'avoir soin de nous pendant son absence et paya un mois d'avance notre pension, nourriture comprise; puis, nous prenant à part, elle nous recommanda de ne jamais avouer notre nom et de répondre toujours que nous nous appelions Durey, son nom de fille. Elle nous quitta à cinq heures du matin, non sans verser beaucoup de larmes; deux heures après, le citoyen Pomme arrivait pour l'arrêter. Il nous fit subir un long interrogatoire et chargea un gendarme de nous surveiller nuit et jour, persuadé que ma mère viendrait nous chercher; au bout de huit jours, la présence du gendarme auprès de deux enfants ne paraissant pas nécessaire, on le rappela.

Alors, madame Dussaussais s'empara de nous et de notre linge; elle venait de renvoyer sa servante, elle nous fit prendre sa place, et nous employa à servir les baigneurs, chauffer et porter leur linge, pomper l'eau pour remplir le réservoir et la grande chaudière; en un mot, nous devenions de simples garçons de bains. Mais cela n'était rien, en comparaison des souffrances que nous devions endurer pendant l'hiver si rude de 1794-1795.

Dès le mois d'octobre, trouvant à louer notre chambre,

madame Dussaussais nous installa dans le grenier; la toiture était en mauvais état, la pluie et plus tard la neige tombaient sur notre lit: elle prétendit que, couchés deux dans le même lit, il était plus sain d'avoir un peu d'air. La bonne dame nous laissa trois chemises pour nous deux : ce n'est pas de trop, disait-elle, mais c'est assez pour des gars comme ça! puis elle régla notre journée de la manière suivante : Lever à midi, on passait ainsi le déjeuner sous silence; à une heure précise, pour dîner : une très maigre soupe accompagnée d'un reste de mauvais bouilli, et force haricots, le tout assaisonné de pain d'orge et d'un cidre épais, dont personne ne voulait; coucher à six heures : nouveau, mais simple moyen de supprimer le souper; nos repas se trouvaient réduits à la plus simple expression. C'est ainsi que nous fûmes traités pendant quatre grands mois.

L'hôtel des bains Nationaux, parfaitement situé pour un établissement de bains, était construit dans les anciens fossés de la ville et entouré d'eau de trois côtés. A la fonte des neiges, l'eau monta en peu d'heures à la hauteur du premier étage; madame Dussaussais se retira prudemment chez une de ses amies, dans la haute ville, et nous laissa avec un valet garder l'établissement. Nous étions réfugiés dans notre grenier, toutes les communications étaient suspendues; le troisième jour, nous manquions de pain; heureusement, il restait beaucoup de pommes dans le fruitier, elles composèrent notre unique nourriture pendant six jours; aussi quelle joie de mettre le pied sur la terre ferme et de manger quelque chose de chaud! Avec le printemps, les baigneurs reparurent en grand nombre, et la pompe réclama nos bras.

Ne voyant pas d'issue à notre position, mon frère se décida à écrire à notre père, qu'il supposait à Montigny.

Nous ignorions s'il avait émigré; la lettre partit en cachette, et nous mîmes notre confiance en Dieu, recours ordinaire des malheureux.

Pendant nos longues nuits d'hiver, mon frère, qui avait douze ans et était assez instruit pour son âge, m'apprit ce qu'il savait d'histoire de France, d'histoire sainte, d'histoire romaine, de géographie, de grammaire et de calcul. Je lui récitais ma leçon le soir; pour chaque faute de mémoire, je recevais une chiquenaude sur le nez, et je ne pouvais dormir qu'après avoir récité ma leçon sans fautes. Grâce à ce moyen, je fis de rapides progrès.

Nous songions, à bout de patience, à nous sauver de cette maison de douleurs, et nous arrangions dans nos jeunes têtes un magnifique plan d'évasion, quand mon frère entendit un jour une dame qui réclamait : Messieurs de Rochechouart! elle se fit connaître pour la femme du maître d'hôtel de notre père. Des mots exprimeraient difficilement notre joie; il faut avoir été dans une semblable position pour sentir le prix d'un changement aussi complet! Madame Dinjean, ainsi s'appelait notre libératrice, nous apprit que notre père, averti de notre position par la lettre de mon frère, avait obtenu un passeport pour nous et pour la personne chargée de nous ramener près de lui. Nous étions restés près de neuf mois chez madame Dussaussais, nous avions hâte de ne plus voir son affreuse figure. Cette vieille mégère eut l'effronterie de réclamer le prix de la pension convenu avec ma mère, comme si nous avions été nourris et logés en raison du prix de cette pension. Madame Dinjean finit par tout arranger à l'amiable : elle lui remit la moitié de ce qu'elle demandait, c'était encore bien plus qu'il ne lui revenait, mais nous devions considérer que son toit nous avait servi d'abri, alors que nous étions abandonnés : que serions-nous devenus si elle nous avait mis dans la rue? Cette réflexion nous fit quitter bons amis, sans rancune de notre part; nous lui devions même de la reconnaissance, pour ne pas avoir chassé sans pitié les fils d'une émigrée.

Arrivés à Paris, madame Dinjean nous mena voir notre grand'mère à Villecresne, elle nous apprit la triste mort de notre sœur. Madame de Morsan ignorait ce que nous étions devenus. Le récit de nos souffrances lui rappela la fin si triste et si cruelle de Cornélie; elle voulut absolument garder l'un de nous deux près d'elle, mon frère resta, et je partis pour Montigny avec madame Dinjean. Mon séjour dans ce château me produisit un effet que je ne saurais exprimer, je trouvais l'endroit délicieux, la table exquise, je jouissais de l'existence après tant d'humiliations et de privations. Mon grand-oncle, l'évêque de Bayeux, avait terminé sa vie à Montigny, adoré des habitants de ce village; en souvenir de ses bontés et de ses vertus, mon père ne fut jamais inquiété, même au plus fort de la tourmente révolutionnaire; les habitants l'auraient même protégé, en cas de dénonciation.

Quatre mois après, je fus tiré de la vie si douce et si tranquille que je menais, par une lettre de ma mère; elle annonçait son retour en France, et priait mon père de me renvoyer près d'elle le plus tôt possible, ce qu'il fit à mon grand regret. Mon père ne consentit à cette séparation qu'en me voyant remplacé par mon frère Victor, qui avait quitté l'armée de Condé et venait de rentrer en France, sans attendre sa radiation de la liste des émigrés.

Ma mère ne pouvait rester longtemps dans le même endroit, elle revenait d'Angleterre et voulait aller en Suisse, mais elle avait tant d'affaires à régler, disait-elle, qu'elle nous faisait partir d'avance. Elle donna à mon frère Louis l'argent nécessaire pour ce long voyage, en lui indiquant la route qu'il devait suivre pour aller à Fribourg, où deux de nos tantes vivaient réfugiées depuis la Terreur; elle nous réitéra la promesse de venir nous rejoindre très prochainement. Mon frère, âgé seulement de treize ans, était fort embarrassé de sa mission, je ne sais même comment il aurait pu s'en tirer, si Dieu n'était venu à notre secours, en nous faisant rencontrer en Franche-Comté un Suisse qui retournait à Neufchâtel. Il eut pitié de deux enfants voyageant seuls, et consentit à nous prendre à frais communs dans sa voiture. Nous nous trouvions à la fin de janvier, époque peu favorable pour voyager dans les montagnes; de plus, les transports de canons, faits malgré la pluie, et surtout le peu de soin que l'on prenait alors des chemins, les avaient rendus impraticables et semés d'ornières et de fondrières. Notre compagnon de route ramenait une berline charmante, mais très légère; il l'avait achetée pour servir de modèle aux carrossiers de son pays, elle ne put résister aux cahots; après avoir versé trois fois, elle arriva à destination, mais hors de service.

A Neufchâtel, nous trouvâmes une occasion pour Berne; ma mère nous avait donné une lettre pour M. d'Erlach, un de ses amis, qui habitait cette ville, elle le priait de veiller sur nous, et de nous faire conduire à Fribourg, où nous devions retrouver mesdames de Besse et de Rochechouart, filles d'un frère de mon grand-père. Nous arrivions chez elles le soir, à l'heure où quelques amis se réunissaient dans leur salon. Venant de France, on nous accabla de questions, auxquelles, vu notre jeunesse, il nous était impossible de répondre. Il faut avoir été émigré, pour se faire une juste idée du prix qu'attachaient à la moindre nouvelle nos pauvres compatriotes âgés, infirmes, incapables de servir dans l'armée des princes de Condé.

Ma mère nous avait promis de nous rejoindre très

promptement; cependant les semaines se succédaient, et nous ne recevions même pas de lettres d'elle; un événement imprévu nous jeta un jour dans le plus grand embarras. Nous habitions Fribourg depuis trois mois, nous travaillions chez un prêtre français chargé par nos tantes de notre instruction, lorsqu'un matin, on nous annonça une députation de la commission des émigrés, venant nous signifier l'ordre formel de quitter le canton de Fribourg dans les vingt-quatre heures, sous le singulier prétexte que nous avions apporté de France des papiers suspects et des opinions impies. Ces messieurs ajoutèrent cependant que nous aurions l'autorisation de continuer à résider dans le canton, si nous trouvions un citoyen notable qui voulût répondre de nous; sans cela, ni rémission ni délai. Impossible de discuter avec des gens qui nous chassaient sous un prétexte semblable. Notre réunion de famille cherchait en vain un moyen d'éviter ce brusque départ, sans savoir où l'on pourrait nous envoyer, puisque nous ignorions ce qu'était devenue notre mère; les heures s'écoulaient rapidement, et nous commencions à perdre tout espoir, lorsqu'un digne homme, le doyen du chapitre, curé principal de Fribourg, touché de notre situation, vint nous tirer du cruel embarras dans lequel nous nous trouvions, nous consoler, nous conduire à l'hôtel de ville et nous servir de caution.

Il avait entendu parler le matin même, à la sacristie de la collégiale, de l'incroyable décision prise à notre égard. Les expressions nous manquèrent pour témoigner à ce digne ecclésiastique combien nous étions touchés de cet acte de charité vraiment chrétienne, nous n'en éprouvions pas moins une bien vive reconnaissance.

M. Allois, président de la commission des émigrés, homme dur et grossier, dit au vénérable abbé Seydoux:

« Doyen, puisque vous voulez bien servir de caution à
« ces petits vagabonds, il faut que vous les preniez chez
« vous pour surveiller leurs mœurs. — Qu'à cela ne
« tienne, répondit ce digne pasteur, je le ferai avec
« plaisir. »

Nous sortîmes avec lui, pour apprendre à nos tantes la décision sans appel du sieur Allois. M. Seydoux demanda cinquante louis par an de pension pour nous deux, déclarant que, moyennant ce prix, il se chargeait de toutes nos dépenses, même d'habillement. Dès le même jour, il nous installa chez lui. Sa gouvernante, une vieille demoiselle française, nous combla d'amitiés et de caresses, et ne cessa pas un seul instant, pendant tout le temps de notre séjour à la cure, de nous donner tous les soins d'une mère. C'est ainsi que, pauvres abandonnés, nous trouvions pour la seconde fois un abri, mais cette fois avec un accueil affectueux. Les magistrats fribourgeois mettaient toute leur sollicitude à tracasser de pauvres petits proscrits innocents, réfugiés chez eux, et ne voyaient pas l'orage révolutionnaire, qui, en éclatant sur eux, allait bouleverser leur pays.

Chaque jour, nous découvrions chez notre hôte et sa vieille amie quelque nouvelle vertu. Une occasion ne tarda pas à se présenter de mettre leur bonté à l'épreuve. Établis depuis deux mois à peine à la cure, nous apprîmes un beau matin le départ de Fribourg de nos tantes et leur rentrée en France, et cela sans nous prévenir, nous laissant sans nouvelles de notre mère et sans ressources pécuniaires. Ma mère leur avait envoyé trente louis, lors de notre arrivée; cette somme se trouvait épuisée depuis quelques jours, et ne pouvant plus nous être utiles, elles jugèrent à propos de ne pas nous affliger en nous annonçant, avec leur départ, qu'elles n'étaient plus en état de fournir à nos besoins et à notre entretien. Ce nouvel incident ne fit que redoubler la sollicitude de ce digne pasteur pour nous; il s'occupa activement de notre instruction religieuse et profane, qui, par suite de tous ces événements, restait bien négligée. Quoique bien jeune, neuf ans, il me trouva capable de faire ma première communion, la misère m'avait mûri et rendu raisonnable. Il voulut nous faire faire nos études à l'ancien collège des Jésuites, qui prenait seulement des externes, mais il fallait donner les preuves d'une certaine instruction pour être admis; il nous donna donc un jeune prêtre fort instruit, pour nous préparer, par un travail particulier, aux examens que nous devions subir.

Je ne parlerai pas de mes succès au collège de Fribourg; mon frère pourtant y fit de grands progrès; pour moi, je me trouvai fort en arrière, avec des camarades de classe beaucoup mieux préparés que moi.

Madame de Besse nous écrivit dès sa rentrée en France que notre mère était en Angleterre; elle nous envoyait son adresse, nous engageant à lui écrire; nous le fîmes immédiatement, mais sans résultats, nous ne reçûmes aucune réponse. La révolution de Suisse vint augmenter l'embarras de notre situation.

On ne me demandera pas, à mon âge, d'expliquer et de raconter la révolution suisse; je dirai seulement que le 15 mars 1798, le général Brune entrait en Suisse, avec deux divisions françaises : il venait rendre la liberté à un pays qui, assurément, n'était pas soumis « à l'esclavage de la féodalité », comme on disait alors.

La lutte fut sanglante, les paysans acceptaient difficilement les bienfaits apportés par l'armée française. Ces grands événements décidèrent notre mère à nous rappeler près d'elle; étant rentrée en France, elle nous manda de venir la rejoindre sur-le-champ à Paris. Elle joignait à sa lettre une traite de deux mille francs, à trois mois, sur une maison de banque de Bâle; cette somme lui paraissait suffisante pour payer ce que nous pouvions devoir, pension et frais de voyage de retour. Elle n'avait pas calculé que nous vivions depuis près de deux ans chez le curé de Fribourg; nos tantes avaient seulement payé le premier trimestre, nous devions donc près de deux mille francs, montant de la traite, moins l'escompte. Le bon doyen se contenta de douze cents francs, nous laissant le reste pour notre voyage et quelques emplettes indispensables, bien convaincu que notre mère ne tarderait pas à s'acquitter envers lui.

Nous restâmes encore une quinzaine de jours, de notre plein gré, auprès de notre vénérable curé. Il avait pour nous, ainsi que sa gouvernante mademoiselle Codray, un attachement tout particulier; ils nous aimaient comme leurs enfants; enfin nous nous arrachions de leurs bras, après leur avoir fait un adieu éternel. Nous quittions Fribourg, le cœur serré, dans les premiers jours de mai 1798, après un séjour de vingt-sept mois, et nous arrivions en six jours à Paris, par Berne et Bâle, sans mésaventure aucune.

Après s'être réjouie de nous voir grands et bien portants, ma mère ne put s'empêcher de rire de notre tournure et de notre habillement. Nous avions pour coiffure : le toupet rasé en vergette, puis une énorme queue sans poudre; pour habillement : une espèce de frac à longues basques, d'une étoffe moitié laine et moitié fil, rayée jaune, vert et blanc, dont la coupe rappelait celle des incroyables de 1793, une veste en soie noire, une culotte courte en drap gris, des bas de fil mouchetés et des souliers avec des grandes boucles de cuivre; joignant à cet élégant costume un air des plus provinciaux. Aussi, avant de nous laisser voir à personne, elle envoya chercher coiffeur et tailleur pour nous faire quitter ces habits d'Auvergnats endimanchés.

Notre mère s'était embarquée avec le gouvernement anglais dans une intrigue politique dont la suite nous précipita dans les plus grands malheurs. Obligée de retourner à Londres, elle se procura difficilement un passeport pour Anvers. Nous quittions Paris le jour où parvenait la nouvelle de la prise de Malte, sans combat, par le général Bonaparte, à qui cette position était nécessaire pour son expédition d'Égypte. D'Anvers, nous gagnions Rotterdam; un brick suédois partait pour Londres, il nous prit, nous débarqua à Douvres après six jours de traversée par un temps affreux, et nous entrions à Londres le 5 juillet.

Nous sommes restés à Londres sept mois, pendant lesquels j'appris passablement à parler anglais. Ma mère nous menait faire des visites dans les environs: à Richemond chez la comtesse de Staremberg, femme de l'ambassadeur d'Autriche, avec laquelle elle avait été au couvent; à Stains, à Windsor, dans un charmant cottage appartenant au duc d'Harcourt. La duchesse de Mortemart y vivait retirée avec ses enfants. De là datent nos premières relations avec Casimir de Mortemart; presque du même âge, on nous mit dans le même lit pendant tout notre séjour dans cette charmante habitation. Victurnien-Jean-Baptiste de Rochechouart, duc de Mortemart, né en 1752, avait épousé en 1772 Gabrielle d'Harcourt; il en eut trois filles, mariées: au duc de Croy, au prince de Beauvau et au duc de Crussol. Veuf, il épousa en secondes noces, en 1782, Pauline de Cossé-Brissac, qui lui donna : Casimir, né en 1786, et trois filles : la marquise de Forbin-Janson, la duchesse de Beauvilliers et la duchesse de Noailles.

Je vais essayer d'expliquer le motif de notre présence à Londres. Lors de notre séjour en Suisse, ma mère, au lieu de venir nous rejoindre, avait dû faire un voyage en Angleterre; ses affaires en France étaient à cette époque dans un état prospère, elle avait beaucoup d'amis. On lui demanda si, dans sa position, elle pouvait être utile au Roi; ma mère, avec ses opinions royalistes prononcées, son penchant pour les intrigues politiques, déclara qu'elle était toute dévouée et prête à agir. Dans une audience du duc de Portland, alors ministre des affaires étrangères, elle exigea avant tout : 1° une lettre du comte d'Artois, par laquelle il approuverait tout ce qu'elle ferait en France; Monsieur, revêtu du titre de lieutenant général du royaume par Louis XVIII, alors en Russie, possédait tout pouvoir pour traiter ; 2° une déclaration en bonne forme du gouvernement anglais, spécifiant que tout devait se traiter au nom du Roi de France. Munie de ces deux pièces importantes et d'une lettre de crédit de mille livres sterling sur M. Pope, riche banquier à Hambourg, ma mère revint en France.

Elle se mit à l'œuvre dès son arrivée à Paris et se vit au moment de réussir dans sa mission, mission dont je n'ai pas connu tous les détails, à cause de ma jeunesse; je sais seulement qu'il s'agissait de gagner certains personnages à la cause du Roi. Ma mère, pour arriver à ses fins, ayant dépensé tout l'argent comptant dont elle pouvait disposer, eut recours à la lettre de crédit. A son grand étonnement, un mois après l'avoir négociée, on la lui retourna : « la « maison Pope n'avait pas de fonds dans sa caisse au « nom du tireur ». Elle surmonta cette difficulté avec le secours de ses amis et en faisant usage de ses dernières ressources, puis elle écrivit en Angleterre, demandant une explication à ce manque de parole; elle annonçait du reste un complet succès.

En attendant la réponse à cette lettre, elle nous rappela de Suisse; elle désirait nous mener en Angleterre, pour s'y établir jusqu'à ce qu'elle pût rentrer en France avec le Roi.

La réponse que ma mère attendait chaque jour de Londres n'arrivant pas, elle prit le parti d'aller la chercher en rendant compte de sa mission. Dès son arrivée à Londres, elle demanda une audience au duc de Portland, qui chargea son premier secrétaire, M. Wickham, de la recevoir. M. Wickham la prévint que le gouvernement anglais, changeant d'idée, ne voulait plus entendre parler de l'affaire en question, et il ajouta : « Vous pouvez vous attendre, « madame, à recevoir bientôt l'ordre de quitter les Trois-« Royaumes; vous pourrez retourner en France, où vous « paraissez avoir de si brillantes relations! »

Ma mère, après son départ de Caen, avait connu en Suisse M. Wickham, alors chargé d'affaires du gouvernement anglais près de la République helvétique, et elle, simple émigrée, s'était permis quelques plaisanteries sur le compte du diplomate. Profondément blessé dans son amour-propre, il lui voua une haine implacable. Lorsque ma mère accepta la mission dont j'ai parlé plus haut, M. Wickham n'en avait pas été instruit, paraît-il, il ne la connut que par les premières lettres de ma mère; jaloux du succès qui allait couronner ses efforts, le vindicatif personnage résolut sa perte. Il persuada au duc de Portland qu'on le trompait, que ma mère agissait de concert avec le prince de Talleyrand, pour duper les royalistes. A la suite de cette calomnie on donna contre-ordre à M. Pope pour la lettre de crédit.

Ma mère ne connut que longtemps après tous ces détails ; elle prit la fatale résolution de rendre le public juge de sa querelle ; elle eût bien mieux fait d'en rester là, et de faire le sacrifice des trente mille francs qu'elle avait avancés. On lui intima l'ordre de quitter l'Angleterre ; elle simula une maladie, se fit poser des sangsues sur la poitrine et obtint un sursis d'un mois, puis d'un second mois ; étroitement surveillée pendant ces deux mois, elle ne put rien entreprendre pour sa justification. Enfin, on lui laissa le choix de s'en aller à Hambourg à ses frais, ou de partir par Yarmouth aux frais de l'État, avec des criminels expulsés ; elle partit pour Hambourg.

Nous quittions Londres en décembre 1798 ; débarqués à Cuxhaven, nous y séjournions jusqu'en mars 1799, puis nous partions pour Altona. Ma mère préféra cette ville calme à Hambourg, encombré à cette époque d'émigrés français, les uns vivant dans l'aisance, les autres réduits à l'indigence. Elle n'abandonnait pas ses projets de vengeance ; elle rédigea un mémoire contre le ministère anglais, paya une grosse somme pour le faire imprimer, et donna une autre grosse somme au capitaine du paquebot qui se chargea de remettre les exemplaires à un libraire de l'opposition à Londres. Toutes ces démarches et ces dépenses épuisèrent nos ressources, nous en fûmes réduits à travailler pour gagner notre vie.

Ma mère dessinait parfaitement ; elle composait de petits sujets pour éventails, sacs à ouvrage, appelés « ridicules », et boîtes de toutes grandeurs ; mon frère et moi, nous nous chargions du collage et du cartonnage, nous fabriquions également des chapeaux de paille pour dames. En ma qualité de cadet, j'avais la mission de présenter tous les objets sortant de notre fabrique dans les magasins de nouveautés les mieux achalandés d'Altona et de Hambourg.

Obligé de faire valoir ma marchandise, je dus étudier la langue allemande. J'éprouvais souvent des rebuffades de ces bons Allemands, qui essayaient toujours, naturellement, d'obtenir à bon marché les objets que je venais leur offrir; je ne cédais qu'à la dernière extrémité, connaissant la valeur de ma marchandise par le temps que l'on mettait à la confectionner ou par la difficulté de l'exécution. Un jour, je n'avais rien pu placer dans aucun magasin, je revins à la maison avec tout ce que j'avais emporté; il ne restait plus un sou dans la bourse, boulangers et bouchers ne faisaient pas crédit aux émigrés; pour tromper notre faim, il fallut se promener et attendre l'heure de la soirée de la marquise de Bouillé; tous les soirs, elle faisait servir un souper. Ce soir-là, la société fut émerveillée de notre appétit, que partageait également notre pauvre mère.

Ce genre de vie amenait bien des réflexions : c'est une triste chose que la misère! Le courage et la résignation de ma mère étaient admirables. Que l'on se figure une des femmes les plus séduisantes de la Cour, destinée à avoir une grande fortune, — elle avait eu un million de dot, somme énorme pour l'époque, — douée de tous les agréments qui font le charme de la société, pleine d'esprit, tombée tout à coup et sans transition dans une position voisine de la mendicité, avec peu d'espoir d'en sortir! Elle ne se laissa pas abattre un instant par l'adversité, sa force morale doubla sa force physique. Après les épreuves de la journée, elle allait le soir dans le monde et retrouvait toute sa verve et son esprit.

Nous avions fait la connaissance du prince Louis de Prusse, fils de Ferdinand, frère du grand Frédéric, célèbre par son esprit, sa belle figure et sa folle conduite; il disait plaisamment, en parlant du duc d'York et faisant allusion à ses revers en Hollande : « Mon cousin d'York « ressemble à un tambour, il ne fait du bruit que quand « on le bat. » Il nous invita à venir passer quelques jours dans son château près de Brême : sa réception fut des plus aimables, il donna un bal en l'honneur de ma mère. Le prince de Prusse venait souvent dans notre humble logement, attiré par la conversation spirituelle et animée de la pauvre émigrée. Il proposa de me prendre comme cadet dans le régiment dont il était propriétaire, et qui tenait garnison à Hambourg ; il répondait d'un avancement rapide. J'avais onze ans, ma mère ne voulut jamais consentir à me voir si jeune commencer ma carrière militaire.

Pendant les heures de travail, ma mère nous charmait par le récit toujours varié de quelque aventure de la Cour, nous mettant ainsi au courant de toutes les intrigues dont elle avait eu connaissance ; elle nous parlait sans cesse de notre famille, des devoirs qu'imposait un grand nom, nous donnait le goût des bonnes manières et de la bonne compagnie.

Un jour, je ne me rappelle plus à quelle occasion, on parla du vin de Tokay, propriété de l'Empereur d'Autriche, comme roi de Hongrie ; elle nous raconta par quel singulier hasard elle en avait eu cinquante bouteilles :
« L'empereur Joseph II était venu en France rendre
« visite à sa sœur, la reine Marie-Antoinette ; il voyageait
« sous le nom de comte de Falkenstein ; à cette époque,
« nous dit-elle, je me trouvai obligée d'aller chez le
« baron de Breteuil, ministre de la maison du Roi. Votre
« père, à l'armée, de l'autre côté du Rhin, sollicitait une
« faveur ; il m'avait écrit de me hâter de faire une
« démarche, parce qu'une autre personne sollicitait la
« même faveur. Sachant que ce ministre se levait de très

« bonne heure, je me décidai à me présenter à son cabinet
« dès six heures du matin. Pour mettre ce projet à exé-
« cution, j'allai la veille à Versailles demander à coucher
« à une de mes amies, qui habitait au château. J'avais
« mal choisi mon jour, le ministre travaillait avec ses
« premiers commis, — on appelait ainsi les chefs de divi-
« sion. — Je résolus de rester jusqu'à ce qu'ils fussent
« partis, et l'huissier de cabinet, qui me connaissait, m'in-
« diqua une chambre où je pourrais attendre, sans être
« trop en vue. J'attendais depuis deux mortelles heures
« dans ce charmant cabinet, et pour ne pas m'endormir,
« je me promenais en examinant les peintures des boi-
« series. Ces peintures, fort bien faites, représentaient les
« amours des dieux de la Fable, sujet un peu leste; il
« paraît que, profondément absorbée dans mon examen,
« je n'entendis pas ouvrir la porte derrière moi; j'en-
« tendis seulement une voix qui me soufflait ces mots
« dans l'oreille, et en même temps on me prenait la taille :
« — Madame fait apparemment un cours de physique? »
« Je me retournai toute confuse et j'aperçus l'empereur
« François-Joseph. Je lui répondis tout de suite, en retrou-
« vant tout mon sang-froid : « — Non, monsieur le
« comte, mais je vous engage à en suivre un de poli-
« tesse », et je me sauvai.

« L'Empereur demanda mon nom à l'huissier et
« m'écrivit le lendemain un billet fort aimable. Le comte
« de Falkenstein me suppliait de lui permettre de venir
« faire son cours de politesse chez moi, en lui indiquant
« le jour où je pourrais le recevoir à souper. Je répondis
« que, dès le lendemain, revêtue du bonnet et de la robe
« de docteur, je le recevrais, pour lui faire subir son pre-
« mier examen, devant quelques autres personnes de ma
« société intime. J'invitai effectivement cinq ou six per-

« sonnes de mes amis, entre autres le prince Max des
« Deux-Ponts. Exact au rendez-vous, mon illustre hôte
« se présenta à l'heure indiquée; après m'avoir baisé la
« main, il me dit : « — Je viens solliciter un double par-
« don. » Quant au premier, il eut la délicate attention de ne
« pas en parler, mais pour le second, il avait contracté
« en Allemagne, dit-il, l'exécrable habitude de ne boire
« qu'une seule espèce de vin, et il avait pris la liberté
« d'en faire apporter une caisse. Mon maître d'hôtel, en
« annonçant : — Madame la comtesse est servie, me pré-
« vint tout bas qu'on avait déposé chez le suisse un panier
« contenant cinquante bouteilles de vin de Tokay. Le
« souper fut on ne peut plus gai et sans étiquette, res-
« pectant l'incognito de l'illustre visiteur. »

Un autre jour, elle nous racontait une conversation entre le duc d'Orléans et la duchesse de Brionne. La scène se passait le soir d'une promenade de Longchamps, où, comme on sait, tout le grand monde se montrait dans les plus brillants équipages et dans les toilettes les plus recherchées; la Reine demanda à son cousin des détails sur les femmes qu'il y avait vues. Il lui répondit : « — Madame,
« il y en avait de deux sortes : les passables et les passées.
« La duchesse de Brionne, qui n'était plus jeune et qui
« avait été ce jour-là à Longchamps, prenant la dernière
« des épithètes pour son compte, et détestant le duc
« d'Orléans autant qu'elle était peu aimée de lui, outrée
« de cette impolitesse, répliqua : — Il paraît que Mon-
« seigneur se connaît mieux en signalements qu'en
« signaux, allusion au combat d'Ouessant, où l'on pré-
« tend que le duc d'Orléans empêcha son vaisseau, le
« *Saint-Esprit,* de répondre aux signaux du comte d'Or-
« villiers, amiral commandant la flotte française. Après
« la réponse de madame de Brionne, la Reine s'étant

« levée pour passer dans ses grands appartements, le duc
« d'Orléans la suivit; mais, arrivé à la porte, il se recula
« pour faire la galante politesse à la duchesse de Brionne
« de passer avant lui, ajoutant d'un air moqueur :
« — Beauté, passez! La duchesse, sans s'émouvoir et en
« faisant une profonde révérence, lui glissa sa réponse :
« — Comme votre réputation, Monseigneur. » Je pourrais remplir un volume de toutes ces histoires; je m'arrête, ayant voulu seulement donner un aperçu de la conversation de ma mère, pendant nos heures de travail; nous connaissions les Cours de Louis XV et de Louis XVI comme si nous avions vécu nous-mêmes à Versailles.

Nous rencontrions presque tous les soirs dans les salons qui recevaient, le comte de Gand, fort recherché pour son esprit et ses reparties; il m'annonça un soir son départ pour l'Espagne, il allait rejoindre son frère, commandant du régiment de Bourbon. Je le suppliai de m'emmener avec lui, persuadé que son frère consentirait volontiers à me prendre comme cadet dans son régiment. Je sentais que j'étais une lourde charge pour ma mère; j'espérais qu'elle se tirerait plus facilement d'affaire sans moi. M. de Gand consentit à m'emmener, mais il m'avoua être lui-même fort à court d'argent; il ne pouvait donc se charger de moi, si je n'avais au moins vingt-cinq louis pour mon voyage. Je fis part de ma négociation à ma mère; la nécessité l'emporta sur la tendresse, elle m'approuva. M. de Septeuil, ancien premier valet de chambre du Roi, lui prêta trente louis; j'en pris vingt, et je dis à M. de Gand : « Je n'ai pu m'en procurer davantage. » Les dix autres devaient permettre à ma mère d'attendre une occasion favorable pour sortir, ainsi que mon frère, de ce séjour de misère.

Je partis le 1ᵉʳ août 1800. Le moment du départ fut bien

pénible ; je ne pouvais me séparer de ma mère et de mon frère sans éprouver un profond chagrin. Quand nous reverrions-nous ? Je ressentais une grande joie d'enfant à l'idée de devenir mon maître et de me tirer de l'état pitoyable dans lequel nous vivions, mais je n'avais pas songé à ce moment de séparation ; si, au dernier instant, un accident imprévu m'avait empêché de partir, j'en aurais été ravi ; après avoir fait tant de démarches, je n'osais plus reculer.

Comme je parlais allemand, mon camarade de route me pria de chercher un moyen de transport ; je découvris assez vite une goélette hambourgeoise en partance pour Bilbao. Le capitaine consentit à nous transporter et nous nourrir pour huit louis chacun ; cela n'était pas cher. Je reçus force compliments de M. de Gand.

Un calme plat de cinq jours, puis une tempête terrible à la hauteur des côtes de Hollande, tels furent les débuts de notre voyage. Enfin, après vingt-huit jours d'une traversée affreuse, nous avions de grosses avaries : voies d'eau, mâts cassés, voiles déchirées, gouvernail emporté ; sur le point de couler bas, nous rencontrions un pilote côtier anglais ; il nous remorqua jusqu'au port de Weymouth, dans l'île de Portland. Pour nous avoir arrachés à la mort, il se fit payer son acte de charité quatre-vingts guinées (deux mille francs) !

Quoique bien éloignés de l'Espagne, nous fûmes enchantés de nous trouver à terre et dans une bonne auberge. Huit jours après notre naufrage, le capitaine vint nous annoncer l'impossibilité de reprendre la mer avant trois mois, temps nécessaire pour réparer les avaries de son bâtiment. Cette déclaration nous déplut au dernier point. Une quinzaine de jours s'écoulèrent avant de savoir ce que nous devions faire. M. de Gand se décida pourtant à aller à Falmouth, s'y embarquer pour le Portugal, et de là passer en Espagne. Ce parti était le seul à prendre, mais pour le mettre à exécution, il survint une légère difficulté : nous étions sans argent comptant. A l'exception de quelques pièces d'or et d'argent, nous ne possédions que des lettres de change sur Bilbao; mais il était impossible de les négocier, l'Espagne étant en guerre avec l'Angleterre. Je me rendis compte, mais trop tard, que j'avais choisi un exécrable mentor; incapable de me guider, il allait même nous entraîner dans de grosses difficultés. Les trois semaines passées à l'auberge, ainsi que d'autres dépenses peu morales de M. de Gand, nous avaient endettés de près de cinquante livres sterling. Comment les payer? Mon compagnon de voyage écrivit à M. le comte d'Artois, qu'il savait à Londres; sa qualité d'ancien gentilhomme d'honneur du prince lui donnait la faculté de recourir à ses bontés; aussi, Monsieur lui envoya, courrier par courrier, un billet de cinquante livres, tout ce que Son Altesse pouvait faire. Mais ce secours n'était plus suffisant; le total de nos dettes dépassait cette somme. Nous restions donc toujours dans le plus cruel embarras, avec peu de chances d'en sortir, lorsque le hasard me fit découvrir un prêtre français, placé chez un lord catholique des environs en qualité de précepteur de ses enfants. Je proposai à M. de Gand d'aller le voir, ne fût-ce que pour demander conseil; il refusa de m'accompagner. Je me rendis seul au château qu'habitait l'abbé Derby. A peine avais-je décliné mon nom, il me dit : « Je « ferai, monsieur, tout ce qui dépendra de moi pour vous « obliger, car c'est à un de vos parents, M. le duc de Mor« temart, que je suis redevable de l'agréable existence « dont je jouis. »

Je lui confiai en peu de mots notre embarras, et le priai

de m'accompagner près de M. de Gand, pour l'aider de ses conseils; il vint tout de suite. Ce digne homme offrit à M. de Gand quarante guinées, dont il pouvait, disait-il, se passer pour le moment, et le supplia de les accepter; il les rendrait quand il pourrait. M. de Gand, tout étonné de cette action généreuse, fit un billet, sans proférer une seule parole aimable; je rougissais pour lui de la manière singulière dont il accueillait le procédé de ce bon ecclésiastique. A sa place, je n'aurais pas été embarrassé de trouver des expressions analogues au service signalé et désintéressé qu'on lui rendait. Je doute fort que M. de Gand ait jamais restitué ces quarante guinées.

L'argent donné, M. l'abbé Derby se retira, en me répétant combien il s'estimait heureux d'avoir obligé un parent de son bienfaiteur. C'était la seconde personne que le ciel me faisait rencontrer, pour me tirer de positions désespérées; la première avait été le bon curé de Fribourg.

Nous nous empressions de payer nos dettes et d'arrêter deux places dans la diligence de Falmouth, mais l'argent nous manqua de nouveau à Exeter, nous n'avions pas même de quoi payer notre souper. Jusqu'alors M. de Gand m'avait caché sa détresse, et surtout la cause de cette détresse, car elle provenait de son inconduite; il m'avoua qu'avant de quitter Weymouth, il avait dû laisser une certaine somme à deux demoiselles, de très moyenne vertu. M. de Gand ne savait pas un mot d'anglais, il sentait que sans mon aide il ne pourrait se tirer du mauvais pas dans lequel il venait de s'engager de nouveau. Le souper était mangé, il fallait le payer; je priai le conducteur du stedge de nous prêter quatre guinées, sur la montre en or de mon compagnon; ce dernier l'abandonna avec joie, tant il avait perdu la tête;

j'expliquai au conducteur que nous avions mal calculé nos dépenses de route. La montre, avec sa chaîne, ses cachets et breloques, valait au moins trente guinées ; le conducteur ne fit aucune difficulté, et nous pûmes continuer notre voyage.

Arrivé à Falmouth, je ne comprenais pas comment M. de Gand comptait se tirer d'embarras, je lui connaissais maintenant peu d'esprit de conduite, encore moins de tête et pas le sou. Il m'expliqua qu'il comptait prier le capitaine du paquebot, qui devait nous conduire à Lisbonne, d'exiger l'argent de notre passage seulement à notre arrivée à destination ; nous trouverions alors toutes facilités pour escompter nos traites sur Bilbao. Ce moyen me parut praticable, je me rendis avec lui au Packet-office, agence des bateaux ; on y reçut fort mal notre proposition : « l'usage, nous répondit-on, est de payer en embarquant ». On m'indiqua un banquier qui prendrait peut-être nos traites. M. de Gand perdit le peu de courage qui lui restait, il s'enferma dans sa chambre, à l'auberge, pour se livrer à son chagrin.

Beaucoup plus jeune, et gâté par la Providence, qui m'avait toujours envoyé du secours, dans les positions qui paraissaient désespérées, je me fis servir du thé, dans la salle à manger. Tout en déjeunant, j'aperçus une figure de connaissance, mais impossible de me rappeler ni son nom ni l'endroit où je l'avais rencontrée. Ce voyageur m'ayant remarqué également, me dit en anglais : « Monsieur est étranger ? — Oui », lui répondis-je en français. « Parlons français », ajouta-t-il. Il me demanda où j'allais, d'où je venais. Je répondis à ses questions et lui déclinai mon nom. Il m'apprit qu'il avait souvent rencontré ma mère à Altona, chez lady Craven ; je nommai également mon compagnon de voyage : « Mais

« c'est mon ami intime! Conduisez-moi près de lui, que
« je l'embrasse! » A peine fut-il entré dans la chambre,
que M. de Gand s'écria : « Ah! mon cher Griffits! » Je
me rappelai alors parfaitement le nom.

M. de Gand lui raconta tout au long nos aventures, en
dissimulant toutefois certains détails qui lui étaient personnels, se bornant à parler de notre voyage en Portugal,
et lui exposant notre embarras présent : « Tranquillisez-
« vous », répondit M. Griffits, « je vais également à
« Lisbonne, avec ma femme et ma fille, j'ai loué la
« grande chambre d'un bâtiment qui fait voile pour
« cette ville; il y aura place pour vous deux; je suis
« enchanté de vous rendre ce petit service. » Il mit sa
bourse à la disposition de son ami; M. de Gand y puisa
la somme nécessaire pour dégager sa montre et payer
nos dépenses à l'auberge jusqu'à notre départ. Six jours
après, par un vent favorable, nous nous installions à bord
d'un gros trois-mâts hambourgeois. Nous y fûmes très
bien traités; la société de la famille Griffits rendit très
supportable notre longue traversée, qui, par suite de
vents contraires, dura vingt-quatre jours.

J'avais hâte de quitter M. de Gand, je craignais qu'il
ne me mît dans une position dont je ne pourrais pas
sortir; j'étais décidé à embrasser la carrière militaire. Une
occasion favorable se présentait : trois régiments d'émigrés français, ayant conservé la cocarde blanche, quoiqu'à la solde de l'Angleterre, se trouvaient à Lisbonne,
et l'un d'eux était commandé par le duc de Mortemart.

Deux jours après mon débarquement, j'allai trouver le
marquis de Mortemart, lieutenant-colonel; je lui avais
été présenté par ma mère, à Altona, qu'il traversait en
quittant l'armée de Condé pour venir en Portugal. Il
m'accueillit fort bien, me fit entrer comme chasseur

noble dans le régiment, en attendant une occasion plus avantageuse. Ravi, je m'installai le soir même à la caserne de Val de Preïro, et couchai dans la chambrée.

Me voici donc soldat à douze ans et trois mois, rude épreuve! Que de chances de se perdre, sans guide, sans avoir près de moi ni père ni mère, rien que des étrangers, ou des parents éloignés, desquels j'étais séparé par ma position de simple soldat vis-à-vis d'officiers supérieurs! La nuit du 20 décembre 1800 fut la première que je passai à la caserne.

CHAPITRE II

1801-1806.

Débuts militaires. — Nomination de sous-lieutenant. — Campagne de l'Alentejo. — Paix d'Amiens. — Licenciement du régiment de Mortemart. — Séjour à Paris. — Voyage d'Odessa par Milan, Venise, Vienne, Lemberg. — Arrivée à Odessa. — Mort de ma mère. — Voyage à Constantinople. — Entrée au service de la Russie.

Comme on le voit, j'ai commencé ma carrière militaire de bonne heure, et en en parcourant tous les degrés, puisque je débutai comme simple soldat. Notre uniforme était rouge, revers, col et parements en velours noir, galons en laine blanche, boutons d'argent portant trois fleurs de lis, casque en feutre rouge avec crête en fourrure noire, cocarde blanche; sur la plaque du baudrier : Régiment de Mortemart. Je faisais complètement mon service, je montais la garde, j'allais à l'exercice dès quatre heures du matin, j'assistais à deux parades, l'une le matin, l'autre le soir; mais après les misères d'Altona, je me trouvais l'homme le plus heureux du régiment. Pendant les marches et les manœuvres, la compagnie de chasseurs nobles occupait la gauche du régiment; en dehors de ces deux cas, nous remplissions les fonctions de sergent, en portions les insignes et en touchions la solde : une ration de pain, de viande, de vin, et trente-cinq sous par jour. Presque tous les chasseurs nobles étaient d'anciens officiers, et mes trois officiers avaient été officiers supérieurs; nous avions dans le rang onze chevaliers de Saint-Louis.

On avait désigné pour m'instruire un vieux sergent : il m'apprenait le maniement des armes, la théorie, l'escrime, et me donnait l'intonation de voix pour les commandements. Je jouissais de cette vie depuis quatre mois, sans songer ni même désirer que mon sort s'améliorât, et ravi de mon nouveau métier.

Le duc de Mortemart avait été faire un voyage en Angleterre, laissant le commandement du régiment à son frère; celui-ci, toujours plein de bonté pour moi, saisit une heureuse occasion pour me faire passer officier. Un jour, commandé de planton à la porte de la caserne, je me rendais à mon poste, lorsque je rencontrai le sergent-major de ma compagnie; il me prévint qu'un autre chasseur me remplaçait, je venais d'être promu sous-lieutenant! D'abord, je crus à une mauvaise plaisanterie, mais la lecture de l'ordre du régiment, contenant ma nomination, me convainquit. J'allai tout de suite remercier le marquis de Mortemart et lui demander l'explication d'une pareille faveur. Il me raconta que M. de Verteuil, sous-lieutenant, obligé de se rendre sans délai aux colonies, pour toucher un héritage, voulait vendre sa commission, suivant l'usage anglais; il en voulait soixante-dix louis. Aucun sergent ni chasseur noble n'avait pareille somme à sa disposition, d'autant plus qu'il fallait payer comptant. M. de Mortemart la fournit pour moi, enchanté de rendre ce service « à un cousin de la branche aînée de sa famille ». Il m'engagea à commander immédiatement mon uniforme au tailleur du régiment, ma réception étant fixée au dimanche suivant, à la parade, avant la messe.

Je retournai au quartier, dans un état plus voisin de

la folie que de la joie; on le concevra aisément, en se rappelant que, depuis ma naissance, je n'avais éprouvé que malheurs et misères; je me voyais tout à coup à l'abri de l'un et de l'autre; je n'oublierai jamais la date du 13 mars 1801! Quel beau jour! Il restait cependant une difficulté à vaincre : d'après la loi anglaise, nul ne peut être officier avant seize ans révolus; or, j'avais seulement douze ans et quelques mois. Mais ma vie déjà si mouvementée avait eu pour résultat de vieillir ma figure, et ma taille dépassait cinq pieds; aussi l'inspecteur devant lequel je passai, comme tous les autres officiers du régiment, à l'occasion de la revue trimestrielle, ne fit aucune attention à moi.

Par un hasard bien singulier, je me trouvais à la solde de l'Angleterre, portant la cocarde blanche, dans un régiment stationné en Portugal, commandé par un de mes cousins. Mon capitaine, M. de Murat, était le frère de la marquise de Pesay, amie intime de ma mère, et mon lieutenant, le chevalier de Mauny, ancien capitaine sous les ordres de mon père, au régiment d'Armagnac; aussi je fus traité par ces messieurs de la façon la plus aimable, malgré la grande différence d'âge.

L'Angleterre entretenait en Portugal trois régiments, dits « à cocarde blanche »; ils portaient les noms des colonels qui les commandaient : Castries, Mortemart, La Châtre; ce dernier s'appelait également : Loyal-Émigrant.

Quelques mois après ma promotion, on parla de guerre, nous devions aller par mer à Porto : le gouvernement craignait que cette place importante ne fût attaquée, prise et ruinée par l'armée franco-espagnole rassemblée sur la frontière. On nous entassa à bord de bâtiments marchands de toutes les nations, nolisés à cet effet par le gouvernement anglais. Mais on modifia le plan de campagne, et après huit jours d'incertitude, on nous fit débarquer, et rentrer dans nos casernes, pour en sortir de nouveau trois semaines plus tard, avec ordre de rejoindre l'armée portugaise, campée à Elva, à vingt-cinq lieues de Lisbonne, sur la frontière d'Espagne.

Le duc de la Foença, maréchal général du royaume, descendant de la famille royale de Bragance, commandait l'armée portugaise; âgé de plus de quatre-vingts ans, vieux, maladif, il mena cette petite campagne de l'Alentejo, vierge de coups de fusil, avec une grande mollesse; les forces réunies sous ses ordres étaient cependant supérieures à celles de l'armée espagnole. Je devrais appeler cette campagne un voyage, puisque nous n'avons pas brûlé une amorce : aucun historien, aucun journal ne l'a mentionnée; ce silence désolant pour mon amour-propre sera rompu : je vais être l'historien de ma propre gloire et instruire la postérité; ce qui expliquera l'insertion de cette campagne sur mes états de service.

Marchant avec un régiment, j'ai eu l'avantage sur les voyageurs qui m'ont précédé, d'être toujours logé et nourri, et surtout je n'ai pas été détroussé par les brigands; ce que je dis du Portugal s'applique également à l'Espagne, qui n'a rien à envier à son voisin, en fait de routes, d'auberges et de brigands.

Les trois régiments d'émigrés reçurent l'ordre de se mettre en marche à la fin de juin 1801, par une chaleur excessive. On nous fit monter sur des barques, que nous devions quitter, à six lieues de Lisbonne, en remontant le Tage; une barque était affectée à chaque demi-compagnie. Je me trouvai en commander une, appelée « Fregata »; je mis à la voile pour un port dont j'ai oublié le nom, où nous jetions l'ancre à six heures du soir, après avoir remonté les bords fleuris du Tage. Dans mon inexpérience de marin, j'avais oublié d'embarquer de l'eau douce; l'eau du Tage étant salée, nous souffrîmes beaucoup de la soif.

Lorsque la flottille fut réunie, on donna le signal de descendre à terre; le régiment de Mortemart se dirigea sur Vallada, bourg situé à une demi-lieue de notre point de débarquement; nous devions y coucher. Les officiers d'état-major portugais n'avaient pas paru, ni annoncé notre arrivée; rien n'était donc préparé, ni logements ni vivres. Moitié du régiment fut placée dans une grande écurie, moitié dans la halle au blé; on accorda aux officiers un grenier au-dessus de la halle, et un couvent de Cordeliers donna l'hospitalité à l'état-major et à la musique. L'heure était avancée, quand tout fut organisé, chacun s'arrangea de son mieux pour dormir. Avant quatre heures du matin, les tambours battaient la diane, et nous partions pour faire une étape de cinq lieues, par le plus beau soleil du monde. A peine sortis de Vallada, la plaine la plus riante, la plus riche, la mieux cultivée s'offrit à nos regards : elle a au moins douze lieues de large, de hautes montagnes boisées la protègent à l'ouest et au nord, et le Tage alimente plusieurs canaux qui arrosent et fertilisent les champs. La jolie ville de Santarem est située au milieu de cette plaine riante; nous devions y séjourner plusieurs jours pour permettre la concentration de la division anglaise, forte de trois régiments d'émigrés, d'un bataillon d'artillerie, également composé d'émigrés, commandé par M. de Rothalier, et de cinq cents dragons légers, Light-horses; le général Frazer commandait cette division qui formait l'avant-garde de l'armée portugaise.

Arrivés à Santarem vers onze heures du matin, par une horrible chaleur, nous fûmes amplement dédommagés de notre nuit à Vallada, par la réception qu'on nous fit dans cette charmante ville de huit mille habitants. Rangés en bataille sur la grande place, entourés d'une population curieuse et bienveillante, on nous distribua nos billets de logement; logé chez don Joao d'Alteca, il me reçut on ne peut mieux, et me fit promettre, exigeant même ma parole d'honneur, de ne pas manger ailleurs que chez lui. Je me soumis sans trop me faire prier.

Vers six heures du soir, après la parade, mon hôte me conduisit chez un de ses amis, mari d'une femme charmante et père de deux filles fort jolies; étonnées de ma jeunesse, elles me demandèrent s'il y avait beaucoup d'officiers de mon âge dans mon régiment. Après un excellent souper, un jeune abbé se mit au piano et nous fit entendre de ravissantes *modinhas*, chansons populaires portugaises, puis on dansa. A minuit, je pris congé de cette aimable famille, promettant de venir le lendemain assister à un grand bal, donné en mon honneur.

Je quittai Santarem avec un vif regret, après y avoir passé trois jours; de là, nous nous rendions à Abrantès, en deux étapes, côtoyant toujours le Tage. Il m'arriva dans cette ville une aventure qui piqua mon petit amour-propre. La nouveauté de nos troupes, l'élégance de nos uniformes, et par-dessus tout, la réputation de galanterie qui accompagne toujours les officiers français, avaient attiré bon nombre de curieuses à la messe du régiment; arrivés le samedi, nous étions réunis le dimanche dans la plus grande église de la ville. Je remarquai dans la foule une jeune femme d'une grande beauté; je crus deviner dans son regard que je ne lui déplaisais pas, et même, tant j'en étais fier, je ne pus m'empêcher de faire des confidences à l'un de mes camarades, beaucoup plus âgé que moi, le chevalier du Repaire, ancien garde du corps, blessé grièvement à la porte de l'appartement de la Reine, dans la nuit du 5 au 6 octobre. Il voulut me donner une leçon, tant pour modérer la trop bonne opinion que j'avais de moi-même, que pour me faire sentir la nécessité de la discrétion dans ces sortes d'affaires. En conséquence, à l'issue de la messe, au moment où je ramenais ma compagnie, il me fit remettre, par un commissionnaire, un petit billet écrit en portugais, dans lequel une personne qui me trouvait à son gré me faisait demander si je consentais à suivre le porteur de la missive, chargé de me conduire; je devais répondre « si » ou « naô ». Je ne doutai pas un instant qu'il ne fût question de la belle que j'avais remarquée à la messe. Je répondis sans hésiter : « Si. » Enivré par la pensée de cette première bonne fortune, je ne fis aucune question à mon guide; il s'arrêta devant un bel hôtel, me dit de monter l'escalier, et, me précédant, me fit entrer dans une antichambre, remplie de laquais mal habillés, suivant l'usage portugais. Un des laquais m'ouvrit les deux battants d'une porte sans m'annoncer, je me trouvai dans un grand salon, où je vis le chevalier du Repaire, qui me présenta à la comtesse de Misquitella, chez laquelle il logeait, femme charmante, mais âgée de soixante-dix ans! Je fus un peu mortifié dans le premier moment. Un gamin de treize ans, qui croyait aller à son premier rendez-vous! Je me consolai en prenant ma part d'un fort bon repas, la comtesse me combla de politesses, d'abord comme parent de notre colonel, de plus elle avait beaucoup connu ma mère chez la comtesse de Fonza, mademoiselle de Canillac, notre cousine très proche, mariée à l'ambassadeur de Portugal en France.

Nous quittions Abrantès trois jours après, pour aller rejoindre l'armée portugaise, campée sur la frontière espagnole, près d'Ocrato. Les troupes portugaises, réunies aux auxiliaires anglais, formaient un effectif de trente mille hommes, dont quatre mille de cavalerie, et vingt-six pièces de canon.

Après être restés une quinzaine de jours au camp, sans faire aucun mouvement et sans nouvelles de l'ennemi, on parla de retraite, ce qui nous surprit étrangement. Les Espagnols, moins nombreux que nous, ne songeaient nullement à nous attaquer; ils craignaient, au contraire, une marche en avant. Le duc de la Foënça, ayant entendu dire que nous murmurions, nous désigna pour le poste le plus honorable dans une retraite : l'arrière-garde. La retraite décidée, nous dûmes manœuvrer pour la masquer. Nos dragons anglais furent renforcés par six escadrons de grosse cavalerie portugaise, ceux-ci lâchèrent pied à la vue de quelques vedettes espagnoles qui s'avançaient pour reconnaître notre mouvement; elles s'enfuirent en voyant les nôtres au galop; l'armée espagnole, persuadée qu'elle était attaquée, battit en retraite rapidement. Malgré l'absence de combat, puisque les deux armées se tournaient le dos, nous fîmes une marche de dix-sept heures; faute de guides, nous nous étions égarés dans des chemins non frayés. Arrivés à Abrantès, on nous plaça de l'autre côté du Tage, avec mission de défendre la tête de pont, construite par des ingénieurs anglais. Nous y attendîmes de pied ferme les Espagnols pendant un grand mois, au bout duquel on nous annonça que la paix était signée à Madrid, par l'intermédiaire de Lucien Bonaparte.

Nous reprîmes avec grand plaisir le chemin de Lisbonne. En repassant à Santarem, je ne manquai pas d'aller voir mon ancien hôte, don Joao; il voulut absolument me garder à dîner chez lui, quoiqu'il logeât un autre officier.

Au lieu de s'embarquer sur le Tage, la colonne suivit la grande route, passa par Sacavem, traversa la ville de Lisbonne sans s'y arrêter, pour aller prendre ses quartiers d'hiver dans un charmant bourg appelé Luz, éloigné d'une petite lieue de Lisbonne.

La conduite de notre chef parut si honteuse, qu'un décret le dépouilla de son titre de généralissime; un Prussien, ancien officier général du grand Frédéric, le comte de Goltz, le remplaça. Il resta fort peu de temps en fonction; le Roi conféra cette dignité, la première du Portugal, à un émigré français du plus haut mérite, le marquis de Vioménil. Élevé à la dignité de maréchal de France en 1816, il mourut à Paris en 1827.

Telle est la première campagne portée sur mes états de service. Si elle ne contribua pas à m'aguerrir, elle me procura, en revanche, l'occasion de faire un charmant voyage à l'intérieur du Portugal.

Notre effectif ayant dépassé mille hommes, les règlements anglais nous accordaient un second sous-lieutenant par compagnie; le duc de Mortemart put faire huit heureux. Il les prit moitié parmi les chasseurs nobles, moitié parmi les sergents-majors ou adjudants. Le sous-lieutenant nommé dans ma compagnie s'appelait Michel; sa tante, mademoiselle Michel, avait épousé le comte d'Andrezel, major du régiment.

Nous voici arrivés en décembre 1801, époque de ma première aventure amoureuse : j'avais alors treize ans et deux mois. On me trouvera un peu jeune, mais, comme on dit vulgairement, j'étais très avancé pour mon âge, et, franchement, cela n'était pas très étonnant, après toutes les épreuves subies depuis ma plus tendre enfance, vivant avec des officiers plus âgés que moi, qui surtout plaisantaient « le jeune et naïf sous-lieutenant ».

Notre régiment allait tous les dimanches et fêtes à la messe dans une église servant en même temps de chapelle à un couvent de filles nobles. Je m'aperçus un jour que l'on me faisait des signes à la grille du chœur : un mouchoir s'agitait, chaque fois que mon regard se portait de ce côté. Je laissai partir tout le régiment, excepté Michel, à qui je fis comprendre de rester. Après l'office, je m'approchai de la grille. Au même instant, tombait à mes pieds un billet conçu en ces termes : « Si vous êtes cu« rieux de voir une personne qui a quelque chose de « très important à vous dire, venez ce soir, sous les murs « du jardin du couvent; dirigez-vous du côté de Lu« miarez; vous trouverez une brèche; on vous attendra à « minuit. » On se figurera aisément l'impatience avec laquelle nous attendions la fin de cette journée.

Le soir arrivé, nous prenions force précautions : épée au côté, pistolets à la ceinture; de plus, je me fis accompagner de mon domestique, armé de sa baïonnette fraîchement aiguisée; ce vieux et brave soldat ne nous aurait pas abandonnés, s'il avait fallu faire usage de nos armes.

Nous trouvions facilement la brèche indiquée. Deux religieuses nous attendaient de l'autre côté; elles nous apprirent qu'elles étaient sœurs : l'une novice, l'autre pensionnaire; la première s'appelait dona Martha, la seconde dona Maria. Cette première entrevue se borna à un échange de questions et de réponses banales; à deux heures, elles nous firent promettre de revenir le surlendemain à onze heures. Exacts au rendez-vous, elles avouèrent qu'elles attendaient de nous un enlèvement. Ces deux dames, destinées par leur famille à être religieuses, préféraient fuir, plutôt que de se sacrifier à une vie pour laquelle elles n'avaient aucune vocation ; convaincues qu'aucun Portugais n'oserait les secourir, elles m'avaient choisi, comme le plus jeune officier étranger qu'elles voyaient à la messe. Cinq dimanches s'étaient passés sans que leurs signes fussent remarqués.

Nous engageâmes ces jeunes filles à prendre patience, afin de nous donner le temps de chercher et de trouver une occasion favorable pour exécuter ce hardi projet. Elles nous remirent la clef d'une petite porte abandonnée, donnant sur un ravin désert.

Bref, nos visites devinrent quotidiennes; nos conversations fort intimes nécessitèrent un isolement plus complet. Dona Maria et moi, allions d'un côté du jardin; dona Martha et Michel prenaient l'autre côté; nous étions au comble du bonheur. Une nuit, cachés dans un petit kiosque, dona Maria se jeta à mes pieds, me suppliant de l'emmener tout de suite. On comprend mon embarras; j'avais eu le temps d'examiner les difficultés d'un enlèvement. Un léger bruit se fit entendre du côté du couvent, Michel et moi, saisis de panique, nous nous sauvions à toutes jambes; je perdis mon shako en courant et ne pris pas le temps de le ramasser; nous gagnions la petite porte, nous la fermions à clef en dehors pour arrêter toute poursuite, abandonnant lâchement nos deux victimes.

Ainsi finit, d'une façon peu honorable pour moi, je l'avoue, cette aventure; elle me laissait un violent chagrin, des regrets infinis et des remords cuisants, à l'idée du malheur des deux infortunées, abandonnées forcément au sort le plus funeste. Dona Maria était fort belle, ses yeux noirs et humides brillaient comme du feu, pleine d'esprit, d'un caractère enjoué; en un mot, impossible de rêver une personne plus séduisante.

Nous restâmes, Michel et moi, cinq jours cachés dans

un cabaret de Lisbonne, inquiets au moindre bruit que l'on entendait dans la rue, n'osant dormir, craignant d'avoir à répondre à la justice de notre violation de domicile; l'ordre d'embarquer vint nous délivrer, et huit jours d'arrêts payèrent notre absence illicite.

La France et l'Angleterre venaient de signer la paix à Amiens; une des conditions exigeait le licenciement des régiments à cocarde blanche; nous reçûmes l'ordre d'embarquer pour Portsmouth, où nous devions être désarmés. Notre traversée fut longue, accompagnée de tempêtes continuelles.

Le gouvernement anglais opéra le licenciement avec une générosité voisine de l'ostentation. Chaque officier reçut deux années de solde et dix guinées de gratification; on transportait, en outre, les officiers et les soldats dans un port du continent; je reçus pour ma part 260 livres sterling, ou 6,500 francs. Chaque sous-officier et chaque soldat reçut deux mois de solde et deux guinées de gratification. La dépense pour nos trois régiments s'éleva à 2,250,000 francs.

Le duc de Mortemart me demanda ce que je comptais faire; je lui répondis que j'allais rentrer en France, espérant trouver mon père ou ma grand'mère de Morsan, ou enfin quelque membre de ma famille. Je partis au mois de juillet 1802 avec le marquis de Mortemart, le marquis de Sassenay, la princesse de Craon et mademoiselle d'Alpy, de Southampton pour le Havre; un paquebot faisait ce service une fois par semaine. La marquise de Mortemart et sa mère, madame de Nagu, nous attendaient dans leur château d'Orcher, à deux lieues du Havre. Je les accompagnai au château de la Meilleraye, plus près de Rouen. Je restai près d'un mois avec ces excellents parents et leur famille, puis je me dirigeai sur Paris, désirant avoir des nouvelles de tous les miens; ces nouvelles furent bien tristes. Mon père était mort le 3 novembre 1801; ma grand'mère avait quitté Villecresne : elle vivait retirée dans le Rouergue chez ses neveux d'Albignac, fils de son frère; ma mère et mon frère Louis habitaient la Russie, à Odessa; mon frère Victor, l'aîné de nous tous, embarqué sur l'escadre des Antilles, avait succombé en mars 1802, à Jacmel, dans l'île de Saint-Domingue, à une attaque de fièvre jaune. Les affaires de mon père étaient entre les mains d'un homme de loi, qui vivait grassement sur les revenus; je me présentai chez lui, mais étant mineur, n'ayant pas la procuration de ma mère, ni celle de Louis, ni l'acte de décès de Victor, il m'envoya promener. J'écrivis à ma mère, lui annonçant mon arrivée à Paris, tous nos malheurs, lui demandant ce qu'elle me conseillait de faire. J'attendis sa réponse, vivant avec mon indemnité de licenciement.

Je rencontrai le marquis de la Tour du Pin, gendre du prince Joseph de Monaco; il arrivait de Saint-Pétersbourg et me confirma que mon frère Louis était sous-lieutenant d'état-major à Odessa; ma mère habitait avec lui. J'écrivis une seconde lettre, racontant en détail ma vie, depuis mon départ de Hambourg; je suppliais ma mère de me répondre si je devais la rejoindre. De grands événements venaient de se passer à Paris : l'assassinat du duc d'Enghien, la découverte de la conspiration de Georges Cadoudal, la fin tragique du général Pichegru, le procès du général Moreau. La police, voyant partout des complots, exigeait que tout citoyen fût muni d'une carte de sûreté; or, en fait de papiers, je possédais mon brevet de sous-lieutenant au régiment de Mortemart, à la solde de l'Angleterre; il n'en fallait pas tant pour être mis en prison.

J'avais retrouvé deux grand'tantes, sœurs de mon grand-père : Louise de Rochechouart, mariée au comte de la Touche, Camille de Rochechouart, mariée au baron de Montboissier, et la fille de cette dernière, la comtesse de Mirepoix ; elles habitaient toutes les trois le château de Cersay en Brie, recevant seulement quelques intimes ; j'allai leur demander l'hospitalité. Je sortis de Paris, un dimanche dans l'après-midi, à pied, comme un simple promeneur ; à la barrière, on ne fit point attention à ma personne. Après un séjour de trois mois chez ces bonnes tantes, je revins à Paris, muni d'une carte de sûreté bien en règle, délivrée par la municipalité de Cersay.

Je descendis dans un petit hôtel au coin de la rue du Bac et de la rue de Grenelle ; je reçus le lendemain un billet du notaire de la duchesse de Richelieu, Constance de Rochechouart, me priant de passer chez lui, ce que je fis immédiatement. Il me remit une lettre de mon frère, m'annonçant sa nomination d'aide de camp du duc de Richelieu, et la présence de ma mère en Pologne chez la duchesse de Nassau, où elle voulait absolument que je vinsse la rejoindre. Je me mis en campagne pour obtenir un passeport pour Odessa ; l'ambassadeur de Russie, comte Marcoff, venait de quitter Paris ; par suite de la brouille entre les deux pays, on ne délivrait plus aux Français de passeports pour la Russie ; j'en demandai un pour Trieste.

Napoléon venait de prendre le titre d'Empereur, des listes restaient encore ouvertes dans toutes les administrations, pour recevoir le vote des citoyens. Ces listes portaient sur le feuillet de gauche en haut : *Non,* en petits caractères ; à droite : *Oui,* en vedette ; on vous invitait à mettre votre nom sur l'un des deux feuillets, et on n'obtenait de passeport pour l'étranger que sur un certificat du commissaire de police constatant l'identité et la bonne conduite du demandeur. Je me présentai chez le commissaire de mon quartier, pour me mettre en règle. Ce magistrat me proposa, avant de partir pour l'étranger, d'inscrire mon vote; je me hâtai de signer : Léon de Rochechouart, sur la page *Oui;* aussitôt ma signature apposée, il me délivra mon certificat. Voilà comment j'ai participé à l'immense majorité des Français, portant Napoléon à l'Empire.

Mon passeport en règle, je soldai ce que je pouvais devoir, et je quittai Paris, après un séjour de deux ans et deux mois, le 14 septembre 1804, jour de ma naissance; j'avais donc seize ans. J'allais accomplir un long voyage à travers l'Europe, pour retrouver les seuls membres de ma famille qui existaient encore, avec trente-quatre louis dans ma poche, derniers restes de mon indemnité de licenciement; il ne me vint pas à l'idée qu'avec une si faible somme je ne pourrais jamais accomplir un pareil voyage; malgré ma jeunesse, mon genre de vie m'avait cependant donné une certaine expérience.

Pour ménager mes ressources, je m'établis dans le panier de la diligence qui devait me conduire à Milan; on appelait panier l'emplacement réservé aujourd'hui aux bagages des voyageurs, avec cette différence que les malles sont abritées par une immense bâche, tandis que le panier n'était abrité par rien du tout; on s'étendait tout de son long avec le conducteur, sur de la paille plus ou moins fraîche. J'avais déclaré que je ne pouvais voyager renfermé, sans ressentir un violent mal de cœur. Les auberges, le long de la route, coûtaient trop cher pour mes faibles ressources; je confiai au conducteur mon obligation de faire des économies; chaque fois donc que l'on s'arrêtait pour manger, il m'indiquait un cabaret, où j'étais assez bien traité, et à fort bon marché; pour coucher, je restais dans mon panier, où, grâce à mon âge, je dormais mieux que dans un mauvais lit d'auberge, avec des draps humides ou malpropres. Malgré toutes ces précautions et des privations de tout genre, en arrivant à Milan, après inventaire de ma bourse, j'avais dépensé dix-huit louis, plus de la moitié de ma fortune, et j'étais bien loin d'être à moitié chemin !

J'avais entendu parler du magnifique théâtre de la Scala, et des excellents acteurs composant la troupe ; je me rendis à la représentation. Pendant l'entr'acte, je montai au foyer et fus ébloui par vingt tables de jeu, toutes couvertes d'or.

Comme il m'était de toute impossibilité de me rendre en Russie avec seize louis, je pris la résolution de risquer deux louis ; si je perdais, je me rendrais à Vérone et m'engagerais dans l'armée autrichienne. On jouait au pharaon, je pris le valet de cœur ; je comptais mettre six francs dessus, le banquier me repoussa dédaigneusement, en me disant : « On ne joue que de l'or à ma table. » Piqué, je mis un louis, en répondant : Tout va ! Mon valet de cœur gagne une fois, je fais paroli, je gagne encore, je laisse le tout une troisième fois, même chance ; je voulais retirer mes huit louis, mais il y avait foule autour de la table, je ne pus arriver à temps, d'autant plus que le banquier avait ses raisons pour me laisser courir une quatrième chance, qui, selon les probabilités, devait m'être défavorable. Le valet de cœur sortit une quatrième fois, je ramassai mes seize louis. Je continuai à jouer avec un bonheur insolent, je sortis du théâtre ayant gagné quarante louis ; aussi, en rentrant à l'hôtel, je me payai un bon souper. Ne voulant pas trop tenter la fortune, je cherchai le moyen de partir tout de suite pour Padoue. Le garçon d'hôtel connaissait un vetturino, qui partait le lendemain à trois heures ; il avait encore une place disponible, je conclus le marché, le soir même, puis je me couchai ; le matin avant de partir, je visitai la splendide cathédrale, le musée et la ville.

Le lendemain, après avoir déjeuné à Crémone, nous arrivions de bonne heure à Mantoue, où nous devions coucher. Encouragé par mes succès de Milan, je me rendis au Casino ; on jouait au biribi, la banque, plus modeste que celle de Milan, acceptait de l'or et de l'argent ; ma bonne chance continua, je remplis mes poches de pièces d'or et d'argent de toutes dimensions. Un officier qui se trouvait près de moi me dit à l'oreille : « Je vous « conseille de ne plus jouer et de prendre garde à votre « retour chez vous. » Je le remerciai de l'avis, lui demandai de me servir d'escorte et de rester à souper avec moi ; il accepta sans se faire trop prier. Je commandai le souper le meilleur possible, avec vins de Bordeaux et de Champagne ; le garçon, qui m'avait vu vider mes poches, exécuta ponctuellement mes ordres.

Arrivé le lendemain à Vérone, j'employai mon après-midi à visiter les antiquités fort curieuses, et surtout fort bien conservées, particulièrement les arènes. Me croyant en fonds pour arriver en Russie, je ne fis donc aucune visite au Casino de Vérone. A Vicence, un jeune Italien se présenta comme quatrième dans notre voiture, pour remplacer un voyageur laissé à Vérone ; il parlait très bien français ; connaissant parfaitement le pays, qui était le sien, il me servit de cicerone. Je lui savais un gré infini de son inépuisable complaisance ; je la payai un peu cher, comme on le verra plus tard. Grâce à mon guide, je visitai d'abord la jolie ville de Vicence en grand détail, puis Padoue, où nous restâmes quatre jours, attendant le départ du bateau pour Venise.

Mon compagnon s'appelait Luidgi Capello ; sa mère, son frère et ses quatre sœurs habitaient Padoue. Son père, ancien médecin, était mort depuis un an ; lui revenait de Pise ses études terminées, et rapportait son diplôme de docteur en médecine. Il me présenta à sa famille ; n'étant pas encore occupé, il me proposa de m'accompagner à Venise. Embarqués sur la Brenta, nous fîmes le plus délicieux voyage du monde. Ce canal traverse des villas par centaines ; elles sont habitées par d'anciens nobles vénitiens, déchus de leur antique gloire, mais non de leur fortune. Nous arrivions ainsi à Venise, d'enchantement en enchantement, suivant le grand canal. Nous descendîmes *al Scudio di Francia,* l'une des meilleures auberges de la ville. Mon compagnon fit marché avec l'hôtelier, table et logement, pour 4 fr. 50 par personne et par jour. Nous avions une chambre au premier, sur le quai des Esclavons, déjeuner, dîner, souper, le tout très bien servi ; la vie était fort bon marché à Venise à cette époque.

Dès le lendemain, nous commencions nos courses, et grâce à mon habile cicerone, je crois avoir vu tout ce qu'il y avait à voir. Le palais des Doges et du Sénat nous prit une journée entière ; je me rappelle encore l'effet que me produisit la grande chambre du Conseil, le papier et les sièges encore rangés autour de la table. Je visitai Saint-Marc, d'autres fort belles églises, des musées publics et privés. Au bout de quatre jours, la trop grande quantité de glaces et de fruits absorbés me donna un violent accès de fièvre, suivi de deux autres. Je fus admirablement soigné par le docteur Capello, très au fait de ce genre de fièvres, fréquentes en Italie à l'automne. Dès que je fus à peu près rétabli, je retins mon passage sur le paquebot de Trieste ; le jeune Capello, en m'embrassant

tendrement, me dit : « Je regrette de ne pouvoir aller à
« Trieste, je dois retourner à Padoue près de mes ma-
« lades. » Puis, me souhaitant un bon voyage, il me quitta
le visage inondé de larmes. Je fus très sensible à cette
séparation, qui me privait d'un compagnon aimable et
instruit ; je croyais lui devoir une grande reconnaissance,
tant pour les soins donnés pendant mon indisposition,
que pour les arrangements économiques qui avaient ménagé ma bourse pendant mon séjour à Venise. Tout ému
encore de cette séparation, je descendis dans ma cabine
pour mettre mes effets en ordre. J'avais un grand nécessaire dans lequel j'enfermais mon argent. En arrivant à
Venise, je possédais soixante-deux louis ; quelle fut
ma surprise, il m'en restait seulement vingt-quatre !...
Trente-quatre manquaient donc, car ma dépense à Venise, tout compris, montait à quatre louis. Ce déficit ne
pouvait provenir que d'un adroit escamotage del signor
Capello. Je me rappelai lui avoir donné sans méfiance,
pendant mon accès de fièvre, la clef de mon nécessaire pour payer des drogues chez l'apothicaire. Mon
aimable Italien, assez délicat pour ne pas tout prendre,
avait évalué ses honoraires de médecin et de cicerone,
et s'était payé lui-même. Je me promis d'être moins confiant une autre fois.

Je comptais m'embarquer à Trieste pour Odessa; mais,
la saison étant avancée, fin octobre, il ne partait plus de
bateaux pour la mer Noire ni même pour Constantinople. Je me vis donc forcé de remonter sur Vienne, puis
de continuer par la Galicie et la Volhynie, et il me restait,
grâce au charmant Luidgi, vingt-quatre louis ! Je m'a-
bandonnai sans crainte à la bonne étoile qui m'avait
toujours protégé jusque-là.

Je cherchai tout de suite une occasion pour Vienne;

dans mes pérégrinations, je rencontrai le comte de Tilly ; il venait de Lemberg, ayant quitté le service d'Autriche pour entrer dans l'armée napolitaine ; je lui racontai mes projets, il m'offrit très gracieusement des lettres d'introduction auprès de quelques officiers français de son ancien régiment ; j'acceptai avec empressement.

Ayant trouvé une place dans un land-kutsche, je partis pour Vienne. La route, à petites journées, de Trieste à Vienne était bien longue ; je la parcourus heureusement sans accidents ni aventures, me disputant seulement dans chaque auberge, car je voyais avec une profonde douleur l'état de ma bourse ; mais aussi, quelle entreprise d'aller de Paris à Odessa, en passant par Venise et Vienne, ayant au départ trente-six louis ! Malgré la longueur de la route, malgré l'exiguïté de mes ressources, je suis arrivé ; je serais donc un ingrat si je n'étais pas reconnaissant des bienfaits de la Providence à mon égard.

J'espérais trouver à Vienne le prince de Ligne, ami intime de ma mère, mais il habitait en Bohême, au château de Tœplitz, chez sa fille, la princesse Clary. Je restai vingt-quatre heures à Vienne, et profitai tout de suite d'une occasion pour Cracovie.

Ma bourse était vide en arrivant dans cette ville, je vendis à un Juif ma montre et quelques petits bijoux, et je pus gagner Lemberg, à moitié gelé ; je n'avais pour me protéger du froid ni pelisse ni manteau, une simple redingote légère, insuffisante pour le mois de décembre. La diligence payée, il me restait trente-huit francs et trois cent cinquante lieues à parcourir !

Le comte de Tilly m'avait surtout vanté l'aménité du chevalier de Bavière, son ami intime ; je me fis indiquer son logement. Aux premiers mots échangés, il m'apprit qu'il avait été capitaine dans le régiment d'Armagnac, commandé par mon père; il m'embrassa, me demanda d'où je venais, où j'allais, si j'avais besoin d'argent; je lui répondis franchement. « Quittez votre auberge, me dit-il, « écrivez à madame votre mère; vous attendrez sa réponse « chez moi; vous partagerez mon lit; quant à la nourri- « ture, nous arrangerons cela; c'est entendu, n'est-ce pas? » Je remerciai du fond du cœur ce brave garçon. Voilà, tout compte fait, la quatrième personne envoyée par le ciel à mon secours, dans les moments les plus critiques. Je ne saurais trop me louer de l'accueil du chevalier de Bavière et de la manière délicate dont les officiers du régiment de Ligne agirent avec moi. Ils mangeaient dans une pension très modeste, étant presque tous officiers émigrés; ils se donnèrent le mot, chacun m'invita à son tour, je devais ainsi recevoir la réponse de ma mère avant d'avoir épuisé leurs invitations.

Je me présentai au bureau de police pour obtenir un permis de séjour; l'employé, un jeune Polonais, m'apprit que ma mère se trouvait en ce moment à Kraminiech (Pologne russe), chez la princesse de Nassau. Je lui écrivis immédiatement, lui faisant part de mon arrivée et du motif qui me retenait à Lemberg. Quelques jours après, un banquier de la ville me prévint que je pouvais toucher chez lui cent ducats, environ douze cents francs; il m'annonçait en même temps l'arrivée prochaine de ma mère. Je ne quittai ni la chambre ni le lit du chevalier, mais à mon tour, je traitai de mon mieux les officiers qui m'avaient invité.

L'usage du pays exigeant que tout gentilhomme fût en uniforme, je commandai un uniforme de sous-lieutenant du régiment de Mortemart.

Huit jours après, une voiture à la livrée du prince de

Nassau vint me chercher pour me conduire à une lieue de Lemberg, dans un château appartenant à la princesse, où je devais retrouver ma mère. Je me jetai dans ses bras; elle ne put reconnaître au premier abord, dans le jeune homme, le gamin de douze ans qui l'avait quittée à Hambourg. Après les premiers épanchements d'une tendresse mutuelle, nous nous mîmes à causer jusqu'à quatre heures du matin. Nous avions tant de choses à nous raconter, tant de questions à nous adresser! Le lendemain je retournai à Lemberg avec ma mère, je tenais à lui présenter le chevalier de Bavière; elle l'embrassa comme une mère doit embrasser le sauveur de son fils. Je fus assez heureux, en 1815, pour faire obtenir à cet excellent ami la place de « lieutenant de Roi » à Condé, place qu'il désirait ardemment.

Peu de jours après, nous allions à Tynna, en Podolie, domaine de la princesse de Nassau, dernière descendante de l'illustre famille Sobieski; nous y passions le reste de l'hiver. Cette bonne princesse, voulant témoigner à ma mère son affection et son intérêt, lui confia l'administration de deux villages qu'elle possédait en Crimée, sur les bords du Dniéper, et lui remit quatre cents ducats pour frais d'installation. Le revenu de ces deux villages pouvait être évalué à cinq cents ducats.

Le dégel arrivé, nous partions pour prendre possession de la ferme des deux villages, le chemin le plus court passait par Odessa, nous y arrivions après trois jours de voyage dans les steppes. Le duc de Richelieu était à Pétersbourg; mais je retrouvai mon frère, le compagnon de tant de misères passées. Ma mère avait hâte d'entrer en jouissance de sa ferme; elle partit tout de suite; je restai près de mon frère, attendant M. de Richelieu; je ne voulais prendre aucun parti sans ses conseils.

Suivant un usage assez fréquent à cette époque, le duc de Richelieu avait été fiancé à quinze ans, à une de mes cousines âgée de douze ans, fille du comte Louis de Rochechouart. Le jeune comte de Chinon devait, aussitôt après la cérémonie des fiançailles, parcourir l'Europe pendant trois ans pour compléter son éducation. Il partit avec son précepteur, le vénérable abbé Labdan, dont les conseils, heureusement pour lui, différaient bien de ceux de son grand-père!

Le maréchal de Richelieu, ce sceptique par excellence, dans un siècle si incrédule, ce grand dissipateur qui jetait littéralement par les fenêtres un argent souvent acquis peu délicatement, voulut absolument se charger de l'éducation de son petit-fils. Je tiens de M. de Richelieu l'anecdote suivante : Le jeune Armand, âgé de huit ans, entrait un matin dans le cabinet de son grand-père pour lui souhaiter le bonjour; le maréchal, qui avait été heureux la veille dans sa partie avec le Roi, lui dit en l'embrassant : « Tiens, voilà une bourse contenant qua-
« rante louis pour tes menus plaisirs. » Une quinzaine de jours après, dans le même cabinet, le maréchal lui dit :
« Il faut que je garnisse ta bourse, elle doit être vide.
« — Non, grand-père, j'ai encore les quarante louis que
« vous m'avez donnés. » Le maréchal ouvre la fenêtre, et voyant passer dans la rue un mendiant, lui jette la bourse en disant : « Tenez, mon brave homme, voici quarante
« louis que mon petit-fils n'a pas su dépenser en quinze
« jours. » Grâce aux excellentes leçons de l'abbé Labdan, M. de Richelieu, toujours grand seigneur, savait être généreux quand les occasions le voulaient, mais, à l'inverse du maréchal, surnommé par ses soldats « le
« premier maraudeur de France », sa probité et son intégrité sont restées proverbiales en Russie.

Les trois années fixées pour son absence étant expirées, le comte de Chinon revint à Paris et trouva sa femme bossue comme Polichinelle; on célébra le mariage quand même, l'usage le voulait; mais en sortant de l'église, le marié partit seul pour l'Autriche et la Russie.

En 1790, le comte de Chinon, duc de Fronsac depuis la mort de son grand-père le maréchal, obtint de l'impératrice Catherine, avec l'agrément du Roi de France, l'autorisation de servir comme volontaire dans l'armée russe, et d'assister, en cette qualité, à l'assaut que le général Souwaroff allait livrer à la forteresse d'Ismaïl; le prince de Ligne et deux Français, le comte de Langeron et le comte Roger de Damas, étaient déjà arrivés dans la même intention. M. de Richelieu les rejoignit au camp dans la soirée du 30 novembre; le lendemain matin, accompagné d'un officier russe, il se rendit de très bonne heure chez le général en chef pour lui présenter ses hommages. Parvenu au milieu du camp, il vit un rassemblement de soldats entourant un homme nu, qui sautait et se livrait sur le gazon à une gymnastique violente, et cela par un brouillard glacial : « Quel est ce fou? demanda-t-il à son compagnon. — Le général en chef, comte Souwaroff. » Le général apercevant un étranger, — M. de Richelieu portait l'uniforme de major de hussards français, — lui fit signe d'approcher : « Vous êtes
« Français, monsieur, je vois? — Oui, mon général. —
« Votre nom? — Le duc de Fronsac. — Ah! le petit-fils
« du maréchal de Richelieu; eh bien, que dites-vous de
« ma manière de prendre l'air? Il n'y a rien de plus sain;
« je vous conseille, jeune homme, de m'imiter; c'est un
« moyen certain d'éviter les rhumatismes. » Le général fit encore deux ou trois gambades et rentra dans sa

tente, laissant son interlocuteur abasourdi de cette réception.

Le 22 décembre 1790, après une décharge de mille bouches à feu, le général en chef lança ses colonnes d'assaut avant le jour. M. de Fronsac rencontra un corps de troupe égaré, sans chef; il se mit à sa tête et se porta au secours du général Lascy, qui ne pouvait s'emparer du bastion Hassan-Pacha. Grâce à ce secours, et surtout à la bravoure du chef de ce nouveau corps, le général emporta la position, pénétra dans la place en même temps que les sept autres colonnes d'assaut. La défense héroïque des Turcs avait exaspéré les soldats russes; d'après les historiens, *trente-huit mille huit cent soixante Turcs* furent égorgés ou passés au fil de l'épée. Le duc de Fronsac arracha au massacre la fille du sérasкier. La malheureuse, réunie à un convoi de prisonnières, fut égorgée sans pitié avec ses compagnes, par des Cosaques.

Après la victoire, le duc de Fronsac disparut sans se nommer, ce carnage de gens sans défense répugnait à son cœur; le général Lascy, malgré de nombreuses questions, ne put découvrir le nom de son coopérateur trop modeste, et par conséquent solliciter une récompense. Quelques mois plus tard, il le reconnut chez le prince Potemkin et s'empressa de rédiger un mémoire spécial de proposition; l'Impératrice nomma le duc de Fronsac chevalier de Saint-Georges de troisième classe, et lui remit en plus une épée en or, avec ces mots gravés sur la coquille : *A la Bravoure.*

Plus tard, Paul Ier le nomma colonel d'un régiment de cuirassiers à Pétersbourg; à cette époque, il se lia avec le tzarewich Alexandre. Une nuit, apprenant l'incendie d'un village des environs, il partit sans ordres, avec son régiment, porter secours aux malheureux; le Tzar, qualifiant cet acte d'indiscipline, lui retira son commandement; M. de Richelieu rejoignit alors l'armée du prince de Condé. L'empereur Paul ne tarda pas à être assassiné. L'empereur Alexandre écrivit à son ami, qui l'avait félicité de son avènement, la lettre suivante :

« Mon cher duc, ayant un moment à moi, je l'emploie
« à vous répondre et vous dire, mon cher, combien je suis
« sensible à tout ce que vous me dites dans votre lettre.
« Vous connaissez mes sentiments et mon estime pour
« vous, vous pouvez juger par là combien je serais con-
« tent de vous voir à Pétersbourg et de vous savoir
« au service de la Russie, auquel vous pouvez être si
« utile. Recevez les assurances de mon bien sincère atta-
« chement.

« ALEXANDRE.

« Péterhof, ce 17 juin. »

Le nouvel Empereur confia au duc de Richelieu, en 1803, le gouvernement d'Odessa, colonie naissante. Au moment de mon arrivée dans cette ville, M. de Richelieu avait été appelé à Pétersbourg, et nous apprenions bientôt que le Tzar venait de le nommer gouverneur général de la Nouvelle-Russie, province aussi grande que la France, s'étendant jusqu'au Caucase et comprenant trois gouvernements : Cherson, Ekatherinoslaff et Tauride ou Crimée.

Les habitants d'Odessa accueillirent cette nouvelle avec joie; charmés de voir leur gouverneur revêtu d'un emploi aussi important, ils conçurent l'espoir fondé qu'une pareille faveur le mettrait à même de porter au plus haut degré la prospérité de cette ville naissante; cette espérance n'a pas été déçue. On jugera plus loin l'administration de cet homme remarquable par ses manières distinguées, sa simplicité, son aménité, son intégrité et sa haute capacité.

Le duc de Richelieu revint à Odessa le 27 avril 1805. Mon frère me présenta à cet excellent cousin, qui me reçut de la façon la plus aimable; je pris par la suite l'habitude de l'appeler mon oncle, ce titre me paraissant plus respectueux ; il me traitait comme son fils, et je l'ai toujours aimé et vénéré comme un père.

Il me demanda des nouvelles de ses sœurs, mesdames de Montcalm et de Jumilhac, puis me questionna sur mes projets futurs. Je lui parlai d'entrer au service de la Russie : « Je m'occuperai de vous, aussitôt que les grandes « affaires, qui vont prendre tout mon temps, seront « un peu au courant; en attendant, arrangez-vous avec « votre frère pour vous caser ici. »

Laissant à mon frère le soin de me prévenir quand je devrais retourner à Odessa, je me disposai à rejoindre ma mère. Elle nous avait écrit plusieurs fois : elle paraissait satisfaite de sa nouvelle position, prévoyant qu'elle s'améliorerait encore, grâce à un Français fort honnête homme, que mon frère lui avait recommandé. Depuis six ans, ce Français achetait des blés pour le compte d'une maison de Marseille, ce qui l'avait mis au courant des mœurs et de la langue du pays. Je passai par Cherson, sans m'y arrêter, malheureusement, et j'arrivai à Achyllée, nom du village où était située l'habitation de ma mère. Elle était absente, et sa femme de chambre me dit : « Madame la comtesse se « sentant souffrante est partie pour Cherson, consulter « un médecin italien; elle a emmené avec elle une jeune « fille du village pour le service; du reste, voilà quatre

« jours de cela, et madame est attendue d'un moment à
« l'autre. » J'employai la journée à visiter la propriété, à
faire causer le régisseur qui m'expliquait les nombreuses
améliorations en vue. Ma mère ne revenant pas, je
partis le lendemain matin, et m'arrêtai à Cherson dans le
premier cabaret venu, pour m'informer où elle pouvait
être. A peine entré, un affreux spectacle frappa mes yeux,
ma malheureuse mère morte, le visage découvert, suivant
l'usage russe, gisait étendue sur une espèce de catafalque
orné de draps blancs, entouré de cierges !... Je ne pouvais
m'attendre à un pareil malheur, j'ignorais même quelques
heures plus tôt que ma mère fût malade. Surpris et terrifié à cette vue, je tombai sans connaissance, et ne revins
à moi que six heures plus tard. Un négociant français,
habitant Cherson, ayant entendu mon domestique prononcer mon nom, m'avait fait transporter chez lui ; sa
femme veillait à mon chevet quand j'ouvris les yeux. Il
avait vu ma mère et la jugeant très malade, nous avait
écrit à Odessa ; sa lettre avait dû arriver peu de temps
après mon départ. Il se chargea des détails de l'enterrement pour le lendemain ; me soutenant à peine, je suivis
le cercueil jusqu'au cimetière.

J'éprouvais une douleur bien vive ; j'avais le regret de
n'avoir pu assister aux derniers moments de ma mère
ni lui fermer les yeux. Elle était morte entourée d'étrangers, dans un misérable cabaret juif, privée des consolations de sa religion, n'ayant pu embrasser une dernière
fois ses enfants, ni leur donner sa bénédiction. Elle avait
succombé en quelques heures, sans pouvoir prononcer
une parole, à une fièvre putride et maligne. Un Capucin
italien, prévenu à la hâte, lui avait donné l'extrêmeonction, mais elle était sans connaissance.

Ainsi se termina la vie de cette femme si intéressante

et si malheureuse; elle possédait tout ce qui peut contribuer au bonheur terrestre : belle, spirituelle, aimable et riche, mariée à dix-huit ans, à un homme qui lui donnait ses grandes entrées à la cour, la Révolution l'avait précipitée des grandeurs dans un abîme de malheurs, de souffrances et même de misère. Elle mourut le 10 mai 1805, âgée de quarante-huit ans et trois mois.

Mon affliction fut profonde, quoique j'eusse passé peu de temps auprès d'elle, les événements nous séparant à chaque instant; nous espérions, mon frère et moi, la voir fixée près de nous, et nous voulions adoucir ses dernières années, en l'entourant de soins, de prévenances et de tendresse.

Après ce cruel événement, je rentrai à Odessa, pleurer avec mon frère ; puis, nous revînmes ensemble à Cherson, examiner toutes les affaires, et surtout remettre Achyllée au prince de Nassau; prévenu par nous de la mort de notre mère, il avait envoyé un intendant, muni de pleins pouvoirs.

A mon retour à Odessa, le duc de Richelieu me fit appeler : « Mon cher cousin, me dit-il, je vais m'occuper de
« vous faire admettre au service de la Russie; restez chez
« moi, auprès de moi, comme votre frère y est déjà; dans
« quelques mois, je saurai ce dont vous êtes capable. En
« attendant, apprenez la langue russe et distrayez-vous. »
Voilà de quelle manière cet excellent homme me fixa auprès de lui. Depuis ce moment-là, jusqu'à sa mort, nous nous sommes peu quittés, excepté pendant les campagnes de 1813 et 1814, et j'ai toujours dirigé sa maison.

Toutes les affaires de notre mère réglées, il nous resta à chacun deux cents ducats; le duc de Richelieu me logeant et me nourrissant, rien ne me pressait.

Le comte d'Ollonne, major dans un régiment de hussards russes, en garnison à Poltava, et neveu du marquis de Vioménil, maréchal général du Portugal, vint à Odessa en juillet 1805 ; il allait épouser une jeune et jolie personne, mademoiselle Mordwinoff, nièce du gouverneur civil de la Crimée ; le mariage se célébrait à Akmetcheff, capitale de la Crimée. Il me demanda de l'assister comme compatriote. Je partis avec lui ; M. de Richelieu promit également de venir ; mais il devait auparavant inspecter les colonies allemandes établies dans le gouvernement d'Ekatherinoslaff.

Nous quittions Odessa le soir, et passions le Bog à Nicolaëff, résidence de l'amiral, marquis de Traverset, commandant en chef la flotte de la mer Noire, émigré français et l'un des officiers les plus distingués de notre marine sous Louis XVI. De là, nous allions à Cherson et traversions le Dniéper à Beresloff; le lendemain, nous couchions à Pérécop, à la pointe nord de l'isthme de ce nom, à qui l'on donne le nom de Porte de la Crimée ; puis nous gagnions Akmetcheff ou Simféropol, siège de l'administration de la Tauride. Le gouverneur civil, M. Mestrage, nous accueillit on ne peut plus gracieusement, je logeai chez lui ; l'hospitalité est une vertu que les Russes de toutes les classes pratiquent d'une manière admirable ; ma qualité de neveu du gouverneur ne me nuisait pas.

J'assistai au mariage de mon compatriote comme son témoin officiel. La cérémonie se fit selon le rite grec et les usages russes, fort curieux et même bizarres. De nombreuses réceptions, plusieurs bals très brillants, des repas somptueux, enfin des fêtes de tous genres accompagnèrent la cérémonie. Je passai quatre mois uniquement employés à m'amuser et à faire des excursions dans les environs : aux sources du Salghir, à Batchi-Seraï, ancienne résidence des khans de Crimée, à Sébastopol, etc.

La félicité des jeunes mariés fut bientôt troublée; d'Ollonne reçut l'ordre de rejoindre au plus vite son régiment, qui se trouvait déjà sur la frontière autrichienne. Cette campagne se termina par la bataille d'Austerlitz, dans laquelle l'armée russe éprouva des pertes considérables. D'Ollonne revint à Odessa, au mois de mai 1806; il avait acheté une fort jolie maison de campagne tout près d'Odessa; je vivais presque chez lui. Sa femme le décida à quitter le service militaire. Il le regretta bientôt et, grâce à l'intervention de M. de Richelieu, il rentra dans l'armée russe en 1807. Nommé colonel d'un régiment de hussards en 1811, il fit vaillamment les campagnes de 1812, 1813 et 1814, obtint plusieurs décorations pour sa bravoure, et fut nommé général-major.

Au printemps on parla de brouille avec la Turquie. Un grand conseil de guerre se réunit à Odessa, pour discuter le plan de campagne. Plusieurs généraux ou aides de camp de l'empereur Alexandre logeaient chez M. de Richelieu : le général Paskewich, les princes Pierre et Michel Dolgorouki, Théodorite de Crussol, second fils du duc d'Uzès, etc. La journée était consacrée aux affaires d'État; le soir, on jouait, on fumait jusqu'à minuit, les Russes fumant déjà beaucoup.

C'est à ce moment que M. de Richelieu écrivit au ministre de la guerre à Pétersbourg; s'appuyant sur mon brevet de sous-lieutenant au régiment de Mortemart, il demandait mon admission comme sous-lieutenant dans l'armée russe, et insistait pour me garder néanmoins attaché à sa personne, en qualité d'aide de camp. Il fallait six semaines pour obtenir une réponse. M. de Richelieu me proposa d'employer mes derniers moments de liberté pour aller visiter Constantinople, avec les deux fils du général Fenshaw : « Profitez de cette occasion, me dit-il, « voilà cent ducats pour ce petit voyage. »

Le général Fenshaw, d'origine anglaise, entré fort jeune au service de Russie, fut nommé général en chef par l'impératrice Catherine II. Actuellement en retraite, il occupait le poste de gouverneur civil de Caffa, l'ancienne Théodosie. J'avais fait la connaissance de ses deux fils pendant les fêtes du mariage d'Ollonne; presque du même âge, nous nous étions liés d'amitié.

Le bateau partait le lendemain pour Constantinople; la traversée de la mer Noire fut assez pénible; mais dès notre entrée dans le Bosphore, sans transition aucune, les vagues cessèrent, et le courant nous entraîna rapidement à la hauteur de Péra, où le canal s'élargit et devient un lac immense. Nous fûmes transportés d'admiration devant le panorama splendide qui s'offrit à nos regards.

A peine l'ancre tombée devant l'arsenal, appelé Top-Hama, une chaloupe nous transporta à quai avec nos effets, car ce peuple barbare ne soumet l'étranger à aucune quarantaine ni formalité de douane, police, santé, etc.; on ne vous adresse aucune question, personne ne s'occupe de vous.

Après notre débarquement et notre installation dans une auberge, notre premier soin fut de nous rendre à l'ambassade de Russie; nous avions des lettres d'introduction près de l'ambassadeur, M. d'Italinski. Voyant notre désir de visiter la ville, il se chargea de nous faire obtenir le firman nécessaire aux Francs (par cette expression on entend tout ce qui n'est pas musulman) pour entrer dans les mosquées. Un officier supérieur de janissaires et deux janissaires nous accompagnèrent dans notre tournée. Le plaisir que l'on éprouve à visiter cette ville si curieuse est chèrement acheté; il faut d'abord faire un gros cadeau à l'officier, puis donner à chaque gardien des sommes relativement importantes. Pour visiter quatre mosquées, dont Sainte-Sophie, cour du palais, dit Vieux Sérail, et la ménagerie qui s'y trouve, il nous en coûta cent quatre-vingts francs à chacun. Je prolongeai mon séjour dans cette ville, car l'ambassadeur de Russie devait me confier des dépêches importantes; je ne m'en plaignis pas, et en profitai pour faire de charmantes excursions à Constantinople, dans les environs, et même en Asie Mineure. Chaque soir, nous avions un dîner, un bal ou une comédie, chez un consul ou quelque négociant européen, quoique la guerre menaçât de se déclarer, d'un moment à l'autre, entre la Russie et la Turquie.

Un soir, au moment d'aller dîner à Péra, M. d'Italinski me fit appeler : « Voici, me dit-il, des dépêches de « la plus haute gravité pour Odessa; faites prévenir votre « valet de chambre de boucler vos malles, pendant « que je vais vous donner quelques explications. Un « brick de guerre russe vous attend; le vent est favorable « pour remonter le Bosphore. » Trois heures plus tard, je voguais vers Odessa, par un temps délicieux et une mer calme. Mes dépêches débarquèrent. Pour moi, je dus purger une quarantaine de trente jours, que le duc de Richelieu me fit subir dans toute sa rigueur, quelques cas de peste ayant été constatés à Constantinople. Après m'avoir déposé au lazaret, le brick continua sa route pour Sébastopol, son port d'attache.

Les dépêches dont j'étais porteur avaient, en effet, une grande importance; les relations entre la Russie et la Turquie allaient être rompues.

Le général Sébastiani, ambassadeur de France en

Turquie, se conformant aux ordres de Napoléon, poussait le Sultan à refuser toute concession, dans une négociation relative à des délimitations de frontières. Il espérait qu'une guerre sérieuse en résulterait, occuperait la Russie et l'empêcherait de se mêler des affaires d'Europe. La France promettait aux Turcs une puissante intervention en leur faveur; bien entendu, ils ne virent jamais l'ombre d'un secours, ils touchèrent seulement un léger subside en argent.

CHAPITRE III

1806-1812.

Campagne de Bessarabie. — Voyage à Jassy. — Prise d'Anapa. — Expédition en Circassie. — Nomination de lieutenant. — Inspection des colonies et troupes de la Nouvelle-Russie. — Voyage à Pétersbourg. — Expédition de mon frère Louis en Circassie. — Maladie du duc de Richelieu. — Nomination de lieutenant dans la garde impériale russe. — Nomination d'aide de camp de l'empereur Alexandre Iᵉʳ. — Voyage de madame Narishkin à Odessa et en Crimée. — Prise de Soudjouk-Kalé. — Expédition en Circassie. — Invasion de la Russie. — Peste d'Odessa. — Conduite du duc de Richelieu.

En sortant du lazaret, je trouvai mon brevet de sous-lieutenant à la suite de l'armée; et une lettre ministérielle m'attachant à la personne du duc de Richelieu en qualité d'aide de camp. Malgré ma jeunesse, à cause de ma parenté et surtout de son affection pour moi, M. de Richelieu me confia la direction de sa maison et le règlement de toutes ses dépenses.

Trois semaines après mon admission dans l'armée russe, nous entrions en campagne contre la Turquie; l'armée, commandée par le général Michelson, se divisait en trois corps distincts : le premier, sous les ordres du duc de Richelieu, ayant le lieutenant-colonel comte de Venanson pour chef d'état-major; le second, commandé par le général de Meyendorff; le troisième, sous les ordres du général en chef. Notre colonne, forte de quatre mille hommes d'infanterie, six cents chevaux et douze pièces de canon, traversa le Dniester sur un pont de bateaux, construit sous la direction de mon frère, entra en Bessarabie et s'empara sans brûler une amorce de la forteresse turque d'Ak-Kerman. Les fortifications, armées de quatre-vingt-cinq pièces de canon en bronze, du calibre 24, étaient en bon état, mais la garnison se composait seulement de douze bombardiers-artilleurs, quatre janissaires, trente Albanais et du commandant, Tapchi-Bachi, borgne, manchot, boiteux, âgé de soixante-dix-huit ans; la forteresse fut démantelée et les canons envoyés à Sébastopol. Au même moment, Yousouf-Pacha ouvrait les portes de Bender au général Meyendorff; le général en chef entrait en Moldavie; la Bessarabie et le Boudjack restaient au pouvoir des Russes, moins la forteresse d'Ismaïl; les ordres de Pétersbourg défendaient de pousser plus vivement l'attaque. Deux corps d'armée restèrent en observation : l'un sur le Pruth, l'autre sur le Danube. M. de Richelieu rentra à Odessa avec son état-major, laissant le commandement de sa colonne au comte de Langeron.

Au mois de février 1807, une ambassade, composée de trois boyards moldaves, envoyés par leur divan, vint prier le duc de Richelieu « d'honorer leur capitale de sa présence auguste ». paroles textuelles, écrites en français. Le duc accepta; les ambassadeurs partirent en toute hâte annoncer la réussite de leur mission et préparer la réception.

La suite de M. de Richelieu se composait de deux aides de camp, un jeune Livonien et moi; un secrétaire russe, un médecin français, le docteur Scudéry, sept domestiques; en tout, douze personnes, réparties dans trois calèches à six chevaux. D'Odessa nous allions coucher à Tyraspol, sur le Dniester, en face de Bender; le lendemain, à Kyschenew, première ville de Moldavie. MM. Balche et Canons nous y attendaient, chargés par le divan de complimenter le duc de Richelieu, de l'escorter jusqu'à Jassy, et de commander les chevaux de poste nécessaires pour nos voitures.

La Moldavie est un pays charmant, le sol en est très fertile; la population, d'origine romaine, ainsi qu'il est facile encore de le voir par la beauté, la régularité des traits et la forte constitution des habitants, celle des paysans surtout, offre matière à d'intéressantes études. Si leur langage ne venait rappeler leur origine, on aurait grand'-peine à retrouver dans l'attitude humble, rampante et craintive de toutes les classes, suite d'une longue servitude, les descendants de ces soldats, fils et pères des dominateurs du monde. La langue usuelle de la Moldavie est un mélange de latinité et de mots turcs, slaves ou grecs, introduits par des vainqueurs barbares.

Avant d'arriver à Jassy, nous visitions le fameux mur de Trajan, rempart de vingt-cinq lieues de long, élevé derrière un large fossé et construit par ces infatigables légions romaines, pour mettre une barrière entre les soldats colonisants et les hordes qui les avoisinaient. On nous assigna pour logement à Jassy le palais de M. Costaki de Balche, frère du délégué venu au-devant de nous. Il nous reçut fort gracieusement et nous installa somptueusement.

La ville était pleine de généraux, d'officiers d'état-major de tous grades; car les Russes faisaient encore la guerre suivant l'ancienne méthode. Les troupes prenaient leurs quartiers d'hiver, et pendant ce temps de repos, on complétait et réorganisait les cadres, les effectifs et le matériel de l'armée. Napoléon, ce prodige d'hommes, ne pouvait s'accommoder de cette méthode, trop lente pour son vaste génie; il l'appelait surannée, et se battait en toutes saisons, quand il le jugeait avantageux. Il en a été cruellement puni cinq ans plus tard. Lors de l'expédition de Russie, s'il avait employé cette ancienne manière de faire la guerre, et pris ses quartiers d'hiver à Smolensk, tous les désastres qui ont accablé son armée, invincible jusqu'alors, ne lui seraient pas arrivés.

Heureusement pour nous, cette mode n'avait pas gagné les bords du Pruth; durant un mois, les bals, les concerts, les comédies, les dîners les plus recherchés se succédèrent sans interruption.

Je vais essayer de donner une idée de la société de Jassy à cette époque. Les hommes portaient de grandes barbes, étaient coiffés de kalpaks, espèce de turban en fourrure, revêtus des plus riches étoffes, chaussés de babouches jaunes, en un mot gardaient tout le type oriental. Ils conservaient dans leur attitude la gravité ennuyeuse des Turcs, et cependant, pour trancher de l'Européen civilisé, laissaient, contre leur volonté et leurs usages, une liberté illimitée à leurs femmes, qui ne manquaient pas d'en abuser. Elles suivaient les dernières modes de Paris ou de Vienne, imitaient les allures des dames de l'ancienne Cour de France; leurs meubles mêmes venaient de Paris. Madame Costaki de Balche nous reçut un jour à midi, dans son lit, sous prétexte de migraine : coiffée d'un bonnet des plus coquets, revêtue d'une camisole brodée, ornée de dentelles magnifiques et de nœuds du rose le plus frais; un châle de cachemire d'un grand prix couvrait le lit, de splendides vases de porcelaine, garnis des fleurs les plus rares, décoraient tous les coins; un demi-jour savamment calculé complétait cette mise en scène, et nous rappelait les boudoirs de nos élégantes.

Dans cette Capoue moderne, où nous rencontrâmes presque tous des beautés peu cruelles, Théodorite de Crussol s'éprit éperdument et demanda la main d'une jeune veuve de dix-huit ans, ravissante brune avec des yeux bleus, fille d'une princesse St...... Ce mariage réunissait : jeunesse, beauté, naissance, fortune; la partie morale seule laissait à désirer. Théodorite écrivit au duc d'Uzès, son père, pour solliciter son consentement; mais la duchesse de la Trémoille, princesse de Tarente, sœur de la duchesse d'Uzès, toutes deux de l'illustre famille de Châtillon-Châtillon, résidait à Pétersbourg; elle fut informée de la folie que son neveu voulait faire, et mit sa sœur au courant de la situation. Les obstacles, les lenteurs augmentèrent l'amour des jeunes gens, et la séduisante Moldave ne sut rien refuser à son adorateur. Heureusement pour Crussol, il dut rejoindre en toute hâte l'armée, qui entrait de nouveau en campagne. Quant à sa belle, elle se consola en épousant quelques semaines plus tard le général baron H.... Théodorite de Crussol, épuisé par les fatigues de la campagne de 1812, mourut en 1813 dans une petite ville du duché de Varsovie. Mon frère fut assez heureux pour entourer de soins et de consolations notre ami d'enfance; nous avions en effet bien joué ensemble à Londres en 1798; à cette époque, le duc et la duchesse d'Uzès, émigrés, habitaient la même maison que ma mère, sur Golden square.

Après trois semaines passées au milieu des plaisirs les plus variés, il fallut songer à rejoindre nos gouvernements; les troupes avaient quitté leurs cantonnements, se dirigeant sur le Danube; d'importantes opérations militaires allaient commencer dans quelques jours et sur plusieurs points en même temps. Avant de retourner à Odessa, où de nombreuses occupations l'attendaient, M. de

Richelieu voulut revoir la forteresse d'Ismaïl, terrain de ses premières armes.

Pour aller de Jassy à Ismaïl, nous nous dirigeâmes à travers la Bessarabie et le Boudjak sur Faltchi et Tobak, passant le Danube à Kilia, et suivant la rive droite du fleuve jusqu'en face à peu près d'Ismaïl. Le général Meyendorf bloquait cette forteresse avec dix mille hommes; le reste de son corps d'armée occupait des positions importantes. Le comte de Langeron, commandant une division campée sur la rive droite du Danube, avait sous ses ordres la flottille, composée de six chaloupes canonnières, armées chacune d'une pièce de dix-huit et de quatre pierriers. Il établit son quartier général sur la plus grande de ces chaloupes, occupant ainsi un logement confortable, beaucoup plus sain qu'un bivouac sur les bords du fleuve, en cet endroit large et fangeux; les émanations qui s'échappaient de ces marais, couverts toutes les nuits d'un brouillard glacial, engendraient de nombreuses fièvres. M. de Langeron nous assigna une chaloupe pour nous installer.

Nous arrivions à temps pour assister à l'attaque de l'île de Tchétal, formée par deux bras du Danube et située en face de la place; maîtres de ce point, la ville ne pourrait plus résister, et serait forcée de capituler. Mon frère remplissant à l'état-major de M. de Langeron les fonctions d'ingénieur de campagne, avait été chargé de la construction d'une batterie, destinée à faire taire l'artillerie ennemie qui protégeait l'île et rendait l'attaque impossible. Il établit sa batterie pendant la nuit; au point du jour, le duc de Richelieu et le comte de Langeron arrivèrent accompagnés d'un nombreux état-major. L'officier commandant la batterie donna l'ordre de commencer immédiatement le feu; les Turcs,

surpris d'abord, ne tardèrent pas à riposter du bastion
Hassam-Pacha, avec des pièces de gros calibre. Plusieurs
soldats de notre batterie, entendant siffler de gros boulets au-dessus de leurs têtes, firent le maudit salut que
j'aurais imité peut-être, allant pour la première fois au
feu et le voyant faire, si je n'avais été prévenu par mon
frère; étant sur mes gardes, n'ayant que cette idée-là, je
résistai à l'exemple donné par mes voisins. Le duc
m'examinait du coin de l'œil; voyant ma bonne attitude, il me dit : « Voilà votre baptême militaire; main-
« tenant que vous savez ce que c'est, cela ne vous fera
« plus d'effet. » Le feu continua sans grands résultats;
notre artillerie était trop faible pour éteindre le feu du
bastion; nous ne possédions que des pièces de douze, il
aurait fallu des pièces de vingt-quatre. Je quittai la batterie pour suivre une reconnaissance dirigée par le général en chef lui-même; il voulait s'approcher des remparts
et juger de leur état.

Deux bataillons de chasseurs, quatre escadrons de hussards, un régiment de Cosaques, en tout trois mille cinq
cents hommes et quatre pièces légères, escortaient un nombreux état-major; nous arrivâmes jusque sur le glacis,
sans rencontrer ni vedettes ni postes avancés; on aurait
cru la ville abandonnée, lorsque tout à coup une centaine de cavaliers parfaitement montés sortirent au galop.
Ils firent tourner bride à nos éclaireurs cosaques, qui se
replièrent sur la ligne de tirailleurs; on nous saluait en
même temps de plusieurs volées de coups de canon; les
boulets passèrent au-dessus de nos têtes. Les Turcs ont l'habitude de baisser la vis de pointage, ils tirent ordinairement sous un angle de 35°, avec double charge de poudre;
le boulet parcourt ainsi des distances énormes; ce jour-
là, une cantinière fut tuée à deux mille toises des rem-

parts; cette manière de pointer rend le tir inoffensif, et brise très rapidement les affûts.

Plusieurs charges de cavalerie eurent lieu de part et d'autre, sans résultats; je vis là, pour la première fois, ce dont je fus plus tard souvent spectateur dans nos expéditions du Caucase, l'acharnement, la bravoure des cavaliers turcs. Cinq ou six cents cavaliers essayèrent d'entamer notre infanterie formée en deux carrés. Repoussés vigoureusement par une décharge pour ainsi dire à bout portant, ils tournèrent bride, se reformèrent à quelque distance pour attaquer une autre face des carrés; reçus par une nouvelle décharge, exaspérés de ne pouvoir ouvrir une trouée dans cette muraille humaine, une dizaine des plus intrépides arrivèrent jusque sur les baïonnettes du premier rang; retournant leurs chevaux, ils les firent reculer en se cabrant, de façon à les renverser avec eux sur nos soldats, espérant ainsi frayer un chemin à leurs camarades; mais ils tombèrent victimes de leur héroïque dévouement, sans être suivis. Après un engagement de deux heures, le général Meyendorf donna le signal de la retraite et rentra au camp avec six blessés. Les Turcs laissaient une cinquantaine des leurs sur le champ de bataille.

Cette reconnaissance donna la certitude que les fortifications de la place étaient en fort mauvais état, mais la forteresse paraissait bien approvisionnée de munitions, suffisamment pourvue d'artillerie, et la garnison assez nombreuse pour opposer une vigoureuse résistance et supporter un long siège. L'insuffisance de notre artillerie, l'effectif trop faible de nos troupes forcèrent de différer l'attaque de l'île de Tchétal. Le duc de Richelieu retourna à Odessa prendre le commandement d'une expédition sur la mer Noire, à l'entrée de la Circassie.

L'armée du général Meyendorf, trop peu nombreuse pour couvrir, conserver et défendre la grande étendue de pays dont elle venait de s'emparer si rapidement, ne pouvait pas compter sur la population chrétienne des principautés de Moldavie et de Valachie, devait se méfier de la population musulmane et craindre une attaque en cas de revers ou de retraite. Le général adopta une mesure bien rigoureuse, il traita ces pauvres Tatars, pasteurs, cultivateurs propriétaires, avec leurs femmes, leurs enfants, leurs troupeaux, comme un corps militaire ayant mis bas les armes. Autrement dit, toute cette population, considérée comme prisonnière de guerre et escortée par trois régiments de Cosaques irréguliers, fut transportée en plein hiver à huit cents lieues de là, dans le gouvernement de Koursk. Sur les quinze mille âmes, divisées en trois colonnes, ainsi dirigées sur le nord-est de la Russie, les deux cinquièmes seulement atteignirent le but de leur exil, tout le reste périt en route de fatigue, de misère, de privations et de froid. Cette mesure n'était point indispensable : les Tatars du Boudjak, gens très pacifiques, n'auraient jamais attaqué les Russes, même dans le cas d'une retraite.

Notre retour à Odessa s'effectua rapidement; le duc ne resta dans cette ville que le temps nécessaire pour expédier les affaires les plus urgentes, et partit pour la Crimée.

Un corps composé de 7,000 hommes d'infanterie, 1,500 Cosaques Zaporogues, 22 pièces de canon, était réuni dans la presqu'île de Taman, sur la mer d'Azoff; nous devions attaquer Anapa par terre et la flotte sortie de Sébastopol, commandée par le marquis de Traverset, bombarder la ville en attaquant par mer. La grande flotte russe de la mer Noire, ainsi que les beaux établissements maritimes de cette partie de l'empire : Nicolaïeff, les chantiers de Cherson et Sébastopol, se trouvaient sous les ordres du marquis de Traverset. Ainsi deux Français gouvernaient pour le Tzar cette grande province; ce souverain leur avait concédé les pouvoirs les plus étendus, convaincu de leurs talents, de leur dévouement et surtout de leur austère probité. Il leur avait même donné carte blanche en certains cas; faveur bien rare de la part d'un souverain absolu, si jaloux de son autorité.

Le télégraphe nous prévint à Taman du départ de la flotte, forte de douze bâtiments : un vaisseau de cent vingt canons portant le pavillon amiral, deux de soixante-quatorze canons, l'un d'eux avait à son bord le contre-amiral Ourouzoff, quatre frégates de premier rang et cinq corvettes.

Le duc de Richelieu, à la tête de sa division, traversa aussitôt le Couban, fleuve torrent, servant de frontière entre la Russie et la Circassie, sans rencontrer le moindre ennemi; il marcha sur Anapa en suivant une plage unie, assez ferme pour supporter le poids de l'artillerie; sa droite s'appuyait à la mer, sa gauche côtoyait la plus merveilleuse prairie que l'on puisse rêver. C'était au milieu de mai, par le plus beau temps du monde, sous un ciel resplendissant des rayons de cet admirable soleil d'Orient; l'air était embaumé et parfumé par des plantes aromatiques dont ces incomparables prairies sont couvertes à cette époque de l'année. Ce spectacle, joint à la pensée que j'entrais en Asie, causa à ma jeune imagination une sensation délicieuse, dont le souvenir ne s'effacera jamais de ma mémoire.

La marche se fit pendant la nuit, l'armée s'arrêta au lever du soleil, à quatre verstes de la place (la verste correspond à notre kilomètre), quitta la plage sur laquelle elle marchait en colonne serrée, pour prendre la position de combat, et monta une pente douce, jusque sur un plateau dominant la ville ; l'infanterie se forma en bataille, en face de la mer, la cavalerie flanquait à gauche, l'artillerie se massait au centre : on fit la soupe en attendant le signal d'attaque qui devait partir de l'escadre.

L'amiral, monté sur une corvette, se porta en dehors de la ligne de bataille et donna le signal du combat ; le contre-amiral répondit ; aussitôt tous les bâtiments s'approchèrent de la place, défilèrent toutes voiles dehors, à demi-portée de canon, lâchant leur bordée contre les fortifications, la haute ville et le port. Chaque bâtiment, ayant exécuté cette manœuvre, prenait le large, virait de bord, et revenait saluer cette malheureuse ville d'une seconde bordée. Ce feu terrible jetant cinq ou six cents boulets ou obus sur la forteresse, anéantit batteries, remparts, maisons, édifices publics, et fit sauter deux poudrières. Le pacha n'attendit pas notre attaque, il se retira avec la garnison dans des bois fourrés situés à une verste de la ville, la population entière suivit la garnison. Une troisième bordée allait continuer son œuvre de destruction, lorsque l'amiral constata avec son télescope l'émigration générale ; au lieu de nous donner le signal convenu, il ordonna à deux compagnies du régiment des équipages de débarquer, voulant laisser à la marine la gloire d'achever la conquête et nous priver ainsi de la légère part de prise d'une ville sans habitants ni défenseurs. Mais nos Cosaques, les meilleures vedettes du monde, nous signalèrent l'évacuation de la ville. Le duc de Richelieu se mit aussitôt à la tête de sa cavalerie, partit au galop, ordonnant à l'infanterie de suivre le plus rapidement possible. Nous pénétrions dans la ville en même temps que les marins débarquaient.

Aveuglés par la fumée des incendies, qui empêchait de se reconnaître, cavaliers et marins échangèrent quelques coups de fusil, heureusement sans tuer personne; mais huit ou dix hommes des deux côtés furent blessés; une balle vint rebondir contre le panneau de ma selle, pendant que je cherchais à arrêter le feu des nôtres. Notre premier soin fut d'éteindre l'incendie, de sauver le plus de maisons possible pour loger la troupe; la grande mosquée n'avait pas souffert du feu, le duc s'y installa avec son état-major. Pour ma part de butin, je ramassai un superbe exemplaire du Coran, manuscrit avec lettres de différentes couleurs, orné de vignettes et d'arabesques d'une extrême finesse et relié d'une façon fort originale. Quelques années plus tard, Ramis-Pacha passant à Odessa, j'eus la fatale idée de lui montrer mon livre. A peine eut-il jeté les yeux dessus : « Donnez-moi ce livre, « me dit-il, il a appartenu à un saint homme qui l'a orné « de sentences pieuses, il doit rester entre les mains « d'un croyant. » Il adressa au duc de Richelieu sa requête en termes si pressants, qu'il me fallut abandonner ma prise.

La ville brûlait encore, et nous ne savions à quoi attribuer le parfum qui embaumait l'air que nous respirions, chose fort surprenante, car une ville incendiée exhale une odeur insupportable; ce parfum provenait des palissades faites en bois de cèdre et en bois de rose, pareil à celui qui recouvre nos crayons; la fumée s'élevait en hautes colonnes embaumant l'atmosphère. On arrêta difficilement le feu qui consumait ces riches palissades; j'en recueillis un énorme morceau, et, à mon retour à Odessa, je chargeai un excellent ébéniste français, nommé Favrier, de me confectionner avec ce bois précieux un nécessaire de voyage. Je perdis ce nécessaire, auquel je tenais beaucoup, en novembre 1812, au passage de la Bérézina.

Il est difficile de se faire une idée du spectacle qu'offrait l'aspect de cette ville importante, abandonnée de tous ses habitants : les maisons, les boutiques étaient ouvertes, encombrées de meubles ou de marchandises qui n'avaient pu être enlevés; à l'exception des chats, nous ne trouvions pas un être vivant; les chiens, les chevaux, les bœufs, les moutons avaient suivi les habitants. Le pacha laissait quatre-vingts pièces de canon en bronze, du calibre 24, des mortiers et de nombreuses munitions. L'escadre leva l'ancre le surlendemain, emportant les canons qui ne parurent pas nécessaires à l'armement de la ville.

Une centaine de Cosaques et deux compagnies d'infanterie partirent en reconnaissance pour se rendre compte de la position des fuyards, explorer les premiers contreforts de cette longue chaîne appelée Caucase, et se procurer du bois et des provisions fraîches; ils ne rencontrèrent personne, et les troupes rentraient avec des charges de bois, lorsqu'une nuée de Circassiens, Abbazes ou Turcs, sortant à cheval d'un bois situé sur notre droite, et que l'on n'avait pas encore fouillé, les attaquèrent vigoureusement. Étant montés sur les remparts, nous suivions facilement toutes les péripéties de cette escarmouche. Le duc envoya des renforts avec ordre de couper la retraite de l'ennemi, s'il s'aventurait trop. Un vieux Circassien de nos amis, Peck-Mourza, nous nommait les guerriers de sa nation qui se faisaient remarquer, soit par la richesse de leurs armes, soit par leurs costumes brillants, soit par la beauté de leurs chevaux, ajoutant un détail curieux ou intéressant sur leurs familles, leur noble extraction, sans oublier leurs prouesses en amour, ou à la guerre, contre la Russie ou contre la Perse. Deux heures après, nos détachements rentraient dans la place, sans autre perte qu'un cheval de Cosaque tué.

Le duc de Richelieu retourna à Odessa, laissant une garnison suffisante pour défendre notre conquête; l'Empereur venait de lui confier la mission d'approvisionner l'armée de Moldavie; ce service exigeait sa présence sur place. Je lui demandai de rester avec le général Ganguebloff, auquel il laissait le commandement du corps expéditionnaire, avec l'ordre de se porter, après la prise d'Anapa, dans l'intérieur du pays, pour donner une sévère leçon à tous ces petits princes indépendants, dont les mœurs et les habitudes guerrières rappelaient celles de nos seigneurs féodaux du treizième et du quatorzième siècle. Au mépris des traités signés deux ans auparavant, sans déclaration de guerre, fondant à l'improviste sur les terres des Cosaques Zaporogues, ils leur avaient enlevé de nombreuses têtes de bétail, s'étaient emparés de quelques femmes avec leurs enfants et les avaient vendus en Cabardie.

M. de Richelieu commençait à ressentir pour moi cette tendre et paternelle affection qu'il me conserva jusqu'à sa mort; il hésita un instant à m'accorder la faveur que je lui demandais. Il venait de recevoir une dépêche du général commandant en chef l'armée du Caucase, lui annonçant la mort d'Ernest d'Aumont, fils aîné du duc d'Aumont et de mademoiselle de Rochechouart, sœur de la duchesse de Richelieu et de la princesse de Carency. Ce jeune homme, doué d'aimables qualités, était depuis peu au service de la Russie. Voulant suivre la trace de ses ancêtres, celle surtout du brave Jacques d'Aumont, que Henri IV appelait « mon compère », il avait prié son oncle, le duc de Richelieu, de le faire placer à l'armée du Caucase, continuellement en guerre avec la

Perse ou avec les tribus insoumises habitant ces montagnes escarpées. Capitaine dans un régiment d'infanterie qui formait l'avant-garde de cette armée, il avait été tué à l'assaut d'une bicoque; il montait le premier à l'échelle, lorsqu'une pierre, lancée du haut de la muraille, lui fracassa la tête. Sauf Ernest d'Aumont, les Russes n'avaient eu ni tués ni blessés dans cette affaire. M. de Richelieu apprenait en même temps la mort d'Halbrecht, son premier aide de camp, attaché à sa personne depuis cinq ans. Ce jeune homme avait obtenu la permission de rester avec mon frère devant Ismaïl; il venait de succomber dans une attaque de nuit contre l'île de Tchétal. Cette attaque avait échoué; les échelles d'assaut s'étant trouvées trop courtes, les Russes avaient subi des pertes sensibles. La réception de ces mauvaises nouvelles agit fortement sur l'esprit de ce bon duc, encore plus fortement sur son cœur aimant; je restais son seul aide de camp, son parent. Ma jeunesse l'intéressait; il craignait un accident, et cependant désirait me voir avancer; l'occasion paraissait très favorable, l'expédition ne durerait que fort peu de jours, étant donnée la petite quantité de vivres et de munitions dont nous pouvions nous charger. Enfin, il consentit à me laisser suivre le général Ganguebloff. La colonne comprenait : trois bataillons d'infanterie, deux bataillons du 22ᵉ régiment de chasseurs, cinq cents Cosaques, une batterie de huit, une demi-batterie d'obusiers de montagne, en tout quatre mille hommes, et quelques chariots pour transporter les vivres et les médicaments.

Nous sortions d'Anapa le soir, M. de Richelieu nous quitta à une lieue de la ville; il reprit le chemin de Taman, tandis que nous tournions à droite et entrions dans l'intérieur du pays. Nous étions à la fin de juin, la chaleur étouffante imposait une marche de nuit; nous avions pour guides dans ces contrées inconnues, hérissées de montagnes, couvertes de fourrés épais, des princes tcherkesses, ennemis de ceux que nous voulions châtier, des Mourzas, nobles tatars, et surtout le vaillant Haslam-Gheraï.

Nous fîmes halte un peu avant le lever du soleil dans une charmante prairie, arrosée par la rivière d'Atacoum, pour laisser reposer l'infanterie. Le général ne négligea aucune précaution, quoique les Cosaques éclaireurs n'eussent pas signalé la présence de l'ennemi; Il faisait la guerre depuis plusieurs années dans le Caucase, et savait de longue date comment les populations guerrières de ces montagnes profitaient de la moindre imprudence pour tomber à l'improviste sur des troupes trop confiantes et les détruire complètement. Les grand'-gardes et les postes avancés furent établis, pendant que l'infanterie mangeait la soupe et se reposait quatre heures.

Le vieux Circassien Peck-Mourza, dont j'ai parlé plus haut, nous dit : « Nous sommes à une petite distance de
« la demeure de Seffer-Bey, chef de l'expédition qui a
« enlevé aux Cosaques leurs femmes et leurs bestiaux; la
« prairie sur laquelle nous sommes lui appartient; l'aoul
« (village tatar) vaut bien la peine d'être pillé. » Le général me donna l'ordre de prendre cinquante chasseurs et autant de Cosaques, et d'aller ravager l'aoul en question : « Soyez prudent, n'engagez pas tous vos hommes;
« envoyez des Cosaques en éclaireurs reconnaître le village,
« s'assurer de la présence ou de l'absence des habitants.
« Méfiez-vous des embuscades, conservez toujours auprès
« de vous une réserve importante, surtout ne méprisez
« pas votre ennemi s'il essaye une résistance quelconque.

« Je vous en préviens, ces gaillards sont intrépides et
« passés maîtres dans l'art de faire la guerre ; allez, et
« que Dieu vous protège ! Je tiendrai un détachement
« prêt à vous dégager, au cas où vous auriez trop de Tcher-
« kesses sur les bras. » Le général savait que j'allais commander pour la première fois devant l'ennemi et que je ne
connaissais pas la guerre du Caucase ; cette responsabilité
me fit une loi de ne pas m'écarter de ses sages recommandations.

Mon guide prit un sentier à gauche en sortant du
bivouac ; à quelque distance de là, j'entrai dans un bois
fourré, qui heureusement s'éclaircit vite et se transforma
en futaie assez espacée pour laisser voir autour de soi
ce qui se passait. Trois Cosaques marchaient en tête
avec le guide, quatre autres suivaient à portée de pistolet, six Cosaques de chaque côté couvraient les flancs
de la colonne, les autres restaient auprès de moi, j'avais
placé six chasseurs entre la colonne et les Cosaques flan-
queurs. Je marchai ainsi l'espace d'une demi-lieue, et
j'aperçus les premières habitations de l'aoul. Mes sept
Cosaques d'avant-garde pénétrèrent dans le village, lances
baissées ; mais en gens prudents, quoique affamés de pillage, ils ne descendirent pas de cheval et voulurent s'assurer si les maisons étaient abandonnées ou habitées ;
bien leur en prit, car au moment où ils dépassaient la
première maison, un coup de fusil retentit. Un jeune
homme sauta de la plate-forme, poussa un cri aigu, dont
le son vibra longtemps à mes oreilles : « C'est le cri
« d'alarme, me dit mon guide, tenez-vous sur vos gardes. »
Je mis tout de suite la moitié de ma petite troupe en
tirailleurs ; je terminais à peine cette première disposition,
qu'une vive fusillade s'engagea entre mes tirailleurs et
une trentaine de Circassiens, beaucoup plus adroits que

mes soldats. J'ordonnai à la moitié des Cosaques de mettre pied à terre et de confier leurs chevaux à deux ou trois de leurs camarades placés au centre. Le terrain ne m'était pas favorable; en un instant, j'avais quatre hommes blessés; l'ennemi à couvert derrière des arbres pouvait viser tranquillement. Je demandai à mon guide si l'autre côté de l'aoul n'était pas plus découvert? Il me répondit que cent pas en avant, se trouvait une grande prairie sans arbres. Je commandai de cesser le feu, j'envoyai un sous-officier et quinze chasseurs au pas de course occuper cette prairie, et je les suivis avec le reste de ma troupe. Cette manœuvre ne put s'exécuter sans nouvelles pertes; mon plus brave sergent fut tué et six chasseurs ou Cosaques blessés par un molha coiffé de son turban vert; son fils chargeait un fusil, tandis qu'il tirait avec un autre; mon pauvre sergent reçut une balle au cœur en voulant s'emparer de ce maudit molha; sa mort ne tarda pas à être vengée. Profitant d'un moment où il changeait de fusil, un Cosaque se précipita sur lui et lui traversa le corps de sa lance; cet endiablé une fois tué, ses compagnons lâchèrent pied. Je sortis du bois en poursuivant vivement les derniers combattants jusqu'à la prairie, où je me trouvai plus en sûreté; ils disparurent bientôt complètement. Craignant de m'engager de nouveau dans un mauvais pas, je m'arrêtai, toujours couvert par mes tirailleurs; j'envoyai vingt Cosaques fouiller le village, enlever ce qu'ils pourraient et mettre le feu aux maisons. Au moment où on l'allumait, des cris sortis de ces maisons m'indiquèrent que des femmes s'y trouvaient encore; je leur fis porter secours. Trente bœufs ou vaches, six chevaux, cent cinquante moutons, beaucoup d'orge, huit femmes, cinq enfants à la mamelle, trois hommes malades (et parmi eux le frère du chef de l'aoul), tel fut le résultat de mon expédition. Les chasseurs et les Cosaques se partagèrent les effets d'habillement et d'armement; pour ma part, je gardai le poignard trouvé à la ceinture du terrible molha.

Le village réduit en cendres, je rassemblai le butin et commençai ma retraite; j'avais hâte de sortir de ce bois, des forces peu nombreuses auraient pu nous disputer le passage. Les blessés pouvaient marcher; on mit le corps du sergent sur un brancard fait à la hâte avec quelques branchages. Le général, ayant entendu une fusillade un peu vive, m'envoyait une compagnie de renfort, un chirurgien et un chariot pour nos blessés et les prises qui m'embarrasseraient. Les soldats voulurent porter le brancard sur lequel gisait le corps de leur sergent; ils insistèrent, malgré leur fatigue, à lui rendre ce dernier hommage jusqu'au bivouac.

A mon retour, le général me félicita sur la complète réussite de mon expédition. La capture de trois hommes, dont le frère de Seffer-Bey, nous promettait un échange avantageux avec les Circassiens; quant à nos prisonnières, je m'attendais à voir de belles Circassiennes : complète désillusion! Elles étaient toutes vieilles et laides. Une d'elles se fit reconnaître pour une femme cosaque, enlevée depuis quelques mois; comme elle était dans un état de grossesse avancé, on lui demanda quel en était l'auteur. « Dieu seul le sait, répondit-elle; ils étaient si nombreux « que je ne sais auquel attribuer l'enfant! »

Nous quittâmes notre bivouac un peu avant minuit, pour aller ravager les propriétés de Khalabat-Aglou, l'assassin du père de notre ami Haslam, le principal auteur du dernier désastre des Cosaques et leur plus grand ennemi; il était donc urgent de le châtier de façon qu'il ne pût recommencer de longtemps ses excursions et ses pillages.

L'absence totale de route rendit la marche très fatigante ; il fallait se frayer un chemin à travers les bois et les fourrés épais, et construire une espèce de pont sur chaque torrent ou ruisseau, pour le passage de l'artillerie. Enfin, à neuf heures du matin, on aperçut la maison du chef. Certains préparatifs de défense prouvaient qu'il était averti ; il n'eut pas le temps de les achever. Les Cosaques chargèrent sur l'aoul principal, sans même attendre l'ordre du général, et mirent le feu en plusieurs endroits à la fois. Tous les habitants se sauvèrent dans les bois environnants, sans pouvoir rien emporter ; bon nombre de chevaux, de bœufs et de moutons restèrent en notre pouvoir ; tout était fini avant que nous ayons pu reconnaître l'endroit où nous nous trouvions, ni songer aux précautions à prendre pour assurer notre sécurité. L'infanterie, harassée de fatigue, se coucha sans faire la soupe. La position parut exécrable : en face de nous, une montagne très escarpée ; des deux côtés, des bois impénétrables ; enfin, derrière, le défilé étroit par lequel nous étions arrivés, seule issue pour sortir de cette terrible souricière.

Profitant de l'inaction des Circassiens, surpris par notre attaque, le général Ganguebloff disposa ses troupes en quatre carrés en échiquier. Les deux carrés de la première ligne s'avancèrent le plus avant possible dans l'étroit passage, notre seul chemin de retraite. Le général se plaça au centre avec une réserve d'infanterie, les fourgons, l'artillerie et deux cents Cosaques ; le surplus de la cavalerie fut dirigé dans le défilé pour maintenir le chemin libre. Ces dispositions prises, le général ordonna de faire coucher deux rangs sur chaque face de carré, le troisième rang resta debout pour veiller et éviter toute surprise. Après quatre heures de repos, la soupe mangée, le général voulut quitter cette dangereuse position et passer le reste de la journée sur un terrain plus favorable. Dès les premiers mouvements, nous fûmes attaqués de tous côtés; notre chemin de retraite resta fort heureusement libre. Une nuée de cavaliers, couverts d'armures de fer, sortirent de ces bois épais; un Européen à pied pourrait difficilement circuler dans ces fourrés sans le secours d'une hache. En un instant, six mille cavaliers armés de fusils, de sabres, de pistolets, de lances, et même d'arcs, dont les flèches acérées causent de graves blessures, nous entouraient. Nous étions perdus, si le général n'avait disposé à l'avance ses troupes en carrés; avec une attaque aussi brusque et aussi vigoureuse, pas un de nous n'aurait échappé. Les tirailleurs se replièrent en toute hâte sur les carrés, se couchèrent pour permettre à un feu de deux rangs bien nourri d'arrêter le premier élan des assaillants. Le général, placé au centre, fit charger à mitraille les pièces qui pouvaient tirer sans blesser nos hommes; la mitraille produisit un effet terrible sur cette masse de cavalerie : deux cents hommes environ restèrent sur place; les survivants revinrent à la charge avec une nouvelle ardeur, vainement les plus braves essayèrent d'enfoncer nos carrés; la tactique européenne et le sang-froid des troupes rendirent leurs efforts inutiles. Ils tentèrent de pénétrer par les intervalles jusque sur nos canons, les artilleurs tombèrent près de leurs pièces, atteints par des coups de pistolet et même des coups de sabre. Le général donna l'ordre à trois compagnies de chasseurs de charger à la baïonnette ces intrépides cavaliers, pour les faire reculer; je me joignis à cette charge, pendant laquelle mon cheval fut tué sous moi, sans que je reçusse la moindre égratignure.

Notre feu bien dirigé et cette charge à la baïonnette dissipèrent cette nuée d'ennemis et nous permirent de continuer notre retraite, en nous battant pendant plus de deux lieues. Nous arrivâmes enfin à la chute du jour dans notre bivouac de la veille. La position était excellente, nous pouvions nous déployer à l'aise; quelques feux de peloton, une dizaine de coups de canon nous délivrèrent complètement de la présence de l'ennemi. Le général, convaincu que la nuit serait calme, car les Turcs et les Circassiens se battent seulement au grand jour, ne négligea cependant aucune précaution pour prévenir une surprise. Il profita du repos pour se rendre compte de nos pertes; elles s'élevaient à vingt et un tués, dont deux officiers et quatre sous-officiers, quarante blessés et douze chevaux hors de service. La perte des Circassiens dut être considérable; nos soldats dépouillèrent plus de trois cents cadavres richement habillés et armés. Je me suis longuement étendu sur les détails de cette expédition pour donner une idée de la guerre dans le Caucase à cette époque.

Le lendemain, nous continuions notre marche dans une autre direction. Le général exigea des guides qu'ils le prévinssent à l'avance de la nature du terrain que nous allions parcourir, afin de ne plus tomber dans une situation aussi critique que la veille. Après avoir incendié encore plusieurs villages, pris un grand nombre de chevaux, de bœufs, de moutons, nous repassions le Couban et rentrions en Russie, **huit** jours après notre départ d'Anapa.

Je quittai la colonne, me dirigeant sur Odessa; le général me confia son rapport sur l'expédition : nous avions brûlé plus de trois cents habitations, capturé cinq cents têtes de bétail; nous ramenions cent six prisonniers des deux sexes, destinés à être échangés contre des prisonniers russes enlevés par les Circassiens dans des excursions précédentes. A ces détails, il joignait l'état de nos pertes, et la liste des propositions pour l'avancement; j'étais porté « pour ma conduite dans une mission spéciale et dans « l'affaire principale, sous les ordres directs du général », pour le grade de lieutenant. Un mois après, je fus nommé, restant toujours à la suite, et détaché près de la personne du gouverneur général de la Nouvelle-Russie, comme aide de camp. Sur la proposition de M. de Richelieu, le général Ganguebloff reçut la croix de Saint-Georges de troisième classe.

Rentré à Odessa, je repris mon service auprès de M. de Richelieu; un neveu du général Cobley, commandant la ville d'Odessa, nommé Stempkowski, remplaça Halbrecht, tué à Ismaïl. Nous nous partageâmes ainsi le travail : le premier aide de camp, un capitaine, uniquement homme de bureau, était chargé de centraliser les rapports des troupes commandées par le gouverneur général. Moi, second aide de camp, je dirigeais la maison, les affaires personnelles du duc, les finances, l'écurie, la correspondance en français, les travaux d'embellissement de la ville d'Odessa : promenades, plantations, construction de trottoirs, administration du Casino; Stempkowski venait en troisième ligne, sans attributions distinctes. C'était un excellent camarade, j'en parlerai souvent.

Au milieu de ma vie errante et malheureuse, mon instruction avait été fort négligée; je ne possédais en littérature et en histoire que des notions très superficielles. La ville d'Odessa, munie d'une magnifique bibliothèque, me fournit les livres nécessaires, et dans mes moments de loisir j'étudiais les littératures française, anglaise, italienne, allemande et russe; je parlais couramment ces différentes langues; enfin, j'appris l'histoire ancienne et moderne ; mes journées se trouvèrent bien remplies.

Le duc de Richelieu avait réglé ainsi sa manière de vivre : hiver comme été, il se levait à six heures du matin, prenait une tasse de café au lait à huit heures, donnait audience à tout le monde pendant une heure, excepté les dimanches et fêtes, travaillait ensuite avec ses trois secrétaires civils jusqu'à midi et demi. A une heure, avait lieu le dîner; ensuite, il travaillait ou sortait jusqu'au soir, soupait à neuf heures et se couchait à onze heures.

Le premier déjeuner se faisait en particulier, chacun dans sa chambre; on dressait le couvert du dîner pour vingt personnes, dont quatorze faisaient partie de la maison : les trois secrétaires civils pour les gouvernements de Cherson, Ékatherinoslaff et Tauride, le secrétaire pour la ville d'Odessa, le chef d'état-major de la division avec deux officiers, trois aides de camp, le docteur Scudéry, médecin français, qui logeait avec nous, mon frère, enfin le vénérable abbé Labdan, ancien précepteur du duc. Cet excellent prêtre, après avoir fait l'éducation du duc de Richelieu, avait été chargé de celle du duc d'Enghien. Il était devenu fou en apprenant l'exécution de son auguste élève; M. de Richelieu l'avait recueilli à Odessa et l'entourait des soins les plus affectueux. Les autres convives étaient des consuls étrangers, de grands personnages de passage ou des négociants. Le souper était moins nombreux, les secrétaires civils, les officiers d'état-major n'y assistaient pas, mais le duc invitait toujours quelques habitants d'Odessa; on pouvait alors causer plus librement avec lui.

J'avais de nombreux domestiques sous mes ordres pour la tenue de la maison; l'écurie renfermait quinze chevaux. L'entretien du jardin de produit et d'agrément, situé à une verste de la ville, entrait également dans mes attributions. J'étais bien jeune, entouré de gens qui me faisaient littéralement la cour en ma qualité de neveu du gouverneur général, on recherchait ma protection, on tâchait de l'acquérir, on me faisait des offres de service Quel écueil! Quelle tentation d'en profiter, même d'en abuser! si je n'avais eu constamment devant les yeux l'image de la probité la plus austère unie au désintéressement le plus vrai !

Pendant mon séjour à Constantinople, j'avais envoyé à M. de Richelieu un excellent cuisinier français pour remplacer un nommé Schultz dont je raconterai plus loin l'histoire. La vie était à très bon marché à Odessa : la viande de boucherie, de très bonne qualité, valait trois sous la livre; la mer Noire fournissait du poisson à profusion ; les steppes envoyaient du gibier en abondance, les légumes et les fruits arrivaient de Crimée, pays qui jouit sous ce rapport d'une réputation bien méritée; plus tard le jardin créé à Odessa, sous ma surveillance, suffit amplement à notre consommation; les vins de France et d'Espagne entraient sans payer aucun droit de douane.

J'employai l'automne aux plantations de notre jardin, à l'organisation des bains de mer qui attiraient déjà de nombreux étrangers; pendant l'hiver de 1807-1808, je créai pour nos plaisirs et la prospérité de la ville un théâtre et une Redoute.

La salle de théâtre, grand bâtiment d'une architecture élégante, avait trois rangs de loges, un amphithéâtre comme à l'Opéra de Paris et un parterre. Les premières représentations furent données par des acteurs polonais; des Italiens vinrent ensuite, et enfin un corps de ballet. Le grand maréchal de la cour ayant renouvelé le vestiaire du grand théâtre de Pétersbourg, nous envoya un assortiment complet de costumes réformés, mais encore fort présentables; pour les utiliser on composa deux troupes d'amateurs, une française, l'autre italienne; je fis partie des deux, avec quelques succès; je chantais ou jouais en italien, sans que l'on pût s'apercevoir de ma qualité d'étranger. Notre jeune première française était la fille de Léonard, le célèbre coiffeur de la reine Marie-Antoinette; elle dirigeait à Odessa un magasin de modes, aidée de deux demoiselles françaises; elles se marièrent toutes les trois fort avantageusement, grâce à leur bonne conduite.

On bâtit la Redoute, ou salle de danse, à la suite du club des officiers, employés civils, ou corps consulaire; un négociant français, M. Sicard, était président du club, on me nomma président de la Redoute. De très beaux bals masqués furent organisés avec le concours de quelques Italiens, gens très experts en matière de fêtes ou de réjouissances. A l'occasion du dimanche gras, ils imaginèrent une représentation fort originale : à un signal convenu, deux magiciens montés sur des échasses entrèrent dans la salle de bal par les deux portes opposées; six pages vêtus de blanc et six habillés de noir déroulèrent un grand tapis représentant un immense damier. Au son des fanfares, les portes s'ouvrirent, et l'on vit entrer par l'une un roi noir donnant la main à une reine de même couleur, suivis de deux fous, de deux cavaliers, de deux tours et de huit pions ou soldats également noirs, qui vinrent se ranger sur le damier, pendant qu'une troupe pareille, mais vêtue de blanc, entrait par l'autre porte et se plaçait en face de la première troupe. Les deux magiciens jouèrent une partie vivante d'échecs : ils touchaient avec leurs baguettes chaque pièce de leur couleur qui manœuvrait suivant les règles; après différentes évolutions, attaques, défenses et captures, un roi fut déclaré échec et mat. Cette représentation eut le plus grand succès, elle le méritait par son originalité et sa parfaite exécution; les Russes, comme tous les Orientaux, grands amateurs d'échecs, étaient ravis. La soirée se termina par un bal charmant.

Au printemps de 1808, le duc de Richelieu résolut de parcourir ses trois gouvernements pour visiter les différentes colonies, régler les affaires civiles de chaque province et passer l'inspection des troupes cantonnées dans la Nouvelle-Russie, qui formaient un effectif de quarante mille hommes, en comptant les Cosaques; il me désigna pour l'accompagner.

M. de Richelieu commença sa tournée par l'inspection des colonies établies aux environs d'Odessa, comptant quinze mille âmes, ainsi réparties : quatorze mille habitaient des villages bâtis dans un rayon de cinq lieues autour de la ville, portant tous des noms allemands, qui rappelaient aux colons le pays où ils étaient nés : Mayence, Strasbourg, Marienthal, etc., etc.; les mille autres résidaient dans les faubourgs d'Odessa; on leur avait donné des maisons uniformes, chacune avec un jardin; cette mesure avait entraîné de fortes dépenses, il est vrai, mais ces colons serruriers, charpentiers, menuisiers, maçons, etc., etc., se trouvaient ainsi à proximité de la ville, combinaison avantageuse pour tout le monde.

L'impératrice Catherine II, pour peupler les immenses steppes de son vaste empire, avait attiré de nombreux colons, en leur accordant des conditions très avantageuses : pour recruter des colons agriculteurs ou artisans, elle entretenait des agents sur les bords du Rhin, chargés de fournir aux émigrants les moyens de faire le voyage, eux et leur famille, entassés dans leurs grands chariots allemands attelés de quatre chevaux. A leur arrivée en Russie, le comité des colonies donnait à chaque ménage : une maison bâtie en pierres, une vache, une paire de bœufs et une charrue, plus une solde la première année de leur établissement, c'est-à-dire, jusqu'à ce que le chef de famille fût en état, par ses récoltes ou son industrie, de suffire aux besoins du ménage ; le père recevait tant par jour, la mère un peu moins, les enfants en proportion de leur âge. Au bout de dix ans, les terres, la maison, le jardin, leur appartenaient en toute propriété. Le comité faisait alors le compte de tout ce qui avait été fourni, et les colons en payaient l'intérêt à 5 pour 100 pendant quatorze ans. Ils n'étaient astreints à aucun service militaire pendant vingt-cinq ans et ne devaient même pas loger les militaires de passage. Les Mnémonistes vinrent en Russie avec toutes leurs richesses, un décret de l'Empereur les exempta pour toujours du service militaire.

Lorsqu'un certain nombre de familles avait formé un village, les habitants choisissaient un nom pour ce village, et nommaient leur bourgmestre ; celui-ci, une fois installé, correspondait avec le comité des colonies chargé de leur administration. Ce comité se composait d'un président, de huit conseillers, d'un trésorier et d'un secrétaire ; le président correspondait directement avec le ministre de l'intérieur. Le gouverneur général de la Nouvelle-Russie inspectait seulement ces colonies. Le comité siégeait à Ékatherinoslaff, premier centre d'émigration allemande. Un sous-comité, résidant à Odessa, administrait les colonies de la ville et du gouvernement civil de Cherson.

Presque tous les colons étaient Allemands, Souabes, Badois ou Wurtembergeois. Les Mnémonistes appartenant à la secte anabaptiste, connus en Allemagne sous le nom de frères Moraves, venaient de Königsberg (Prusse orientale). Leur religion leur défendait expressément de tuer un homme, et par cela même de faire la guerre. Ils étaient très riches, beaucoup possédaient cent mille thalers; le roi de Prusse ne leur accorda la permission de vendre leurs terres que sous la condition d'abandonner à l'État prussien le vingtième du produit de la vente.

Le duc de Richelieu était parvenu à fixer les Tatars Nogais, ils avaient une administration spéciale présidée par le comte de Maisons, ancien président au Parlement de Rouen, qui vivait au milieu d'eux et leur consacra les trente dernières années de sa vie. Il fut admirable par sa constante sollicitude pour eux, et ne voulut jamais recevoir ni traitement ni indemnité. L'Empereur, pour reconnaître ses services, lui fit demander ce qui pourrait lui être agréable. « Je désire, répondit-il, donner mon nom « de Mesnil-Maisons au principal village de ces bons « Tatars Nogais. » Jamais les Tatars ne purent prononcer ces deux mots français; par un ukase particulier, on les traduisit en langue tatare. Pour fixer ces nomades, descendants des anciens Mongols conquérants de l'Orient, M. de Richelieu avait fait bâtir dans chacun de leurs camps une mosquée et une maison pour le molha et sa famille. Chaque horde avait un molha et, ne voulant pas l'abandonner, s'établissait près de lui et de son temple; l'administration construisait alors des maisons pour ces nomades, qui possédaient de nombreux troupeaux. Au lieu de leur fournir des bestiaux, comme aux autres colons, le comité leur en achetait pour les donner aux Allemands; l'argent qu'ils recueillirent ainsi contribua à leur faire accepter une vie sédentaire.

Venaient enfin les colons russes, composés de différentes sectes religieuses, quelques colonies bulgares chassées par les exactions des Turcs, et quelques colonies grecques. Le tout formait deux cent trois villages ainsi divisés : cent six allemands, trente tatars nogais, treize bulgares, vingt et un russes dissidents, vingt-cinq grecs et six juifs, soit une population de trois cent mille habitants. A ce nombre il faut ajouter les artisans établis dans les villes de Cherson, Odessa, Ékatherinoslaff, Théodosie et Taganrog.

Chaque colonie conservait le libre exercice de sa religion et l'organisation municipale en usage dans son pays; ainsi les Allemands nommaient leurs pasteurs et leurs bourgmestres; les mahométans, leurs muphtis ou molhas et leurs cadis. Tous les procès étaient jugés par les tribunaux russes, mais toujours par l'entremise du comité des colonies.

J'ai voulu donner une idée de l'organisation et de l'importance des colonies établies dans la Nouvelle-Russie, et montrer les avantages accordés par le gouvernement aux différents colons venus chercher l'aisance et même la richesse, en échange de leur travail et de leur intelligence. Ceci dit, je passerai aux détails de l'inspection. Les Tatars Nogais furent les premiers visités, puis les Souabes et les Mnémonistes, etc., etc. Il est impossible de rendre l'effet que produisit sur nous le brusque contraste entre les costumes, les mœurs, les usages des Tatars et ceux de ces Allemands, portant un grand habit bleu orné de boutons de cuivre de la grosseur d'un œuf de dinde, bien astiqués, les basques tombant jusqu'aux mollets, une culotte de peau, un long gilet rouge, des bas bleus, des souliers avec d'énormes boucles d'argent, un chapeau bas de forme, les bords relevés en triangle parfait. Ils conduisaient notre calèche avec quatre grands chevaux mecklembourgeois attelés à des traits d'une longueur démesurée. En prenant leur premier relais, nous quittions les Tatars, dont l'attelage se composait de six petits chevaux, deux devant avec postillon et quatre de front au timon, à la mode russe, marchant toujours au galop.

Dans son rapport à l'Empereur, le duc de Richelieu s'exprimait ainsi : « Jamais, Sire, dans aucun lieu du
« monde, des nations si différentes de mœurs, de lan-
« gages, de costumes, de religions ou d'habitudes, ne se
« sont trouvées dans un espace si restreint. Les Nogais
« habitent la rive gauche de la Molotschna, les familles
« venues de la Grande-Russie habitent la rive droite, plu‹
« haut sont les Mnémonistes, vis-à-vis des Allemands
« moitié luthériens, moitié catholiques ; plus haut encore
« à Tolmak, des Petits-Russiens de la religion grecque,
« puis une secte russe, les Doukaboitzi. »

Les Mnémonistes nous offrirent un spectacle bier intéressant ; cette colonie, composée de capitalistes agriculteurs, avait prospéré dans un délai très court ; cette prospérité provenait d'abord des capitaux apportés, puis surtout de leur conduite, de leur sobriété et de la pureté de leurs mœurs ; leur religion avait pour base la charité chrétienne ; de là, point de disputes ni de procès, une vie patriarcale dans toute sa forme biblique. Ils venaient d'entreprendre, au moment de l'inspection, de grands travaux de défrichement, qui devaient accroître leur aisance dans une proportion étonnante.

Les colonies grecques, établies depuis vingt-quatre ans dans le cercle de Mariapol, n'étaient plus soumises aux inspections annuelles ; nous allâmes cependant les visiter, parce que, arrivées à la période de prospérité, elles pouvaient nous faire entrevoir l'avenir des colonies plus récentes. Le duc de Richelieu, très content de l'état florissant dans lequel se trouvaient toutes ces colonies, ne les quitta pas sans leur laisser des marques de sa complète satisfaction; il demanda à l'Empereur des récompenses honorifiques pour les administrateurs vigilants et éclairés chargés de la direction de toutes ces colonies.

L'inspection des colonies terminée, nous nous dirigions sur Taganrog, située sur la mer d'Azoff, à l'embouchure du Don. Cette ville, très importante par son commerce, enclavée dans le gouvernement d'Ékatherinoslaff, avait cependant un gouverneur particulier; le baron Campenhausen occupait alors ce poste. Il nous montra le port et la ville dans tous leurs détails, et surtout les vastes magasins ou greniers à blé. Pierre le Grand fonda cette ville en 1706, la fortifia et creusa deux ports, l'un militaire, l'autre de commerce. Le port militaire était mort, tandis que le port de commerce prospérait; après Odessa, Taganrog est le port le plus important des possessions russes sur la mer Noire, pour son commerce de blé.

En quittant cette ville, nous nous rendions à Nakhetchevan, ville bâtie en 1780 sur la rive droite du Don par l'impératrice Catherine II. Cette grande princesse l'avait destinée à recevoir tous les Arméniens épars dans la Crimée. On nous y accueillit avec un grand bonheur; jamais, depuis la fondation de cette ville, un gouverneur général n'y était venu; aussi ces bons Arméniens firent tous leurs efforts pour nous témoigner leur joie. Les mœurs, les usages, les costumes conservaient leur caractère asiatique, avec un léger mélange de manières européennes. La ville, entourée de jardins ravissants, est dans une situation des plus riantes; nous y serions volontiers restés quelques jours, mais le gorodnitche, chef de police, nous prévint que les neuf dixièmes de la population, riches ou pauvres, jeunes ou vieux, étaient affectés depuis quelques années d'une gale héréditaire; cette désagréable « indisposition », comme ils l'appelaient, en permanence chez eux, était causée par leur excessive malpropreté, car, contrairement aux usages orientaux, ils ne prenaient jamais de bains ; tout le monde, même de jeunes et jolies filles, se grattait ; la crainte de la contagion hâta notre départ.

Après une course rapide, nous arrivions à Azoff, bâtie sur l'emplacement de l'ancienne Tana ou Tanaüs, célèbre colonie grecque, dont les ruines témoignent encore de son ancienne splendeur. Cette ville prit le nom de Tana en 1203, époque à laquelle les Vénitiens s'en emparèrent ; son commerce devint en peu d'années une source de richesses incalculables, entre les mains de ces habiles et intrépides marchands, moitié guerriers, moitié trafiquants. Chaque année, de nombreux vaisseaux partaient de Venise pour Tana, qui devint ainsi l'entrepôt des produits de l'Europe et des marchandises de l'Inde, apportées par les caravanes. Toutes ces richesses disparurent après la conquête des Tatars ; la destruction totale de cette ville, jadis si florissante et si opulente, suivit de près l'arrivée de ces hordes barbares. Sur l'emplacement de Tana, on a élevé la forteresse d'Azoff, maintenant une chétive bourgade, sans présent comme sans avenir. L'inspection terminée, nous prenions le chemin de Catherinodar, capitale des Cosaques Zaporogues ou Cosaques de la mer Noire. Le duc de Richelieu devait passer l'inspection dans les plus grands détails.

Les Cosaques Zaporogues ont été organisés tels qu'ils sont aujourd'hui, en 1787, par l'impératrice Catherine II. Après l'anéantissement des Zaporogues, horde tatare, elle forma le corps de Cosaques et leur donna le pays qu'ils occupent depuis cette époque ; leur capitale prit le nom de Catherinodar, ou don de Catherine, pour perpétuer parmi eux la mémoire de cette grande souveraine. Elle confia à cette courageuse milice la garde des frontières du Caucase contre les Circassiens, peuple toujours en armes et difficile à maintenir dans ses limites. Elle concéda à ces nouveaux soldats agriculteurs une vaste étendue de terres, naguère immense solitude, aujourd'hui une des provinces les plus prospères.

L'arrivée du gouverneur général étant annoncée depuis plusieurs jours, les Cosaques avaient eu le temps de préparer les relais nécessaires pour nous conduire à leur quartier général; six chevaux traînaient notre calèche, et un détachement de cinquante Cosaques nous escortait d'un relais à l'autre. La distance d'Azoff à Catherinodar était de quarante lieues; nous aurions pu être enlevés par les Circassiens, si nous n'avions pas été si bien accompagnés; le pays que nous parcourions était désert et les chemins exécrables pour une voiture. A chaque passage de ruisseau, le manque de ponts nous arrêtait, les Cosaques portaient littéralement notre voiture sur l'autre rive. Ne pouvant voyager la nuit, nous fûmes obligés de bivouaquer dans un petit poste de Cosaques, situé au milieu de marais dangereux, formés par les inondations du Couban. Nous aurions bien souffert de la faim, si nous n'avions eu la précaution d'apporter des provisions que notre escorte partagea avec nous.

Deux ans plus tard, M. de Richelieu passant avec son chef d'état-major la même inspection, faillit être enlevé par les Circassiens avertis de son passage. Embusqués au nombre d'une centaine dans un marais couvert de roseaux de sept pieds de hauteur, ils avaient eu la constance de rester cachés, sans faire un mouvement, pendant trente-huit heures, ayant de l'eau jusqu'aux aisselles. L'endroit était parfaitement choisi pour une embuscade, il fallait marcher deux par deux sur la chaussée étroite qui traverse le marais. Le projet des Circassiens consistait à couper l'escorte et à s'emparer du gouverneur. Le plus grand hasard sauva le duc de Richelieu : un Cosaque de l'avant-garde, pris d'une violente colique, se jeta brusquement sur le côté pour se soulager, précisément à l'endroit où les Circassiens étaient cachés. Ceux-ci, se croyant découverts, firent un mouvement dans les roseaux; le Cosaque surpris oublia son indisposition et tira un coup de pistolet à tout hasard. Au bruit de la détonation, toute l'escorte arriva au galop et commença une décharge générale dans les roseaux. Les Circassiens, quoique tout mouillés, essayèrent de riposter en sortant de leur embuscade, mais le combat était inégal, d'autant plus qu'à deux verstes environ un relais et un piquet d'escorte attendaient l'arrivée du gouverneur; au bruit de la fusillade, prendre le galop et arriver sur le lieu du combat fut l'affaire d'un instant pour ces hardis cavaliers. Les Cosaques, animés par la présence du gouverneur général, se battirent admirablement et vinrent promptement à bout de ces aventuriers, qui laissèrent une trentaine des leurs par terre; le reste fut pris, à l'exception de cinq ou six qui se sauvèrent à travers le marais; du côté des Russes, un officier et douze Cosaques blessés montraient la vivacité de la lutte. Les prisonniers avouèrent leur projet de s'emparer du gouverneur, ils voulaient le prendre vivant et comptaient demander une somme considérable pour sa rançon. Je raconte ici cet épisode, parce que je n'accompagnais pas M. de Richelieu cette année-là, ayant été retenu à Odessa par des affaires importantes.

Je reprends la narration de notre voyage de 1808. Malgré tous les retards occasionnés par les mauvais chemins, nous arrivions à Catherinodar vers le soir, ayant mis vingt heures pour franchir quarante lieues, sans compter la nuit passée au bivouac. L'attaman, nom donné au chef des Cosaques, nous reçut avec les plus grands honneurs militaires, unis aux soins les plus attentifs pour notre logement et nos repas, qui, se prolongeant indéfiniment, devinrent très fatigants. Nous restions à table trois heures, et cela deux fois par jour; il fallait, pour ne pas froisser l'attaman, manger et boire abondamment. Ce qui contribuait à prolonger ces interminables festins, c'est l'attention qu'avait eue notre hôte, dans le but sans doute de nous être agréable, d'ordonner que chaque mets, y compris la soupe, fût servi trois fois : ainsi trois potages, trois entrées, trois rôtis, trois salades, etc., etc., en l'honneur de la très sainte Trinité, nous dit-il, « et je « l'invoque en ce moment ». A ces paroles répondirent trois coups de canon et trois hourras poussés par les Cosaques présents et rangés en bataille devant la maison. Avant de se coucher, il fallut boire : trois tasses de thé, trois verres de rhum! Quel régime! Le maître de la maison donnait l'exemple; ce qu'il engloutit dans son estomac ne peut se comprendre, à moins d'avoir assisté à ces repas; c'était du reste un colosse, âgé de soixante ans, paraissant en avoir tout au plus quarante; dans sa jeunesse, il s'était battu contre un bœuf qu'il avait fini par dompter. Les Circassiens le redoutaient; plus d'une fois ils avaient éprouvé la vigueur de son bras. Père d'une nombreuse famille, il n'en connaissait pas au juste l'importance. M. de Richelieu lui ayant posé cette question : « Attaman, combien avez-vous d'enfants? » il se retourna vers le Cosaque qui le servait à table : « Trophime, combien ai-je d'enfants? — Onze, général », lui répondit celui-ci. « Tous garçons? » ajouta le duc de Richelieu, pour dissimuler le rire qui le suffoquait. — « Trophime, combien ai-je de filles? » continua l'attaman sur le même ton. — « Quatre, général », dit le Cosaque avec un sang-froid imperturbable. L'immense quantité de viandes et les boissons absorbées par ce vieux brave devaient être pour beaucoup dans son manque de mémoire au sujet de sa propre famille; néanmoins, comme scène de comédie, celle-ci nous divertit longtemps, surtout le sérieux de Trophime.

L'attaman s'appelait Boursak, on lui avait donné ce nom à l'hospice de Kieff, où il était élevé aux frais du gouvernement, comme enfant naturel abandonné.

L'inspection générale commença le lendemain de notre arrivée. L'attaman présenta au gouverneur vingt régiments de six cents hommes chacun, moins les hommes répartis dans les redoutes établies le long du Couban sur la frontière, plus quatre batteries de huit. Chaque Cosaque devait toujours posséder trois chevaux, l'effectif se montait donc à onze mille hommes sous les armes et près de quarante mille chevaux, y compris ceux de l'artillerie, des bagages et des officiers. Cette république militaire comptait en plus : les vieillards, les prêtres, les femmes et les enfants, tous sous le commandement direct de l'attaman. M. de Richelieu consacra cinq journées entières à inspecter et faire manœuvrer ces troupes merveilleuses, certainement les meilleures de l'Europe, pour le service de vedettes ou d'éclaireurs ; j'aurai l'occasion d'en donner de nombreuses preuves.

Leurs chevaux sont aussi bien dressés que des chiens. Sur un geste de leur maître, ils se couchent, se lèvent, comprenant tout ce qu'il leur demande. Il restait au duc de Richelieu à inspecter les troupes cantonnées dans la Crimée. Il comptait en profiter pour visiter en détail cette antique et célèbre Tauride, dont les annales remontent à Iphigénie, Oreste et Pylade pour les mortels et à Diane pour la fable. Le temple de cette déesse, célèbre sous le nom de Parthénon, aujourd'hui Partenitza, fut privé de sa statue, disent les poètes, par Iphigénie, qui la transporta en Grèce, reconnaissant ainsi la protection que lui avait accordée « la Bonne Déesse » en lui facilitant le moyen de sauver son frère Oreste et son ami Pylade des fureurs de Thoas. De la fable, on passe à Mithridate, puis à cette Chersonèse Tauride, connue par ses richesses, dont les ruines attestent la grandeur.

Trente-six heures après avoir quitté Catherinodar, nous arrivions à Taman, l'ancienne Phanagorie, dernière ville occupée par les Cosaques Zaporogues, qui n'en ont pas exploité les ruines malgré l'abondance de leurs richesses; les maisons possèdent toutes quelques restes de splendeur : colonnes cannelées, chapiteaux finement sculptés, pierres avec des inscriptions grecques, magnifiques bas-reliefs, etc., etc., chefs-d'œuvre abandonnés, mutilés, en tout cas perdus pour l'art; mon cheval mangea son avoine dans un magnifique sarcophage en marbre blanc, orné de moulures d'un travail exquis.

Un grand canot de l'amirauté nous attendait pour nous faire traverser le Bosphore Cimmérien, appelé par les uns détroit de Taman, par d'autres détroit de Kertche, ou encore détroit de Yeni-Kalé. Après deux heures de navigation, nous débarquions à Kertche, l'ancienne capitale des Bosphoriens, décrite par Strabon sous le nom de Panticapée. Cette ville, singulièrement déchue, conserve cependant encore une certaine importance par sa situation; la population se compose de Grecs; le sol est couvert de ruines précieuses, de marbres de toutes couleurs, de statues mutilées; il n'y a littéralement qu'à se baisser pour les ramasser; dès qu'on remue la terre, on trouve des médailles d'or, d'argent ou de bronze; le gouvernement a fondé un musée pour rassembler tous les trésors découverts. Deux jours avant notre arrivée, en fouillant un tombeau, pompeusement appelé le tombeau de Monime, qui gênait une maison en construction, on avait trouvé des médailles des anciens rois de Pont, des bracelets d'or, des camées, d'autres bijoux de femmes et plusieurs statuettes; on m'offrit une statuette en bronze fortement oxydé et une autre en marbre bleu pâle, très rare : toutes deux représentaient des divinités égyptiennes; j'achetai plusieurs médailles.

Avant de commencer l'inspection des troupes casernées dans la citadelle de Kertche, nous devions visiter le détachement de Yeni-Kalé, en langue tatare : nouveau port, qui est situé à trois lieues de Kertche, à l'extrême pointe de la Crimée, à l'endroit où le canal, qui conduit les eaux de la mer d'Azoff dans la mer Noire, est le plus étroit.

A notre retour de Kertche, le général Fenshaw, père des jeunes gens qui m'avaient accompagné à Constantinople, nous attendait à dîner à Caffa, l'ancienne Théodosie. Arrivé en Russie comme lieutenant et parvenu au grade de général en chef, le général Fenshaw, âgé alors de soixante-dix ans et retraité, commandait le territoire civil de Théodosie; les troupes formant la garnison restaient sous les ordres du duc de Richelieu, gouverneur général et militaire de la Nouvelle-Russie. Le général, heureux de recevoir les étrangers de passage, tenait à leur offrir sa maison; après la réception des Nogais et des Cosaques, la luxueuse hospitalité de notre excellent hôte, sa cuisine exquise, ses soins empressés, la conversation agréable de sa femme, qui avait dû être fort belle et avait beaucoup d'esprit, la réunion de jeunes gens aimables, en un mot, après avoir étudié les mœurs des Tatars, le retour à la civilisation eut pour nous beaucoup de charmes.

La ville de Théodosie doit son nom antique à la sœur de Leucon ; les Génois y avaient établi l'entrepôt général de leur commerce, ils avaient fait élever des fortifications qui existent encore, et une forte muraille reliée par des tours assez rapprochées les unes des autres pour entourer la ville, à laquelle ils avaient rendu son ancienne opulence. L'état de conservation de ces remparts atteste les dépenses énormes et le prix qu'ils attachaient à la défense de cette ville. Rien de pittoresque comme cette enceinte crénelée suivant tous les replis du terrain, tantôt grimpant à pic sur un roc élevé, tantôt descendant au fond d'un ravin, tantôt côtoyant les sinuosités d'un ruisseau.

Caffa possède un beau port, une jolie place, des rues élargies et alignées par les soins du général Fenshaw, une ancienne mosquée fort belle, convertie en église du rite grec ; enfin, une splendide promenade dominant la mer. L'importance commerciale de Caffa est bien amoindrie par celle de Taganrog et surtout par celle d'Odessa.

Le duc de Richelieu devait commencer son voyage sur la côte méridionale, partie montagneuse de la Tauride qui longe la mer, après avoir inspecté un régiment de dragons en garnison à Karassou-Bazar, petite ville éloignée de cinq lieues de Caffa. Les chemins étant impraticables pour une voiture, il laissa sa calèche et tout le matériel d'inspection, avec ordre de le rejoindre à Simféropol. Le plus jeune des Fenshaw obtint la permission de nous accompagner dans cette tournée, d'autant plus intéressante qu'elle se faisait avec le gouverneur général de la province. Il se rendit à Soudak pour préparer les chevaux nécessaires à notre voyage ; ce soin rentrait dans mes attributions, mais je laissai à Tom Fenshaw le plaisir de remplir un instant les fonctions d'aide de camp du duc de Richelieu, ce qui me permettait de visiter Karassou-Bazar. Fenshaw devait réunir soixante chevaux de selle à chaque étape pour monter le gouverneur, son état-major, les personnages invités et les domestiques, plus vingt chevaux de bât pour porter nos bagages, tentes, cuisine, cave, vaisselle, linge, etc., etc. On voit par ce nombre de chevaux l'importance de notre caravane et par sa composition le singulier spectacle qu'elle offrait.

Entre Caffa et Karassou-Bazar, la route traverse Eski-Krim ou vieux Krim, l'ancienne Cimmerium, jadis capitale des Khans, plus tard abandonnée pour Batchi-Seraï; cette ville, considérable autrefois, a donné son nom au golfe Cimmérien, désigné sur les cartes modernes sous le nom de golfe de Caffa; le palais, debout en partie, devait être magnifique, mais il ne contient plus qu'un appartement habitable, occupé alors par le colonel d'un régiment de Cosaques, dont les soldats, disséminés sur la côte de Crimée, poursuivent les contrebandiers. Des Arméniens emportant leurs richesses en fuyant la Perse, où ils étaient persécutés pour leur religion, vinrent s'établir à Eski-Krim; ils y trouvèrent refuge, protection, sécurité, liberté de conscience, et, grâce à eux, cette petite ville, ancienne résidence princière, se relève depuis quelques années.

Les Bulgares avaient bâti un village à peu de distance de la ville; cette colonie était très florissante. Arrivé de bonne heure, M. de Richelieu alla l'inspecter dans la soirée; le lendemain matin, il se rendit chez les Arméniens, visita les ruines de l'antique ville d'Eski-Krim, et partit à onze heures pour Karassou-Bazar.

Cette jolie ville, importante par son commerce, est très peuplée, les Grecs l'appelaient Mauron-Castrim; Colga-Sultan, l'un des premiers khans de la Crimée, y établit sa résidence; située dans une vallée fertile, entourée de tous côtés de collines élevées, elle est traversée par la rivière Kara-sou (eau noire); les fortes pluies et la fonte des neiges causent des inondations dans la ville; la faible pente empêche les eaux de s'écouler rapidement, et leur stagnation engendre de mauvaises fièvres en automne; deux cents dragons se trouvaient à l'hôpital au moment de notre passage, les trois quarts succombèrent. Karassou-Bazar renferme dix-huit mosquées, une synagogue, une église grecque, une arménienne et une romaine, cette dernière d'une fort belle architecture; de nombreux bains de vapeur, plusieurs boutiques ou bazars tenus par des Tatars, des Grecs, des Arméniens et des Juifs polonais; le mouvement donné à la ville par cette foule bariolée de négociants et par une garnison importante, en rend le séjour très amusant. De jolies villas avec leurs jardins plantés de fleurs rares, d'arbres produisant d'excellents fruits, entourent la ville. Le contraste des habitations modernes avec les vieilles maisons tatares, l'assemblage des costumes variés, les mœurs de l'Orient coudoyant les usages européens, achèvent de donner à cette ville un aspect très intéressant. J'assistai au dénouement d'une aventure originale.

A la fin du règne de Louis XV, un soldat alsacien, nommé Schultz, déserta son régiment, alors en quartier d'hiver sur les bords du Rhin, et arriva en Russie. Nommé instructeur, puis officier, colonel, général-major, enfin général en chef, il se distingua dans toutes les guerres de cette époque. Après la campagne du feld-maréchal Souwaroff en Italie et en Suisse, couvert de blessures, décoré de tous les ordres de Russie, Schultz se retira à Karassou-Bazar, où il avait été en garnison. Grâce aux bontés de l'impératrice Catherine et à la générosité de l'empereur Paul, il habitait une magnifique propriété et jouissait des pensions gagnées par ses bons et loyaux services; il avait épousé, étant capitaine, une Allemande dont il n'avait pas d'enfants. Il parlait souvent de parents laissés en France dans un état de fortune peu brillant, et prononçait surtout le nom d'un frère cadet dont il n'avait plus de nouvelles, quoiqu'il lui eût écrit plusieurs lettres pour lui annoncer sa haute position et l'engager à venir le rejoindre. Des Alsaciens, arrivés comme colons dans la Nouvelle-Russie, lui apprirent que son père et sa mère étaient morts, et que son frère, parti pour les Antilles, avait disparu. Sa sœur avait épousé un cousin germain portant également le nom de Schultz, cuisinier du cardinal duc de Rohan, évêque de Strasbourg; les détails s'arrêtaient à la révolution de 1789; après, plus de nouvelles. L'âge et les infirmités commençaient à incommoder ce brave général, il se désespérait de n'avoir personne après lui, à qui léguer, avec sa fortune, son titre de baron; sa femme, de son côté, n'avait aucun parent.

Or, le cuisinier du cardinal de Rohan était mort ruiné par la Révolution, laissant à son fils unique, pour tout héritage, au lieu d'écus, son talent dans l'art culinaire; il avait épuisé ses dernières ressources en soignant sa femme, sœur de notre vieux général, morte après une longue et douloureuse maladie.

L'époque paraissait peu favorable pour un disciple de Vatel; en attendant des jours plus heureux, le jeune Schultz fut empoigné par la réquisition et dirigé sur les frontières; suivant l'exemple de son oncle dont il avait entendu parler, il saisit la première occasion pour passer à l'étranger et chercher à utiliser ses talents. Il désirait se rendre en Russie, sachant que cet oncle avait pris du service dans l'armée russe; il ignorait pourtant ce qu'il était devenu.

Après plusieurs tentatives infructueuses, il se trouvait à Vienne sans place, par suite de la mort de son dernier maître, lorsqu'il apprit que le duc de Richelieu, revenant de France en 1801, se rendait à Saint-Pétersbourg, appelé par l'empereur Alexandre, qui voulait lui confier le gouvernement d'Odessa. Le duc cherchait précisément un cuisinier, personnage qu'il lui serait probablement difficile de trouver dans son nouveau gouvernement; il prit Schultz sur la recommandation d'une maison de Vienne et se rendit à son poste de gouverneur général de la Nouvelle-Russie, remplaçant le baron Rosemberg, mort depuis peu.

A peine installé, le duc visita son vaste gouvernement, naturellement le cuisinier l'accompagna; on s'imagine sa joie, quand, à Karassou-Bazar, il trouva enfin dans le général baron Schultz l'oncle qu'il cherchait. Ce brave garçon avait un grand bon sens et de fort bons sentiments; il comprit tout de suite qu'il ne pouvait, sans blesser l'amour-propre de son parent et encore plus celui de la baronne, se déclarer brusquement le neveu désiré, portant le tablier et la veste blanche pour uniforme, le bonnet de coton pour coiffure, le couteau de cuisine passé dans la ceinture en guise d'épée. Pour le moment, il ne dit pas un mot de sa découverte; mais, de retour à Odessa, il raconta tout au duc, qui, en le louant de sa discrétion, écrivit au vieux général :

« Mon cher général,

« Je vous annoncerai l'arrivée de votre neveu à Odessa ;
« je puis certifier son identité, je l'ai connu à Vienne, il
« était *employé* dans une maison de commerce, j'ai eu les
« meilleurs renseignements sur ce brave garçon, d'une

« grande probité ; la tourmente révolutionnaire et la
« modicité de sa fortune l'ont empêché de recevoir une
« éducation complète, mais je puis vous assurer que
« vous n'aurez jamais à vous repentir de le reconnaître
« comme neveu. Cette lettre vous sera remise par le
« jeune Schultz. A mon prochain voyage en Crimée, je
« complèterai et confirmerai ce que je vous écris.

« Croyez, mon cher général, etc.

« RICHELIEU. »

Cette lettre, on le voit, ne contenait que l'exacte vérité ; M. de Richelieu était incapable d'agir autrement ; seulement, il ne faisait pas mention du genre d'emploi que ledit Schultz avait rempli, trouvant inutile d'en faire la confidence au baron de Schultz. Avec sa lettre, le duc donna à son cuisinier quelques conseils sur la conduite réservée qu'il devait garder, et lui souhaita bonne réussite. Muni de tous ses papiers, notre cuisinier se rendit auprès de son oncle, qui, enchanté de retrouver un parent de son nom, le reçut à bras ouverts ; mais la baronne, moins enthousiasmée, fit des réserves sur l'adoption de ce neveu. Elle écrivit à Odessa, et des personnes peu charitables lui répondirent que son neveu était simplement le cuisinier du gouverneur général amené par lui de Vienne. Là-dessus, refroidissement du général, humilié de la condition peu élevée de son futur héritier, oubliant son point de départ à lui-même. Schultz écrivit au duc, lui demandant conseil et assistance ; M. de Richelieu lui répondit d'attendre son premier voyage en Crimée et surtout de ne pas avoir l'air de connaître la petite intrigue. Dès son arrivée à Karassou-Bazar, ce bon et excellent duc n'hésita pas, dans l'intérêt de son ancien cuisinier, à l'embrasser en l'appelant : « Mon cher Schultz. » Cette démonstration suffit pour faire oublier tous les cancans et dissiper les inquiétudes du vieux baron : « Tu vois bien, dit-il à sa « femme, on a voulu faire une méchanceté à notre « neveu; s'il avait été cuisinier du duc de Richelieu, ce « grand seigneur ne l'aurait pas embrassé devant tout le « monde. » Le baron de Schultz et sa femme moururent à quelques mois de distance, en 1809, laissant une fort jolie fortune à leur neveu, qui se maria peu de temps après. Chaque fois que M. de Richelieu venait à Karassou-Bazar, Schultz dirigeait la confection des repas offerts au gouverneur général; il connaissait ses préférences, disait-il.

J'ai tenu à faire connaître ce trait de bonté de M. de Richelieu; il montre l'excellence de son noble cœur, son peu de fierté et sa simplicité dans la vie privée; mon cœur est plein de reconnaissance et de dévouement pour l'homme éminent qui m'a toujours traité comme son fils; aussi, chaque fois que l'occasion s'en présentera, je me ferai un devoir de publier ses bonnes actions et de faire ressortir sa rare modestie.

L'inspection terminée, la réconciliation de Schultz cimentée, nous partions de Karassou-Bazar pour aller à Soudagh, selon les Tatars, Soudak, suivant l'orthographe russe. Nous laissions les affaires sérieuses pour nous occuper pendant quelques semaines de nos plaisirs et du charmant voyage que nous allions entreprendre.

Voici la composition de notre cavalcade : le duc de Richelieu et sa suite militaire, M. de Borodzin, gouverneur civil de la Tauride (il voulait nous faire les honneurs de sa province), deux médecins, trois colonels, six mourzas, nobles Tatars, deux négociants, l'un Français et l'autre Génois, un dessinateur allemand, ami intime des Fenshaw, enfin tous nos domestiques, le cuisinier, sa batterie de cuisine et ses provisions. A chaque station, notre caravane s'augmentait de quelques propriétaires chrétiens ou musulmans, heureux de faire escorte au gouverneur général et de lui donner un témoignage de respect.

Notre première étape fut donc Soudagh, la Soldaga des Génois : de vieilles tours, les unes carrées, les autres rondes, au nombre de douze, de vieilles murailles, de vieilles maisons, une vieille forteresse, une vieille église très originale, voilà le spectacle offert à nos yeux, tout cela dans une position charmante, au bord de la mer et près d'un vallon d'une grande fertilité. Les murailles sont couvertes d'inscriptions burinées en caractères gothiques. Un Génois, Oderico, a publié un ouvrage dans lequel il donne la clef de ces inscriptions et des détails très intéressants sur les possessions génoises en Crimée et sur toute la côte de la mer Noire.

L'impératrice Catherine II avait donné au prince Potemkin de grandes propriétés en Crimée; il fit planter en vignes tout le vallon de Soudagh. Les plants provenaient du Bordelais, de la Bourgogne, d'Espagne et même de Madère; il construisit des caves immenses, destinées à loger le vin produit par ses plantations; la nature du sol et un soleil ardent favorisaient la fertilité de la vigne. Le prince Potemkin mourut sans enfants, sans héritiers directs, ses biens retournèrent à la couronne. Les empereurs Paul et Alexandre firent continuer les travaux; pour encourager la culture de la vigne, ils demandèrent des vignerons expérimentés dans les différents pays qui avaient fourni les plants : grâce à leur concours, on obtint des vins excellents. Les vignes appartenant à l'Empereur, le vin, sauf quelques cadeaux, est réservé pour la table du souverain; aucune falsification n'est commise, je puis affirmer que le vin de Sauterne de Crimée est aussi fin, aussi parfumé que celui du département de la Gironde. Je fus à même d'en faire la comparaison en compagnie d'un gourmet qui avoua, après dégustation, ne pouvoir reconnaître avec certitude le véritable. Quelques particuliers possèdent des crus indigènes assez bons, et le vin du cru dit : de Crimée, fait selon les bons principes, est même d'une qualité supérieure. L'idée exécutée par le prince Potemkin, de faire venir plants et vignerons de l'étranger, appartient au professeur allemand Pallas. Nous restâmes deux jours à Soudak, pour organiser notre voyage à cheval le long de cette ravissante côte méridionale, donner à l'avance tous les ordres et préparer gîtes et relais.

La première journée n'étant pas longue, les principaux habitants de Soudak nous offrirent un copieux déjeuner, après lequel la caravane se mit en mouvement dans un ordre de marche bien réglé. Nous devions coucher à Kutchuk-Uzen, petit village moitié grec, moitié tatar; le duc de Richelieu logea chez un médecin grec instruit, bien élevé, ayant beaucoup voyagé, marié à une Romaine jolie et spirituelle; grâce à sa conversation, la soirée nous parut charmante, nous ne nous attendions pas à pareille fortune dans un endroit aussi éloigné du monde civilisé.

La journée du lendemain aurait été trop forte, on la partagea. Partis de grand matin de Kutchuk-Uzen, nous arrivions pour dîner, après avoir souffert d'une terrible chaleur, à Irskout, village tatar d'un aspect des plus riants. La chaîne de montagnes qui s'étend de l'est à l'ouest arrête le vent du nord et laisse le voyageur exposé en plein midi aux ardeurs du soleil, dont la chaleur n'est tempérée que par la brise de mer, se levant au coucher de ce soleil brûlant. Les nuits sont délicieuses, mais les journées fatigantes. Le figuier, l'oranger, l'olivier, le grenadier prospèrent sur cette côte, bien qu'on ne les rencontre habituellement qu'à 10° plus au sud. Des sources abondantes descendent des montagnes et entretiennent une végétation luxuriante. Irskout est situé au fond d'un petit golfe; arrivé le premier, j'eus le plaisir de voir la longue file de notre caravane suivre les détours en zigzag d'un sentier étroit, sur lequel on ne pouvait avancer deux de front. Une hospitalité digne du vieil âge nous attendait dans le village; le duc décida d'y prolonger un peu notre séjour et ajouta au programme une excursion sur le Tchatyr-Dagh, la plus haute montagne de la Crimée, située à onze verstes sur notre droite.

Batyraga-Mourza, riche propriétaire, dont la vie entière avait été dévouée à la Russie, vint à Irskout avec ses trois fils, jeunes Tatars charmants, supplier M. de Richelieu de lui faire l'honneur de déjeuner chez lui en descendant du Tchatyr-Dagh. Son habitation se trouvait à deux verstes sur le versant nord de cette montagne, du côté de Simféropol, au milieu d'un village lui appartenant en entier : Mahmoud-Sultan. Le duc ne pouvant accepter cette invitation, le remercia, en lui faisant connaître le motif de son refus : il lui était impossible de modifier son voyage sans de graves inconvénients, tous les préparatifs étant faits depuis huit jours; il lui promit à son retour à Simféropol d'aller non seulement déjeuner, mais passer une journée entière chez lui. Cette promesse formelle consola le vieux Mourza; mais comme il tenait à nous offrir à déjeuner, il chargea un de ses fils de préparer un repas champêtre pour le retour de l'excursion.

Les chevaux ne purent monter à plus de moitié chemin

de ce petit mont Blanc, il fallut achever à pied l'ascension. Elle s'effectua par le temps le plus calme et le ciel le plus pur. Après une heure de marche, arrivés à un grand plateau, nous croyions être au sommet, ce n'était qu'un premier étage; il fallut encore un coup de collier très pénible pour atteindre la cime et jouir de la vue très étendue qui embrasse toute la Crimée; Sébastopol paraissait à nos pieds, et nous en étions à vingt lieues. Le Tchatyr-Dagh, ou mont de la Tente, vu de la mer, a, en effet, l'aspect d'une de ces immenses tentes en usage autrefois dans les pays orientaux; il est à 1,200 pieds au-dessus de la mer Noire; la base, du nord au sud, mesure dix verstes.

Malgré un violent appétit excité par l'exercice, nous redoutions la cuisine tatare, car les poulets et les anguilles à la tatare sont complètement inconnus dans ce pays; c'est un joyeux mensonge de nos restaurateurs. Un déjeuner plus solide nous attendait : deux moutons bien gras avaient été tués sur place, vidés, mis à la broche en entier devant un feu ardent; une longue perche supportée par des piquets enfoncés en terre traversait les moutons en guise de broche; quatre Tatars se relayaient deux à deux pour tourner cette broche primitive, et saupoudraient en même temps les moutons de sel marin, qui, pénétrant dans la chair, la rendait succulente. Les Tatars avaient calculé la mise à la broche pour que les moutons fussent cuits juste au moment de notre arrivée. A l'unanimité, on déclara parfait ce plat digne des héros d'Homère ou de Rabelais. Le Mourza avait apporté du pain frais; en sa qualité de major de hussards en retraite, il oubliait la défense du Prophète et buvait d'excellent vin dont il nous donna un échantillon. Après le repas et une délicieuse sieste sous de frais ombrages, nous remontions à cheval pour aller coucher à Aloutcha, charmant village.

Nous en repartions le lendemain de très bonne heure, nous dirigeant sur Ourzouff, où nous devions séjourner quarante-huit heures. La propriété de M. de Borodzin, Kutschuk-Lambat, se trouvait à moitié chemin, il nous avait fait préparer un déjeuner. La villa qu'il faisait construire n'étant pas terminée, il nous reçut sous une tente parfaitement meublée, et nous offrit un repas somptueux; le cuisinier, fort habile, avait accumulé les mets les plus recherchés de la cuisine française, arrosés de vin de Champagne frappé, de la meilleure marque. Singulier contraste avec le mouton à la tatare mangé la veille !

Voici le motif de notre séjour à Ourzouff : le duc de Richelieu, enthousiasmé par cette côte méridionale et bien décidé à y venir chaque année, loin de l'Europe, se reposer de ses occupations, désirait posséder une habitation. Une petite propriété, située entre les villages d'Ourzouff et de Kysiltache, était en vente; elle avait appartenu à un riche Tatar, décédé sans héritier. Les musulmans ne permettent pas l'établissement des chrétiens parmi eux; lorsqu'une propriété est à vendre, ils se cotisent, l'achètent et se la partagent. Le petit bien dont je viens de parler était mis en vente à Akmetcheff, chef-lieu de la province; les musulmans se disposaient à l'acheter, lorsqu'ils apprirent que le duc de Richelieu se portait acquéreur. D'un commun accord, par attachement pour sa personne, par respect pour son caractère, ils se retirèrent et lui laissèrent adjuger un jardin assez vaste, une vieille masure et quelques lopins de terre, pour la somme de quatre mille roubles papier, environ huit mille francs.

Cette propriété était merveilleusement située, ayant en face la mer Noire et à gauche le village d'Ourzouff, avec son port génois, bâti sur un rocher qui s'avance dans la mer et porte le nom d'Ajou-Dagh, montagne de l'Ours, à cause de sa forme et de sa couleur presque noire. Nous devions poser la première pierre de la maison appelée à remplacer la masure; un habile architecte d'Odessa avait préparé les plans. Cette cérémonie, accomplie avec une grande solennité, frappa d'étonnement ces bons Tatars; l'habitation, dans le style grec, leur parut un palais magnifique, comparable aux palais de leurs anciens khans à Batchi-Séraï. Un jardinier paysagiste allemand, qui dirigeait les jardins et les serres de M. de Borodzin, dessina le jardin.

Nous quittions, deux jours après, avec regret, ce charmant endroit. Le duc formait la résolution d'y revenir souvent. A cette époque, nous paraissions fixés pour toujours en Russie. M. de Richelieu, qui s'attachait à moi de plus en plus, me dit : « Je vous laisserai Ourzouff après « ma mort; vous y finirez vos vieux jours. » Aussi m'appelait-il souvent : Ourzouff-Aga. Les événements de 1814 changèrent ces dispositions; il donna cette charmante retraite au colonel Stempkowski, son aide de camp russe, qui la vendit plus tard au prince Michel Woronzoff.

D'Ourzouff, nous allions à Déré-Koy, grand et beau village tatar; la chaleur était insupportable; laissant nos lits, nous couchâmes tous sous un énorme grenadier. Nous étions attendus le lendemain à Aloupka; à cet endroit, la route quitte la côte méridionale; on peut, à la rigueur, suivre les bords de la mer jusqu'à Foros, village situé sur le cap Kaïou-Métropon, Front de bélier, en grec, ou Karadji-Bouroum en tatar, mais personne ne suit ce chemin difficile, qui n'offre rien de curieux. A partir d'Aloupka, un sentier étroit, raide et tortueux, conduit jusqu'au sommet de la chaîne de montagnes, appelée

8.

Sinab-Dagh, qui sépare la plaine de la mer Noire, puis descend le versant opposé jusqu'au bourg de Kokos, où nous arrivions après une journée de douze lieues. Là, notre caravane se dispersa; les cavaliers et employés qui nous accompagnaient depuis Soudak retournèrent chez eux. Le duc de Richelieu, moi et nos gens, continuions notre voyage à cheval.

Nous étions invités depuis longtemps à nous arrêter chez l'amiral Mordwinoff, à Baïdar; ce spirituel vieillard, dégoûté des grandeurs, après avoir occupé le ministère de la marine pendant de longues années, avait quitté ce poste élevé pour habiter sa magnifique propriété de Baïdar, séjour délicieux qu'il devait à la générosité de l'impératrice Catherine II. M. de Richelieu envoya un Cosaque à Akmetcheff, donner l'ordre à sa calèche de le rejoindre à Baïdar; de là, il comptait aller à Sébastopol, en passant par Balaklava, appelé par les Grecs Cimballo et par les Génois Bella-Chiava. Nous restâmes quatre jours chez l'amiral, attendant l'arrivée de nos équipages, visitant en détail sa belle propriété.

Balaklava, lors de la conquête de la Crimée par l'impératrice Catherine, reçut pour garnison un corps d'Albanais qui forma un bataillon régulier de tirailleurs grecs. L'Impératrice leur concéda plus tard, par un ukase, des terres et la propriété du port et de la ville, qui devint cité et colonie grecque à la fois. La ville, privée d'eau douce, s'approvisionne à une fontaine éloignée; on étudie un projet qui amènerait la source par un aqueduc.

Le port est éloigné de quelques centaines de toises de la ville, bâtie sur le flanc de la montagne; sa longueur est de quinze cents mètres et sa largeur de quatre cents. Il est profond, abrité par de hautes montagnes; son entrée, si étroite, que deux vaisseaux peuvent à peine y passer leurs voiles déployées, forme comme l'extrémité d'un entonnoir. Les eaux restant toujours calmes, il fut choisi comme abri pendant les plus grandes tempêtes; mais comme il servait aussi de refuge aux contrebandiers, l'État en interdit l'entrée aux bâtiments de commerce, à moins de dangers imminents ou de graves avaries. Pour être sûr que les ordres seraient exécutés, on ferma le port par une grosse chaîne; une des extrémités de cette chaîne était scellée au rocher, l'autre passait dans un gros anneau, également scellé dans le rocher opposé et fermé par un cadenas; le commandant du port gardait la clef, et lui seul pouvait en faire usage.

Une vieille citadelle, construite par les Génois, abandonnée par les Turcs, puis rétablie par les Grecs actuels, est bâtie sur des rocs inaccessibles, et domine la ville; de hautes murailles, flanquées de tours, réunissent la forteresse au port.

Dès le lendemain de notre arrivée, l'inspection commença; le bataillon avait onze cents hommes sous les armes, la tenue était excellente, les manœuvres bien exécutées, la comptabilité dans un ordre parfait. Le gouverneur adressa des compliments aux officiers et aux soldats, leur promettant que son rapport à l'Empereur exprimerait sa complète satisfaction.

Cette inspection se passait le 25 septembre, anniversaire de la naissance du duc de Richelieu, né le 25 septembre 1767; le commandant et ses subordonnés ayant eu connaissance de cette coïncidence, voulurent témoigner à leur gouverneur général leur reconnaissance pour toutes les bontés qu'il ne cessait d'avoir pour eux et leur dévouement au souverain dont il était le représentant; ils organisèrent une fête très originale. A la tombée de la nuit, des officiers invitèrent M. de Richelieu à monter sur une grande barque pontée, mouillée au milieu du port, et le firent asseoir sur un divan recouvert de riches étoffes orientales, rouge et or. Nous vîmes alors le bataillon en grande tenue : pantalon rouge à la turque, très large jusqu'au genou, collant à la cheville, une veste verte, à la mameluke, de la nuance des uniformes d'infanterie russe, ornée de broderies grecques; pour coiffure, un casque en cuir bouilli, d'une forme élégante. A un signal parti de notre barque, le bataillon se déploya en tirailleurs le long de la montagne, et attaqua la citadelle par un feu très nourri de mousqueterie; les anciens de la colonie, chargés de défendre la citadelle, répondaient du haut des murailles. L'attaque, vivement poussée par des hommes agiles, faisant retentir l'air de hourras formidables, était conduite avec une parfaite connaissance des règles de l'attaque des places. Les tirailleurs, arrivés au pied de la citadelle génoise, cessèrent le feu, montèrent à l'assaut avec des échelles, malgré la fusillade des assiégés. La place étant escaladée et censée prise, un feu d'artifice signala la victoire. Au milieu du bouquet, l'écusson de Richelieu apparut entouré d'une guirlande, avec la date du 25 septembre 1767.

Une demi-heure après, le commandant du bataillon nous invita à souper; le repas, fort bien servi, fut suivi d'un bal, où toutes les beautés et notabilités de la colonie se donnèrent rendez-vous. Le jour seul mit fin aux danses, et il fallut songer au départ pour Sébastopol. Nous comptions y séjourner une semaine pour rédiger le travail d'inspection, mettre les rapports au net, faire des excursions dans les environs; nous désirions enfin lire des journaux, aucune feuille ne nous étant parvenue depuis Caffa.

La distance de Balaklava à Sébastopol est de seize verstes.

Un déjeuner nous attendait au célèbre monastère de Saint-Georges, habité par des moines du rite grec, qui jouissent d'une grande réputation de piété ; leur nourriture se compose uniquement de légumes et de fruits. Le couvent est bâti presqu'à la pointe du cap Parthénon, sur l'emplacement du temple de Diane, dont il ne reste aucune trace. La position est splendide; aussi l'expression : « C'est beau comme la vue du monastère de Saint-Georges », est devenue proverbiale dans le pays, pour désigner un point de vue remarquable.

Sébastopol est un des plus beaux ports de l'Europe; les fortifications qui l'entourent et le protègent sont formidables du côté de la terre et même du côté de la mer. Depuis 1800, la marine applique à cette place tous les progrès de la fortification et de l'artillerie, et accumule tous les moyens de défense; aussi Sébastopol commande réellement sur la mer Noire.

Au moment de notre visite, fin septembre 1808, le port contenait : douze vaisseaux de ligne, quatre frégates, vingt-cinq bricks ou goëlettes, quarante chaloupes canonnières; ces bâtiments, armés de douze cent vingt-cinq canons, avaient pour équipage vingt-cinq mille matelots, plus un régiment d'infanterie de marine de quinze cents hommes. Nous employâmes huit jours à visiter le magnifique port militaire, l'arsenal, les ateliers de construction, et aux environs, Eupatoria, Inkermann, etc., etc.

Nous retournions à Odessa par Batchi-Séraï et Akmetcheff, lorsque M. de Richelieu apprit dans cette dernière ville qu'un courrier de l'Empereur l'attendait à Odessa pour lui remettre une somme de six millions de roubles en billets, destinée à des achats de vivres pour l'armée de Moldavie. Le duc de Richelieu, obligé de rester huit jours à Cherson pour terminer l'inspection des colonies, me chargea d'aller recevoir cette grosse somme et de la déposer dans les caves de la Banque, en attendant son retour; je devais renvoyer le courrier à Pétersbourg et expédier à Cherson les lettres, journaux et dépêches.

Arrivé à Odessa depuis une heure, le feldjäger ou courrier se présenta à ma porte, me suppliant de le débarrasser immédiatement de la responsabilité du très gênant colis, dont, bien entendu, tout le monde ignorait le contenu. Je lui remis un reçu préparé par le duc de Richelieu, après avoir vérifié les cachets du ministère des finances. Ce ballot mesurait environ trois pieds de hauteur, deux pieds de longueur et deux pieds de largeur. Pour faciliter les payements, il ne renfermait que des billets de cent, cinquante, vingt-cinq et dix roubles. Peu tenté de garder un pareil dépôt, je fis atteler un droschki; puis, mettant mon ballot à côté de moi, je me rendis à la Banque. Le directeur refusa mon dépôt: « Je ne puis recevoir, me « dit-il, une somme aussi importante sans un ordre spé- « cial du gouverneur général. » Toute discussion était inutile; je repartis sur-le-champ avec mon maudit ballot et le déposai dans ma chambre à coucher, sans paraître y attacher de l'importance. J'expédiai tout de suite un courrier à Cherson pour prévenir M. de Richelieu de ma cruelle position. L'ordre exigé par le directeur de la Banque arriva quelques jours après; je m'empressai de me débarrasser du trésor caché sous mon lit; enfin, je pouvais dormir tranquille.

Aussitôt après son retour, M. de Richelieu s'occupa de cette délicate mission d'achat de vivres; il eut la satisfaction de terminer un approvisionnement immense, à petit bruit et à très bon marché, ce qui lui valut de grands remerciements de l'Empereur et du ministre de la guerre. M. de

Richelieu m'envoya à Bukarest, dépôt du grand quartier général, informer le commandant en chef des dispositions prises pour assurer le ravitaillement de son corps d'armée pendant l'automne et l'hiver, recevoir des ordres et savoir sur quel point il fallait diriger les approvisionnements.

Je passai par le camp du comte de Langeron, toujours en observation sur les bords du Danube, et l'accompagnai dans une reconnaissance de la forteresse de Braïlow; il désirait se rendre compte de la possibilité de s'en emparer sans faire un siège en règle; l'ennemi nous prouva qu'il était sur ses gardes et en force. Je continuai ma route vers Bukarest, profitant de la compagnie d'un bataillon de chasseurs et d'une batterie d'artillerie.

Le général Prosorowski parut ravi des bonnes nouvelles que je lui apportais, garantissant des approvisionnements pour cinq mois, car déjà les vivres devenaient rares. Le lendemain, il m'indiqua les points sur lesquels on devait diriger les convois, et, au lieu de rester quelques jours à Bukarest à m'amuser, il fallut retourner rapidement à Odessa, où, soixante-douze heures après, je rentrais avec un gros sac de dépêches.

L'hiver 1808-1809 s'annonçait comme très brillant. Je pris une ample revanche de toutes mes courses et de toutes mes fatigues, en m'amusant de mon mieux. Au théâtre, une bonne troupe italienne; à l'Opéra, un excellent corps de ballet; à la Redoute, une série de bals charmants, avec de ravissantes danseuses polonaises, moldaves, valaques, avides de fêtes et de plaisirs de toutes sortes, nous aidèrent à enterrer gaiement l'année 1808.

Au mois de mai 1809, l'empereur Alexandre manda M. de Richelieu à Pétersbourg; les affaires politiques de l'Europe exigeaient un examen sérieux. L'Empereur voulait connaître l'opinion du gouverneur général de la

Nouvelle-Russie : une révolution venait d'éclater à Constantinople, on pouvait espérer la paix sur le Danube; en Suède, la chute de Gustave IV, l'avènement au trône de son oncle le duc de Sudermanie, qui adoptait Bernadotte; la guerre déclarée par la France à l'Autriche; le Roi et la Reine de Prusse chassés de leur royaume, réfugiés à Pétersbourg; tel était l'ensemble des questions à étudier. A ma grande satisfaction, M. de Richelieu me désigna pour l'accompagner. Nous prîmes le chemin de la Russie Blanche, par Mohilew et Vitepsk; il nous fallut dix jours et dix nuits pour franchir en poste les mille huit cents verstes, quatre cent cinquante lieues, qui séparent Odessa de Pétersbourg.

Je laissai M. de Richelieu à ses grandes affaires politiques; je visitai la ville, les environs, et surtout, sous son patronage, je me lançai dans le monde. Présenté par lui, je fus parfaitement accueilli; toutes les ambassades et les grandes maisons m'ouvrirent leurs portes. Je citerai parmi les membres du corps diplomatique que nous fréquentions le plus, le duc de Serra-Capriola, ambassadeur de Naples; le comte Joseph de Maistre, ministre de Sardaigne; le maréchal de Steding, ambassadeur de Suède; M. Colombi, consul général d'Espagne, etc., etc. Je m'initiai aux usages du grand monde et à l'étiquette des cours.

Beaucoup d'émigrés français habitaient Pétersbourg; parmi eux je voyais fréquemment : le baron de Damas, plus tard gouverneur du duc de Bordeaux; le comte Charles de Rastignac, cousin germain de M. de Richelieu, il vint plus tard nous rejoindre à Odessa; les trois princes de Broglie-Revel, fils du prince de Revel; les deux aînés périrent sur des champs de bataille, le dernier commandait l'École de Saint-Cyr en 1830; Emmanuel, Charles et Louis de Saint-Priest, l'aîné tué devant Reims, en

1814; le comte de la Garde; le comte Héraclius de Polignac; la marquise de Maisonfort; la princesse de Tarente, duchesse de la Trémoïlle; la comtesse Diane de Polignac, sœur du duc de Polignac; elle n'était pas jolie, mais fort aimable et spirituelle. Amie intime de ma mère, elle m'accueillit avec une bonté toute particulière, me donna d'excellents conseils, me traitant comme son fils; ses conseils me furent très utiles, je lui en conserve une grande reconnaissance.

Malheureusement pour moi, le duc de Richelieu ne resta que six semaines à Pétersbourg; les conférences terminées, comblé de nouvelles faveurs, il reprit le chemin du Midi; de graves intérêts politiques et commerciaux l'attendaient à Odessa, et l'obligeaient à voyager très rapidement, malgré la fatigue occasionnée par une si longue route.

De nouvelles déprédations commises coup sur coup par les Circassiens exigeaient une prompte répression. Une expédition sérieuse avait été décidée à Pétersbourg, pour infliger un châtiment exemplaire aux auteurs de ces brigandages répétés; malgré mon vif désir, je ne fis pas partie de cette expédition.

Mon frère dirigeait depuis quelques mois la construction de redoutes pour renforcer la frontière sur les rives du Couban, il joua un rôle important dans cette expédition. Le général Rondzewitch, commandant en chef, le chargea d'une fausse attaque : il devait passer le Couban le premier, attirer l'attention et les forces des Circassiens; pendant ce temps le général, arrivant par un autre côté, prendrait l'ennemi entre deux feux. Le corps confié à Louis se composait de quatre compagnies de chasseurs, d'un régiment entier de Cosaques, de six cents chevaux et d'une batterie d'obusiers de montagne.

Mon frère passa le Couban par une nuit obscure. Après une marche de cinq heures, il tomba sur l'aoul d'Émir-Ahmet, auteur de la majeure partie des pillages commis au préjudice des Cosaques. En un instant tout le village devint la proie des flammes, on n'éprouva aucune résistance ; seuls, les cris des femmes qu'on égorgeait, ceux des enfants terrifiés par l'incendie, répondaient aux hourras des Cosaques ; tous les hommes étaient absents avec leur chef, ils exécutaient une nouvelle invasion sur les terres des Cosaques, malheureusement pour eux, sur le point même où le général Rondzewitch projetait d'entrer sur le territoire circassien. Au lieu de quelques Cosaques, ils rencontrèrent tout un corps d'armée ; aussi éprouvèrent-ils des pertes considérables.

Mon frère, constatant l'absence des hommes, voulut faire cesser le massacre des femmes, recommandant de réunir le plus de prisonnières possible. Les Cosaques, ivres de sang, n'obéissaient plus ; il dut, avec quelques soldats du génie plus disciplinés, leur barrer le chemin. Près d'une maison en feu, il aperçut une jeune fille d'une grande beauté, trois baïonnettes menaçaient sa poitrine ; avec son plete, espèce de fouet terrible dont la lanière est grosse comme le doigt et le manche très court, il parvint à empêcher cet assassinat. La jeune fille, déjà blessée, voyant dans mon frère un défenseur, se pendit à son cou pour éviter une mort certaine. Mon frère réussit enfin à se faire obéir ; il rallia sa troupe, compta ses prisonnières : quarante femmes ou enfants, et donna le signal de la retraite, laissant soixante cadavres égorgés. La jeune fille, reconnaissante envers celui qui l'avait arrachée à la mort, se soumit avec joie au sort réservé dans ces contrées aux prisonnières, elles deviennent esclaves du vainqueur. Abbassa demeura sous la tente de son seigneur et maître ;

loin de murmurer contre son destin, il lui parut même fort agréable, car elle ressentait un violent amour pour son sauveur. Mon frère reçut, pour sa brillante conduite, sa nomination de major dans le corps d'état-major.

L'expédition du général Rondzewitch réussit complètement, les prises en hommes, femmes, enfants, bestiaux, récoltes, furent considérables. Grâce à cette punition, les Circassiens ne bougèrent plus de ce côté, pendant plusieurs années. Ils demandèrent la paix, se soumirent à toutes les conditions imposées et obtinrent de racheter ou d'échanger les prisonnières qu'on leur avait faites. Émir-Ahmet réclama contre un certain nombre de juments sa fille Abbassa; l'attaman supplia le gouverneur général d'accepter ses propositions avantageuses; le duc de Richelieu, muni des pouvoirs les plus étendus, signa la paix. On informa mon frère du désir d'Ahmet, il déclara n'y mettre aucun empêchement, mais il refusa toute rançon, avouant toutefois qu'il n'était pas en son pouvoir de rendre sa belle captive telle qu'il l'avait prise; elle portait dans son sein un gage ostensible de son intimité avec lui. On prévint le père de cet « accident », s'excusant sur le sort de la guerre, l'ignorance de la haute condition de la captive, etc., etc. « Elle est enceinte, dit Émir-Ahmet, « tant mieux, je vendrai ensemble la vache et le veau! » Touchante sollicitude paternelle! Là-dessus, reddition de l'objet réclamé, un peu avarié, il faut en convenir, d'après nos idées européennes. La pauvre Abbassa témoigna un violent désespoir lorsqu'elle dut s'arracher des bras de celui qui lui avait sauvé la vie, qui avait eu son premier amour, pour se jeter dans ceux de son père, fort peu ému de ses larmes; il calculait seulement le nombre de juments et de sacs de sel qu'il obtiendrait en échange, suivant le prix que l'on attacherait au croisement des races.

Pendant ce temps, j'avais été chargé d'une mission fatigante, surtout bien désagréable : entre Moscou et Odessa, de petits postes de Cosaques, espacés de distance en distance, remplissaient les fonctions de courriers officiels. Une dépêche de l'Empereur au gouverneur général de la Nouvelle-Russie avait été égarée, et les nombreuses recherches n'avaient pu faire découvrir le poste coupable. Je partis d'Odessa avec l'ordre de faire châtier tous les hommes chargés du transport des dépêches. Arrivé à chaque poste, je réunissais les Cosaques et leur disais : « Une dépêche de S. M. l'Empereur a été perdue, voici « l'ordre de faire administrer vingt-cinq coups de knout « aux Cosaques de chaque détachement. » L'exécution commençait tout de suite, chaque homme se couchait à tour de rôle sur le ventre; il recevait sans réclamation, des mains de son chef, le nombre de coups ordonnés, puis le plus ancien soldat faisait subir au chef de poste le même châtiment; pas une plainte, pas un murmure n'étaient proférés. L'ordre exécuté, je remontais en voiture et gagnais le poste suivant; je mis six journées à remplir cette pénible mission.

La paix venait à peine d'être jurée par Émir-Ahmet et ses voisins, qu'une démonstration hostile se manifesta du côté opposé, au-dessous d'Anapa, sur les bords de la mer Noire. Le Grand Seigneur, considéré par les populations de cette partie de l'Asie comme leur seigneur suzerain, ayant droit en temps de guerre à leur obéissance et à leur secours, venait de faire débarquer des armes, des munitions et même de l'argent à Soukoum-Kalé. Les vaisseaux qui transportaient cette contrebande de guerre étaient grecs, mais naviguaient sous pavillon français ou autrichien, pour tromper les croiseurs russes. Le duc de Richelieu reçut un ordre très sèchement écrit par le ministre de la guerre, de mettre à la disposition de l'amiral commandant en chef la flotte de la mer Noire : deux bataillons d'infanterie de ligne, deux bataillons de chasseurs, un régiment de Cosaques et une batterie de campagne. Ces troupes devaient s'embarquer sur l'escadre chargée de l'expédition.

Le commandant, un colonel ou lieutenant-colonel restait au choix du gouverneur général. Les troupes désignées pour cette expédition relevaient du commandement immédiat du duc de Richelieu ; de plus, responsable de la tranquillité de son gouvernement, il ne pouvait pas s'attendre à ce qu'une expédition eût lieu sans qu'on le consultât préalablement. Jamais il ne parvint à connaître le nom du personnage assez puissant pour faire ainsi violer les règles de convenance, d'autant plus que l'Empereur ne cessait de lui témoigner la plus grande confiance. Le coup partait probablement de fonctionnaires jaloux de l'influence dont un étranger jouissait auprès de leur souverain.

Je me trouvais en Crimée, à Ourzouff, occupé avec des ouvriers, lorsque l'ordre en question parvint au gouverneur général ; il me chargea de l'exécuter, d'assister à Sébastopol à l'embarquement des troupes, en un mot de veiller sur tous les détails. M. de Richelieu désigna pour commander, le lieutenant-colonel du 22ᵉ chasseurs, officier très distingué.

Les choses tournent quelquefois bien singulièrement dans la vie ; ce qui chagrinait fort M. de Richelieu fut le point de départ de ma fortune militaire. Le duc s'exagéra la portée du désagrément qu'il venait d'éprouver, cela tenait à son caractère facilement irritable ; sa conscience ne lui reprochant rien, il ressentit profondément cette injustice. Voulant s'assurer si l'Empereur avait toujours pour lui les mêmes sentiments, ou si les envieux avaient été assez puissants pour lui enlever sa confiance, il adressa directement un mémoire à Sa Majesté. A la fin de ce mémoire, il demandait mon admission dans un régiment de la garde impériale, réunissant aux titres acquis par la mission dont il m'avait chargé pour l'embarquement des troupes, les services que j'avais rendus à la ville d'Odessa : confection de trottoirs, plantations de promenades et autres embellissements.

A mon retour de Sébastopol, M. de Richelieu ne me souffla pas mot de ce mémoire, ni de la faveur qu'il sollicitait pour moi. Je le trouvai souffrant, même très changé, les nerfs très irrités, conséquence de sa contrariété. Heureusement, le docteur Scudéry connaissait bien sa constitution et lui était tout dévoué; il me dit : « Avec le tem-
« pérament nerveux de notre cher duc, il faut remplacer
« les remèdes impuissants à guérir son mal par des soins,
« des attentions partant du cœur, et laisser de côté la
« pharmacie! » J'étais tout disposé à lui prouver mon dévouement filial, en échange des bontés dont il me comblait, et, de concert avec le docteur, nous nous rendîmes bientôt maîtres de cette indisposition, transformée en fièvre nerveuse, tenace. Nous parvînmes avec de grandes difficultés à calmer ces crises violentes, revenant fréquemment, augmentées par une absence complète de sommeil qui dura douze nuits, avec impossibilité de lui faire accepter la moindre nourriture. Le cuisinier triompha de cette difficulté par la préparation d'une gelée de viande très concentrée : une cuillerée de cette gelée équivalait à plusieurs livres de viande. Le sommeil vint plus difficilement, à cause de la grande irritation des nerfs; le moindre bruit, celui du balancier d'une pendule, par exemple, l'exaspérait.

Il paraissait cependant prendre plaisir à m'entendre lire. Je choisis l'histoire de Gil Blas de Santillane qu'il aimait beaucoup. Je commençai ma lecture sur le ton ordinaire, puis, petit à petit, baissant la voix, je cherchai le ton le plus monotone, pour arriver à une espèce de bourdonnement. Par ce moyen, dès le second jour, j'obtins une demi-heure de sommeil, qui amena une première détente; je continuai plusieurs jours : chaque fois, le sommeil venait plus vite et durait plus longtemps.

La réception de la réponse de l'Empereur au mémoire envoyé compléta la guérison; le Tzar témoignait au duc de Richelieu sa surprise d'apprendre qu'une expédition eût été entreprise avec des troupes de sa division, sans son avis; il terminait en affirmant que pareil fait ne se reproduirait plus. Cette lettre, conçue en termes flatteurs, donnait entière satisfaction à M. de Richelieu, l'Empereur lui accordait toutes ses demandes, aussi la convalescence fit de sensibles progrès, toute crainte de rechute disparut.

Mes soins avaient prouvé la sincérité de mon dévouement; M. de Richelieu me témoigna depuis une affection toute paternelle. Ce fut avec un véritable plaisir qu'il me donna à lire la lettre de l'Empereur, dans laquelle je vis, ce à quoi je ne m'attendais nullement, mon admission comme lieutenant dans le régiment des chasseurs de la garde impériale, grade équivalent à celui de capitaine dans la ligne.

Nous touchions à l'automne de 1809, la saison des bains de mer était très brillante. La convalescence du gouverneur fut le signal de grandes réjouissances; l'amour, le respect et le dévouement qu'on lui portait, éclatèrent en cette circonstance d'une manière touchante. On adorait cet homme de mœurs irréprochables, intègre, probe, généreux, affable, s'occupant des affaires des autres, toujours heureux de rendre service. Des fêtes de toutes sortes se succédèrent sans relâche. Je profiterai de l'occasion pour présenter au lecteur le monde officiel, c'est-à-dire le corps consulaire, et la société d'Odessa.

Le consul général de France : M. Mure, fort brave homme vieilli dans les consulats du Levant, avait épousé une très belle Grecque dont il avait un fils. Émigrés, nous nous trouvions vis-à-vis de lui dans une position délicate; cependant nous eûmes toujours à nous louer de ses procédés à notre égard.

Le consul général d'Angleterre : M. James, né en Russie, marié à une Allemande, née à Pétersbourg, agréable et bien élevée, avait une fille et un fils, très appréciés dans notre société.

Le consul d'Espagne : M. Doulais del Castillo, homme charmant sous tous les rapports, de l'intimité de notre maison, resta toute sa vie dévoué à M. de Richelieu; j'aurai l'occasion par la suite de parler très souvent de lui; il gérait de plus le consulat des Deux-Siciles.

Le consul général d'Autriche : M. de Thom, d'origine hongroise, homme de la meilleure compagnie, marié à une Polonaise, excellente musicienne, tenait très grande maison; je suis resté intimement lié avec ses deux fils. Il racontait une histoire, peut-être un peu légère, mais fort comique, dont son père avait été le héros; les oreilles trop chastes sont prévenues : « M. de Thom, le père,
« était gouverneur d'une petite ville autrichienne, située
« sur la frontière turque; une armée commandée par le
« grand vizir lui-même la menaçait d'un siège; la con-
« sternation causée par l'impossibilité de résister était
« générale. On connaissait le sort réservé à la popula-
« tion : la ville pillée, les femmes vendues comme esclaves
« sur les marchés de Stamboul, les hommes massacrés.

« M. de Thom essaya de rassurer les habitants, il par-
« lait facilement la langue turque; de plus, une longue
« résidence à Constantinople l'avait initié aux mœurs
« musulmanes : — Donnez-moi carte blanche, leur dit-il,
« imitez-moi sans rien dire, quoi qu'il arrive, et j'espère
« vous sortir de cette mauvaise situation; vous en serez
« quittes pour charger vos notables d'offrir quelques
« cadeaux en votre nom. Pendant que l'on réunissait les
« présents, M. de Thom préparait son compliment à
« Mustapha. On ouvrit les portes de la ville, on mit à la
« disposition du grand vizir la plus belle habitation; la
« députation se présenta, l'orateur se surpassa, tout
« paraissait aller pour le mieux, lorsque le grand vizir,
« se retournant vers M. de Thom, lui dit : — Tu parles
« trop bien notre langue, ne serais-tu pas un traître ayant
« abandonné le Prophète pour suivre ces chiens de
« chrétiens? — Je suis un pauvre chrétien; un long
« séjour à Stamboul m'a permis d'apprendre votre langue
« et d'étudier vos usages. Cette réponse ne paraissant pas
« convaincre le grand vizir, M. de Thom ajouta : — Voici
« la preuve de ce que j'avance; tout musulman est cir-
« concis : regarde, je ne le suis pas ! S'approchant, il
« montra les preuves de son dire. Les quarante notables
« composant la délégation, fidèles à leur consigne :
« Imitez tout ce que je ferai, formèrent le cercle autour
« de Mustapha, entr'ouvrirent leurs vêtements en même
« temps et prouvèrent leur qualité de chrétiens. Devant
« cette exhibition générale si singulière et le sang-froid
« des acteurs, le grand vizir partit d'un grand éclat de
« rire, il était désarmé et la ville sauvée. »

Après le corps consulaire, je citerai : M. Raymond et
M. Sicard, tous deux Français, négociants les plus importants de la ville; nous les voyions souvent, ils devaient la

rapidité de leur fortune à la part que M. de Richelieu leur avait attribuée dans les approvisionnements de l'armée de Moldavie. Ces messieurs remplirent leurs engagements avec une grande probité et avec exactitude. Ils achetaient des blés et des farines pour le compte de plusieurs maisons de Marseille.

Après eux venaient un négociant anglais, M. Catley, marié à une fort jolie Viennoise, et un banquier allemand, qui était veuf et père de deux jeunes filles fort agréables; nous avions des rapports fréquents avec ces deux maisons gaies et hospitalières.

Un gentilhomme français, le marquis de Castelnau, ancien surintendant des théâtres sous le règne de l'empereur Paul. Un Suisse, M. Maifredy, et un autre Français, M. Pictet, complétaient l'ensemble de nos réunions intimes et de nos soupers.

Le reste de la société d'Odessa se composait de négociants italiens, vénitiens, génois, ragusains ou napolitains, pleins d'originalité, possédant au plus haut degré le goût du plaisir, de la musique et des mascarades; ils remplissaient le Casino et la Redoute de leur animation; doués d'une imagination prodigieuse, ils abusaient, suivant l'usage de leur pays, des épithètes louangeuses. Un jour, je travaillais dans mon bureau, lorsque j'entendis frapper à la porte : « Entrez », dis-je en russe; personne ne parut, et l'on frappa de nouveau; je répétai : « Entrez », en allemand, en français, en anglais et en italien : ces langues se parlaient couramment à Odessa. La porte s'ouvrit, et parut un capitaine de vaisseau marchand ragusain. Le dialogue suivant s'établit : « Altessa! — Che cosa « volete? — Se puol vedere la Sua Maesta. — Che Maesta? « — Il Re di Odessa. » Tout cela dit avec le plus grand sérieux; ce brave homme voulait tout simplement parler au duc de Richelieu; pour m'attendrir, il m'appelait Altesse, après avoir traité mon valet de chambre d'Excellence. En faisant la part du caractère italien, le titre de Maesta exprimait bien le rôle important et la position dont jouissait M. de Richelieu.

Notre société se recrutait en été de dames polonaises, qui se faisaient ordonner par leurs médecins une saison de bains de mer, et apportaient une grande gaieté; de quelques Valaques, entre autres un grand seigneur, M. Philippesco, forcé de quitter la principauté pour avoir pris une part trop active dans l'administration de son pays. Toutes les grandes familles valaques sont d'origine grecque, issues de cette pépinière de gens passés maîtres en intrigues, habitant le Phanal, descendants de familles ayant joué un rôle sous les derniers empereurs d'Orient; école célèbre de cabales et de fourberies. Elles n'avaient pas changé de mœurs et suivaient le chemin tracé par leurs ancêtres, instruits, fins politiques, connaissant le maniement des affaires publiques, mais joignant à ces qualités brillantes le grand défaut de l'intrigue. Le comte de Choiseul-Gouffier, dans le récit de son ambassade de Constantinople, s'exprime ainsi sur ces familles, page 229 : « Les familles dont je parle sont appelées
« Phanariotes, du nom du bourg qu'elles habitent,
« Phanal. C'est parmi elles que le Grand Seigneur choisit :
« les hospodars de Moldavie et de Valachie, l'interprète
« du Divan, le drogman de la Porte, celui du grand
« vizir, celui de l'Amirauté; ces places sont fort recher-
« chées et accordées au plus enchérisseur. Constantinople
« est le pays de la cabale : les plus proches parents cher-
« chent à se supplanter sourdement et sans scrupule.
« On ne saurait concevoir l'acharnement qu'ils mettent
« à s'entre-détruire, par leurs délations odieuses auprès

« du Divan. A peine un des leurs est-il nommé, que ses
« compétiteurs inventent toutes sortes de calomnies et
« promettent les plus fortes sommes pour le faire desti-
« tuer. Ces familles résident pour la plupart à Phanal,
« où est située l'église patriarcale du rite grec. »

N'étant mêlés en rien dans ces intrigues, nous jouissions de la société de femmes charmantes, séduisantes
par leur beauté, leur esprit et leur éducation ; les hommes
aimables et instruits abordaient tous les sujets de conversation, tous parlaient le français le plus pur et
connaissaient les finesses de notre langue. M. Philippesco
avait une fille charmante, mademoiselle Anika ; elle avait
tourné la tête du général Mileradowitch, commandant
en chef de l'armée russe des provinces danubiennes ; ils
devaient se marier, lorsque l'Empereur, instruit de leur
projet, rappela le général à Pétersbourg, et M. Philippesco
fut exilé. Il obtint la permission de rentrer à Bukarest en
1812, après la signature de la paix entre la Turquie et la
Russie. C'est au milieu de cette société que s'écoulèrent
les plus heureux jours de ma vie, je regrette d'en avoir
joui trop peu de temps.

Parmi les nombreuses fêtes données pour célébrer la
convalescence de M. de Richelieu, un fort beau bal costumé se préparait à la Redoute ; je faillis bien ne pas y
assister. Nous venions de recevoir la visite d'un Anglais,
M. Atchinson, frère cadet de lord Atchinson, commandant en second de l'armée anglaise lors de l'expédition
d'Égypte en 1798 et 1799, après la mort de sir Aber-
cromby. L'Angleterre et la Russie échangeaient des relations plus cordiales que de coutume. M. Atchinson,
revenant de Constantinople par terre, avait prié le comte
de Langeron, en traversant Bukarest, de lui faciliter les
moyens de se rendre à Odessa pour visiter la ville nais-

sante, y établir des relations commerciales, but de tous les Anglais. M. de Langeron lui délivra un passeport et une lettre d'introduction près de M. de Richelieu; très bien accueilli comme tous les étrangers de distinction, ce gentleman eut son couvert mis tous les jours à notre table. Un soir, la conversation roula sur le siège d'Otchakoff en 1788; notre Anglais manifesta le désir de voir cette place pour suivre sur le terrain les travaux de ce siège mémorable; son frère y avait assisté comme volontaire et lui en avait souvent parlé. Le duc lui répondit : « Cela est très facile, mon neveu vous y conduira demain. » Grands remerciements de la part du curieux; me voilà chargé de cette corvée! Dans toute autre circonstance, cette course ne m'eût nullement contrarié, mais le bal costumé était fixé au lendemain! Je devais ouvrir le bal par une polonaise avec mademoiselle Anika Philippesco; j'entrevis le moyen de tout concilier. En partant de grand matin, on pouvait rentrer à Odessa à huit heures, s'habiller et courir à la Redoute. La distance par terre d'Odessa à Otchakoff étant de quinze lieues, il ne fallait pas que mon curieux s'arrêtât trop longtemps à examiner les ruines de cette ville. Nous étions au milieu de décembre, une légère brise de nord-est nous soufflait dans le nez, nous voyagions en calèche découverte pour mieux voir le paysage; la route de poste longe la mer, nous filions très rapidement sur ce terrain uni. En voyant, après le troisième relais, les petites vagues que le zéphyr soulevait sur la mer, je dis sans y attacher d'importance, simplement pour soutenir la conversation : « Voilà une
« jolie plage pour se baigner, mais il n'y ferait pas bon
« en ce moment. — Pourquoi dites-vous cela? répondit
« mon Anglais. — Je le dis parce que personne ne serait
« tenté, avec cet air frais, de se jeter à l'eau. — Combien

« pariez-vous? continua mon interlocuteur. — Je parie
« dix ducats que vous ne vous baignez pas ici en ce
« moment! — Faites arrêter! » cria le diable d'homme. Je
donnai l'ordre au postillon, mon original se déshabilla,
se jeta dans la mer, et revint prendre ses vêtements en me
disant simplement : « Oh! l'eau n'était pas chaude! » Le
postillon fit le signe de la croix, ajoutant en russe : « C'est
bien sûr un damné qui cherche à éteindre le feu de
l'enfer qui le consume. » Un instant, je craignis que, vu
cette folie, mon compagnon ne pût continuer la route, il
n'en fut rien heureusement; à peine un léger frisson, et
tout fut dit. Une demi-heure après, nous arrivions à
Otchakoff; une tasse de thé chaud avec du rhum fit disparaître toute trace de ce bain intempestif. Après avoir
fait le tour des vieux remparts entièrement écroulés,
visité le port construit au confluent du Bog et du Dniéper,
et admiré la mosquée convertie en église grecque qui conserve encore un reste de grandeur, notre curiosité était
satisfaite, et nous dînions chez le directeur de la douane de
cette pauvre ville déserte, réduite alors au rang de simple
bourgade en ruine. Sans perdre un instant, nous reprenions le chemin d'Odessa, où j'arrivai à temps pour
ouvrir le bal avec ma jolie danseuse; mon excursion me
coûta dix ducats, que je dus payer à mon hérétique compagnon. Je revis M. Atchinson, en 1816, à Paris; son fils
avait été arrêté comme complice de l'évasion de M. de
Lavalette, avec deux autres Anglais, M. Burke et sir Robert
Wilson. Notre étonnement fut grand de nous retrouver
si loin d'Odessa. Ainsi finit l'année 1809; l'hiver et le
printemps de 1810 se passèrent sans événements dignes
d'être cités.

Au mois de mai, le gouverneur général, complètement
remis de sa maladie nerveuse, entreprit de nouveau la

tournée d'inspection de ses gouvernements; je restai à Odessa pour surveiller des travaux importants sur les quais, l'ouverture d'une rue nouvelle, et des plantations dans notre jardin particulier, situé à une verste de la barrière appelée Tyraspole, dans un vallon bien abrité, avec une source importante, chose rare aux environs d'Odessa.

Le duc de Richelieu s'intéressait vivement à ce jardin, et, pendant son voyage, ses lettres portaient les traces de cet intérêt :

« Mon cher Léon, j'ai été bien contrarié par les vents
« et les tempêtes. J'ai eu le plaisir de rester quatre jours
« à Kertch, sans pouvoir passer et voyant périr des bâti-
« ments autour de moi. Je crains que notre caisse d'as-
« surances n'ait reçu une fière secousse.
« Je vous prie de bien faire travailler au jardin, de
« manière qu'à mon arrivée on puisse commencer à
« planter; que les trous soient grands et profonds. Je pars
« pour Taganrog, je vous embrasse.
                                                « R. »

« Taganrog, 11 octobre.
« ..... Adieu, mon cher Léon, je vous recommande le
« jardin; pourquoi ne m'envoie-t-on pas, excepté votre
« lettre, aucuns papiers de Tolmu et du Dorf? Je suis
« très mécontent, je vois qu'il faudrait être en plusieurs
« endroits à la fois. Dites positivement que l'on m'adresse
« tous les papiers intéressants à Akmetcheff, joignez-y
« des gazettes; comment, dans un pareil moment, ne
« m'en envoyez-vous pas une? Dites à Bossetti qu'il me
« fasse un rapport des vaisseaux arrivés depuis mon
« départ.   R. »

Bossetti, Génois d'origine, était directeur de la quarantaine. Dans une autre lettre, en parlant d'un orage épouvantable, qui, fondant sur Odessa, avait ravagé notre pauvre jardin :

« Vous m'avez fait bien de la peine, mon cher Léon,
« en m'apprenant les désastres d'Odessa et de notre
« jardin; est-il possible que tant de peines, de soins, que
« tout ce qui fait mon amusement soit perdu? Je vous
« affirme que je n'ai point dormi cette nuit, quoique je
« fusse bien fatigué! Tâchez de réparer, si cela est réparable,
« sinon, laissons tout là, plutôt que de dépenser de
« l'argent inutilement, et qui pis est, s'attacher mal à
« propos à quelque chose qui ne vous donne que du
« chagrin.   R. »

Enfin, la dernière contenait ces lignes :

« Voici, mon cher Léon, une lettre à mettre à la poste,
« une autre à donner à Saint-Priest, s'il est arrivé, ou
« quand il arrivera. Mandez-moi des nouvelles d'Odessa,
« est-il arrivé beaucoup de bâtiments? J'en ai vu à Balaklava,
« qui venaient tout fraîchement de Constantinople,
« ce qui me fait espérer qu'il pourra en être arrivé aussi
« à Odessa.
« Je vous recommande les travaux hydrauliques du
« jardin, j'imagine que je trouverai, à mon retour, des
« choses surprenantes, prenez conseil du comte Razoumowski
« pour tout cela.
« Je pense partir demain pour le Couban, faites en
« sorte qu'à mon retour en Crimée je trouve de vos nouvelles.
« Mille amitiés au consul d'Espagne.
« *P. S.*—Je reçois à l'instant votre lettre. Je vois avec

« regret que votre santé laisse à désirer, abandonnez la
« fontaine du jardin, et soignez-vous, consultez le docteur
« Laban. J'attends de vos nouvelles avec impatience.

« Je me fais une grande fête de voir comment vous
« avez arrangé la fontaine, vous ne sauriez croire quelle
« impatience j'ai de revenir à Odessa!

« Je suis bien fâché de ce que vous me dites, touchant
« la non-arrivée de bâtiments. Je ne serais pas aise de
« pouvoir me baigner dans la baie de la Quarantaine, ce
« qui ne pourrait avoir lieu que dans l'absence complète
« de navires, ou la cessation de toutes relations commer-
« ciales. Au reste, il faut espérer que notre armée de
« Moldavie, qui est en pleine activité, avec des forces
« considérables, forcera les Turcs à faire la paix.

« Mille amitiés au consul; les Espagnols ont déci-
« dément le diable au corps.   R. »

Charles de Saint-Priest, dont il est question dans cette lettre, était le second fils de l'ancien ambassadeur de France en Turquie; resté en Russie, après 1814, il devint gouverneur civil d'Odessa.

Ces extraits montrent l'intérêt porté par M. de Richelieu à la prospérité d'Odessa, à son jardin, et témoignent de son affection pour moi. Au lieu de prolonger son séjour à Oursouff comme il l'espérait, le duc de Richelieu dut partir précipitamment, appelé à Pétersbourg par l'Empereur : Sa Majesté voulait s'expliquer avec lui « de
« tous les désagréments qu'il avait éprouvés à son insu », tels étaient les derniers mots de la lettre, et causer d'affaires importantes. Je préparai tout pour ce voyage, et trois jours après le retour du duc à Odessa, nous partîmes pour Pétersbourg.

M. de Richelieu fut comblé de marques de confiance

et de faveurs, reçut le grand cordon de Saint-Alexandre Newski avec plaque en diamants; de plus, l'Empereur, supposant avec raison que les finances du gouverneur ne pouvaient supporter de fréquents et coûteux voyages de la mer Noire à la mer Blanche, lui donna un bon de cinquante mille roubles à toucher sur le Trésor.

Pendant le cours de ce voyage, le prince Casimir Lubomirski, ami intime de M. de Richelieu, me présenta à la belle madame Narishkin; elle dit au prince qu'elle serait enchantée de faire quelque chose pour moi, par amitié pour M. de Richelieu; ce bon et excellent ami ne laissa pas échapper l'occasion, il la pria de me faire nommer aide de camp de l'Empereur. Quatre jours après, je reçus ma nomination; avec une grâce parfaite, l'Empereur consentait, quoique je fisse partie de sa maison militaire, à me laisser attaché à la personne du gouverneur général de la Nouvelle-Russie.

L'emploi d'aide de camp de l'Empereur m'offrait deux avantages : d'abord un service exceptionnellement agréable pendant mes séjours à Pétersbourg, ensuite un supplément important d'appointements, deux mille francs, pris sur la cassette de l'Empereur, augmentation fort appréciable pour un officier possédant sa solde pour toute fortune. Avant de quitter Pétersbourg, le général Ouwaroff, le plus ancien des aides de camp généraux, me présenta à Sa Majesté à la parade. Ce jour-là, je commençai mon service au palais; mais l'Empereur ne sortit point de ses appartements.

Ces faveurs contribuèrent puissamment à effacer du souvenir de M. de Richelieu les petites tracasseries de l'année précédente, tracasseries provenant de personnages envieux de ses succès, surtout de la haute faveur dont il jouissait auprès de l'Empereur, qui parlait sans cesse de son excessive délicatesse et de sa probité, proverbiale en Russie. Ces messieurs prenaient ces louanges continuelles pour une critique indirecte, mais sévère, de la conduite de certains d'entre eux, revêtus de hauts emplois. Nous quittions la Cour dans les derniers jours de mai 1810.

Le duc de Richelieu pensa un instant à retourner par Moscou, où il était attendu ; mais de nombreuses affaires en souffrance l'appelaient à Odessa, il prit le chemin le plus court. Nous nous arrêtâmes cependant deux jours à Toulchine, chez la comtesse Félix Potocka. Cette beauté célèbre, d'origine grecque, avait été mariée à l'âge de quinze ans au comte de Witt, dont elle eut un fils ; devenue veuve, elle épousa le comte Félix Potocki, un des quatre grands seigneurs polonais qui contribuèrent le plus au partage de la Pologne et à l'anéantissement de sa nationalité. Fort belle encore, malgré ses quarante ans et ses six enfants, on prétend qu'elle disait : « J'ai mal à mes « beaux yeux » ; accoutumée à entendre, mille fois par jour, vanter ses beaux yeux, elle supposait que cela ne faisait qu'un seul mot en français.

La maison, tenue sur un pied princier, se composait de : six demoiselles de compagnie, des peintres, des musiciens, des poètes, des gouverneurs ecclésiastiques et laïques pour ses trois fils, un jardinier paysagiste allemand, aux gages de trois mille francs par an, des médecins, des écuyers, des secrétaires, soixante domestiques ; enfin, quarante chevaux dans les écuries. Pour subvenir aux dépenses d'un pareil train, le comte Potocki jouissait du revenu de deux cent mille paysans, environ deux millions de francs. Cette grande dame nous reçut à merveille ; elle joignait à sa grande beauté un esprit fin et un cœur excellent. Dans toutes les positions où elle s'est trouvée, elle a su se créer des amis et les conserver jusqu'à sa mort ; n'est-ce pas le plus bel éloge que l'on puisse faire de quelqu'un ? Il y aurait de gros volumes à écrire sur l'histoire de la famille Potocki, l'une des plus nombreuses, des plus puissantes, des plus illustres et des plus riches de l'ancienne Pologne.

Le duc de Richelieu avait créé à Odessa un collège ou gymnase ; cet établissement, d'une grande importance pour la Russie méridionale, destiné, avec l'Université de Charkoff, à recevoir toute la jeunesse de cette partie de l'Empire, était sous la direction d'un M. Wolsey, lequel, peu reconnaissant de la belle position qu'il occupait, devint insupportable ; la lettre suivante fait connaître les sentiments du duc à son égard :

« Ourzouff, 20 septembre 1810.

« J'ai reçu votre lettre qui m'a profondément affligé ;
« j'écris à M. Wolsey, et je vous charge de lui remettre
« ma lettre ; mais j'en espère peu, puisque son parti est
« pris selon toute apparence. Voilà donc cet homme si
« désintéressé qui, après avoir rempli ses poches de
« ducats, veut non seulement quitter, mais détruire l'éta-
« blissement qui devait faire sa gloire. J'en suis outré ; il
« ne faut pourtant pas le laisser paraître, afin de
« ne pas en hâter la ruine. Comme je ne reviendrai
« d'Ourzouff que le 15 ou 20 octobre, je vous prie de
« vous occuper des plantations du jardin, comme nous
« en sommes convenus ; tous les endroits trop clairs dans
« les massifs seront garnis de buissons. Plantez le bas du
« jardin en acacias et peupliers de différentes espèces et
« devant des arbustes ; surtout des trous profonds et de
« la bonne terre dans les endroits suspects d'être salés ;
« beaucoup de sureaux et de ces jolis buissons à fleurs

« rouges. Faites préparer une pépinière de pêchers ; faites
« planter tous les noyaux que vous pourrez vous procu-
« rer et ceux que j'ai fait conserver; mais, avant, boni-
« fiez la terre.

« Adieu, mon cher Léon, je vous embrasse de tout
« mon cœur.

« R. »

Ainsi que M. de Richelieu le prévoyait, M. Wolsey partit sans attendre le retour du gouverneur. Le duc s'adressa à l'abbé Nicolle; ce digne ecclésiastique possédait toutes les qualités pour le remplacer. Il appartenait à l'Ordre des Oratoriens et professait dans un collège de son Ordre. Fuyant devant la tourmente révolutionnaire, il arriva à Pétersbourg, après avoir parcouru l'Italie, la Grèce, la Turquie, et dirigé à Constantinople l'éducation des fils du comte de Choiseul-Gouffier, ambassadeur de France. A Pétersbourg, il créa une institution avec le plus grand succès; tous ses élèves devinrent des hommes distingués et jouèrent un rôle important dans l'histoire de leur patrie : le comte Michel Orloff, les deux comtes Kisseleff, le prince Gortchakoff, le prince Mentschikoff, etc., etc. Ce saint prêtre habitait alors Odessa; il exerçait les fonctions de missionnaire près des colons catholiques établis autour de la ville, et étendait ses prédications jusque dans les montagnes du Caucase. Ses succès au milieu de ces colonies et de ces peuplades diverses étaient de jour en jour plus sensibles, la religion reprenait son empire, les mœurs devenaient plus pures; toutefois, il y manquait encore le plus puissant moyen de régénération morale : l'instruction de la jeunesse. C'est alors que M. de Richelieu et M. l'abbé Nicolle s'entendirent et tracèrent le plan du collège et des études,

avec les professeurs les plus distingués de France et de
Russie. Ce collège devint par la suite un établissement
de premier ordre ; on y enseignait : les langues mortes et
vivantes, les mathématiques, l'histoire, le dessin, la
musique, l'escrime, l'équitation ; aucune branche n'était
négligée. Le lycée Richelieu, largement doté par son fondateur, se composait d'un vaste bâtiment, construit en
dehors de la ville, près de la citadelle. Lorsque, appelé
par Louis XVIII, le duc rentra en France, il obtint
d'affecter au lycée d'Odessa une pension de seize cents
ducats, qu'il recevait de la munificence impériale. En
1816, le Tzar concéda à ce collège le titre de Lycée impérial, avec les privilèges que l'État accordait aux Univer-
sités, c'est-à-dire que tout élève, ses études terminées,
recevait son brevet d'officier, après un stage de trois mois
comme sous-officier. Ces faveurs furent obtenues par le
comte de Langeron, gouverneur général de la Nouvelle-
Russie, après le duc de Richelieu, par un ukase contre-
signé du prince Galitzin ; l'Empereur imposait une seule
condition : « L'abbé Nicolle restera à la tête des études. »
Pendant la peste d'Odessa, l'abbé Nicolle se montra
l'auxiliaire le plus dévoué de M. de Richelieu. En 1819,
rappelé à Paris par le duc de Richelieu, il prit la direction
du collège Rollin ; il laissait le lycée d'Odessa dans l'état
le plus florissant, grâce aux faveurs du Tzar et à l'impulsion donnée par son fondateur.

Rien à signaler au printemps de 1811 ; au mois de mai,
on nous annonça que madame Narishkin fuyait, sur
l'avis des médecins, le climat de Pétersbourg, mortel pour
la santé de sa fille Sophie, dont l'Empereur était père. Il
chérissait d'autant plus cette enfant, qu'il avait perdu les
deux filles qu'il avait eues de l'impératrice Élisabeth et
une sœur aînée de Sophie. Toutes ses affections pater-

nelles se concentrèrent donc sur cette charmante enfant, âgée de six ans. Il lui fallut, pour se séparer d'elle, l'assurance que le climat d'Odessa et les bains de mer pourraient seuls rétablir sa santé. Elle revint, en effet, complètement guérie; cependant, elle mourut subitement, très jeune, fiancée au comte Schouwaloff. Une suite princière accompagnait la belle favorite. Il était fort difficile de la loger convenablement à Odessa dans l'hôtel du gouverneur général de la Nouvelle-Russie, simple et modeste maison bourgeoise. M. de Richelieu me chargea de découvrir une habitation pouvant recevoir cette brillante et nombreuse compagnie.

La comtesse Potocka possédait une grande et belle maison, séparée de la mer par un beau jardin, très bien dessiné, planté d'arbres et de fleurs rares; je partis pour Toulchine solliciter la faveur d'installer dans cet hôtel la grande dame annoncée. Je rapportai trois jours après l'autorisation désirée; je n'avais pas hésité à faire connaître à madame Potocka la reconnaissance que je devais à madame Narishkin. Cette bonne et excellente dame approuva mes sentiments de gratitude en m'accordant avec une grâce parfaite la faveur que je lui demandais.

On attendait dix-huit personnes : madame Narishkin, sa fille Sophie, trois dames de compagnie : une Russe, une Polonaise, une Anglaise; un médecin allemand; M. Vicomte, Français chargé de la correspondance; M. Pawloff, premier veneur, sous le grand veneur M. Dimitri Narishkin, remplissant les fonctions de chambellan; la gouvernante de mademoiselle Sophie; trois femmes de chambre, un chef de cuisine, un maître d'hôtel, un courrier, trois valets de pied.

Madame Narishkin, née en 1780, fille du prince Tchetwertinski, tué dans les guerres de Pologne, épousa à quinze ans M. Narishkin, frère du grand chambellan, descendant de l'ancien favori de l'impératrice Catherine Ire. Remarquée par l'empereur Alexandre pour sa beauté et son esprit, elle devint sa maîtresse en titre, en 1801, après son veuvage.

Le séjour de madame Narishkin à Odessa absorba tous nos moments; je cherchais tous les moyens de lui faire passer agréablement le temps. Les bals, les concerts, les excursions en mer, les promenades à cheval et en voiture, se succédèrent sans interruption pendant deux mois.

La chaude température, le ciel d'Odessa, beau comme le ciel d'Orient, enfin, les bains de mer produisirent en peu de temps des effets merveilleux sur la santé de la jeune Sophie; souvent cause d'inquiétude pour son père et sa mère. Voulant assurer la cure si bien commencée, le médecin d'Odessa conseilla un voyage en Crimée, le climat plus chaud encore achèverait la guérison. Tout le monde accueillit cette idée de voyage avec acclamation; mais avant de la mettre à exécution, il fallait l'autorisation de Pétersbourg. La réponse ne se fit pas attendre, l'Empereur approuvait, il laissait toute latitude, et recommandait seulement d'éviter la fatigue.

Au moment où j'écris ces lignes, plus de trente années se sont écoulées depuis ce voyage, mais les moindres épisodes restent gravés dans ma mémoire; il me semble que ces événements datent d'hier, car il serait impossible de rêver un voyage plus délicieux.

Nous partîmes le mardi 5 septembre 1811; bien certainement, depuis le voyage de l'impératrice Catherine II, jamais aussi nombreuse et aussi brillante compagnie n'avait paru dans ce pays. Les paquets à charger, la caravane à organiser ne nous permirent pas de quitter Odessa avant midi ; du reste, la première journée avait seulement onze lieues, on devait coucher chez le général Cobley.

L'avant-garde se composait : d'un fourgon emportant tous les ustensiles de cuisine de madame Narishkin, d'un chariot rempli de provisions, d'un britchka avec la vaisselle, l'argenterie et les malles; ma calèche suivait ; j'avais pour compagnon notre ami, le consul d'Espagne, M. Doulais del Castillo. Derrière nous, seul dans sa voiture, M. Perrawski, fils naturel du comte Rasoumowski, qui l'avait recommandé à M. de Richelieu; il remplissait les fonctions de secrétaire civil; ce voyage fut des plus heureux pour lui; il épousa à la suite mademoiselle Charlotte de Sally, une des demoiselles d'honneur de madame Narishkin. Une berline suivait pour les femmes de chambre; la calèche de M. Vicomte, le secrétaire, avec le docteur allemand, M. Müller; la calèche de M. Pawloff avec la comtesse Artzen et mademoiselle Charlotte de Sally, toutes deux dames de compagnie, et la gouvernante de la petite Sophie. Enfin, dans la dernière voiture : madame Narishkin, sa fille et le comte de Venanson, chef d'état-major de la division du duc de Richelieu. Ce pauvre garçon, fort bel homme, passa pour s'être montré trop assidu, en un mot, pour avoir fait un doigt de cour à la grande dame; en plaisanta-t-elle plus tard avec son auguste amant, ou une méchante langue prévint-elle l'Empereur? Toujours est-il que le comte de Venanson fit très brillamment les campagnes de 1812, 1813 et 1814, sans obtenir ni un grade ni une décoration; il quitta le service de la Russie, rentra en Sardaigne, son pays, et fut nommé très vite lieutenant général. Le duc de Richelieu était parti deux jours avant nous, avec son cousin germain, le comte Charles de Rastignac, colonel au service de la Russie, fils de mademoiselle d'Hautefort, sœur de la mère de M. de Richelieu. Le gouverneur voulait se charger lui-même de préparer les chevaux nécessaires pour les voitures formant notre caravane, composée de vingt-huit personnes.

L'itinéraire comprenait Cherson, Pérécop, Akmetcheff, Batchi-Seraï et Sébastopol, où nous attendait la réception la plus brillante. Montés sur un bâtiment léger, nous passâmes devant toute la flotte pavoisée, qui nous saluait de ses hourras et de ses bordées; des dîners et des fêtes dans les salons de l'amirauté, décorés d'attributs maritimes, furent suivis d'une excursion au couvent de Saint-Georges. Il nous prit la fantaisie de jouer la tragédie d'*Iphigénie* sur les lieux mêmes où s'était développé le drame.

A Balaklava, sur nos instances, le commandant du bataillon et de la colonie grecque renouvela le simulacre de la prise de la forteresse, qu'il nous avait donné le 25 septembre 1808, pour fêter l'anniversaire de naissance du gouverneur. Le chemin qui longe la côte méridionale n'étant pas carrossable, quatre-vingts chevaux de selle et cinquante chevaux de bât pour transporter les bagages, cuisine, provisions, etc., nous attendaient à Balaklava, pour continuer notre voyage. Reçus partout avec les plus grands honneurs, des fêtes originales s'organisaient par enchantement chez nos hôtes de 1808 : concerts, danses, collations sur l'herbe, spectacles, feux d'artifice, illuminations. A Batchi-Séraï, cachés dans une tribune de la mosquée, nous vîmes les derviches tourneurs, qui dansent et chantent, jusqu'au moment où ils tombent par terre, épuisés et à demi morts; une autre fois, madame Narishkin visita le harem d'un chef musulman ; cette visite faillit très mal tourner : j'étais blond, sans barbe, j'avais la peau fine et blanche ; madame Narishkin imagina de me faire prendre la robe d'une de ses femmes de chambre, et un chapeau avec un grand voile ; ainsi déguisé, elle me força à l'accompagner. Ces dames du sérail, curieuses des détails de toilette de nos dames européennes, s'approchaient, touchaient, regardaient ; le corset surtout les intriguait beaucoup. Une d'elles vint à moi pour se livrer à un véritable examen ; craignant un grand scandale, je dus feindre un accès d'humeur et me retirai à l'écart sur un divan, paraissant bouder. La situation devenait d'autant plus critique pour moi, que la vue de ces femmes fort belles, très peu habillées, me troublait. Je sortis néanmoins sans encombre : on avait laissé de côté la dame grognon.

Nous restâmes cinq jours à Ourzouff, alors complètement terminé ; ces dames prenaient des bains de mer et ne pouvaient se rassasier de la vue admirable sur la mer Noire, dont on jouit du jardin.

Madame Narishkin donnait partout des gratifications d'une générosité royale, tant elle paraissait heureuse des fêtes qui se succédaient et pour lesquelles chacun cherchait à rivaliser de luxe ou d'originalité. Nous étions tous jeunes et gais, on peut affirmer que ce fut un éclat de rire continuel pendant quatre semaines. La petite Sophie m'avait pris tout à fait en amitié, elle m'appelait son petit mari et, comme tel, me communiquait les lettres de son père, chefs-d'œuvre de simplicité et de tendresse, à la hauteur d'une enfant de six ans.

Partis, comme je l'ai dit, le 5 septembre, d'Odessa, nous couchions le 30 à Soudagh ; les voitures nous attendaient pour continuer sur Caffa, point de réunion assigné à tout le monde. Nous y arrivions de trois côtés différents, les relais ne contenant pas assez de chevaux pour toutes nos voitures. Quarante-huit heures furent consacrées à montrer en détail cette ville à nos voyageuses. Le soir du second jour, M. de Richelieu nous annonça que les fêtes devaient finir et les affaires sérieuses commencer; il venait de recevoir des dépêches nous ordonnant d'entrer en campagne, pour nous emparer d'un port sur la mer Noire, au sud d'Anapa, appelé Soudjouk-Kalé, ancienne forteresse construite par les Génois. Ce port servait de point de débarquement pour les armes et munitions expédiées clandestinement de Turquie aux Circassiens. D'après les ordres donnés, les troupes nous attendaient à Anapa. Le général Rondzewitch, commandant en second de l'expédition, se trouvait à Taman avec un régiment de Cosaques.

On allait donc se séparer à Caffa; les uns retourneraient à Pétersbourg et à Odessa, les autres passeraient le détroit de Kertch, et rejoindraient le corps expéditionnaire. Madame Narishkin voulut absolument nous conduire jusqu'à Anapa, pour dire qu'elle avait été en Asie. Afin de mettre sa responsabilité à couvert, le duc de Richelieu exigea que mademoiselle Sophie ne fît point partie de cette excursion et restât à Caffa avec sa gouvernante, le médecin, M. Vicomte, le cuisinier et la moitié des femmes de chambre et des domestiques. Ceci arrêté, on se rendit à Kertch, où nous devions trouver les embarcations de la marine impériale pour traverser le détroit et nous conduire à Taman. Les embarcations annoncées n'étaient pas encore arrivées; nous les attendîmes deux jours; les matinées furent employées à visiter les antiquités et les ruines de l'ancienne capitale de Mithridate; et les soirées à jouer des proverbes en présence d'une singulière réunion de spectateurs : Cosaques, musulmans, colons de toutes nationalités, soldats russes, etc., etc.; et cela sur l'emplacement même du tombeau de Monime.

Ce retard de l'administration maritime paraissait d'autant plus étonnant, que tout avait été arrêté et réglé d'avance entre le duc de Richelieu et le marquis de Traverset, nommé depuis peu ministre de la marine. D'après les ordres de l'Empereur, l'expédition de Soudjouk-Kalé était confiée à l'armée de terre, une escadre de Sébastopol devait fournir les vivres, les munitions et l'artillerie nécessaire pour l'occupation et la garde de la future conquête.

Les moyens de transport arrivés, nous traversions le détroit d'Yénikalé, couchions à Taman et repartions le lendemain de bonne heure, laissant deux magnifiques chaloupes pour ramener madame Narishkin à son retour d'Anapa. Nos quatre dames, entourées d'un brillant état-major et d'une escorte de Cosaques à l'avant et à l'arrière-garde, occupaient une calèche attelée de six chevaux; de petits détachements stationnaient le long de la route que nous suivions pour éviter toute embuscade. On conçoit facilement combien cet appareil militaire avait de charme pour nos voyageuses; cette entrée en campagne les réjouissait fort. La distance à parcourir était de quinze lieues; à moitié chemin, on fit une halte pour manger et laisser reposer bêtes et gens. Anapa ne possédait pas d'auberge, aussi le logement du soir fut très primitif; des matelas étendus par terre et des châles pour couvertures remplacèrent les lits. Ces dames, ravies de ce simulacre de bivouac, ne se plaignirent pas, le campement, au contraire, fournit un nouveau sujet de rire.

Le lendemain, nos amazones montèrent à cheval pour

aller au camp avec le duc de Richelieu passer la revue des troupes. Le soir, on improvisa un bal; un régiment d'infanterie caserné dans la ville envoya sa musique pour l'orchestre. Pendant le bal, M. de Richelieu présenta à madame Narishkin un de nos amis les plus fidèles et les plus dévoués : Haslam-Ghéraï, et lui conta son histoire :
« Haslam-Ghéraï, né en 1786, descendait d'une ancienne
« famille tatare, qui a donné plusieurs khans ou sou-
« verains à la Crimée; notre héros, de taille élancée, avait
« une tournure élégante, une figure charmante. A l'âge
« de quatre ans, il avait perdu son père, tué par Khalabat-
« Aglou, puissant chef des Abbazes, qui s'était emparé en
« même temps des troupeaux et de tous les biens de sa
« victime. Devenu orphelin, Haslam fut recueilli après
« la ruine de sa maison par Mouradin-Bey, son parent
« éloigné, ennemi déclaré de Khalabat; accoutumé dès
« son enfance au métier des armes par les guerres conti-
« nuelles que Mouradin soutenait, soit contre les princes
« ses voisins, soit contre les Cosaques de la mer Noire, il
« devint bientôt un guerrier accompli; d'une bravoure
« héroïque, ayant réellement le génie de la guerre, sur
« un autre théâtre, il aurait été un grand général. Haslam
« s'éprit de la fille de Mouradin-Bey, appelée Mira; elle
« passait à juste titre pour la plus belle fille de cette con-
« trée, où toutes les femmes sont belles et recherchées
« pour les harems de Constantinople; il la demanda en
« mariage à Mouradin : « Songe, lui répondit-il, que ma
« fille vaut trente juments de choix et autant de sacs de
« sel; comment veux-tu que je te sacrifie de pareils avan-
« tages? » Haslam ne pouvait rien donner, il possédait
« pour toute fortune ses armes, son cheval, sa bravoure
« et sa noble origine. Réduits au désespoir, nos jeunes
« amants résolurent de fuir ensemble; Mira révoltée à

« la pensée d'être échangée contre plus ou moins de
« juments, se montra toute disposée à suivre le sort de
« celui qui la préférait à tous les trésors du monde et
« dont elle partageait l'amour.

« Haslam songea à demander un refuge pour lui et
« la belle Mira aux Cosaques qu'il avait combattus si sou-
« vent; mais il fallait d'abord traverser le Couban. Cette
« entreprise, dont le succès paraissait incertain, fut con-
« duite de la façon la plus romanesque. Revêtu de sa
« cotte de mailles et de toutes ses armes, Haslam arriva,
« non sans peine, au rendez-vous fixé à Mira; il la plaça
« en croupe sur son fidèle coursier et partit avec la vitesse
« de l'éclair. Dès que Mouradin, qui surveillait les mou-
« vements de son parent, s'aperçut de cette fuite, il envoya
« une quinzaine de serviteurs à sa poursuite; malgré la
« rapidité de leurs chevaux, ils ne purent rejoindre les
« fugitifs que sur les bords du Couban, au moment où
« Haslam, tout couvert de fer, se jetait dans le fleuve,
« tirant son cheval d'une main, nageant de l'autre, son
« sabre entre les dents. Mira se tenait d'une main à la
« crinière du cheval; de l'autre, armée du pistolet de son
« amant, elle lui montrait la rive opposée, comme le port
« du salut où ils seraient à l'abri de la vengeance de son
« père; peu de minutes leur suffirent pour traverser le
« Couban. Les Cosaques les questionnèrent longuement,
« et pour ne pas s'attirer une mauvaise affaire avec Mou-
« radin, ils commencèrent par mettre nos deux amoureux
« en quarantaine, puis envoyèrent leur rapport à l'atta-
« man. Haslam, craignant d'être rendu à Mouradin, sup-
« pliait de n'avoir pas les bras liés, voulant mourir les
« armes à la main, plutôt que d'être froidement assassiné.

« Peu de jours après cet événement, le duc de Richelieu,
« en tournée d'inspection, arriva fort à propos. L'attaman

« Boursak lui raconta l'aventure d'Haslam et lui demanda
« ses ordres ; il était d'avis, pour éviter la colère de Mou-
« radin, de lui rendre les fugitifs.

« M. de Richelieu, touché de tant d'amour, voulut voir
« les héros de ce petit roman. Haslam, amené le lendemain
« devant le gouverneur général, fut accueilli avec intérêt;
« M. de Richelieu lui promit une pension de l'Empereur,
« s'il voulait rester en Russie et y prendre du service. Il
« ordonna qu'on les reçût sans s'inquiéter des plaintes
« ou des réclamations de Mouradin. Haslam ne savait
« comment exprimer sa joie et sa reconnaissance, lorsque
« le duc lui annonça qu'il serait traité comme un officier
« supérieur russe; il devint un allié précieux par sa
« bravoure, sa connaissance de la topographie du pays
« et son expérience dans la guerre de montagnes.

« Ces événements se passaient en 1806; Haslam, admis
« au service de la Russie, obtint la permission de s'établir
« en Crimée, où sa famille avait régné pendant de longues
« années; puis un molha, délégué du muphti de Crimée,
« l'unit légalement à la belle Mira, qu'il avait respectée
« jusque-là, malgré son violent amour et les usages musul-
« mans. Lors de l'expédition d'Anapa, en 1807, il accou-
« rut offrir ses services à M. de Richelieu. Impatient de
« témoigner sa reconnaissance à celui qui l'avait si bien
« accueilli et à qui il devait son bonheur, il voulait
« combattre les chefs qui avaient embrassé le parti de
« Mouradin, par conséquent ses cruels ennemis. Après
« la prise d'Anapa, il suivit le général Ganguebloff dans
« l'expédition dont j'ai parlé; en avant des tirailleurs,
« armé de son pistolet, plein d'ardeur, de courage et
« d'adresse, il guida nos colonnes à travers les défilés et
« les bois. A la suite de cette campagne et sur le rapport
« du général Ganguebloff, M. de Richelieu obtint pour lui

« une médaille d'or suspendue au ruban de Saint-
« Georges, les musulmans ne pouvant recevoir la croix.
« Le ruban de cette décoration toute militaire est jaune et
« noir. De 1807 à 1811, il ne cessa de donner des preuves
« de son dévouement à la Russie. En 1810, monté le pre-
« mier à l'assaut de Soukoum-Kalé, sa conduite éclatante lui
« valut un sabre d'or avec cette inscription : A la bra-
« voure. »

Madame Narishkin accueillit de la façon la plus gracieuse ce héros; le lendemain, elle lui fit une demande
dont elle ne comprit la légèreté que par sa réponse;
après l'avoir prié de se revêtir de ses armes comme pour
un combat, ce qu'il fit avec une aisance remarquable,
elle l'engagea à s'élancer le sabre à la main, ainsi qu'il le
ferait devant l'ennemi : « Ce que me demande madame
« ne se joue pas, dit-il. Si elle veut me voir combattre,
« qu'elle vienne à notre prochaine expédition ; alors, pour
« l'amour d'elle, je lui montrerai comment je me bats
« contre les ennemis de l'Empereur, mon maître et le
« sien. » Le lendemain, on fit un semblant de reconnaissance ou plutôt une pointe d'une lieue sur le territoire des
Abbazes, sans brûler une amorce, au grand déplaisir de
nos compagnes.

Après trois jours de simulacre de campagne, madame
Narishkin reprit, avec les mêmes précautions, le chemin
de Taman, en nous adressant des adieux touchants, remplis de souhaits et de vœux pour la réussite de notre expédition. Le soir, un billet nous apprit l'heureuse arrivée
de nos voyageuses à Kertch, leur départ pour Caffa, puis
pour Pétersbourg.

Malgré un temps superbe et une légère brise, l'escadre
ne paraissait pas à Taman. Nous attendîmes huit jours;
M. de Richelieu, à bout de patience, envoya un officier,

mon collègue Stempkowski, à Sébastopol ; il ne pouvait accepter la responsabilité d'un pareil retard qui, en plus des complications à redouter, entraînait au moins de grosses dépenses pour les troupes en campagne. L'amiral, pressé par mon camarade, appareilla dès le lendemain et promit d'être quarante-huit heures après devant Soudjouk-Kalé. Assuré du départ de la flotte, M. de Richelieu rejoignit Anapa, et le lendemain, nous en partions à onze heures du soir.

La colonne expéditionnaire se mit en marche en ordre et en silence ; au dire des guides, la distance à parcourir était de huit lieues avec bon chemin ; nous n'éprouvâmes en effet aucune difficulté pour le transport de notre artillerie : deux batteries complètes. Les hommes portaient seulement deux jours de vivres pour éviter de les charger, la flotte apportant des approvisionnements. Il fallait opérer très rapidement, et nous ne connaissions ni la nature du sol ni les difficultés à vaincre ; mais Haslam, qui nous inspirait toute confiance, surveillait nos guides circassiens, soi-disant amis.

Nous faisions halte sur un plateau, à trois heures du matin, n'ayant rencontré sur notre chemin ni traces de culture ni habitation, lorsqu'un cri aigu retentit sur notre gauche ; il se prolongea jusqu'à ce qu'un autre cri aussi aigu lui répondît dans le lointain. Ce signal d'alarme annonçait évidemment que nous étions découverts ; nous devions donc nous attendre à être attaqués au jour. Les Circassiens, nos alliés, renouvelaient cependant leurs affirmations que rien n'était préparé pour une résistance quelconque.

Après une heure de repos, on se remit en marche ; les officiers surveillaient leurs soldats, les empêchant de s'arrêter, car les Circassiens ne font pas de prisonniers, et tout homme surpris a la tête tranchée; grâce à ces précautions, la descente de ce plateau s'opéra sans difficultés, en suivant la vallée qui s'élargit jusqu'au port de Soudjouk-Kalé. Vers six heures, le soleil levant nous découvrit un panorama magnifique : au fond de la plaine ou prairie, on apercevait un petit fort, construit jadis par les Génois pour commander la baie et maintenant en ruine ; la pleine mer s'étendait à deux lieues sur notre droite, l'escadre à l'ancre attendait à l'entrée de la baie qui, du côté de la terre, pouvait avoir une demi-lieue d'ouverture et s'élargissait jusqu'à la pleine mer; sur la rive gauche, aucune trace d'habitations ni de culture, seuls la prairie et les bois touffus. Nous descendions en pente douce; arrivée dans la plaine, la colonne se déploya ayant l'artillerie au centre, protégée par une forte ligne de tirailleurs. Précautions inutiles! le fort se composait de quatre murailles à ciel ouvert, pas un homme pour défendre les ruines ; les troupes établirent leurs bivouacs au pied de ces murs. Nous étions fort déconcertés de notre nouvelle conquête, le duc de Richelieu se crut mystifié; comment avait-on pu ordonner de Pétersbourg une pareille expédition? Pourquoi mettre en marche six mille hommes et une nombreuse artillerie? Pourquoi faire sortir une flotte forte de dix vaisseaux ou corvettes? Pourquoi cette dépense? Pour s'emparer de quatre murs. Un port magnifique, il est vrai, mais à quoi servirait-il ? Nous cherchions tous le mot de cette énigme?

Les Cosaques de la division, envoyés en reconnaissance, fouillèrent tous les bois des environs; ils revinrent sans avoir trouvé ni habitants ni habitations, découvrant seulement, de l'autre côté de la baie, un chemin très frayé, très fréquenté, et des traces de pieds de chevaux toutes fraîches; ce chemin pénétrait dans les bois. Ils l'avaient suivi un certain temps sans rencontrer personne; ils signalèrent cependant un bâtiment à l'ancre; nous ne pouvions le voir de notre camp, une petite élévation le dérobait à nos yeux. Ce rapport nous donna l'éveil, nous devions placer des grand'gardes, prendre nos précautions et craindre une embuscade.

A la retraite du soir, M. de Richelieu fit tirer trois coups de canon pour prévenir l'escadre de notre arrivée; ce signal, joint aux feux de bivouac, devait suffire; nous le croyions d'autant plus, que nous entendîmes parfaitement le coup de canon du vaisseau amiral, donnant l'ordre de descendre les pavillons, manœuvre que nous suivions très distinctement avec nos lorgnettes. Le lendemain au lever du soleil, le ciel sans nuages nous permit de voir la flotte immobile à la même place, on n'apercevait aucun mouvement à bord des vaisseaux. M. de Richelieu, tenant à explorer le chemin reconnu la veille, ordonna à un régiment de Cosaques de monter à cheval et de se faire appuyer par une demi-batterie de montagne. Sous leur protection, il s'approcha de l'escadre à une petite lieue, et fit tirer trois coups de canon pour attirer son attention; aucun signal n'y répondit; huit autres coups tirés de nouveau n'obtinrent pas plus de résultat.

La position devenait critique; le pays n'offrait aucune ressource, la troupe manquerait de vivres le lendemain. M. de Richelieu me pria de me rendre à bord du bâtiment découvert par les Cosaques, espérant qu'il pourrait nous céder quelques provisions. A mon approche, ce gros brick marchand hissa le pavillon français; je hélai le capitaine en français, on me répondit en italien : « Le commandant n'est pas à bord. » Continuant mes questions, j'appris que ce bateau était grec; tout cela me parut fort louche, je menaçai de faire tirer mon escorte; alors le capitaine, soi-disant absent, parut, il m'offrit de me montrer sa patente, signée par le consul de France à Constantinople. Je montai à bord avec quelques hommes, les papiers me parurent en règle, je voulus néanmoins visiter le bâtiment pour m'assurer qu'il ne contenait aucune contrebande de guerre. Le capitaine, se jetant à mes genoux, m'avoua qu'il emportait un chargement de jeunes filles; fournisseur de harems, il venait de faire ses achats, et allait retourner à Constantinople alors que la flotte russe mouillait à l'entrée de la baie. Curieux de voir ce nouveau genre de cargaison, dont je n'avais aucune idée, je descendis dans la cabine; j'aperçus quarante petites filles, la plus âgée pouvait avoir sept ans. Impossible de peindre l'effroi de ces enfants, la gêne du capitaine, la consternation de son équipage, devant mon acte de curiosité, enfin les grands yeux des hommes qui m'accompagnaient. Aussitôt après mon départ le capitaine donna la volée à toute cette nichée, dans la crainte d'être poursuivi. Je trouvai quelques provisions, mais seulement pour notre table, je les payai largement, une chaloupe devait emporter au camp mes acquisitions.

De retour, je proposai à M. de Richelieu de monter sur la chaloupe et d'aller parler à l'amiral; il accepta de grand cœur. Le capitaine grec gouvernait lui-même sa chaloupe avec deux rameurs, je lui proposai de me mener à la flotte; craignant probablement qu'on ne lui fît un mauvais parti, il déclara ce voyage impossible; il me permit cependant de prendre sa chaloupe et ses rameurs, à la condition de le laisser rejoindre son bâtiment. Je montrai aux matelots, d'un côté, dix ducats et une bouteille de rhum, de l'autre côté une paire de pistolets; devant de pareils arguments, ils n'hésitèrent pas. M de Richelieu écrivit rapidement à l'amiral; il le suppliait de faire mettre à terre tout de suite les approvisionnements dont il avait le plus grand besoin; il ne témoignait du reste aucun mécontentement, aucun étonnement de son immobilité.

Après une heure et demie de navigation, j'abordais l'*Ingoul,* vaisseau à trois ponts, portant le pavillon amiral. Mes rameurs, éreintés, n'auraient pu franchir la distance, avec vent contraire, sans la bouteille de rhum. Mon uniforme d'aide de camp de l'Empereur : habit vert foncé, collet et parements écarlates, broderies et épaulettes en argent; sur le corps de l'épaulette un A brodé surmonté de la couronne impériale, mon uniforme, dis-je, me fit recevoir avec empressement. Le commandant du vaisseau, Stouli, précisément un de mes meilleurs amis, m'embrassa et me conduisit dans l'appartement de l'amiral, celui-ci me parut fort embarrassé. Je lui remis, sans dire un mot, la lettre du gouverneur général : « Comment, « me dit-il, le gouverneur général est arrivé depuis « deux jours? Je ne m'en serais jamais douté! — Votre « Excellence a dû cependant entendre nos coups de canon? « — On m'a bien dit que l'on entendait le canon, mais je « vous croyais beaucoup plus loin, j'attribuais le bruit à « quelque affaire d'avant-garde. » Je ne répondis rien, et parus accepter cette sotte excuse. L'amiral donna l'ordre de lever immédiatement l'ancre, d'entrer dans la baie, et de s'approcher le plus près possible du fort; je priai l'amiral de faire tirer trois coups de canon, signal convenu avec M. de Richelieu, pour annoncer le succès de ma mission. Le duc me dit depuis : « Jamais coups de canon ne m'ont fait autant de plaisir! » Sa joie fut complète en voyant les vaisseaux à la voile entrer dans la baie. J'entendis des cris perçants, poussés par mes deux rameurs, on ne voulait pas leur permettre de conserver leurs amarres. Je priai

Stouli de leur accorder cette faveur, contraire aux règlements ; ayant pitié de leur fatigue, il les autorisa à se faire remorquer ; je leur jetai les dix ducats convenus et leur abandonnai le reste de la bouteille de rhum.

Profitant d'un moment où je me trouvais seul avec mon ami Stouli, je lui demandai s'il n'avait réellement pas entendu notre canon ni aperçu nos signaux. « Par-
« faitement, me répondit-il ; mais comme nous ne sommes
« pour rien dans cette expédition, qu'il n'y a ni gloire
« ni profit pour la marine, l'amiral a voulu se faire prier ;
« d'après ce qu'il vient de me dire tout à l'heure, en me
« donnant les ordres de départ, il regrette son accès de
« bouderie ; je ne savais pas, a-t-il ajouté, qu'il y avait un
« aide de camp de l'Empereur attaché à l'expédition ;
« j'ai mis le comble à son embarras en ajoutant que
« vous étiez neveu de M. de Richelieu. Nous oublie-
« rons cette boutade, répondis-je ; l'important est que nos
« hommes aient à boire et à manger demain matin. »

A la nuit tombante, l'escadre jetait l'ancre au fond de la baie ; on commençait à décharger les approvisionnements dans de grosses embarcations mises à la mer ; l'amiral, voulant faire oublier ses torts, me proposa de descendre à terre avec lui pour aller présenter ses respects au général en chef et prendre ses instructions pour le débarquement du lendemain. Ainsi se termina heureusement ma petite expédition ; M. de Richelieu me sut un gré infini d'avoir pensé à prendre la petite chaloupe. La rivalité qui existe partout entre l'armée de terre et la marine cause souvent de grosses difficultés ; dans le cas présent, l'amiral, par bouderie, laissait tout simplement six mille hommes mourir de faim. Le seul moyen d'éviter ces conflits est de donner le commandement de la flotte et de l'armée de terre au général commandant en chef ; mais le ministre

de la marine, par esprit de corps, y consent difficilement.
Le lendemain soir, l'escadre nous quittait, laissant seulement, d'après les ordres de Pétersbourg, une frégate, en attendant la réparation et l'armement du fort. Nos officiers du génie firent creuser un fossé autour de l'ancien fort, rétablir la couverture et construire une forte palissade en avant du fossé. Le fort, armé de quatre pièces de gros calibre, reçut pour garnison, outre les artilleurs, une compagnie de grenadiers. La Russie possédait ainsi, sans coup férir, un magnifique port de plus. Pendant cette semaine de travaux, des hommes de corvée coupaient dans les bois environnants des arbres pour les palissades et la toiture du fort; jamais on ne signala la présence de l'ennemi; deux princes circassiens seulement vinrent rendre visite à Haslam-Ghéraï, et nous engager à faire une expédition dans les environs, affirmant que les populations étaient démoralisées par la prise de Soudjouk-Kalé, qui interceptait les communications avec la Turquie et l'arrivée des munitions. « En vous écartant très peu « de votre chemin, disaient-ils, vous trouverez l'aoul « d'un chef puissant, qui organise, en ce moment, avec « d'autres chefs, une attaque contre le territoire des « Cosaques Zaporogues. » Le duc de Richelieu accepta l'idée sans hésiter; il trouvait honteux de rentrer sans avoir tiré un coup de fusil, après avoir mis en campagne la flotte et un effectif de troupes considérable.

Partis de Soudjouk-Kalé deux heures avant le jour, nous arrivions vers midi dans une belle vallée, bien cultivée, entourant un groupe important d'habitations. Pendant que l'infanterie mangeait et se reposait, Haslam partit avec des Cosaques pour reconnaître l'ennemi. A son retour, il s'approcha très ému de M. de Richelieu et lui dit : « Je suis indigné de la trahison des deux chefs, qui

« nous ont attirés ici, surtout des arguments qu'ils ont
« employés pour m'aveugler, au point de vous engager
« dans cette entreprise; les misérables seront sévèrement
« punis, je le jure, ou j'y resterai! Je veux me venger et
« prouver que je suis incapable d'une trahison! Les
« chefs qu'on nous a cités sont bien présents, mais ils
« sont accompagnés d'au moins dix mille guerriers en
« armes, cachés dans les bois. D'après les préparatifs
« que j'ai vus, vous ne tarderez pas à être attaqué;
« essayez de vous emparer du défilé qui ferme la vallée,
« avant que les Circassiens s'y établissent. » Le duc de
Richelieu affirma à Haslam qu'il ne doutait ni de sa
fidélité ni de son dévouement, et donna l'ordre de se
porter en avant. Haslam, les yeux enflammés, jetant sa
casaque grise au cavalier qui le suivait, parut alors
tout couvert de fer, il tira son sabre suspendu à son poignet par une dragonne richement brodée, tendit son arc,
prit une flèche dans son carquois, et s'élança à la tête des
deux régiments de Cosaques chargés de s'emparer du
défilé; il était magnifique à voir! Deux bataillons du
22ᵉ chasseurs et quatre pièces de canon suivaient les
Cosaques au pas de course; ils passèrent sans résistance,
mais à peine le centre se mit-il en mouvement, essayant
de laisser le moins d'intervalle possible, que des cris
aigus poussés de tous côtés donnèrent le signal d'une
attaque générale. Plusieurs décharges à mitraille n'arrêtèrent pas ces vaillants guerriers; on dut les charger à la
baïonnette, une lutte terrible s'engagea corps à corps,
elle se termina par une effroyable boucherie.

L'ardeur du combat empêcha les Circassiens de s'apercevoir qu'ils se trouvaient entre les feux de l'avant-garde
et ceux du centre. Pour compléter leur défaite, la possession de l'entrée du défilé étant assurée, Haslam-Ghéraï

fit changer de direction aux deux régiments de Cosaques ; seul en avant de la ligne, il les animait de la voix et du geste, les dirigeait vers la lisière du bois, pour couper toute retraite à nos ennemis, lorsqu'une balle l'atteignit dans les reins, il appela son ami, Sultan-Ali. « Soutiens-moi, que nos ennemis n'aient pas la joie de voir tomber Haslam. » Au même instant, une seconde balle lui fracassait la mâchoire. Les Circassiens se précipitèrent pour le ramasser, mais les Cosaques, qui le chérissaient, ne leur permirent pas de s'emparer de son corps. La victoire nous resta complète, les Circassiens laissèrent environ deux mille cadavres sur le champ de bataille. Les Cosaques se répandaient partout, mettaient le feu aux habitations et enlevaient les troupeaux affolés par les détonations du combat et par l'incendie. L'embuscade qui nous avait été tendue coûta cher à ses auteurs ! J'ai entendu dire que vingt ans après les Circassiens parlaient encore de cette affaire, dans laquelle ils perdirent leurs chefs les plus renommés ; nos pertes, à l'exception d'Haslam, furent peu importantes.

Haslam mourant, les yeux éteints, recommanda sa femme et ses enfants à M. de Richelieu accouru auprès de lui. Une escorte, composée de tous ses amis, accompagna sa dépouille mortelle jusqu'au village de Crimée qu'il habitait. D'après les ordres du gouverneur, on lui rendit les honneurs dus à un colonel, grade que le Tzar lui avait conféré l'année précédente. Un peintre écossais, M. Allen, professeur de dessin des enfants de la comtesse Potocka, peignit un tableau représentant Haslam et Mira traversant le Couban ; les personnages étaient d'une grande ressemblance, le paysage très exact ; ce tableau eut un grand succès. S. A. I. le grand-duc Michel l'acheta et le fit graver. Les Cosaques, qui adoraient Haslam, ornèrent leur tente de cette gravure. Mira épousait Sultan-Ali quelques mois après la mort d'Haslam.

La fin de cette année 1811 se passa tranquillement; j'avais repris mon train de vie habituel. Le séjour de madame Narishkin, notre voyage, notre expédition avaient mis les affaires bien en retard. Je retrouvai, dans l'hôtel habité par madame Narishkin, une chaîne oubliée lors de notre départ pour la Crimée; je la lui renvoyai; elle me répondit :

« Peterhoff, 24 décembre 1811.

« Si jamais envoi a été moins attendu, c'est bien celui
« que je viens de recevoir de vous, mon cher monsieur
« de Rochechouart; mais ce qui m'a fait le plus de plai-
« sir, c'est l'aimable lettre dont vous l'avez accompagné;
« car, quant à la chaîne, je regrette que vous ne l'ayez
« pas gardée en souvenir de votre petite femme et de
« celle que vous appeliez : ma belle-maman, du moins
« cet été. J'espère, ah! oui, j'espère que nous nous réu-
« nirons tous par une chaîne de fleurs, qui s'étendra
« depuis votre principauté d'Ourzouff jusqu'à ma nou
« velle propriété. Il me tarde de voir mon petit établisse-
« ment s'achever, et plus encore de l'aller visiter; aussi,
« plus que jamais, suis-je intentionnée de prendre mon
« vol, à l'été prochain, vers cette terre promise. Réjouis-
« sez-vous donc, mon cher et bon fils, de voir votre belle-
« maman se disposer à se rapprocher de vous, et puisse
« toute votre petite société, au milieu de laquelle j'aurai
« tant de plaisir à me retrouver, s'en réjouir de même;
« et dites-le-leur bien, pour que ma lettre, du moins, ne
« fasse pas de jaloux; car, cette fois-ci, je n'écris qu'à
« vous seul. Il est bien permis d'avoir une préférence
« pour son fils! J'ai remis la lettre à votre chère petite

« femme, mais la pauvre petite n'est pas en état de vous
« répondre; car elle n'est pas encore tout à fait rétablie
« d'une scarlatine, qui semblait l'attendre à l'arrivée ici;
« combien cela m'a confirmée encore dans l'idée de la
« faire vivre dans un climat plus doux, et de la ramener
« aux lieux où elle s'est si bien portée! Occupez-vous
« donc aussi, pour votre part, de soigner, d'embellir
« l'asile de votre petite femme; et en attendant que je
« vous la ramène, pensez un peu à votre belle-maman.

« Sally ne se console pas de votre oubli; il me nomme
« bien dans la lettre de Sophie, dit-elle; mais ne pou-
« vait-il pas m'écrire à part? Réparez donc vos torts au
« plus tôt; j'obtiendrai ensuite votre pardon. »

L'hiver s'annonçait mal pour les plaisirs, et l'horizon
politique semblait bien sombre; de sourdes rumeurs, de
vagues inquiétudes se manifestaient; la stagnation des
affaires commerciales, la fameuse comète de 1811, tout
semblait présager une grande catastrophe.

Dès le mois de mars 1812, le gouverneur général de la
Nouvelle-Russie reçut l'ordre de l'Empereur de diriger
sur la Volhynie toutes les troupes disponibles de sa division et de venir lui-même à Pétersbourg assister aux conférences qui allaient se réunir. Le vieux général, prince
Koutousoff, commandant en chef de l'armée russe dans
les provinces danubiennes, entrait en négociation de paix
avec la Turquie, le Conseil devait étudier les conditions
de cette paix, examiner la situation du Caucase, et surtout
préparer la lutte qui allait s'engager entre les deux colos-
ses : Napoléon et la Russie. Le premier marchait non
seulement avec toutes les forces militaires de la France,
mais encore avec celles de toutes les puissances du continent, excepté la Suède, qui restait neutre; la Russie

n'avait pour alliée que l'Angleterre, avec laquelle elle négociait un traité d'alliance, signé seulement en 1813.

Le duc de Richelieu passait ses journées entières dans le cabinet de l'Empereur; je pris mon service d'aide de camp au palais d'hiver, sans voir le Tzar. Une fois seulement, je vins lui répéter le mot d'ordre. Les affaires graves et nombreuses occupaient tous les moments du souverain, de ses ministres et de ses conseillers. Quinze jours après, nous reprenions en toute hâte la route d'Odessa, pour accélérer la marche des troupes, organiser leur concentration, veiller à leurs approvisionnements et prendre les mesures nécessaires pour assurer la tranquillité sur les frontières du Caucase. Le succès complet de la dernière expédition nous garantissait au moins une trêve de ce côté. Le duc de Richelieu, en prenant congé de l'Empereur, lui annonçait son départ pour le 11 avril. La veille au soir, il reçut une lettre de S. M. I., écrite de Zarcoselo, le Versailles de la Russie. Je vais reproduire cette lettre, l'original est resté en ma possession; elle établit ce fait historique très contesté par certains historiens, qui n'ont pas connu tous les détails : l'idée d'une retraite dans l'intérieur de la Russie pour y attirer les Français, en cas de revers de l'armée russe, était déjà arrêtée dans la pensée de l'empereur Alexandre. En voici la preuve :

« J'ai espéré, général, avoir un moment pour vous
« dire un mot sur celle qui est depuis douze ans ma
« compagne et sur mon enfant. Ils vont de nouveau
« se mettre sous votre protection; mais, cette fois-ci, il en
« faudra une d'une autre nature, c'est de les diriger, si ce
« qu'à Dieu ne plaise, quelque catastrophe nous fasse
« rétrograder assez pour mettre vos provinces en danger;

« acheminez-les alors dans l'intérieur, comme à Pensa
« ou Saratoff; enfin, servez-leur de guide par vos con-
« seils et direction. J'attends ce service de votre amitié
« pour moi et pour elle; je n'ai pas besoin de vous dire à
« quel point ces deux êtres me sont chers.

« Adieu, mon cher général, amitié la plus vraye vous
« est vouée pour toujours.

« Zarcoselo, le 9 avril 1812. »

On voit, d'après cette lettre, que l'empereur de Russie était bien résolu à résister de tout son pouvoir à l'agression injuste qui menaçait son pays, et à attirer les Français le plus avant possible dans l'intérieur de son vaste empire, plutôt que de conclure une paix honteuse pour la Russie. Peut-être prévoyait-il déjà que l'hiver lui serait un auxiliaire contre son ennemi? Cette lettre montrait aussi l'attachement vif et sincère que le monarque éprouvait pour les deux êtres recommandés si particulièrement aux soins et au dévouement de M. de Richelieu, dans un moment où de graves événements réclamaient toute son attention; enfin, la confiance que lui inspirait M. de Richelieu. Mais madame Narishkin ne voulut pas quitter l'Empereur au milieu d'une crise aussi solennelle. Bien lui en prit, car la peste éclata à Odessa, et le séjour de la Russie méridionale devint aussi dangereux qu'il avait été agréable l'année précédente.

Dès notre retour à Odessa, le duc de Richelieu s'occupa sans relâche de tout ce qui avait été convenu avec l'Empereur. Il commença par rassembler les troupes de sa division éparses dans ses trois gouvernements, ne laissant dans l'intérieur que les dépôts, et sur la frontière de Circassie, que le nombre strictement nécessaire de soldats pour mettre le pays en sûreté et à l'abri d'un coup de main; cette réserve fut formée de convalescents et de nouvelles recrues. La Volhynie était à une très grande distance; malgré les fortes marches imposées aux troupes, plusieurs régiments ne purent arriver qu'à la fin de juillet. En les attendant, on s'occupait de régler la paix avec la Turquie. Une circonstance favorable, due au peu de capacité militaire du grand vizir, en activa la conclusion; il se laissa cerner avec toute son armée par le prince Koutousoff, dans une position exécrable. La Suède proposa sa médiation, qui fut acceptée par les deux puissances. Le général Koutousoff reçut de Pétersbourg l'ordre d'expédier un officier intelligent et sûr à Constantinople, pour renouer les négociations préliminaires par l'intermédiaire du comte Pallin, ministre de Suède en Turquie. Le choix du général se porta sur mon frère. Il lui remit une correspondance secrète pour le comte Pallin, et prévint le grand vizir qu'un officier partait pour Constantinople; il lui promit en même temps de ne pas l'attaquer jusqu'à la réception de la réponse de son gouvernement.

Mon frère partit à cheval avec un Tatar envoyé par le vizir pour l'escorter, lui faire donner les chevaux nécessaires, assurer son logement et sa nourriture. Ce voyage, excessivement fatigant, s'accomplit sans accident ni incident. A peine mon frère entrait-il en communication avec le ministre de Suède, que les agents de l'ambassade française, découvrant sa présence, s'efforcèrent de faire échouer sa mission et hâter son départ de Constantinople. Louis courut les plus grands dangers; on parvint à le faire considérer comme espion; le comte Pallin le cacha dans sa maison et le fit partir secrètement; il emportait, du reste, l'assurance verbale que les négociations entamées aboutiraient.

A son retour, on l'arrêta aux avant-postes turcs, par les mêmes intrigues; Napoléon avait grand intérêt à empêcher la paix de se conclure, pour forcer la Russie à conserver une armée sur le Danube. Louis écrivit au grand vizir pour protester contre son arrestation :

« Monseigneur,

« Il est de mon devoir de rassembler par écrit et de
« rappeler à Votre Altesse les rapports que j'ai eus avec
« Elle et la Sublime Porte, depuis ma sortie de Vala-
« chie, pour me servir de justification.
« Lorsque j'ai eu l'honneur de me présenter à Votre
« Altesse, le 6 mars dernier, pour accompagner M. Hum-
« mel, secrétaire du roi de Suède, par ordre de S. M.
« l'Empereur, et par là, constater l'étroite liaison qui
« existait entre les puissances respectives, il plut à Votre
« Altesse de me permettre de continuer mon voyage jus-
« qu'à Constantinople; je Lui rappellerai que pour me
« mettre à l'abri des persécutions auxquelles je pouvais
« être en butte dans cette capitale, Elle me prescrivit,
« pendant mon séjour en Turquie, de ne paraître en
« public qu'habillé en Suédois.
« Comme je l'avais prévu, mon arrivée à Constanti-
« nople fut pour les ministres de certaines puissances un
« stimulant pour entraver la paix. La réponse de la
« Sublime Porte aux propositions de médiation de la
« Suède fut qu'avant tout, elle prétendait savoir si j'étais
« chargé de propositions de paix de la part de la Russie.
« A cette communication, je répondis : Je suis chargé
« d'une mission près M. le comte Pallin, mais si on
« désire que j'aie un caractère diplomatique, je suis tout
« prêt à envoyer un courrier au général prince Koutou-

« soff, pour l'en informer. On me répondit : Nous ne
« voulons pas organiser l'espionnage chez nous. Argu-
« ment facile à rétorquer par la réciprocité du séjour de
« plus de cinquante Turcs au quartier général russe, qui
« communiquent librement avec le public. L'affaire en
« resta là. Le comte Pallin demanda une audience au
« ministre, elle fut refusée ; jusqu'à mon départ, toutes
« les démarches du ministre de Suède furent inutiles ;
« forcé de partir, je rapporte au général Koutousoff des
« nouvelles peu favorables.

« Après un long voyage, ralenti par mes conducteurs,
« trouvant toujours des prétextes pour ne pas aller vite,
« je suis arrivé le 1ᵉʳ avril au quartier général de Votre
« Altesse, je Lui fis remettre une lettre du comte Pallin
« et je demandai des ordres me permettant de continuer
« ma route pour remettre à mon général les dépêches de
« l'envoyé de Suède. Votre Altesse m'a fait venir et m'a
« parlé du désir de conclure la paix, et des efforts qu'Elle
« ferait pour atteindre ce but, de ses regrets du peu de
« succès de mon voyage. Votre Altesse insista pour que
« j'attendisse trois jours à son quartier général le temps
« nécessaire, pour recevoir un courrier annonçant les
« résultats de l'entrevue de l'envoyé de Suède avec les
« ministres de la Sublime Porte. Le temps fixé pour mon
« départ étant expiré, j'exigeai de Moustapha-Effendi
« des chevaux, ils me furent refusés ; je voulus parler à
« Votre Altesse, on me répondit qu'Elle avait pris la
« résolution irrévocable de ne pas me laisser partir, avant
« l'arrivée d'une réponse de Constantinople ; on me
« refusa la permission d'expédier un courrier à Bukarest.
« Vous excuserez la franchise d'un militaire, mais retenir
« un parlementaire déjà accueilli, est un acte contraire
« au droit des gens.

« Je suis depuis dix jours au secret à Schumla, c'est le
« double du temps nécessaire pour recevoir une dépêche
« de Constantinople, je proteste énergiquement contre la
« violence qui m'est faite, je déclare invoquer le droit
« des nations, jusqu'à ma sortie des frontières turques;
« quel que soit le sort qui m'est réservé, ma confiance est
« dans le Dieu des armées et dans le Souverain dont
« l'honneur est en ce moment lié au mien.

« Quoique ce récit ne vous apprenne rien de nouveau,
« Monseigneur, peut-être tous ces faits présentés sous
« leur vrai jour produiront-ils une résolution qui com-
« blera de joie vos vrais admirateurs, et moi particuliè-
« rement comme un des plus zélés. Je termine en sup-
« pliant Votre Altesse de me faire l'honneur de me
« donner une réponse catégorique.

« Je suis avec le plus profond respect, etc., etc.

« Comte de Rochechouart.

« Schumla, le 11 avril 1812. »

Cette lettre produisit l'effet désiré : le vizir autorisa Louis à rejoindre son quartier général; on l'attendait avec impatience, car le ministre de Suède avait avisé le prince Koutousoff de son départ et de l'importance des papiers qu'il portait; inquiet, le général en chef avait fait demander au grand vizir des nouvelles du comte de Rochechouart, menaçant, dans le cas peu probable où il serait retenu au quartier général turc, d'user de représailles d'une pareille conduite et de faire arrêter tous les Turcs, parlementaires ou autres, si dans les vingt-quatre heures il ne rendait le comte de Rochechouart à la liberté; de plus, il reprendrait tout de suite les hostilités.

La paix signée peu de temps après prit le nom de traité de Bukarest; mon frère reçut la croix de commandeur de Saint-Wladimir, comme compensation à tous ses ennuis.

Malgré les batailles qui se livraient journellement, la saison des bains de mer fut très brillante à Odessa; parmi nos visiteuses, je citerai madame Dawidoff. Mademoiselle Corisande-Aglaé de Gramont, fille du duc de Gramont, ancien capitaine des gardes du corps de Louis XVI, avait épousé en 1806 à Pétersbourg le comte Dawidoff. Les médecins venaient de lui ordonner une saison de bains de mer à Odessa; elle resta trois mois avec nous. Après l'incendie de Moscou, elle retourna en Petite-Russie. Madame Dawidoff, veuve, revint en France en 1818; elle maria sa fille aînée au marquis de Gabriac, sa seconde fille entra au couvent du Sacré-Cœur en 1830; madame Dawidoff épousa en secondes noces le maréchal Sébastiani, ambassadeur de France à Londres, et mourut en 1845.

Nous restions tranquilles, pendant que de terribles batailles se livraient loin de nous, depuis le passage du Niémen, effectué le 24 juin par cinq cent mille hommes sous les ordres du plus grand capitaine des temps modernes, jusqu'à la prise de Moscou, deux mois après. Les sacrifices de tout genre supportés par la noblesse, le clergé, le corps des marchands et toute la nation russe en cette circonstance suprême, resteront dans l'histoire comme un monument éternel du patriotisme ardent de ce peuple, qui oublia tous ses intérêts personnels pour servir la patrie, n'importe à quel prix! Faire l'énumération de tous les dons patriotiques, de toutes les pertes éprouvées par la nation russe pendant l'année 1812, est chose impossible!

La réunion complète des troupes de notre division, désignée pour faire partie du corps d'armée commandé par le général Tormasoff, était enfin terminée; nous allions partir pour la Volhynie, lorsque la peste se déclara à la fin d'août à Odessa.

La maladie couvait déjà depuis quelque temps, sans qu'on s'en doutât ; la mortalité était devenue effrayante; le conseil de la ville, présidé par le duc de Richelieu, se décida à déclarer, d'après les rapports des médecins, la ville envahie par la peste. Avant d'en arriver à cette extrémité, le gouverneur général eut à lutter contre tous les intérêts compromis par des règlements, rigoureux, il est vrai, mais indispensables, qui ruinaient le commerce immense de la ville, et allaient réduire au désespoir toutes les classes de sa nombreuse population ouvrière et industrielle!

Je ne peindrai pas le tableau des pertes, des souffrances endurées par cette ville, naguère si florissante; les détails les plus circonstanciés sur la peste d'Odessa en 1812 sont relatés dans l'ouvrage du marquis de Castelnau : *Essai sur l'histoire ancienne et moderne de la Nouvelle-Russie*, Paris, 1820, 3e volume, pages 317 et suivantes.

Au milieu de ces terribles circonstances, le caractère de cet homme éminent, le gouverneur de la ville d'Odessa, se montra dans tout son éclat et sa grandeur. Mon dévouement à sa personne et surtout la reconnaissance que je lui devrai éternellement, me font un devoir de faire connaître sa noble et courageuse conduite; il sut sacrifier ses intérêts les plus chers, ses goûts les plus prononcés, son ambition la mieux placée et la plus légitime aux devoirs de sa place et aux intérêts publics qui lui étaient confiés. Au lieu d'abandonner la ville, sa création, pour aller prendre le commandement militaire que l'Empereur lui avait donné, il se dévoua au salut des habitants d'Odessa et de ses trois gouvernements, se fit remplacer provisoirement dans le commandement de sa division, bien convaincu que par sa présence, son exemple et son activité, il rendrait au pays qui l'avait adopté, de plus grands services que sur les champs de bataille.

« Le duc de Richelieu annonça sa ferme résolution de
« rester au milieu du fléau, promit de consacrer tous ses
« soins, même au péril de sa vie, à l'extinction de la
« maladie, assurant les habitants que le meilleur moyen
« d'atteindre ce but était de se conformer à ses ordon-
« nances, et de se soumettre à tous les sacrifices néces-
« saires. Odessa fut déclaré en quarantaine, défense fut
« faite à chacun des habitants de sortir de sa demeure ;
« des commissaires particuliers allaient de maison en
« maison, fournissant à chaque famille les aliments
« nécessaires à sa subsistance. Semblables à des anges
« protecteurs, le duc, l'abbé Nicolle, notre ami le consul
« d'Espagne et d'autres hommes dévoués couraient par-
« tout où le mal sévissait avec le plus de fureur. Pour
« eux, plus de repos, plus de sommeil, à peine un
« moment dérobé pour les repas, un autre pour les
« affaires urgentes. Le jour et la nuit, on les voyait visi-
« tant les hôpitaux, soignant les malades, secourant les
« pauvres. La bêche à la main, le noble duc aidait lui-
« même à l'ensevelissement des victimes du fléau, après
« avoir recueilli les orphelins des mains des agonisants.
« Une pauvre mère allait succomber à l'horrible mal,
« son enfant dans ses bras ; à cet instant passaient devant
« sa porte le gouverneur et l'abbé, elle se traîne sur le
« seuil, leur présente l'enfant, les suppliant de prendre
« soin de lui. Le duc le prend, la console, lui promet
« d'en avoir soin, l'abbé la bénit, lui donne l'absolution ;

« la dernière parole de la pauvre mère fut une parole de
« reconnaissance et de soumission : « Dieu soit loué! Je
« meurs tranquille! » Le duc déposa dans un bureau de
« secours le petit orphelin dont il est devenu l'ange pro-
« tecteur; n'est-ce pas digne de saint Vincent de Paul[1]? »

Le comte de Maistre, ministre de Sardaigne à Pétersbourg, écrivit à l'abbé Nicolle ces lignes remarquables :

« Peterhoff, 17 avril 1813.

« Monsieur l'abbé[2],

« Une peste est un sermon des plus pénétrants; il ne
« faut pas être fait comme vous, pour n'en pas tirer un
« parti immense. Mille fois inquiet de vous, au milieu
« de cette cruelle épreuve, je n'ai pas eu moins de pen-
« sées et d'inquiétudes, en pensant à M. le duc de
« Richelieu, qui a trouvé dans ce fléau une occasion
« nouvelle de se montrer, non pas meilleur que les autres,
« mais, s'il est possible, meilleur que lui-même. Quelle
« épreuve! quels travaux! enfin, rendons grâces à Dieu,
« tout est fini!

« Adieu et mille fois merci, Monsieur l'abbé, de votre
« bonne lettre, etc.

« Nota manus. »
(Signature familière du comte de Maistre.)

D'un autre côté, l'abbé Nicolle écrivait :

« Entré dans la société à une époque où l'incrédulité
« était devenue une espèce de mode, M. de Richelieu

---

[1] Extrait de la *Vie de l'abbé Nicolle*, par M. l'abbé Frappaz. —
In-18. Jacques Lecoffre et Cie, éditeurs, 1857.

[2] Cette lettre et la suivante ont été déjà publiées par M. l'abbé
Frappaz dans la *Vie de l'abbé Nicolle*.

« n'échappa point à la contagion générale; mais si les
« sentiments religieux dans lesquels il fut élevé ont pu
« souffrir quelque affaiblissement en lui, jamais, du
« moins, ils ne furent entièrement effacés de son cœur.
« Il avait éprouvé dans son enfance et dans sa jeunesse
« les douceurs secrètes et ineffables de la religion, et
« quand cet état est une fois connu, qu'importent les
« années? On y pense, on le regrette, et l'on finit par y
« revenir. Quand la peste frappait de si terribles coups
« dans la famille dont il était devenu le père, la religion
« s'offrit à lui, sa belle âme en sentit le besoin. Il voulut
« bien ne pas me laisser ignorer ce qui se passait dans
« son cœur, je l'en remerciai vivement, et je me félicitai
« de ce que la Providence, qui se sert des plus faibles
« instruments pour arriver à ses desseins, avait daigné
« me choisir, pour rendre à celui dont j'admirais avec
« enthousiasme les nobles qualités, le plus grand de tous
« les services. Après m'avoir exposé quelques doutes,
« que je fus assez heureux pour dissiper, je le vis calme,
« résolu, je reçus sa confession générale, et j'eus la con-
« solation de le communier de ma propre main, dans
« l'église catholique d'Odessa. »

Je pourrais citer d'autres lettres, mais celle-ci me paraissent suffisantes pour faire ressortir le dévouement et le courage de M. de Richelieu. Je donnerai en leur temps des lettres de ce bon duc et de notre ami del Castillo, contenant des détails sur cette peste.

Sa résolution une fois prise, M. de Richelieu ordonna à son chef d'état-major, le comte de Venanson, de rejoindre les troupes de la division et de les conduire à leur destination; il me donna également l'ordre de quitter Odessa et de porter au général Tormassoff ses dépêches expliquant le motif impérieux qui le forçait de rester à Odessa, tant que la peste n'aurait pas disparu; il ajouta en m'embrassant : « Je vous prie, comme votre « oncle, de ne faire aucune objection; comme général, « je vous ordonne d'obéir sans répliquer. Allez, mon « cher Léon, que Dieu vous protège; emportez ma béné- « diction. Donnez-moi souvent de vos nouvelles; pensez « quelquefois à celui que vous laissez ici, au milieu « de dangers sans gloire!... » Je me jetai dans ses bras, confondant mes larmes avec les siennes......... Le lendemain, je quittai ce séjour de douleur, le cœur navré de laisser mon second père entouré de pareils dangers ! Je remis la direction de la maison à Stempkowski : le dévouement de cet excellent garçon ne s'est pas ralenti une seconde. Il resta près du duc de Richelieu jusqu'à sa mort.

Mon équipage, fait à la hâte, était cependant complet : un britchka attelé de deux bons chevaux, un cocher, deux domestiques soldats; enfin, deux beaux et bons chevaux de selle. Ma voiture contenait des provisions de toute espèce : vins de Bordeaux, de Madère, thé, rhum. J'emportais dans mon nécessaire deux cents ducats en or (deux mille quatre cents francs).

Je partis d'Odessa le 5 octobre avec le comte de Venanson et un autre officier d'état-major ; ce dernier fut détaché pour hâter la marche d'un régiment d'infanterie en retard, venant d'Ékathérinoslaff.

CHAPITRE IV

1812-1814.

Organisation des armées de Volhynie et de la Russie Blanche. — Marches et contremarches. — Prise de Minsk. — Passage de la Bérézina. — Marche sur Vilna. — Trois mois à Saint-Pétersbourg. — Retour au quartier général. — Marche en avant. — Bataille de Lützen. — Armistice de Pleiwitz. — Bataille de Dresde. — Retraite en Bohême. — Bataille de Kulm. — Mission près de Bernadotte. — Bataille de Leipsick. — Nomination de colonel. — Marche en avant. — Mission à Darmstadt. — Passage du Rhin à Bâle. — Mort de mon frère Louis. — Formation d'un comité royaliste. — Lettres au Roi et au duc de Berry. — Lettres et démarches de Monsieur. — Rupture du Congrès de Châtillon-sur-Seine. — Bataille d'Arcis-sur-Aube. — Bataille de Fère-Champenoise. — Combat aux portes de Paris. — Reddition de Paris. — Nomination au commandement de la place de Paris. — Entrée des alliés dans Paris. — Nombreuses difficultés. — Organisation du service. — Entrée de Monsieur à Paris. — Entrée du Roi. — Je quitte le service de la Russie.

Le prince Casimir Lubomirski nous reçut à notre arrivée à Doubno, ville du gouvernement de Volhynie. Je lui devais, on se le rappelle, ma nomination d'aide de camp de l'Empereur. Ami intime de M. de Richelieu, je le trouvai navré de sa position au milieu des pestiférés, menacé à chaque instant d'une mort si triste pour un soldat.

Le service de la poste ne fonctionnait plus; seuls, les Cosaques circulaient. L'un d'eux nous apporta à Doubno la nouvelle de l'incendie et de l'évacuation de Moscou.

La paix signée à Bukarest avec la Turquie permettait

à l'armée dite de Moldavie, commandée par l'amiral Tchitchagoff, de quitter le Danube. Elle opéra sa jonction avec le corps d'armée placé sous les ordres du général Tormassoff, comprenant la division Richelieu que nous amenions; ces deux corps réunis formaient un effectif de soixante-quinze mille hommes, dont vingt mille d'excellente cavalerie. On les remania et les divisa de nouveau en deux corps : le premier, sous les ordres de l'amiral, se composait de vieilles troupes revenues des provinces danubiennes et du 22ᵉ régiment de chasseurs, compagnon de toutes nos expéditions en Circassie; il devait opérer contre le corps d'armée autrichien du prince Schwarzenberg; le second corps, commandé par le général Tormassoff, formé de troupes moins aguerries, restait en Volhynie, attendant des ordres subordonnés aux événements ultérieurs.

Le comte de Langeron occupait Loutsk avec sa division; j'allai le voir, il me proposa de rester avec lui; il se chargeait de me présenter à l'amiral et d'obtenir l'autorisation de me garder à son état-major, jusqu'à ce que je pusse rejoindre l'Empereur. Régulièrement, comme aide de camp de l'Empereur, je devais faire partie de l'état-major de l'amiral; M. de Langeron obtint facilement de me garder près de lui.

Aussitôt installé à Loutsk, j'écrivis au duc de Richelieu, pour lui faire part de la combinaison adoptée et solliciter son approbation. Vu la désorganisation de la poste, sa réponse, conforme à mes désirs, me parvint seulement quinze jours après.

Alors commença une série de marches et contre-marches, pour suivre les soi-disant mouvements de l'armée autrichienne, passant et repassant le Bog, tantôt dans le duché de Varsovie, tantôt dans le gouvernement de Grodno, tantôt en Volhynie. Évidemment, de part et d'autre, on évitait de se rencontrer; car, sauf quelques petits engagements d'avant-garde, les armées ne se trouvèrent jamais en contact. Je vis dans le fait suivant la preuve de cet accord tacite : le château de Nesvige, résidence de l'aîné des princes Radzivill, majorat et chef-lieu de leur principauté, renfermait une collection unique d'armes, d'armures précieuses, de manuscrits rares, de médailles, de bijoux, de bronzes anciens; toutes ces richesses étaient compromises par nos allées et venues, car, Autrichiens ou Russes, nous occupions alternativement la ville. Pour préserver cette précieuse collection, qui, grâce à cette mesure, resta intacte et entière, l'amiral établit un séquestre sur les meubles et immeubles.

Le général Tormassoff ayant été appelé à la fin d'octobre à la grande armée, commandée par le maréchal Koutousoff, notre organisation se modifia : l'amiral se dirigea avec quarante mille hommes sur la Russie Blanche, avec mission d'occuper Minsk et Vilna, afin de couper la retraite de Napoléon et le prendre ainsi entre deux feux. Le comte Sacken, à la tête de trente mille hommes, devait continuer la partie de barres avec les Autrichiens, les Saxons et les Allemands, formant un corps de cinquante-cinq mille hommes.

Je me suis servi jusqu'ici du calendrier russe; dorénavant je donnerai les dates suivant le calendrier grégorien, en faisant remarquer qu'il avance de douze jours sur le calendrier russe. Donc, le 4 novembre, nous nous emparions de Minsk, renfermant d'immenses magasins d'habillements, d'équipements, de munitions, de vivres, etc. Le général polonais Bronikowski, à qui Napoléon avait confié la défense de cette ville, fut surpris par notre avant-garde, commandée par le comte de Lambert, émigré, au service de la Russie. Du reste, deux mille hommes ne pouvaient pas résister à quarante mille. Le général Bronikowski se retira sur Borissoff, ralliant le général Dombrowski; ils réparèrent ensemble la tête de pont, construite pour protéger le passage de la Bérézina.

On ne peut comprendre la surprise du gouverneur de Minsk : comment n'était-il pas prévenu de la marche de notre corps d'armée? Comment n'avait-il pas d'éclaireurs, ne fût-ce que pour rester en communication avec le prince Schwarzemberg? Cette sécurité lui était sans doute inspirée par les rapports peu exacts, insérés dans les bulletins de la grande armée, qui annonçaient des victoires sur tous les points et l'anéantissement complet de toutes les armées russes. Comment, enfin, Napoléon avait-il laissé à deux mille hommes seulement la défense de magasins aussi importants? Cette confiance lui coûta cher!

Nous étions nous-mêmes dans la plus complète ignorance des événements qui avaient suivi l'évacuation de Moscou, après l'incendie du Kremlin. Nous ne savions pas où se trouvait Napoléon ni son armée; nous ignorions quels corps nous pourrions avoir à combattre, quelle était leur force numérique. Nous ne connaissions pas l'état déplorable de l'armée française. Nos marches continuelles nous avaient privés de communications régulières; nous allions à l'aventure, mais avec une extrême prudence.

On a beaucoup critiqué la lenteur des opérations de l'amiral et sa conduite lors du passage de la Bérézina; on n'a pas voulu tenir compte de la surprise qu'il éprouva, en se trouvant, sans transition et sans en avoir été prévenu, en face de Napoléon! Il ne pouvait cependant agir en casse-cou, et encore moins compromettre son corps, composé d'excellentes troupes, qui pouvaient rendre d'éminents services en donnant à propos. On va voir dans quelle position il s'est trouvé par suite de la réception des ordres du généralissime prince Koutousoff, ordres positifs. L'amiral ne pouvait donc pas agir autrement qu'il l'a fait ; il est bien facile, après coup, de critiquer et de dire : Voyez, si on avait manœuvré de telle façon, ceci ne serait pas arrivé ! Je vais raconter ce que j'ai vu ; je ne m'écarterai pas de la plus stricte vérité, et ne parlerai que d'événements s'étant passés sous mes yeux, ou dans lesquels j'ai été acteur.

Les deux jours qui suivirent notre entrée à Minsk furent employés à laisser bien reposer les troupes, fatiguées de ces marches continuelles, et à les munir largement de tout ce qui pouvait leur être nécessaire ; puis on tint conseil pour décider ce que l'on allait faire. Après avoir réuni tous les renseignements que l'on put se procurer sur la situation des armées russe et française, ce qui ne nous avança pas, puisque l'on ne savait rien de positif, on hésita si l'on marcherait sur Vilna, afin de s'emparer des immenses magasins qui s'y trouvaient, ou si l'on se porterait sur Vitepsk, en passant par Orcha, pour détruire le pont sur le Dniéper. On se décida à marcher sur Vilna, après toutefois s'être emparé de Borissoff (les historiens français écrivent Borisow) et de sa tête de pont sur la Bérézina, opération que l'on confia au lieutenant général comte de Lambert, commandant l'avant-garde de notre corps d'armée depuis que nous nous étions séparés du corps du général comte Sacken. L'effectif des troupes placées sous ses ordres s'élevait à dix mille hommes, dont plus de la moitié de cavalerie, plus quelques pièces de gros calibre. M. de Langeron me permit de marcher avec M. de Lambert ; je rejoignis donc notre avant-garde et me présentai au général : « Vous arrivez « fort à propos, mon cher Rochechouart, me dit-il, « mon aide de camp est resté malade à Minsk; j'ai besoin « d'un officier d'infanterie pour diriger cette arme qui « n'est pas la mienne. » Enchanté d'une pareille réception, je promis de faire tout ce qui dépendrait de moi.

Le 19 novembre nous marchions donc sur Borissoff, parcourant ce jour-là vingt-deux verstes; le 20 au soir, nous établissions nos bivouacs en face des avant-postes français. M. de Lambert remit au lendemain matin l'attaque des retranchements.

Au point du jour, les colonnes d'attaque se formèrent, le général m'envoya, à la tête de tirailleurs, reconnaître la position et la force de nos adversaires. Bientôt les avant-postes reculèrent, je jugeai tout de suite par la défense incertaine et molle que nous n'avions pas des Français en face de nous, mais des troupes n'appartenant ni au même corps ni à la même nationalité. Les avant-postes s'étant repliés, un feu d'artillerie commença et nous tua quelques hommes et plusieurs chevaux. Le colonel Michaud, officier piémontais très distingué, chef d'état-major de la division, eut le bras droit emporté à la première décharge; on pratiqua l'amputation sur le champ de bataille.

La route que nous suivions aboutissait à l'extrême gauche de la tête de pont, je l'abandonnai avec mes tirailleurs pour me porter du côté opposé où je présumais que la défense serait moins vive, la division continua à suivre la route de Minsk. Je parvins en effet sans difficultés sur l'extrême droite du retranchement, près de la rivière dont les bords sont très escarpés en cet endroit. N'ayant pas assez de monde avec moi pour rien tenter de sérieux et d'utile, j'établis mes hommes à couvert derrière une ondulation de terrain, leur recommandant de m'attendre sans bouger. Je partis au galop, salué par une violente fusillade, et rejoignis M. de Lambert au centre de ses troupes. Je lui demandai un bataillon de renfort, affirmant que, sur l'extrême droite, les retranchements étaient en fort mauvais état et faciles à enlever.

Nous avions très peu d'infanterie et beaucoup de cavalerie, composition habituelle des corps d'avant-garde, mais peu favorable pour enlever des retranchements. Le général avait près de lui le beau régiment de hussards dont il était le chef, ses cinq escadrons au grand complet; il fit mettre pied à terre à trois cents hussards et leur dit : « Mes « enfants, je vais vous procurer une belle occasion de « vous distinguer, vous allez enlever ces retranchements « en compagnie des grenadiers trop peu nombreux. En « avant! à la carabine! » Un hourra répondit à cette harangue; le général ajouta quatre compagnies d'infanterie à ces cavaliers, et me promit de retarder l'attaque du centre et de l'aile de droite, pour me laisser le temps d'arriver et d'opérer sur la gauche.

Pour calmer l'impatience des troupes, le général de Lambert ordonna de tirer quelques coups de canon sur les pièces braquées au haut des fortifications de Borissoff, un hourra frénétique poussé sur toute la ligne y répondit, donna le signal de l'assaut, et attira les forces ennemies sur la gauche de la tête de pont; il me fut facile alors de pénétrer, avec mes premiers tirailleurs et les hussards qui purent me suivre en courant, par une barrière mal défendue. Nous fûmes ainsi cause de l'abandon immédiat de la tête de pont, car, se voyant attaqués à l'improviste jusque dans l'intérieur de leurs retranchements, les ennemis s'enfuirent par le long pont de chevalets qui conduit à Borissoff, espérant avoir le temps de le brûler ou de le couper. Mais vainqueurs et vaincus entrant pêle-mêle dans la ville empêchèrent la destruction du pont.

J'appris que le comte de Lambert venait d'être blessé à l'épaule par une balle, en suivant ses troupes à l'assaut; j'accourus auprès de lui pour m'informer de son état et lui faire mon rapport : « Cela n'est rien, je l'espère, c'est un peu douloureux, me dit-il; soyez tranquille, je ne vous oublierai pas. » Effectivement, M. de Lambert voulut bien dans son rapport faire l'éloge de ma conduite et signaler que j'étais entré le premier dans la tête de pont; je reçus peu de temps après la croix de chevalier de Saint-Vladimir.

Je suivis M. de Lambert dans Borissoff, évacué précipitamment par les Saxons. L'ordre étant rétabli dans cette petite ville, on installa le général blessé dans une maison de très belle apparence, habitation de l'ex-commandant de Minsk. Je remarquai dans le salon une cheminée, luxe très rare dans ces contrées; je ne mentionnerais pas cette particularité, si elle n'avait pas eu un résultat fort important : dans cette cheminée, un grand feu achevait de consumer des papiers; je pressentis leur importance et me précipitai pour en retirer quelques lambeaux, j'eus le bonheur de trouver, parmi eux, une lettre du maréchal duc de Bellune adressée au général Bronikowski, gouverneur de Minsk·

« Monsieur le Gouverneur,

« Mon aide de camp, le prince Sulkowski, qui vous remet-
« tra cette lettre, est chargé en même temps de surveiller
« l'exécution des ordres qui y sont joints. S. M. l'em-
« pereur Napoléon doit arriver après-demain 23 à
« Borissoff et sera le 25 à Minsk. Les longues marches
« que son armée a dû faire, ainsi que les nombreux et glo-

« rieux combats qu'elle a livrés, nécessitent du repos et
« des vivres, tenez-vous en mesure, que tout soit prêt; il
« y aura surtout beaucoup de chaussures à remplacer.

« Maréchal duc de Bellune. »

On comprendra notre surprise en apprenant ainsi que le lendemain nous aurions toute la Grande Armée sur les bras! M. de Lambert me dit : « Portez sur-le-champ cette
« lettre à l'amiral Tchitchagoff; vous ajouterez que je ne
« garde ici qu'un faible détachement, tout le reste de
« l'avant-garde va se porter immédiatement sur la route
« d'Orcha. Forcé, par suite de la gravité de ma blessure, de
« garder le lit, je donne le commandement au *général*
« *comte Pahlen* : si j'avais pu monter à cheval, je n'aurais
« cédé à personne l'honneur de commander d'aussi braves
« soldats. »

Je partis tout de suite, laissant mes gens et mon équipage à Borissoff, recommandant à mon domestique de demander un logement pour me reposer, ma mission remplie.

Je trouvai l'amiral en chemin; ayant appris la nouvelle de la prise de la tête de pont, il était monté à cheval et accourait avec tout son état-major examiner la position. Je lui remis la lettre du duc de Bellune, et répétai les paroles du comte de Lambert. Après m'avoir écouté très attentivement, il me répondit : « J'ignorais la blessure du
« général de Lambert, je vais causer avec lui et voir ce
« qu'il y aura à décider. » Malgré la rapidité de notre course, j'achevai le récit du combat de Borissoff. Rentré en ville harassé de fatigue, je me dirigeai vers mon logement, je soupai rapidement et me couchai.

Le lendemain, 22 novembre, j'allai voir M. de Langeron, établi avec sa division en avant de la tête de pont; tout le corps d'armée le rejoignit dans la soirée et bivouaqua sur la rive droite de la Bérézina, séparée de la ville par un pont d'une longueur démesurée, à cause des marais qui existent sur la rive gauche; je revins coucher en ville.

Le 23, l'amiral réunit tous les généraux en conseil de guerre, il attendait avec impatience des nouvelles de l'avant-garde qui avait passé la nuit à Lochmitza, à six verstes de nous, et devait ensuite se porter sur Bobr. Le soir, je dînais chez madame Rochmanoff, femme de l'intendant en chef de notre armée. — J'étais très lié avec lui, il avait habité longtemps Odessa avant d'être gouverneur civil de Cherson. — Au milieu du dîner, nous vîmes accourir des hussards russes faisant partie de l'avant-garde; leurs chevaux étaient blancs d'écume, ils criaient : Frantzouzi! et se dirigeaient vers le pont. Madame Rochmanoff, saisie de peur, heureusement pour elle, voulut absolument repasser tout de suite la rivière pour se diriger sur Minsk, malgré tous mes efforts pour la rassurer; j'insistais pour avoir au moins le café : « Venez le prendre à Minsk », me répondit-elle.

Le nombre des fuyards augmentait de minute en minute, ces mêmes soldats s'étaient cependant bravement battus l'avant-veille. Au lieu de courir à mon logement et de donner l'ordre à mes gens de passer sur l'autre rive, j'essayai d'arrêter les fuyards; peine perdue. En proie à une terreur panique, ivres de peur, si je puis m'exprimer ainsi, ils criaient : « Frantzouzi! Frantzouzi! » hors d'état de dire autre chose. Quelques pièces de canon suivies de leurs caissons traversèrent la ville au galop, renversant, écrasant tout ce qui se trouvait sur leur passage. Il fallut suivre le torrent, je me dirigeai vers le pont, j'y trouvai madame de Lambert nu-tête; parvenue à arrêter quelques hussards de son mari, elle leur disait en russe : « Enfants, abandonnerez-vous votre général blessé? » Ils mirent pied à terre et portèrent leur chef sur leurs épaules; quatre hussards à cheval, conduisant en main les chevaux de leurs camarades, se mirent en tête du cortège pour lui faire place et protéger la marche du blessé jusque de l'autre côté de cet interminable pont.

Je profitai de l'escorte pour traverser la Bérézina au milieu de la mêlée, et, après avoir risqué vingt fois d'être écrasé ou précipité dans la rivière, j'arrivai au bivouac de M. de Langeron; j'y attendis vainement mes chevaux et ma voiture, je n'avais pas même de manteau.

L'amiral se mettait à table avec ses officiers, il dut laisser son dîner servi et repasser comme moi ce maudit pont à pied. Dans l'espace d'une demi-heure tout fut fini, c'est-à-dire que sur dix mille hommes et douze pièces de canon formant la division d'avant-garde, mille hommes seulement et deux canons traversèrent, le reste fut pris ou dispersé. Cinquante chasseurs français de la division Legrand, sous l'empire d'une forte ration d'eau-de-vie, avaient surpris les vedettes de notre avant-garde devant Lochmitza; les chargeant avec fureur, ils étaient arrivés avec eux jusqu'à la place de ce petit bourg et avaient ainsi causé une panique qui entraîna la déroute de tout le corps.

Jamais ce pauvre Pahlen ne put réunir cent hommes pour charger les chasseurs français; à la tête, depuis la veille seulement, de cette division et inconnu de ses soldats, il fut entraîné malgré lui par la masse des fuyards; il arriva à notre bivouac dans un désespoir impossible à rendre.

Cet événement eut des suites bien graves; les auteurs qui ont parlé de cette célèbre retraite : M. de La Beaume, le comte de Ségur, le baron Fain, M. de Norwins, même M. Boutourlin, aide de camp de l'empereur de Russie, ignorant les motifs et les détails de notre déroute, l'ont attribuée à des causes extraordinaires, tandis qu'elles étaient toutes naturelles : je viens de le prouver par le récit simple et exact de ce qui s'est passé. J'ai lu avec soin tous les ouvrages des officiers français qui ont raconté cet étrange abandon de la ville de Borissoff, dans le moment où les Russes devaient tout tenter pour s'y maintenir; j'ai lu également la relation de M. Boutourlin sur la campagne de 1812, aucun de ces historiens ne donne une explication exacte de cette échauffourée, faute par eux d'avoir puisé leurs renseignements à la véritable source. Un seul ouvrage, peu connu, rend bien compte de l'attaque de la tête de pont et de la déroute de l'avant-garde russe commandée par le comte Paul Pahlen ; cet ouvrage est intitulé : *Mémoires pour servir à l'histoire de la guerre entre la France et la Russie en* 1812, avec un atlas militaire, par un officier d'état-major de l'armée française, 2 vol. Londres, 1815.

Dès que l'amiral fut sur l'autre rive, craignant d'un instant à l'autre l'apparition de toute la Grande Armée, dont il ignorait la force, il fit couper le pont en deux endroits, ce qui rendit impossible toute communication avec la rive opposée.

Vers le soir, je n'avais aucune nouvelle de mes gens, je désespérais de jamais rien revoir de ce qui m'appartenait, lorsque mon Cosaque se présenta devant moi, il m'apportait, chose inestimable pour l'instant, mon manteau ! et tenait en main mon meilleur cheval de selle, tout harnaché. Cet homme intelligent et dévoué me raconta qu'à la première alerte, il était accouru, trouvant mes gens occupés à manger ; il eut beau leur dire : Attelez vite et sauvez-vous, ils ne voulurent pas le croire ; alors il avait pris mon manteau déposé sur le siège de mon britchka, et avait sellé un cheval en toute hâte. Parti au galop, il trouva le pont coupé. Un Cosaque ne s'arrête pas devant pareille difficulté, habitué à rencontrer sans cesse des obstacles : on ne passe plus ici, il faut passer ailleurs, se dit-il. Descendant la rivière, il découvrit un gué à une lieue de là et vint me chercher « où je devais être ». Je l'embrassai, tant j'étais ravi de cette marque de dévouement. Muni de ce précieux manteau, j'allai coucher au bivouac des aides de camp du comte de Langeron ; le froid redoubla cette nuit ; aussi le bonheur de posséder mon manteau doublé de fourrure me fit oublier mes autres pertes.

Le 24 au matin, mon domestique soldat parut ; il se jeta à mes pieds en me demandant pardon ; tout ce que je possédais au monde était au pouvoir des Français. Il rapportait seulement un petit sac contenant mes effets de nuit. Les Français arrivaient à mon logement au moment où il essayait de prendre mon nécessaire, renfermant mes bijoux, mon argent, mes papiers ; le nécessaire confectionné avec une pièce de bois de rose de la palissade d'Anapa ! Il me restait pour toute fortune une chemise de nuit, des peignes, des pantoufles, la chemise que j'avais sur le corps, trois mouchoirs, cent roubles en papier dans mon portefeuille, un cheval et surtout mon manteau. Dans la première journée, on rallia les troupes dispersées ; peu de hussards manquèrent à l'appel, la plupart suivant la rive gauche de la rivière jusqu'à Bérézino, avaient trouvé un pont ; ils purent rejoindre le quartier général ; six pièces de canon ne reparurent jamais.

Dans la soirée, le colonel Michel Orloff, à la tête d'une reconnaissance, rencontra un détachement de Cosaques, apportant une lettre du généralissime prince Koutousoff pour l'amiral; ces Cosaques relevaient de l'hetman Platoff, commandant les Cosaques du Don.

La lettre annonçait que la grande armée française, désorganisée, indisciplinée, approchait. Pour sauver le plus de monde possible, Napoléon se hâterait certainement de passer la Bérézina; l'amiral devait donc à tout prix retarder ce passage, pour laisser le temps au généralissime d'opérer sa jonction avec le corps du prince Wittgenstein et avec l'hetman Platoff. Le prince Koutousoff terminait sa lettre en ces termes : « Vous avez affaire à
« Napoléon, général du plus grand génie, il fera certai-
« nement une démonstration de passage sur un point,
« pour attirer votre attention, tandis qu'il l'effectuera
« sur un point opposé; donc, prudence et vigilance. »
Informé, renseigné, conseillé par son général en chef, l'amiral dut se conformer aux avis donnés par son supérieur. Les Cosaques, tout en remplissant leur mission, avaient ouvert leurs yeux bien grands; ils donnèrent au colonel Orloff de nombreux renseignements sur la situation de l'armée française.

L'amiral envoya un détachement de troupes légères sur la rive droite de la Bérézina, pour essayer de se mettre en communication avec le prince Wittgenstein; le commandant de ce détachement avertit l'amiral que les Français paraissaient vouloir établir un pont à Studianska, à vingt-cinq verstes en amont de Borissoff, endroit très marécageux et par conséquent peu favorable à la construction d'un pont. L'amiral, persuadé que l'on voulait attirer son attention sur ce point, tandis qu'on effectuerait le passage ailleurs, à Bérézino par exemple, qui possédait une bonne route et un pont solide, donna l'ordre à tout son corps d'armée de se porter sur Bérézino. Le comte de Langeron seul, avec quatre mille hommes, resta devant Studianska pour observer les manœuvres de l'ennemi.

Bérézino se trouvait à vingt-cinq verstes en aval de Borissoff; on marcha toute la nuit avec un froid terrible et des chemins exécrables. Arrivés le 25 au matin à Bérézino, nous n'aperçûmes aucune trace de l'armée française. L'amiral commençait à craindre d'avoir fait une fausse manœuvre. Dans la soirée, il acquit la certitude que cette marche fatigante avait été très favorable à Napoléon; un aide de camp du comte de Langeron vint lui annoncer que le génie français établissait un pont de chevalets en face de lui, les travaux étant protégés par une batterie de quarante pièces de gros calibre. M. de Langeron possédait seulement huit pièces; craignant d'être écrasé par des forces tellement supérieures, il se retira sur Borissoff pour se réunir au détachement qui occupait la tête de pont, et attendre de nouveaux ordres.

Malgré les chemins exécrables par lesquels nous devions passer, le 26 au matin, nous étions de retour à la tête de pont, mais avec des troupes et des attelages éreintés, laissant de nombreux traînards, occupés en grande partie à retirer des canons et des fourgons embourbés dans des fondrières; on consacra la journée du 27 à rallier tout le monde.

Le 28, dès la pointe du jour, nous nous portions sur Studianska; je suivais le 22ᵉ régiment de chasseurs; heureusement pour moi, je rencontrai M. de Langeron : « Rochechouart, laissez les chasseurs, me dit-il, ils vont « suivre la grande route; venez avec moi, je vais occu- « per un bois avec deux bataillons de grenadiers et un « régiment de Cosaques du Don. » Arrivés à la lisière du bois en question, trois escadrons de cuirassiers du corps du général Oudinot nous chargèrent, sabrèrent et mirent en déroute nos grenadiers ; nos Cosaques, au contraire, résistèrent et nous permirent de rallier le gros de l'armée. Quant au 22ᵉ chasseurs, écrasé dans cette malheureuse journée, chargé par un régiment de cuirassiers, pris en flanc par une batterie d'artillerie, il rentra au camp avec cent cinquante hommes, trois officiers et son drapeau. Il était parti le matin avec deux mille hommes. Trois jours plus tard, douze cents hommes de ce régiment faits prisonniers, profitant du désarroi général de l'armée française, parvinrent à s'échapper.

Grâce à notre fausse manœuvre sur Bérézino, l'armée française put traverser la Bérézina, dernier cours d'eau assez important pour l'arrêter; seule, la division Parthouneaux, forte d'environ quatre mille hommes formant l'arrière-garde, étant coupée, dut mettre bas les armes et se constituer prisonnière de guerre.

Au chasse-neige qui nous avait aveuglés dans la journée succéda, dans la nuit du 28 au 29 novembre, un froid de 26° Réaumur; il augmenta les jours suivants et atteignit 30° Réaumur. Il me reste à raconter de bien grandes souffrances, d'effroyables désastres, à essayer enfin de donner une idée de cette catastrophe, image de la colère de Dieu appesantissant son bras sur les hommes.

Le 29 au matin, l'amiral organisa son avant-garde, composée uniquement de Cosaques; ceux-ci devaient marcher sur le flanc gauche de l'armée française, l'empêcher de s'écarter de ce côté, où elle aurait trouvé de meilleurs chemins et surtout des vivres abondants, tandis que notre corps principal la suivrait de très près. Malgré la dévastation totale du pays (nous trouvions toutes les habitations incendiées), nous ne manquions heureusement pas de vivres, et nos chevaux recevaient régulièrement leur ration d'avoine et de fourrage; de plus, ils étaient ferrés à glace, selon l'usage des pays froids.

Le 30, je me trouvai à l'endroit où l'armée française avait effectué son passage; rien au monde de plus attristant, de plus navrant! on voyait amoncelés des cadavres d'hommes, de femmes et même d'enfants, des soldats de toutes armes, de toutes nations, gelés, étouffés par les fuyards ou atteints par la mitraille russe; des chevaux, des calèches, des canons, des caissons, des fourgons abandonnés. On ne peut imaginer un spectacle plus terrifiant que l'aspect des deux ponts rompus, la rivière gelée jusqu'au fond. Des richesses immenses gisaient éparses sur cette plage de mort; les paysans, les Cosaques rôdaient autour de ces monceaux de cadavres, enlevant les objets les plus précieux. Je trouvai mon domestique fouillant les coffres d'une calèche; il cherchait, me dit-il, à remonter ma garde-robe en chemises, mouchoirs, bas, etc., puisque, par sa faute, il avait laissé tout prendre. Je vis sur le pont une malheureuse femme assise, ses jambes pendaient en dehors du pont, prises dans la glace, elle tenait collé à son sein un enfant gelé depuis vingt-quatre heures; elle me supplia de sauver cet enfant, ne s'apercevant pas qu'elle me présentait un cadavre! Elle-même ne pouvait mourir malgré ses souffrances; un Cosaque lui rendit le service de lui tirer un coup de pistolet dans l'oreille pour faire cesser cette déchirante agonie!

Les deux côtés de la route étaient jonchés de morts dans toutes les positions, ou d'hommes expirant de froid, de faim, de fatigue, les vêtements en lambeaux, nous suppliant de les faire prisonniers. Ils énuméraient tout ce qu'ils savaient faire; nous étions assaillis de cris: « Mon-
« sieur, prenez-moi près de vous, je fais la cuisine, ou
« je suis valet de chambre, ou coiffeur; pour l'amour de

« Dieu, donnez-moi un morceau de pain et un lambeau
« d'étoffe pour me couvrir. » Malgré tout notre désir,
nous ne pouvions malheureusement rien faire.

La division Langeron suivait de si près l'armée française, que les fourriers de notre corps arrivaient avant
que les officiers de l'état-major de Napoléon eussent
quitté la seule maison restée intacte; nous avions donc
tout intérêt à la conserver, et, par un accord mutuel, ils
y laissaient établir le logement du quartier général russe.
Toutes les autres maisons étaient pillées et incendiées; les
Français brûlaient les villages où ils avaient trouvé un
abri pendant la nuit, pour essayer d'arrêter notre poursuite.
On réservait au comte de Langeron la chambre occupée
par Napoléon; les aides de camp et les officiers d'état-
major se partageaient les autres pièces. Nous trouvions
ordinairement sur la porte, écrits à la craie, les noms des
officiers d'ordonnance du monarque français qui avaient
occupé la chambre avant nous. Mes camarades me signalèrent celui du baron de Mortemart, inscrit sur une porte.
C'était évidemment : Casimir, duc de Mortemart; —
l'Empereur reconnaissant seulement les titres qu'il donnait, l'avait fait baron. — La chambre me fut attribuée;
elle se trouvait donc occupée d'abord par un Rochechouart, aide de camp de l'Empereur des Français, puis
par un Rochechouart, aide de camp de l'Empereur de
Russie; cette singulière coïncidence se renouvela jusqu'à Smorghoni.

A partir du 1ᵉʳ décembre, on ne songeait plus à se
battre, mais à marcher le plus rapidement possible sur
Vilna. Les Français comptaient y trouver des vivres, des
vêtements, de la chaussure, en un mot, s'y refaire; les
Russes les poursuivaient, pour hâter la sortie du territoire moscovite. Ma mémoire conservera tant que je vivrai

le souvenir des misères que nous voyions, des cris de douleur que nous entendions, sans pouvoir porter secours aux malheureux qui nous imploraient. Ce spectacle désolant se reproduisait chaque jour et à chaque instant; néanmoins, nous ne pouvions sans une profonde émotion entendre ces appels désespérés!

A Smorghoni, je rencontrai trois officiers, aides de camp de l'empereur Alexandre : le comte Stanislas Potocki, le comte Branicki et Lambsdorf, fils du gouverneur des grands-ducs Nicolas et Michel, frères cadets de l'Empereur; les deux premiers, très riches, se faisaient suivre de grandes provisions en vins, liqueurs, sucre, thé, etc., etc.; ils nous proposèrent fort aimablement, à Lambsdorf et à moi, de vivre tous les quatre ensemble; ce que nous acceptâmes avec reconnaissance. M. de Langeron me donna un cheval; j'achetai à un Juif un petit traîneau, j'installai dessus mon domestique et mon modeste bagage; mon fidèle Cosaque conduisait mon cheval de selle, lorsque, succombant au froid, je m'enfermais dans la calèche de Lambsdorf, montée en traîneau.

A Oschmiana, notre société s'accrut de M. de Vlodeck, également aide de camp de l'Empereur; il arrivait du grand quartier général qui ne pouvait suivre les Français aussi vite que nous, car il était impossible d'engager des troupes sur une route où tout était tellement ravagé, incendié, dévasté. M. de Vlodeck obtint la permission de venir à l'avant-garde, il se joignit à nous. L'armée de Koutousoff, quittant la route, se jeta à droite et à gauche; elle trouvait encore quelques vivres, mais souffrait comme nous de ce froid inouï. A Oschmiana, je fus témoin de plusieurs faits qui compléteront la peinture des horribles souffrances endurées par les débris de la plus

belle et de la plus vaillante armée du monde. J'entrais dans un kartchma, cabaret tenu par un Juif, je cherchais une pelisse en peau de mouton pour mon domestique. J'aperçus deux hommes d'une maigreur incompréhensible, ayant pour tous vêtements un caleçon, des bas déchirés, pas de chaussures, un mauvais gilet, pas de chemise, et pour coiffure un bas de soie noire dont le pied pendait négligemment derrière la tête. Ces deux hommes parlaient portugais; à mon entrée, l'un d'eux dit à son camarade : « Voici un officier, implorons-le. » Je m'approchai et leur dis également en portugais : « Que désirez-vous, messieurs? » Ils parurent fort étonnés d'entendre un officier russe parler leur langue : « Si vous êtes chrétien, au
« nom de tous les saints, venez à notre secours, je m'ap-
« pelle le vicomte d'Asséca, je suis de la maison de Souza;
« mon camarade et moi, nous appartenons au corps
« commandé par le marquis d'Alorna, réuni à l'armée
« française. Une bande de Cosaques nous a surpris avant-
« hier, dans ce cabaret, où nous essayions de nous
« réchauffer, ils nous ont enlevé nos uniformes et nos
« bottes; nous n'avons ni bu ni mangé depuis vingt-
« quatre heures, ce gueux de Juif prétend qu'il n'a rien
« pour lui-même. Pendant que les Cosaques nous dévali-
« saient, j'ai caché dans le poêle une bourse bien garnie,
« elle nous permettra d'acheter des vivres, si nous pou-
« vons sortir de cette maudite auberge; toute notre espé-
« rance est en vous, nous implorons le chrétien et l'offi-
« cier; de grâce, sauvez-nous! » — Je lui répondis : « Je
« ferai mon possible, c'est très difficile, mais je tenterai
« tout, en souvenir du bon accueil que j'ai reçu en Por-
« tugal en 1801 et 1802. »

Il fallait avant tout trouver deux pelisses pour ces messieurs, puis ils monteraient alternativement sur mon traîneau; j'appelai le cabaretier, et tirant de ma bourse un billet de cent roubles : « Voilà pour trois schoubi. » La pelisse en peau de mouton portée par les paysans russes s'appelle *schouba,* au pluriel *schoubi.* — « Vous m'en donneriez le « triple que je ne pourrais vous en procurer une seule. — « Ah ! c'est ainsi ! m'écriai-je en le saisissant par la barbe ; « tu vas d'abord me donner celle que tu as sur le dos, et je jure « que tu trouveras les deux autres, ou je ne te laisserai pas « un poil de barbe ! » Et je commençais à secouer sa barbe si vigoureusement, qu'il poussait des hurlements affreux ; sa famille accourant me fournit les trois pelisses, dont deux de femme cachées dans le grenier. J'en donnai une à chacun de mes Portugais, et la troisième à mon domestique qui attendait l'issue de mon marché. Une pelisse neuve vaut dix roubles, et je payais cent roubles trois vieilles pelisses; cet acte généreux, vu la circonstance, mais équitable, fit oublier à mon Juif mes procédés un peu cosaques. Il nous témoigna sa reconnaissance en nous offrant à chacun un verre d'eau-de-vie, nous suppliant seulement de ne pas dire qu'il en avait, car il serait dévalisé par tous les passants. L'affaire terminée heureusement, j'emmenai ces messieurs; mon domestique leur donna une paire de bottes prise à la Bérézina, elle servait à celui qui marchait; arrivés à Vilna, ils trouvèrent, avec leur argent, le moyen de se tirer d'affaire. Je ne pensais plus à cet épisode lorsque, deux mois après, me trouvant à Pétersbourg, le vicomte d'Asséca se présenta chez moi. J'eus de la peine à reconnaître dans l'élégant et beau jeune homme le misérable débraillé que j'avais recueilli. Il me combla de remerciements et de bénédictions, et me raconta qu'à Vilna, un général russe de sa connaissance lui avait fait donner l'autorisation d'aller à Pétersbourg en attendant sa délivrance comme prisonnier de guerre. Je le retrouvai à Paris en 1816; il était établi au Brésil, ministre de l'intérieur, et un personnage très important.

Après mon expédition au cabaret juif, je retrouvai mes camarades et les fis rire aux larmes par le récit de mon aventure. Bien entendu, mes Portugais furent invités à dîner avec nous. Le repas terminé, nous allions quitter Oschmiana pour aller coucher dans un château appartenant à un ami du comte Potocki, lorsqu'un squelette habillé en femme se présenta à nos yeux, nous demandant à manger; après avoir dévoré tout ce qu'on put lui donner, elle s'écria : « Messieurs, prenez-moi, je suis « jeune et belle, je ferai tout ce que vous voudrez. » Pauvre femme! malgré toutes ses offres, nous la laissâmes là; au moins elle était rassasiée.

En traversant cette malheureuse ville d'Oschmiana, nous vîmes une centaine d'officiers prisonniers, entassés dans la geôle de l'endroit, derrière les fenêtres garnies de barres de fer; ces malheureux étaient en manches de chemise, ayant été dépouillés par les Cosaques de leurs habits, pantalons, etc. En nous voyant, ces infortunés nous appelèrent à travers leurs barreaux; ils demandaient à manger et du feu, et joignaient de grands gestes à leurs cris déchirants. Des spectacles aussi tristes se représentaient à chaque pas; je fus donc bien surpris de voir mes camarades s'approcher, leur faire distribuer le reste de nos provisions et quelques vêtements, puis se rendre chez le starotz, nom slave donné au maire ou chef de village. Ils exigèrent de lui que l'on chauffât le poêle de leur prison; enfin, ils laissèrent de l'argent pour qu'on leur achetât des vêtements, du pain et de la viande, menaçant d'une punition sévère, si l'on n'avait pas égard à leurs ordres. Je demandai à Wlodeck le motif de cet intérêt extraordinaire, il me répondit : « Ce sont des francs-

« maçons; ils nous ont fait le signe de détresse; étant
« francs-maçons nous-mêmes, nous avons dû secourir
« nos frères, puisque nous le pouvions. »

Le 11 décembre, à midi, par un froid de 29° Réaumur, j'entrai dans Vilna, blotti avec Lambsdorf dans le fond de sa calèche; notre voiture s'avançait avec difficulté au milieu des monceaux de cadavres humains, étendus gelés sur le chemin, de centaines de chevaux morts de faim, de froid, ou les membres cassés, car ils n'étaient pas ferrés à glace; nos domestiques marchaient devant la calèche, rejetant à droite et à gauche les cadavres qui obstruaient la route ! On nous assigna pour logement une maison convenable, mais déjà occupée par des officiers français et polonais, blessés ou malades; le propriétaire de la maison, préférant loger quatre aides de camp de l'Empereur plutôt que des ennemis à moitié morts, les fit transporter dans un couvent et nous donna leurs chambres, bien chauffées, luxe inappréciable avec une température pareille.

Il est impossible de se faire une idée de Vilna pendant les quatre jours qui suivirent notre arrivée; nous trouvions entassés dans des couvents : Français, Polonais, Allemands, Espagnols, Italiens, Portugais prisonniers, blessés ou malades. Il fallait caser tout le monde. Heureusement, l'administration française avait accumulé dans d'immenses magasins des provisions et des vivres qu'elle n'avait pu utiliser, étant poursuivie de trop près par les Russes. Des distributions furent réparties entre tous. La neige glacée qui couvrait les rues assourdissait le bruit des voitures circulant sans cesse, mais n'empêchait pas d'entendre les cris des blessés demandant à manger, des conducteurs excitant leurs chevaux; bref, on ne savait où se cacher pour avoir une heure de sommeil. Mon premier soin fut de rechercher si Casimir de Mortemart n'était pas blessé ou malade dans quelque maison de la ville. Dans mes courses, je rencontrai Charles de Saint-Priest, aide de camp de l'empereur Alexandre; lui aussi cherchait s'il ne trouverait pas un parent ou un ami. Nous étions absorbés par la même pensée de soulager nos malheureux compatriotes privés de nourriture, d'habillements et de soins médicaux.

Grâce à notre titre d'aides de camp de l'Empereur, nous espérions leur obtenir tous les secours possibles, certains que l'empereur Alexandre nous saurait gré de ce que nous ferions; on attendait le Tzar, mais les malheureux ne pouvaient attendre. Un spectacle hideux s'offrit à nos yeux, le 15 décembre, dans un couvent de Basiliens : on avait jeté par les fenêtres de tous les étages non seulement des morts, mais encore des vivants, pour placer, nous dit-on, les blessés et les malades russes qui arrivaient en foule : « Passe pour les morts, m'écriai-je; mais
« nous ne pouvons le tolérer pour ceux qui, en tombant,
« crient miséricorde. » Ces malheureux, encore vivants, voyaient se joindre à leurs souffrances la menace de l'acte le plus barbare. Saint-Priest arrêta au nom de l'Empereur cette exécution inhumaine, et moi, je courus chercher un détachement de la garde impériale russe ; avec ce renfort, il nous fut facile de rétablir l'ordre dans ce couvent-hôpital et de faire replacer dans des chambres tous ceux qui respiraient encore, un peu serrés, il est vrai; mais il fallait abriter ennemis et amis. Enfin, deux officiers d'administration reçurent l'ordre, au nom de l'Empereur, de faire distribuer : couvertures, vivres, médicaments aux blessés étrangers, qui nous comblèrent de remerciements. En sortant, un jeune officier nous dit : « Vous êtes cer-
« tainement des gentilshommes français, venez avec moi,

« je vais vous mener dans un bouge où sont entassés des
« centaines d'officiers; plusieurs sont morts depuis hier,
« d'autres respirent encore, mais ils vont mourir de
« faim; la plupart ont les pieds gelés, ils ne peuvent
« comme moi se traîner. — Nous sommes effectivement
« Français, répondis-je; conduisez-nous, heureux si
« nous pouvons adoucir le sort de compatriotes. » Il
nous introduisit dans un cabinet de quelques pieds carrés, renfermant quatre-vingts malheureux morts ou mourants; un d'eux, se traînant sur les genoux, m'aborda : je reconnus le comte de Durfort, je le fis transporter dans une autre maison, avec M. de Montigny, l'officier qui nous avait guidés. On enleva les morts, pour laisser un peu de place aux vivants, qui reçurent les secours exigés par leur santé. Charles de Saint-Priest et moi, nous employions toutes nos journées à adoucir le sort de ces malheureux. Je ne donnerai pas d'autres détails, le récit deviendrait monotone, car partout nous trouvions mêmes misères et mêmes souffrances.

L'empereur Alexandre arriva à Vilna le 22 décembre; la rigueur de la température suspendait forcément toutes les opérations militaires.

Ignorant l'état sanitaire d'Odessa, je demandai au prince Wolkonski, chef d'état-major de la maison de l'Empereur, la permission de me rendre à Pétersbourg pour remonter mon équipage et rétablir ma santé ébranlée par cette terrible campagne; ma poitrine surtout exigeait des soins, un peu de chaleur et un repos complet. Appelé dans le cabinet de service, le prince Wolkonski me dit : « Sa Majesté vous accorde un congé; vous por-
« terez une dépêche importante au prince Gortschakoff,
« ministre de la guerre, et vous conduirez un prisonnier
« distingué, le petit-fils du maréchal de Castries, aide de

« camp du maréchal Davoust; Sa Majesté Impériale lui
« permet de passer l'hiver à Pétersbourg; je l'ai prévenu
« de cette faveur; vous serez son gardien. Vous partirez
« demain matin; voici la dépêche, l'argent pour le voyage
« et le podoroge vous donnant droit aux chevaux de cour-
« rier de l'Empereur; Sa Majesté met à votre disposition,
« vu la rigueur du froid, un traîneau couvert. En arri-
« vant, vous remettrez tout de suite la dépêche au ministre
« de la guerre; vous demeurerez à l'hôtel Desmoute ou
« ailleurs, si vous préférez, vous ferez seulement con-
« naître au prince Gortschakoff le logement que vous
« choisirez. »

Le maréchal de Castries, chassé par la Révolution, avait trouvé un refuge en Russie. L'impératrice Catherine II lui offrit un commandement : « Je n'ai plus
« besoin de rien, répondit-il; je prie Votre Majesté de
« reporter son intérêt sur mon petit-fils, Edmond de
« Castries; il a six ans. »

L'Impératrice ordonna qu'on inscrivît ce jeune enfant comme cadet dans le régiment de la garde de Semenowski, dont le Grand-Duc héréditaire était le colonel. Edmond de Castries était rentré en France en 1803. Le Grand-Duc, devenu l'empereur Alexandre, ayant reconnu le protégé de l'Impératrice parmi les prisonniers de Vilna, fort gracieusement lui assignait Pétersbourg pour résidence.

Je trouvai Edmond de Castries en rentrant à mon logement. La connaissance fut bientôt faite. Grâce à ma mission, j'allais voyager rapidement, sans bourse délier, et avec un charmant compagnon. Nos préparatifs se terminèrent promptement; ils consistèrent à garnir le fond du traîneau de foin, d'un matelas, avec de bonnes couvertures, nos manteaux de fourrures et deux pelisses en peaux de mouton. Nous partions à minuit, avec 28° Réaumur de froid, un magnifique clair de lune et une neige excellente pour un voyage en traîneau. Détail surprenant, en avançant vers le Nord, le froid devenait plus supportable; nous descendions à chaque relais prendre une tasse de thé bien chaud avec du rhum; pendant l'hiver, chaque maison de poste entretient toujours de l'eau bouillante dans un samovar, grande bouillotte en cuivre. Nous entrions le 28 décembre à Pétersbourg; je me rendis au ministère de la guerre. Un courrier, parti six heures avant nous de Vilna, avait annoncé notre arrivée; le prince Gortschakoff accueillit de Castries avec bonté et lui conseilla de loger avec moi jusqu'à mon départ. Ainsi finit pour moi cette terrible année 1812 qui vit s'anéantir les rêves et la fortune de Napoléon.

Le baron Fain, secrétaire particulier de Napoléon, confident des pensées intimes de son maître, dit dans son Manuscrit de 1812 : « Le blocus continental est sa pensée « dominante; il en est occupé plus que jamais, trop peut-« être! Mais comment ne pas se laisser séduire par des espé-« rances si près de se réaliser? » Pour arriver à mettre à exécution, avec certitude de succès, le blocus continental imaginé par Napoléon en haine de l'Angleterre et devenu son idée fixe, le concours de la Russie était indispensable. Le traité de Tilsitt et l'entrevue d'Erfurt le faisaient espérer; mais l'empereur Alexandre promit là plus qu'il ne pouvait tenir. L'entrée des ports à peine interdite, des cris de détresse s'élevèrent de tous les points de l'Empire, la ruine du commerce était imminente; il fallait à tout prix la conjurer. L'empereur Alexandre eut recours au pavillon neutre des États-Unis, et les transactions reprirent leur cours. Napoléon, voyant son plan échouer, adressa de vives remontrances à la Russie. Le baron Fain, dans son Manuscrit de 1812, reproduit la réponse du Tzar : « Je n'ai contracté aucune obligation qui puisse « empêcher le commerce de mes sujets avec les neutres : « le commerce russe était gêné, il souffrait, il avait des « droits à faire valoir auprès de moi; le premier était « l'existence; après tant de sacrifices, vouloir le priver « de ce reste d'affaires avec les neutres était chose impos- « sible. »

Napoléon résolut de forcer la Russie à subir sa volonté, comme toutes les autres puissances du continent; la soi-disant rupture du blocus continental par la Russie et la Suède amena la campagne de Russie.

Le plan de Napoléon était digne de son génie : il rétablit d'abord le royaume de Pologne, réparant ainsi ce honteux forfait des temps modernes, l'anéantissement d'une grande nation; puis il entra en Russie en traversant le Niémen à la tête de cinq cent mille hommes divisés en quatre armées : la première, à l'extrême gauche, commandée par le maréchal duc de Tarente, devait marcher sur Pétersbourg; la seconde, sous les ordres du duc de Reggio, manœuvrer entre le corps de Mac-Donald et la Grande Armée qui, commandée directement par l'Empereur, se dirigeait sur Moscou; enfin, la quatrième armée, sous les ordres du prince Schwarzemberg, devait opérer en Pologne russe, en Podolie, en Volhynie et en Ukraine.

L'armée russe, attaquée en demi-cercle, avait dû se retirer. Napoléon croyait la Russie écrasée après la sanglante bataille de la Moskowa et son entrée à Moscou; mais ses lieutenants n'avaient pas exécuté ses ordres. Le duc de Tarente, au lieu de marcher sur Pétersbourg, s'arrêtait trois mois à faire le siège de Riga; le maréchal Oudinot, blessé, cédait le commandement de son corps au général Gouvion Saint-Cyr, qui n'osa pas marcher en avant; le prince Schwarzemberg voulut jouer le général Tormasoff et fut joué par l'amiral Tchitchagoff, qui laissa le général Sacken avec trente-cinq mille hommes devant lui, marcha sur Minsk, détruisit les magasins et essaya de couper la retraite de l'armée française. Ainsi abandonné et mal servi, Napoléon, croyant ses ordres exécutés, attendait à Moscou le résultat de ses combinaisons; pouvait-il agir autrement? La détermination formelle de l'empereur Alexandre de n'entamer aucune négociation tant que le territoire russe ne serait pas évacué par l'armée française, et l'incendie de Moscou, ouvrirent enfin les yeux du grand capitaine! Il songea à la retraite. Nous avons vu le froid et la famine anéantir cette belle armée et toutes les combinaisons.

Si Napoléon avait été retenu quarante-huit heures de plus à Moscou ou avant d'arriver à la Bérézina, il eût trouvé cette rivière gelée jusqu'à fond, aurait pu passer où il aurait voulu, et sauver son artillerie, ses caissons, ses bagages; cette ressource lui échappa.

Le plan de Napoléon était admirable et la réussite certaine, selon toute probabilité humaine; seuls les décrets de la Providence, mettant en défaut toute prévoyance, ont accompli ce grand désastre et l'ont rendu irréparable.

Je fus très souffrant en arrivant à Pétersbourg, je toussais sans m'arrêter; dès que je me trouvai mieux, j'écrivis au duc de Richelieu, ce qui m'avait été impossible depuis mon arrivée à la division Langeron. Je lui racontai tout, évitant cependant de lui parler de ma santé. Madame Narishkin, toujours aimable pour moi, avait porté à la connaissance de l'Empereur mon désastre de Borissoff; le ministre de la guerre reçut l'ordre de me rembourser intégralement la valeur de mes pertes, et je m'empressai de remonter mon équipage de campagne.

M. de Richelieu, ne me sachant pas malade, me répondit :

« Odessa, le 12-24 février 18:3.

« J'ai reçu, mon cher ami, votre lettre de Pétersbourg;
« Langeron m'avait déjà informé du malheur qui vous
« était arrivé; il y a du guignon à perdre son équipage
« dans une campagne où l'on prend tous ceux de l'en-
« nemi. Nous ne sommes pas heureux, il faut se résigner
« à la volonté de Dieu et espérer qu'elle nous dédomma-
« gera de tout ce que nous avons perdu. Si vous voulez
« tirer sur moi une lettre de change de cent ducats, j'y
« ferai honneur. Votre voyage à Pétersbourg ne me plaît
« pas; pourquoi quitter l'armée, au moment où l'Empe-
« reur y vient, et où l'on va en avant? J'espère que vous
« retournerez promptement; il faut songer à faire votre
« chemin et mériter les faveurs dont vous avez été com-
« blé jusqu'à présent.

« Le consul et moi, nous vous avons écrit à plusieurs
« reprises, probablement vous n'avez pas reçu nos lettres,
« j'y ai peu de regret, car elles vous auraient attristé.
« Vous vous imaginerez sans peine ce que j'ai souffert;
« heureusement, la maladie est terminée partout, et grâce
« aux mesures que j'ai prises, j'ai lieu d'espérer qu'elle ne
« se renouvellera pas. Sur une population de 36,000
« âmes, existant à Odessa avant la peste, 2,660 per-
« sonnes sont mortes, soldats et galériens, tout compris. Je
« suis bien aise que vous sachiez exactement ce nombre,
« qui aura été exagéré, et que je crois au-dessus de la vé-
« rité, puisque bien des gens morts d'autres maladies
« seront mis sur le compte de la peste; dans mes autres
« gouvernements, il est mort 1,087 personnes des villes
« et 937 dans les campagnes; je ne connais pas le nombre

« exact des morts à Caffa, il ne dépassera pas 800. Si,
« comme je l'espère, le fléau ne se remontre pas, nous
« pourrons nous estimer heureux, puisque, par l'impar-
« donnable ignorance de nos médecins, depuis les pre-
« miers jours de juillet, la peste existait dans Odessa, sans
« qu'ils s'en doutassent! Je vais prendre des mesures
« pour que telle chose ne puisse jamais avoir lieu. Main-
« tenant que tout est fini, j'écris à l'Empereur pour de-
« mander de venir à l'armée, j'ai fait assez de sacrifices en
« restant ici ; à présent que je ne suis plus nécessaire, on
« ne peut pas me refuser le dédommagement que je ré-
« clame. J'attends la réponse avant peu, car j'ai écrit le
« 19 janvier, par un courrier de la ville. Qu'on me per-
« mette de vous rejoindre, c'est la seule chose qui puisse
« me consoler de ce que j'ai souffert. Au reste, ma santé
« n'a jamais été meilleure; depuis votre départ je n'ai
« jamais eu mal à la tête, et ma poitrine s'est tout à fait
« rétablie, tâchez de m'en dire autant de la vôtre ; ne
« faites d'excès d'aucun genre, excepté ceux que votre état
« exige de vous.

« Le marquis de Castelnau, le consul vous disent
« mille choses ; il n'a péri personne de connaissance, le
« fléau a frappé les dernières classes du peuple ; je vous
« embrasse bien tendrement.

« R. »

Les détails contenus dans cette lettre me permirent de rectifier à Pétersbourg les récits exagérés sur les conséquences de la peste, dans les trois gouvernements confiés au duc de Richelieu ; j'en parlai au ministre de l'intérieur, influencé par les rapports des envieux, qui voulaient diminuer la position du gouverneur général de la Nouvelle-Russie. M. de Richelieu réclamait la permission de

reprendre le commandement de sa division ; la Providence lui réservait une autre mission, l'empereur Alexandre ne répondit jamais à son désir fréquemment manifesté. Les semaines s'écoulaient vite à Pétersbourg ; j'avais présenté de Castries chez madame Narishkin et chez la comtesse Potocka, qui me recevaient en ami ; nous nous amusions beaucoup, et ne manquions aucune fête, toutes les portes s'ouvrant devant nous. Le terme de mon congé de deux mois approchait, mais l'hiver continuant ses rigueurs, on ne parlait pas de reprendre les hostilités. Je me présentai néanmoins chez le ministre de la guerre :
« Rien ne presse, me dit-il, restez, je vous ferai prévenir
« quand je serai en mesure de vous expédier au quartier
« général, vous serez chargé d'une mission qui exigera
« une grande discrétion, et qui ne peut vous être confiée
« qu'au moment où votre départ sera décidé. Amusez-
« vous en attendant, je vous préviendrai six heures avant
« le moment de votre départ. »

Le mois de mars s'écoula ainsi ; le 3 avril, le prince Gortschakoff me manda : « Vous recevrez en rentrant
« chez vous, me dit-il, la visite du baron de Marschal, ex-
« attaché à l'ambassade d'Autriche à Pétersbourg, chargé
« d'affaires depuis le départ de l'ambassadeur, le comte
« de Saint-Julien ; il vous demandera la permission de
« vous offrir une place dans sa calèche, jusqu'au grand
« quartier général qui vient de quitter Kalisch pour se
« porter en avant. Voici votre passeport, vous êtes accom-
« pagné de votre secrétaire, vous comprenez quel est ce
« secrétaire ; vous partirez cette nuit, afin que l'on ne
« puisse reconnaître votre compagnon ; gardez le secret
« absolu sur ce que je viens de vous dire, c'est essentiel.
« Voici une dépêche pour Sa Majesté, une autre pour le
« comte Nesselrode, plus mille roubles pour vos frais de

« voyage, car vous devez fort bien traiter votre secrétaire ;
« adieu, bon voyage ! »

Me conformant à ces ordres, à une heure du matin nous quittions Pétersbourg. Je ne perdis pas un instant pour franchir ces 450 lieues, et cependant je ne rejoignis le grand quartier général que le 18 avril, à Lauban, petite ville de Saxe. Pour cacher l'arrivée du baron aux yeux des officiers de l'état-major de l'Empereur, qui presque tous le connaissaient, je le laissai enfoui dans la voiture et j'allai prendre les instructions du comte Nesselrode en lui remettant mes dépêches. L'annonce de l'arrivée secrète du diplomate autrichien fut accueillie avec un sensible plaisir, et me valut une réception très flatteuse ; le chef du cabinet de l'Empereur m'adressa force compliments sur la manière discrète dont je m'acquittais de ma mission ; il me recommanda de ne me montrer à personne jusqu'au lendemain matin, ajoutant qu'à la brune, un officier d'état-major viendrait, de sa part, chercher mon secrétaire. Je rentrai à l'auberge, je soupai et me couchai, étant très fatigué ; le baron ne me regardait plus, je dormis tranquille, enchanté d'être de retour à l'armée, car les opérations allaient bientôt recommencer.

Deux jours avant mon arrivée, le 16 avril, le vieux feld-maréchal prince Koutousoff mourait à Bunzlau, en Silésie ; les fatigues de la campagne de 1812, les marches et contremarches sur les flancs de Napoléon, depuis la bataille de la Moskowa, et surtout l'hiver si rigoureux, avaient épuisé ce grand général, né en 1745, par conséquent âgé de soixante-huit ans ; on lui érigea un monument digne de lui.

Le 19 avril, l'Empereur m'accueillit très aimablement. Sa Majesté séjourna plusieurs jours à Lauban ; avant de partir, il fit remettre un fort beau cadeau au propriétaire de la maison qu'il avait habitée; celui-ci, néanmoins, présenta son mémoire au comte Tolstoï, grand maître de la maison : cinquante thalers pour fleurs mises dans l'escalier, trois thalers pour une bouteille de vin de Bourgogne, offerte à l'arrivée de l'Empereur, seize thalers pour draps de lit des laquais de Sa Majesté, etc., etc. ; la note fut acquittée sans réflexion : les Allemands ne font rien pour l'honneur.

Le 20 avril, on marcha de Lauban sur Reichenbach, cinq meilen; le 21 fut consacré à visiter l'établissement des Frères moraves ou anabaptistes. L'Empereur se rendit en droski, accompagné de tout son état-major, au village qu'ils habitaient; descendu à l'auberge, il demandait un guide pour tout examiner : « Qui êtes-vous ? lui dit-on. « — Je suis Alexandre. » La nouvelle se répandit rapidement, tout le village accourut pour acclamer le souverain, dont la bonté était proverbiale.

Le 22, Sa Majesté arriva à Bautzen, capitale de la Haute-Lusace ; le quartier général du roi de Prusse s'établit également dans la ville, et, depuis, les deux quartiers généraux se trouvèrent toujours ensemble, à moins que le manque de logements n'y mît obstacle. Le soir, toute la ville illumina, avec transparents aux armes de Russie ou au chiffre de l'empereur Alexandre.

Le 23, l'armée coucha à Radeberg, et le 24, entra triomphalement à Dresde : l'Empereur, jeune et beau, à la tête de sa garde et de la garde prussienne, avait à sa gauche le roi de Prusse et ses fils ; le plus brillant état-major du monde suivait ces deux souverains. Tous les habitants étaient rangés en haie dans les rues, et les jeunes filles jetaient des fleurs sur le passage de Leurs Majestés ; une magnifique illumination terminait la journée. La réception fut si cordiale qu'après la bataille de Lutzen, Napoléon, rentrant à Dresde, répondit à la députation de la municipalité : « Vous mériteriez que je vous traitasse en « pays conquis, je sais tout ce que vous avez fait pendant « que les alliés habitaient votre ville, j'ai l'état des volon- « taires que vous avez habillés, équipés, armés contre « moi, je sais quelles insultes vous avez prodiguées à la « France, combien d'indignes libelles vous avez à cacher « et à brûler, vos maisons nous présentent les débris de « vos guirlandes, et nous voyons encore sur vos pavés les « fleurs jetées par vos filles, sous les pas des monarques « alliés, etc., etc. » (Baron Fain, *Manuscrit de 1813*, t. Ier, p. 273.)

Le 24 avril coïncidant avec le samedi saint russe, on célébra, à minuit, dans la chapelle de l'Empereur la grand'messe, appelée dans le rite grec : messe de la Résurrection, et le lendemain, 25 avril, la solennité de Pâques russe, avec grand office, parade, dîner chez l'Empereur, et le soir, représentation de gala à l'Opéra ; on joua la *Vestale* en italien. Nous restâmes six jours seulement dans cette charmante ville.

Le 29 avril, nous devions coucher à Geringswalde, mais la distance de neuf meilen étant trop forte, on bivouaqua en plein champ, par un temps superbe, pour permettre aux troupes de se reposer. Le 30, on laissa les gros bagages à Geringswalde, pour accélérer la marche ; le quartier général alla coucher à Frohburg, et le lendemain, 1er mai, à Borna ; l'ordre fut donné de se tenir prêt à monter à cheval à deux heures du matin. C'était la veille de cette journée mémorable, dimanche 2 mai, qui devait décider du sort de l'Europe, si nous étions vainqueurs.

A quatre heures du matin, l'empereur de Russie et le roi de Prusse, accompagnés de leurs états-majors, arrivèrent à Pegau ; le nouveau général en chef de l'armée prusso-russe, le comte de Wittgenstein, attendait au rendez-vous. Le général de Wittgenstein acquit une grande réputation d'habileté dans la campagne de 1812, il sut maintenir ses positions et manœuvrer assez habilement pour ne pas se laisser entamer par le maréchal Oudinot ni par le général Gouvion Saint-Cyr. Il commit cependant, le 2 mai, une grosse faute d'imprévoyance, en faisant défiler toute l'armée prussienne, infanterie, cavalerie et artillerie, devant l'armée russe, pour se rendre à sa place de bataille. Cette manœuvre, qui pouvait très facilement se faire la veille, paralysa tous les efforts, en retardant de trois heures le commencement de la bataille. Sa seconde faute fut l'éloignement de sa réserve, qui, forte de vingt mille hommes et commandée par le général Miloradowitch, ne put prendre part au combat, et n'arriva sur le champ de bataille qu'à la nuit close et la retraite déjà commencée.

L'officier attaché à un quartier général connaît tous les épisodes d'une bataille par les rapports qui arrivent à chaque instant; je vais donc raconter ce que j'ai vu et entendu.

Tous les historiens admettent que l'armée française fut surprise: Napoléon, trompé par une attaque des Prussiens vers Leipzig, ne croyait pas l'armée russe aussi près de lui; de plus, il supposait que l'attaque commencerait sur sa gauche, sa droite au contraire subit le premier choc.

L'armée alliée se composait de cinquante-cinq mille Russes, trente mille Prussiens, et d'une réserve de vingt mille Russes. L'armée française, commandée par le maréchal Ney, comptait à peu près le même nombre de combattants, mais très peu de cavalerie. Si, au lieu de commencer à onze heures, à cause du défilé de l'armée prussienne, l'attaque générale avait commencé à six heures du matin, le prince Eugène, vice-roi d'Italie, n'aurait pas eu le temps d'arriver au secours de l'armée française, engagée dans une lutte inégale ; suivant toutes les probabilités, elle devait succomber, surtout si la réserve russe, composée de la garde impériale, par conséquent de troupes d'élite, n'était pas restée à trois lieues en arrière du champ de bataille.

Les Russes attaquèrent au centre les villages de Gœrschen et de Kaya ; ces deux villages ayant été pris et repris plusieurs fois dans la journée avec une égale bravoure de part et d'autre, la situation restait indécise. Sur la droite, les Prussiens furent écrasés, la garde royale éprouva des pertes énormes : douze mille hommes, tués, blessés ou prisonniers. L'attaque de l'aile gauche avait été poussée vigoureusement ; vers quatre heures du soir, on pouvait espérer encore un grand succès, malgré les pertes de l'armée prussienne, mais à quatre heures un quart, tout changeait. Le vice-roi d'Italie, campé près de Leipzig, avec un corps de vingt-deux mille hommes, entendant la canonnade, arrivait en toute hâte ; la gauche alliée dut plier devant ces nouveaux combattants ; elle se défendit cependant bravement, en attendant la réserve. La garde impériale russe n'avait pas imité l'exemple du prince Eugène accourant au bruit de la canonnade de Lutzen, elle attendit l'ordre de se mettre en marche ; partie à cinq heures du soir, elle arrivait à neuf heures sur le champ de bataille. Il était trop tard, les villages de Gœrschen et de Kaya restaient définitivement au pouvoir des Français, le canon se taisait, chacun établissait son bivouac sur sa position.

Les rapports arrivèrent de tous côtés, ils ne parlaient que des pertes des Prussiens ; celles des Russes étaient relativement peu importantes. Avec le secours de la réserve, ils pouvaient parfaitement reprendre la bataille le lendemain sur le même terrain; mais le roi de Prusse, désolé des pertes énormes éprouvées par sa garde royale, fit décider dans un grand conseil de guerre, tenu en plein air, de se retirer au delà de l'Elbe pour prendre une forte position et attendre l'arrivée de nombreux renforts qui approchaient. Les rapports prouvèrent que l'armée française avait subi des pertes importantes; elle laissait entre nos mains onze pièces de canon et de nombreux prisonniers. Il fut impossible de modifier les idées du roi de Prusse, la retraite s'opéra pendant la nuit. Montés à cheval à deux heures du matin, nous en descendions à minuit à Geitch, village éloigné de trois lieues du champ de bataille, n'ayant ni bu ni mangé. L'effet moral de cette retraite précipitée fut immense. Napoléon sut en tirer un grand profit; ses bulletins annonçant dans toute l'Europe une victoire importante, empêchaient la défection des alliés chancelants et redonnaient courage à ses soldats. Le résultat contraire se produisait dans l'armée alliée, les soldats étaient braves et nombreux, mais n'avaient pas de chef capable de les conduire à la victoire ni de triompher du génie de Napoléon. Il a fallu que la Providence s'en mêlât singulièrement, pour égaliser les chances de succès et même faire pencher la balance du côté des alliés, quelques mois plus tard.

Le lendemain de la bataille de Lutzen, le quartier général russe coucha à Pœnig; l'empereur Alexandre partit en poste avec son chancelier, pour étudier tranquillement à Dresde le parti à prendre. L'état-major mit deux jours pour parcourir ce chemin; l'Empereur séjourna à Dresde jusqu'au 8 mai.

Nous rejoignions le 9 l'armée russe à Bischoffswerda,

de l'autre côté de l'Elbe; malgré le chant de victoire de Napoléon, l'armée française ne se crut pas en forces pour effectuer le passage de l'Elbe; les alliés s'établirent entre la Sprée et la Neiss, s'y fortifièrent dans une excellente position, en attendant une attaque.

Le 11 mai, les quartiers généraux russe et prussien couchaient à Bautzen, où nous avions été si bien reçus quelques semaines auparavant. L'aspect de la ville était bien changé! la tristesse et le découragement remplaçaient la joie et l'enthousiasme, tout, jusqu'à la température, était changé! le ciel se voilait de gros nuages noirs, comme à la veille d'une grande tempête.

Le 12 mai, notre quartier général se transporta à Hochkirch, nom de mauvais augure, célèbre par une défaite du grand Frédéric en 1752. Le 19, deux grosses nouvelles circulèrent dans l'intimité du quartier général : un engagement important aurait eu lieu sur notre extrême droite, près de Kœnigswartha; le général Barclay de Tolly aurait battu une division italienne commandée par le général Pery : sept pièces de canon et deux mille prisonniers, dont le général Balathier, seraient restés au pouvoir des alliés. La seconde parlait d'une demande d'armistice arrivée à nos avant-postes, mais nous l'aurions refusée, dans l'espoir d'un succès complet sur l'armée française et peut-être dans l'espoir de la réussite d'une négociation secrètement entamée avec l'Autriche, par l'intermédiaire du baron Marschal, pour la décider à se joindre aux alliés; cette convention aurait même été signée sans la fatale retraite de Lutzen.

Le jeudi 20 mai, commençait la grande bataille, appelée par les Français : bataille de Bautzen, et par les Russes : bataille de Würschen. Pour suivre tous les mouvements, l'empereur Alexandre s'exposa outre mesure; partout où il se portait avec son état-major, notre troupe dorée attirait les regards de l'ennemi, et une batterie était dirigée sur nous; plusieurs officiers furent tués ou blessés; un boulet de canon passa entre les jambes de mon cheval qui fit un tel écart, que, désarçonné, je tombai sur un tas de pierres; meurtri, je boitai plusieurs jours. Après une lutte acharnée et des prodiges de valeur de part et d'autre, le feu cessa vers dix heures du soir. Nos troupes, n'ayant pas éprouvé de grandes pertes, bivouaquèrent dans leurs positions, à l'exception de notre gauche qui, renforcée d'une brigade de la garde impériale, se porta à une meile en avant; l'Empereur et le roi de Prusse couchèrent tous deux à trois meilen du champ de bataille.

Le lendemain 21, le canon commença à gronder à quatre heures du matin. Vers deux heures de l'après-midi, Napoléon nous trompait par une fausse attaque sur notre extrême gauche appuyée aux montagnes qui séparent la Bohême de la Saxe. En même temps, il ordonnait au maréchal Ney de renforcer son corps d'armée des divisions Reynier et Lauriston; et avec cet effectif de soixante mille hommes, de tomber, avec la vigueur d'une si grande supériorité numérique, sur deux corps détachés de notre extrême droite, commandés : l'un par le général russe Barclay de Tolly, l'autre par le général prussien Blücher. Ces deux divisions, menacées d'être séparées de leur armée, repassèrent la Sprée. L'empereur de Russie, craignant de se voir acculé contre les montagnes de Bohême, se décida à la retraite, pendant qu'il était encore temps.

A six heures du soir, ordre fut donné à la garde impériale de prendre la tête de colonne, afin de se porter immédiatement sur Hochkirch; les autres corps devaient suivre le mouvement de retraite dans le plus bref délai.

Cette mémorable retraite couvrit de gloire l'armée

russe par l'admirable régularité et l'ordre avec lesquels elle s'exécuta, sans précipitation ni confusion. Le comte Pierre Pahlen commandait cette valeureuse arrière-garde, que les meilleures troupes du monde, tout en la poursuivant sans relâche, ne purent jamais entamer, ni même lui prendre une pièce de canon, ce qui faisait dire à Napoléon, qui commandait lui-même l'avant-garde française : « Comment, après une telle boucherie, aucun résultat! « point de prisonniers! ces gens-là ne me laisseront pas « un clou!.. » (*Manuscrit de* 1813, baron Fain, tome I*er*, page 421.)

Le baron de Croissard, colonel d'état-major dans l'armée russe, officier joignant à une grande expérience de la guerre une bravoure des plus téméraires et une exaltation incroyable, eut avec le roi de Prusse une conversation dont je fus témoin. Cette conversation, tenue sur le champ de bataille, un instant avant que parvînt l'ordre de retraite, aurait pu tellement changer les événements, que je vais en donner un extrait, me rappelant presque les expressions textuelles.

Le baron de Croissard niait l'importance de l'échec de notre aile droite se repliant et abandonnant le terrain, prétendait que cela ne signifiait rien et pouvait même se changer en victoire complète pour l'armée alliée; montrant l'aile gauche qui n'était plus attaquée : « Là est la vic-
« toire, s'écriait-il, nous avons une grande force réunie,
« profitons-en pour culbuter tout ce qui est devant nous,
« nous tomberons sur le flanc droit de l'armée française
« dégarni en ce moment, cela est certain; en opérant
« comme je le dis, nous renversons tous les plans et ren-
« dons nulles les manœuvres savantes du grand général;
« il n'aura pas le temps de parer à la destruction de son aile
« droite, ce mouvement nous assure une victoire complète. »

Le roi de Prusse, fort impressionné par cette conversation, s'approcha de l'empereur Alexandre, lui proposa d'ordonner la manœuvre conseillée par le baron de Croissard. Il est évident qu'elle pouvait encore s'exécuter, et si elle avait réussi, comme il l'affirmait, quels changements dans les événements qui suivirent la bataille de Bautzen! L'empereur Alexandre, après avoir réfléchi un instant sur cette étrange proposition, dit : « Il est trop « tard, je ne puis prendre pareille résolution sans quel- « ques minutes de réflexion, et je vais ordonner la « retraite. » Je me suis bien souvent depuis rappelé cette conversation, et plus j'ai réfléchi, plus j'ai trouvé la manœuvre exécutable et devant changer la défaite en victoire.

Le soir de cette mémorable journée, l'empereur Alexandre et son état-major couchaient à Reichembach, éloigné de quatre meilen du champ de bataille; nous y arrivions à minuit, morts de faim et de fatigue. Le lendemain matin, à sept heures, le prince Wolkonski me donnait l'ordre de me rendre à Bunzlau, sur le Bobre : 1° pour donner une autre direction à la garnison française de Thorn, qui, d'après les termes de sa capitulation, devait rentrer en France; 2° pour ordonner au grand wagenburg de réserve, placé sous les ordres du général Kertel, de repasser l'Oder. Je devais rendre compte de ma mission, à Godeberg, à l'Empereur lui-même, qui devait y arriver le 23 ou le 24 au plus tard.

Je fus obligé d'aller chercher jusqu'à Lowemberg, cinq meilen de Bunzlau, l'officier d'état-major russe chargé d'escorter la garnison de Thorn; je le rencontrai heureusement, au moment où il prenait une direction qui le conduisait au beau milieu de notre armée en retraite; il inclina sur la gauche, et je l'accompagnai jusqu'à

Werdan, château appartenant au comte de Frankenstein. Je passai une charmante soirée près de cette aimable famille; on ignorait encore dans ce bourg l'issue désastreuse pour l'armée alliée de la bataille de Bautzen, je me gardai bien d'en rien dire. Mes deux missions remplies, je retrouvai le quartier général à Godeberg, le 24 mai; l'Empereur présidant un conseil, je rendis compte à notre chef d'état-major.

Le 4 juin, nous apprenions dans le petit village de Scheidnitz la conclusion d'un armistice signé à Pleiwitz, par le comte Schouwaloff pour la Russie, le général Kleist pour la Prusse, et M. de Caulaincourt, duc de Vicence, pour la France.

Habitants ou soldats, tout le monde accueillit avec joie cette nouvelle; à mon avis, cette suspension d'hostilités était désavantageuse pour Napoléon. Ne voulant pas faire les sacrifices que l'on exigeait de son amour-propre, ou signer la paix quand même, il laissait ainsi le temps à ses ennemis de rassembler de nouvelles troupes, permettait à l'empereur de Russie et au roi de Prusse de pousser les négociations avec l'Autriche, pour la décider enfin à se joindre à eux avec une armée de deux cent mille hommes. Napoléon avait, lui aussi, grand besoin de repos pour recevoir les secours en hommes, chevaux, munitions, vivres et habillements, indispensables pour continuer la guerre; mais alors, il aurait dû céder devant la rigueur des circonstances et se hâter de conclure la paix, pour rompre la coalition qui le menaçait; mais les arrêts de la Providence étaient prononcés, décrets contre lesquels les efforts ou la science humaine ne sont rien.

Le baron Fain, dans son *Manuscrit de 1813*, tome II, page 98, nous fait connaître les conditions imposées par les puissances alliées : « Le mot de l'Autriche avait été

« enfin prononcé le 7 août, M. de Metternich avait
« demandé : la dissolution du duché de Varsovie, qui
« serait partagé entre la Russie, l'Autriche et la Prusse;
« — le rétablissement des villes de Hambourg, Lubeck
« et Francfort dans leur indépendance; — la reconsti-
« tution de la Prusse avec une frontière sur l'Elbe; — la
« cession à l'Autriche de toutes les provinces illyriennes,
« y compris Trieste; — la garantie réciproque que l'état
« des puissances grandes et petites, tel qu'il se trouvait
« fixé par la paix, ne pourrait plus être changé ni altéré
« que d'un commun accord. — La question de l'indé-
« pendance de la Hollande et de l'Espagne avait été éga-
« lement posée, mais on n'avait pas paru éloigné de
« l'ajourner à la paix générale. Napoléon avait passé la
« journée du 9 à délibérer, il s'était décidé à donner sa
« réponse à peu près dans ces termes : Il n'y aura plus de
« duché de Varsovie, soit! mais Danzig sera ville libre,
« ses fortifications seront démolies; le roi de Saxe sera
« indemnisé par la cession des territoires de la Silésie et
« de la Bohême qui sont enclavés dans la Saxe; les pro-
« vinces illyriennes seront cédées à l'Autriche, on consent
« même à abandonner le port de Fiume, mais Trieste ne
« sera pas compris dans la cession; la Confédération ger-
« manique s'étendra jusqu'à l'Oder; enfin, l'intégrité du
« territoire danois sera garantie. »

Napoléon, frappé d'aveuglement, ne voulait pas rendre Trieste à l'Autriche ni céder Danzig à la Prusse; il voyait cependant la Russie, la Prusse, la Suède coalisées, il devait également savoir que l'Autriche hésitait et fini- rait par se joindre aux autres nations de l'Europe.

Le 5 juin, le quartier général russe quittait Grœtchs pour aller s'établir à Peterswalden, village de Silésie. Un magnifique château, appartenant au comte de Stolberg, explique le choix de ce village pour la résidence de l'Empereur. Le général Barclay de Tolly, commandant en chef de l'armée prusso-russe, resta à Reichembach, petite ville de Silésie à cinq meilen de Peterswalden ; il gardait près de lui son état-major et tous les diplomates qui suivaient l'armée russe.

L'armistice nous permit de faire de nombreuses excursions dans cette belle province de Silésie, une des plus riches et des plus pittoresques de toute l'Allemagne. La diplomatie travaillait, échangeait des notes, des protocoles, et l'armée se reposait.

Dans les premiers jours de juillet, le comte Nesselrode, chef de la chancellerie du cabinet de l'empereur de Russie, me demanda et me dit : « Deux princes de la maison de
« Bourbon, Monseigneur le comte d'Artois et Monsei-
« gneur le duc d'Angoulême, viennent d'arriver à Col-
« berg, petit port de la Poméranie, sur la Baltique ; ils
« sont restés à bord de la frégate anglaise qui les a amenés,
« et attendent la réponse à une lettre qu'ils ont écrite à
« l'empereur Alexandre. Cette lettre nous met dans un
« certain embarras, car si, d'un côté, l'Empereur a le plus
« vif désir de voir le roi de France rétabli sur son trône
« légitime, de l'autre, il a de grands ménagements à
« garder vis-à-vis de l'empereur d'Autriche, prêt à entrer
« dans la coalition. Que cette confidence vous suffise
« pour bien comprendre la situation exceptionnelle dans
« laquelle se trouve notre souverain ; je ne puis ni ne dois
« entrer avec vous dans de plus amples détails qui tien-
« nent à des secrets diplomatiques de la plus haute impor-
« tance ; vous en savez assez, par ce que je viens de vous
« confier, pour dire aux augustes personnages auxquels
« vous allez porter la lettre de l'Empereur, tout ce que
« vous jugerez de plus convenable à ajouter à cette

« réponse. Elle n'est pas aussi précise que Sa Majesté
« l'aurait désiré, vous devez donc essayer d'amener ces
« princes à patienter et à attendre, soit à Colberg, soit
« ailleurs, un moment plus favorable à leurs intérêts, une
« bataille gagnée par exemple. Quel sera le résultat des
« négociations de paix entamées à Prague? Je l'ignore.
« Parlez-leur des bonnes intentions de l'Empereur à leur
« égard, ajoutez qu'il ne cesse d'adresser des vœux au
« Ciel pour qu'ils rentrent dans leur patrie, mais en
« même temps, faites-leur bien comprendre que le mo-
« ment n'est pas opportun pour agir ostensiblement en
« leur faveur. » Telles furent les instructions que je reçus
et dont je devais bien me pénétrer, pour mériter la confiance que le ministre me témoignait. Je ne me dissimulai
pas cependant que le choix était dû à ma qualité de gentilhomme français, et non à mon mérite personnel. A la
lettre de l'Empereur, le comte Nesselrode joignit un passeport prussien et une dépêche du comte de Hardemberg
pour le commandant de la forteresse de Colberg. Il me
remit une somme de trois cents ducats pour faire ce long
voyage dans des conditions en rapport avec ma position
d'aide de camp de l'empereur de Russie en mission, et
pour un séjour plus ou moins prolongé à Colberg. Je me
dirigeai sur Breslau pour me rendre à Berlin, où je couchai, étant arrivé trop tard pour faire viser mon passeport,
et l'ordre de me délivrer à chaque relais des chevaux de
courrier.

Ne pouvant passer par Stettin occupé par les Français,
je dus faire un long détour par Stargard, je mis trois
jours et quatre nuits pour franchir cent quatre-vingts lieues.
A peine descendu de mon chariot de poste, je me rendis
chez le colonel Dumoulin, commandant la place. Cet
officier supérieur, après avoir pris connaissance de la

dépêche du comte de Hardemberg, me dit en très bon français : « Mon Dieu, je suis désolé de ce qui vient
« d'arriver, les princes français sont partis hier matin à la
« pointe du jour ; la frégate anglaise qui les a amenés ne
« pouvait attendre plus longtemps, son commandant
« ayant une mission pressée pour un port de Suède.
« Les princes m'avaient bien dit qu'ils attendaient une
« réponse du quartier général des alliés, mais je n'avais
« reçu aucun ordre à cet égard, et ma forteresse étant
« en état de siège, je n'ai pas cru devoir leur permettre
« de descendre à terre et d'y demeurer jusqu'à l'ar-
« rivée de ladite réponse, de peur de me compromettre
« dans une intrigue diplomatique, qui n'est pas de mon
« ressort. » Je lui répondis, un peu piqué de ces singulières paroles : « Je suis certain, colonel, que vous serez
« blâmé par votre gouvernement, pour ce refus d'hospi-
« talité à des princes qui ne sont assurément pas des
« ennemis de votre souverain ; ils vous avaient franche-
« ment donné connaissance du motif qui les retenait à
« Colberg ; vous étiez du reste parfaitement au courant,
« puisque vous avez signé le passeport de l'estafette expé-
« diée par les princes, à Reichembach. Je suis porteur
« d'une lettre de S. M. l'empereur de Russie pour eux,
« il faut que je m'acquitte de ma mission ; n'y a-t-il pas
« un bâtiment quelconque sur lequel je puisse monter
« tout de suite et essayer de rejoindre la frégate an-
« glaise ? »

Le commandant, un peu déconcerté de sa conduite, me dit : « Par suite de l'état de siège, aucun bâtiment ne sta-
« tionne dans le port ni dans la rade. J'ai à ma disposition
« deux chaloupes de pêcheurs, mais elles sont hors d'état
« d'aller en pleine mer, vous pouvez vous en assurer en
« m'accompagnant sur le quai. » J'acquis, par cette pro-

menade, la triste certitude que je devais renoncer à tout espoir de remettre la lettre de l'empereur de Russie à son adresse.

Le lendemain, en visitant les fortifications, j'appris par le major de place que le colonel Dumoulin descendait des protestants réfugiés en Prusse après la révocation de l'édit de Nantes. Ce major ajouta : « Le colonel a été fort incon-
« venant avec les princes, même impoli, tant il éprouvait
« de satisfaction à faire sentir aux descendants du grand
« Roi la rancune invétérée qu'il garde de l'émigration
« forcée de ses ancêtres. » Depuis, j'ai pu me convaincre, en effet, que les ennemis les plus acharnés de la France descendaient des protestants émigrés après la révocation de l'édit de Nantes.

Je me reposai vingt-quatre heures à Colberg. Le colonel Dumoulin avait exigé que je vinsse demeurer chez lui; malgré ses instances pour me retenir plus longtemps, je repris la route de Berlin, fort dépité d'avoir manqué une si belle occasion d'être utile et d'être présenté à des princes de la famille royale de France, mes seigneurs naturels.

Comme rien ne m'obligeait à hâter mon retour, je m'arrêtai trois jours à Berlin, pour visiter cette ville et faire des achats nécessaires ; entre autres, une petite calèche très légère, qui me fut très utile pendant le reste de la campagne.

De retour à Peterswaldau, je rendis compte de ma mission, manquée, au comte Nesselrode et lui restituai la lettre de l'Empereur. Je m'aperçus facilement du plaisir que faisait éprouver la non-réussite de ma mission ; cette affaire se terminait ainsi, à la satisfaction du prince de Metternich, dont on connaît la haine pour les Bourbons en général, et pour Louis XVIII en particulier. Pendant mon voyage, l'alliance avec l'Autriche avait été conclue.

Le temps s'écoula sans amener de nouveaux événements à notre quartier général jusqu'au 10 août, veille de l'expiration de l'armistice ; les négociations entamées à Prague étant rompues, les hostilités devaient reprendre le 17 août.

L'alliance offensive et défensive conclue entre l'Autriche, la Prusse et la Russie exigeait un nouveau plan de campagne, il fut arrêté dans un grand conseil de guerre : un corps d'armée russe et un corps prussien devaient se réunir à l'armée autrichienne en Bohême, pour harceler l'armée française en queue et en flanc, tandis que le reste des forces russes et prussiennes l'attaqueraient de front. L'Empereur nous laissa le choix de nous rendre à petites journées avec la garde impériale à Prague, lieu de rendez-vous général, ou d'y aller en poste à nos frais ; cette autorisation ne regardait que les aides de camp de l'Empereur, nous choisîmes tous la voiture de poste. En conséquence, le 10 août, mon camarade Lambsdorf monta dans ma calèche, traînée, non par des chevaux de poste, mais par nos propres chevaux, suivie de nos domestiques et de nos chevaux de selle ; nous voyagions tranquillement, à petites journées, sur une route excellente et dans un charmant pays.

Le premier jour, nous couchions à Frankenstein, le second jour à Machod, première ville de Bohême, nous nous y arrêtions pour visiter le magnifique château de la duchesse de Sagan, fille du dernier duc de Courlande ; les deux forteresses de Josephstadt et de Köningratz ; le champ de bataille et enfin la ville de Kolin. Nous arrivions le 15 août à Prague, en même temps que l'empereur Alexandre.

L'empereur d'Autriche, venu pour recevoir royalement son nouvel allié, lui offrit comme demeure le

15.

magnifique palais des rois de Bohême, affectant plusieurs palais de la ville au logement de son état-major.

Le 17 août, l'empereur de Russie présenta sa maison militaire à l'empereur d'Autriche. A plusieurs reprises, j'avais été chargé, par le prince Wolkonski, chef d'état-major de l'Empereur, ou par le comte Nesselrode, chef de sa chancellerie, de différentes missions, avec ordre de rendre compte directement à l'Empereur de leur exécution ; mais le concours de diverses circonstances m'avait empêché de lui remettre mes rapports. L'empereur Alexandre ne me connaissait donc pas, jamais je n'avais eu l'honneur de lui parler. Lorsque mon tour vint d'être présenté, le Tzar ne put se rappeler mon nom; il me dit en rougissant : « Nommez-vous vous-même »; très ému, je balbutiai mon nom en faisant un profond salut, puis je filai tout honteux, au désespoir d'avoir attiré cet ennui à l'Empereur. Cette petite contrariété resta longtemps gravée dans son souvenir; je m'inquiétais des suites qu'elle pouvait avoir pour mon avenir militaire, mais bien à tort, comme on le verra plus tard.

Le soir de cette désagréable journée pour moi, mon camarade, le colonel Rapatel, aide de camp de l'empereur de Russie, me dit : « Mon cher ami, je veux vous
« présenter à un illustre compatriote, mon ancien
« général, je lui suis resté fidèle après sa disgrâce, et j'ai
« partagé son exil; je veux parler du général Moreau,
« arrivé récemment d'Amérique, afin de profiter des évé-
« nements qui peuvent surgir, pour rentrer dans notre
« chère patrie, et y vivre sous un gouvernement légitime,
« plus paternel surtout que celui qui le régit mainte-
« nant. » J'acceptai avec empressement et me rendis avec mon collègue chez ce grand général, qui avait donné la preuve de sa capacité militaire dans les premières guerres

de la Révolution et était, seul, capable en Europe de lutter contre Napoléon. Dès que Rapatel m'eut nommé : « Je « suis charmé, monsieur de Rochechouart, de vous voir « ici, me dit-il, c'est la place d'un homme de votre nom, « et pas auprès de cet usurpateur; il va, du reste, recevoir bientôt le juste châtiment qui lui revient. » Mon étonnement fut grand, je l'avoue, en entendant ces paroles sortir de la bouche d'un homme que je croyais sincèrement républicain !

J'aurai plusieurs fois l'occasion de parler du maréchal Moreau, je dis maréchal, car l'empereur Alexandre venait de lui conférer le titre de feld-maréchal, en l'attachant à son service. Cet homme illustre avait conservé une franchise un peu brutale. Le lendemain de ma visite, le Tzar donnait un grand dîner en son honneur; la maison militaire et plusieurs généraux autrichiens et prussiens assistaient au dîner. L'Empereur, ayant à sa droite le prince de Schwarzemberg, et à sa gauche le feld-maréchal Moreau, prit pendant le dîner une carafe pour se servir à boire. Le nouveau maréchal arrêta brusquement son bras : « Sire, ne buvez pas de cela, c'est du poison, « car, ou ce que je viens de goûter est indignement frelaté, « et alors cela ne peut vous être servi, ou cette boisson « contient une substance vénéneuse, indiquée par son « goût exécrable. » L'Empereur se mit à rire aux éclats et, s'adressant au grand maréchal de sa maison, lui dit : « Comte Tolstoï, vous entendez, c'est pourtant le vin dont « vous m'abreuvez depuis plusieurs jours. » Je citerai plus tard une seconde boutade du même personnage, pendant la bataille de Dresde.

Moreau venait de quitter l'Amérique, sur les instances très pressantes de sa femme, et, par son entremise, il entra en relation avec Louis XVIII à Hartwell. Ce monarque lui avait promis les plus grands honneurs, s'il consentait à se mettre à la tête d'une armée que lui seul, rival de gloire du général Bonaparte, pouvait commander avec espoir de succès. Rapatel, et plus tard le comte François d'Escars, m'affirmèrent que madame Moreau et les princes français échangeaient, en Angleterre, une correspondance très active.

L'empereur Alexandre, négociant l'entrée de l'Autriche dans la coalition, avait proposé Moreau comme généralissime; l'amour-propre de tous eût été ainsi sauvegardé. Il avait fait ressortir les talents incontestés de cet illustre guerrier; mais le prince de Metternich exigea, sous menace de rupture, que ce titre fût conféré au prince de Schwarzemberg. L'Empereur exprima ses regrets à Moreau, qui lui répondit : « Sire, je comprends la répu-
« gnance de l'Autriche; si Votre Majesté m'avait fait
« l'honneur de me consulter plus tôt, je lui aurais con-
« seillé de réclamer pour elle-même ce suprême com-
« mandement; toute opposition disparaissait devant un
« tel chef. J'aurais été votre major général, les opérations
« n'auraient eu qu'une seule direction; maintenant, je ne
« puis offrir à Votre Majesté que les conseils dictés par
« ma vieille expérience. Que Dieu nous soit en aide! »

Le général Jomini arrivait, en même temps que Moreau, offrir ses services à l'empereur Alexandre. Né le 6 mars 1779, à Payerne, canton de Vaud, il était parvenu au grade de général de brigade dans l'armée française, avait aidé le général Éblé à construire le pont de chevalets sur la Bérézina et était devenu plus tard chef d'état-major du maréchal Ney. Napoléon ne l'ayant pas nommé général de division, grade auquel il croyait avoir droit, Jomini se présenta à notre quartier général; l'Empereur le conserva près de lui comme aide de camp général. Par son expérience et sa connaissance de la guerre, il rendit de grands services à l'armée alliée.

Le 20 août, nous partions de Prague pour entrer de nouveau en campagne, et nous couchions à Schlau; la marche continua sans incidents jusqu'au 24. Le 25, l'empereur Alexandre, accompagné de tout son état-major, voulut reconnaître les environs de Dresde; quelques coups de canon furent échangés de part et d'autre, sans motifs et sans résultats.

Le 26 août, premier jour de la bataille de Dresde, l'attaque commença encore trop tard et pas assez vigoureusement. L'armée alliée enleva cependant deux redoutes situées entre les portes de Freyberg, de Dippotiswald et de Pirna; ses forces, réunies autour de Dresde, dépassaient deux cent mille hommes et n'avaient devant elles, ce jour-là, que le corps du maréchal Gouvion Saint-Cyr; il devait donc promptement succomber : 1° si l'attaque avait commencé deux heures plus tôt, et rien n'eût empêché de le faire; 2° si, après les premiers succès, l'attaque eût été poussée vigoureusement, au lieu de se borner à envoyer de temps en temps des renforts qui ne faisaient qu'entretenir le combat sans amener de résultat. Il fallait attaquer sur toute la ligne à la fois et avec toutes les troupes disponibles. Le feld-maréchal Moreau, jugeant ces efforts insignifiants, dit au Tzar : « Mais qu'est-ce que « l'on fait donc? pourquoi n'avance-t-on pas? D'après la « mollesse de la défense, Napoléon n'est pas là, nous « n'avons affaire qu'à un corps de son armée. »

L'Empereur, frappé de la justesse de cette remarque, conduisit Moreau près du généralissime, pour qu'il la lui répétât. Le général autrichien donna de fort mauvaises raisons pour justifier la lenteur de son action, qu'il qualifiait de prudente; enfin, pressé, il ajouta : « Nous

« ne voulons pas détruire la ville de Dresde ! — Ah ! c'est
« pour cela, répondit le vainqueur d'Hohenlinden. Cepen-
« dant, prince, quand on fait la guerre, ce n'est pas pour
« épargner ses ennemis, mais bien pour leur faire le
« plus de mal possible; pourquoi alors venir devant cette
« ville? Il fallait choisir un autre champ de bataille. »
Puis, s'animant en voyant le flegme avec lequel on
recevait ses avis, il s'écria en jetant son chapeau à terre :
« Eh ! sacrebleu, monsieur, je ne suis plus étonné si
« depuis dix-sept ans vous êtes toujours battu ! » Voilà
les paroles que nous entendîmes tous. On s'imagine l'effet
qu'elles produisirent ! L'Empereur essaya de le calmer et
de l'emmener à l'écart, Moreau, s'éloignant, ajouta cette
prédiction : « Sire, cet homme-là va tout perdre ! » Peu
d'instants après cette singulière discussion, nous vîmes
sortir des trois portes de Dresde, dont j'ai parlé plus haut,
trois colonnes serrées, sur un bataillon de front, fortes au
moins de quinze mille hommes chacune. Ces masses
bousculèrent les alliés bien au delà des lignes qu'elles
venaient d'occuper. Napoléon, ayant entendu la canonnade, accourut avec toutes ses forces, traversa l'Elbe et
entra dans Dresde au moment où l'on s'y attendait le
moins. La fusillade et la canonnade continuèrent jusqu'à
huit heures du soir.

Le lendemain 27, une pluie torrentielle, que se rap-
pelleront toujours ceux qui ont assisté à cette bataille,
commença à tomber et dura sans discontinuer pendant
trois jours. Je ne donne pas les détails stratégiques de
cette deuxième journée si triste pour les armées alliées. Au
lieu de la victoire qu'elles étaient en droit d'espérer, elles
éprouvèrent le revers le plus écrasant; je renvoie pour
tous les détails au *Manuscrit* du baron Fain, ou à la
Campagne de Saxe, 1813, par M. d'Odeleben.

Nous commencions à effectuer cette fameuse retraite qui dégénéra bientôt en une déroute générale. L'empereur Alexandre, entouré d'un état-major beaucoup trop nombreux, attirait l'attention de l'ennemi; vers une heure, une batterie française envoya plusieurs volées de boulets au milieu de nous, qui causèrent un grand désordre; le maréchal Moreau dit au Tzar : « Sire, on tire sur
« vous, votre personne est trop utile pour la hasarder,
« surtout étant obligé de battre en retraite, par suite des
« fautes commises hier, cette nuit, même ce matin; je
« supplie Votre Majesté d'éviter un danger qu'il n'y a
« aucune gloire à braver, et dont les résultats peuvent
« plonger vos sujets et vos alliés dans le plus grand
« désespoir. » L'Empereur comprit qu'il n'y avait plus rien à faire, il tourna bride et dit : « Passez, feld-maréchal. » Au même moment un boulet, parti d'une batterie française très rapprochée, vint frapper Moreau au genou droit, traversa son cheval et emporta le mollet de la jambe gauche. Rapatel, qui causait avec moi, se précipita pour relever son ancien général, je m'approchai également et l'entendis prononcer les mots : « Mort! mort! » Puis il perdit connaissance. L'Empereur resta au même endroit en proie au plus violent chagrin; cinq ou six boulets tombant de nouveau au milieu de nous, on l'entraîna avec le blessé, à quelques pas, derrière un petit mamelon. Le chirurgien du Tzar déclara qu'une double amputation était nécessaire; on fit à la hâte un brancard avec des branches d'arbres, et avec des couvertures et des manteaux, un abri contre la pluie qui tombait à torrents.

Quarante grenadiers russes, prussiens et autrichiens portèrent, à tour de rôle, le blessé jusqu'à la ville de Lahn, où l'opération se fit le lendemain. La jambe droite coupée, les chirurgiens annoncèrent au blessé la nécessité de couper aussi la jambe gauche. Moreau demanda seulement la permission de fumer un cigare entre les deux amputations. Il supporta ces opérations inutiles avec un courage, une résignation et une énergie admirables. Il succombait le lendemain 28, après avoir dicté à Rapatel une lettre d'adieux à sa femme et à sa fille. Son corps fut embaumé et transporté à Pétersbourg, où on lui rendit les honneurs dus à la dignité de feld-maréchal. Sa fille, mademoiselle Isabelle Moreau, nommée demoiselle d'honneur de l'impératrice de Russie, épousa plus tard le comte de Courval.

L'empereur Napoléon apprit la mort de Moreau en même temps que son arrivée à l'armée russe. Cette mort le débarrassait d'un rival de gloire, qui, devenu son adversaire, aurait, par ses conseils, son génie et son expérience de la guerre, rendu de grands services aux souverains coalisés. Comme oraison funèbre, il se contenta de lui donner le nom de : « Nouveau Coriolan. »

Le soir de cette funeste journée du 27, le prince Wolkonski m'envoya à Freyberg, m'informer comment notre retraite s'effectuait, et dans quelle position se trouvait le corps autrichien qui couvrait notre gauche. Je tombai au milieu d'un tel désordre, d'un tel sauve-qui-peut, qu'il me fut impossible de prendre ni de recevoir aucune information précise. Je me rendis à Dippotiswald : même désordre. Ignorant la position des belligérants, voyant le jour sur son déclin, les chemins défoncés et inondés, reconnaissant l'imprudence de m'avancer, ne pouvant regagner mon quartier général avant la nuit, je réclamai l'hospitalité à un bivouac de Cosaques du Don; n'ayant rien mangé depuis six heures du matin, je pris avec grand appétit ma part d'un frugal repas.

Le 28, je rejoignis le quartier général à Rechsted, au moment où l'Empereur le quittait. Je racontai au prince Wolkonski ce que j'avais vu la veille et le matin même ; l'Empereur, s'étant approché, me dit : « Tous vos cama-
« rades sont en mission, prenez un cheval frais et deux
« Cosaques de la garde, allez à la recherche du général
« Barclay de Tolly, vous lui direz que nous rentrons en
« Bohême, qu'il s'y dirige également ; vous aurez soin
« en même temps de recueillir tous les renseignements
« possibles sur la position de nos troupes et sur celles
« de l'ennemi ; partez immédiatement, vous me rejoin-
« drez à Altenberg ; le général Barclay de Tolly doit se
« trouver aux environs de Gieshübel. »

Mes deux intelligents Cosaques m'aidèrent singulièrement à me tirer d'affaire ; un des deux marchait en avant, s'assurant que nous ne tombions pas au milieu, ou même à portée, de quelque poste ennemi. Heureusement pour moi, je parlais allemand facilement ; je questionnai les paysans saxons, ils m'apprirent que les Français occupaient Gieshübel, que leurs avant-postes se trouvaient à dix minutes de nous, et m'indiquèrent à peu près la route prise par les Russes. Je courus toute la journée, ne rencontrant que des postes isolés ; ils ne savaient ni où étaient leurs corps ni où ils allaient eux-mêmes ; je leur indiquai la direction à prendre pour arriver en Bohême, lieu du rendez-vous général.

A l'entrée de la nuit, apercevant des feux au fond d'une vallée, j'envoyai un de mes Cosaques en reconnaissance, pour savoir, avec toute la précaution intelligente de ces merveilleux éclaireurs, si ces feux étaient amis ou ennemis. Au bout de cinq minutes mon Cosaque revint avec un autre Cosaque du corps du général Barclay de Tolly ; son cheval ayant été tué, il était resté en arrière. Ce

Cosaque m'assura que les feux en question appartenaient à un gros corps prussien commandé par le général Kleist. Je m'approchai alors sans crainte, me fis reconnaître aux avant-postes et conduire près du général. Après avoir échangé de nombreuses questions, il m'apprit que nous nous trouvions dans la vallée de Telnitz; n'étant pas poursuivi, il comptait y rester toute la journée du lendemain, pour continuer à recueillir des fuyards et des pièces de canon égarées : « Car, outre l'artillerie de ma division, « ajouta-t-il, j'ai déjà reçu des canons autrichiens, russes « et prussiens. » Je lui demandai des nouvelles du général Barclay de Tolly : « J'ai été en communication avec « lui ce matin, me répondit-il; il incline à gauche pour « se porter au secours de la brigade du général Oster-« man, composée de deux régiments de gardes russes : « le régiment des chasseurs et le régiment de Seme-« nowski. Elle a été attaquée très vivement par le général « Vandamme, je crois, et se retire sur Tœplitz. » Je partageai le feu et la soupe au lard du général prussien, et le lendemain, 29 août, à la pointe du jour, je me mis en route pour rejoindre l'Empereur à Altenberg. Il venait d'en partir pour aller coucher à Duks, magnifique château de la famille Wallenstein. Quoique exténué de fatigue, n'ayant pas quitté mes bottes depuis quatre jours et ayant passé toutes mes journées à cheval, je m'acheminai sur Duks. Je me rendis tout de suite chez le prince Wolkonski pour lui rendre compte de ma mission : « Votre rapport est très important, me dit-il, venez le répéter à l'Empereur. » Il m'introduisit dans le salon où se trouvaient : l'Empereur, le roi de Prusse et le prince de Schwarzemberg. Je recommençai mon récit; on me fit répéter avec les plus grands détails tout ce qui concernait le général Kleist, le nom et la situation de la vallée où je l'avais laissé le matin même. Le roi de Prusse appela le colonel Schœller, un de ses aides de camp, et lui dit : « Partez immédiatement, allez trouver Kleist, donnez-« lui l'ordre de marcher avec toutes les forces qu'il a réu-« nies, qu'il attaque demain matin en flanc et en queue « le corps français qui débouche par Kulm, nous l'atta-« querons en même temps de front, et nous le tournerons « par sa gauche. » Là-dessus, on nous congédia ; j'indiquai bien exactement au colonel Schœller la route à suivre, et courus à mon logement. Mon ami Lambsdorf me mit au courant des événements arrivés pendant mon absence : l'armée se retirait dans le plus grand désordre en Bohême, les nations et même les régiments se trouvaient confondus. L'empereur de Russie, le roi de Prusse et le prince de Schwarzemberg avaient passé la journée sur la grande route, séparant les fuyards, et leur indiquant le chemin qu'ils devaient suivre. Le Tzar dirigeait les Russes au centre, le roi de Prusse envoyait ses soldats à gauche, le prince de Schwarzemberg montrait aux Autrichiens le chemin de droite. Dans la journée, on était parvenu après mille fatigues à rallier cent mille hommes.

Le général Osterman, qui avait rallié à ses deux régiments de gardes russes un régiment de grenadiers commandé par le prince Eugène de Wurtemberg et quelques soldats épars, en tout quinze mille hommes, était attaqué par le général Vandamme, commandant un corps de trente mille hommes. Le général français avait reçu l'ordre de Napoléon de passer sur le corps de tout ce qui lui résisterait, d'arriver à Tœplitz avant la grande armée alliée en déroute et de l'achever. Le général Osterman, au prix des plus grands sacrifices, défendit vaillamment le terrain pied à pied; cette résistance opiniâtre couvrit de gloire le général et les braves qu'il commandait, et sauva l'armée alliée en donnant le temps de réorganiser les masses venant de Dresde. Le général Osterman, un bras emporté, restait à pied au milieu de ses grenadiers, pour les encourager; le régiment de chasseurs de la garde, dans lequel j'étais incorporé, perdit vingt-deux officiers.

Le 30 août, dès le matin, le général Vandamme fut attaqué, en tête, par un corps principal, fort de quatre-vingt mille hommes, à droite, par vingt mille Prussiens, et à gauche, par vingt-cinq mille Autrichiens. Ne pouvant résister à de telles forces, il commençait à battre en retraite par le chemin qu'il avait suivi la veille, lorsqu'il fut attaqué en queue par le général Kleist et toute son artillerie. Entouré de tous côtés, Vandamme essaya inutilement de faire une percée; malgré la valeur de ses troupes, il dut mettre bas les armes.

L'empereur d'Autriche, pour éterniser la belle conduite des gardes russes dans la journée du 29, et leur donner un témoignage éclatant de sa reconnaissance, fit élever à ses frais un monument sur le champ de bataille, avec cette inscription : « A l'honneur des gardes russes, « 29 août 1813. » Les alliés donnèrent à cette bataille le nom de : Bataille de Kulm.

Le baron Fain, dans son *Manuscrit de* 1813, tome II, page 312, donne la relation suivante de la bataille de Kulm : « Cette journée du 30, qui a vu luire à son début
« de si belles espérances, est à peine écoulée, que les
« nouvelles les plus alarmantes se répandent; elles arri-
« vent du côté de Pirna, on assure que l'armée de Van-
« damme a été détruite. Nous allons raconter l'événement
« tel qu'on parvient à le dégager des exagérations du pre-
« mier moment. Le 29 au matin, Vandamme, voulant
« poursuivre ses avantages de la veille, était arrivé avec
« son avant-garde à Kulm; il s'était laissé entraîner au

« fond de cette vallée profonde et s'avançait sur Tœplitz,
« l'espoir de s'emparer de cette ville l'avait tenté; en effet,
« ce coup de main pouvait avoir des résultats immenses;
« quoi de plus séduisant que de barrer toute retraite à
« une armée de deux cent mille hommes, encombrée
« dans des défilés? A l'approche de Vandamme, le dépôt
« du grand quartier général allemand avait pris la fuite
« de Tœplitz, qui à Duks, qui à Lahn; déjà l'avant-
« garde n'était plus qu'à une demi-lieue, lorsque l'en-
« nemi, cessant tout à coup de plier, avait opposé la plus
« vigoureuse résistance. Le comte Osterman, comman-
« dant une brigade de la garde russe, s'était placé à travers
« le chemin, il avait ordre d'arrêter Vandamme à tout
« prix. L'armée alliée descendait alors de Tœplitz, par
« tous les ravins de la montagne; la position était cri-
« tique. Si Vandamme arrivait avant elle, le sort de plu-
« sieurs colonnes était compromis, quelques heures pou-
« vaient tout sauver. Osterman et ses grenadiers avaient
« compris ce que le salut commun attendait d'eux, ils
« s'étaient montrés dignes d'occuper le poste de péril, et
« le vallon de Tœplitz était devenu leurs Thermopyles;
« l'élite de la garde russe s'était fait tuer; Osterman
« avait un bras emporté, mais Vandamme n'avait pu
« forcer le passage. » Suit le détail de la défaite du corps
de Vandamme. La nouvelle parvenue à Napoléon lui arracha ces paroles : « Eh bien! duc de Bassano, vous venez
« d'entendre! Voilà la guerre : bien haut le matin, bien
« bas le soir. »

L'armée française perdait quatre mille hommes tués ou
blessés, elle laissait en outre aux mains des alliés : le
général Vandamme, trois autres généraux, vingt-deux
mille prisonniers, quarante pièces de canon et trois
aigles.

Le 31, nous nous installions à Tœplitz, séjour charmant, où de nombreux baigneurs prennent chaque année les eaux. Nous y apprenions deux victoires sur des lieutenants de Napoléon : le général Bulow avait battu à Gross-Beeren le maréchal Oudinot, duc de Reggio, et le général Blücher avait triomphé de Macdonald à Katzbach. Ces succès relevèrent le courage des soldats alliés, qui dès lors marchèrent avec plus de confiance.

Nous connaissions quelques jours plus tard le motif qui avait arrêté tout à coup l'empereur Napoléon dans la poursuite de notre armée en déroute après la bataille de Dresde. Un violent accès de fièvre, survenu à la suite d'un refroidissement, avait forcé Napoléon de rentrer dans Dresde, au lieu d'aller coucher à Pirna, d'où il pouvait continuer à poursuivre les alliés l'épée dans les reins. L'absence de tout ordre émanant du quartier général français arrêta le mouvement qui pouvait être décisif ; seul Vandamme marcha de l'avant, se croyant suivi : il fut écrasé. Napoléon habituait trop ses lieutenants à recevoir des ordres et à ne pas avoir d'initiative privée.

Je me reposai de toutes mes fatigues à Tœplitz ; pendant notre séjour dans cette ville, je reçus une lettre du duc de Richelieu, je lui avais écrit plusieurs fois, lui rendant compte des différentes missions qui m'avaient été confiées et des combats auxquels j'avais assisté. La tendresse paternelle qu'il ne cessait de me témoigner me faisait un devoir de le tenir au courant de tous les événements qui se passaient sous mes yeux. Je l'avais supplié de me donner de ses nouvelles, au milieu de la peste et de tous ses dangers :

« Odessa, le 8-20 juillet 1813.

« J'ai reçu, mon cher Léon, vos deux lettres ; elles

« m'ont fait grand plaisir; la première m'a appris votre
« contusion causée par la mort de votre cheval, cela vous
« aura raccommodé avec le métier, dont vous aviez l'air
« un peu mécontent. Il faut supporter avec courage les
« petites traverses, en regardant tous ceux qui sont plus
« mal que nous, et dont assurément le nombre n'est pas
« petit : c'est la seule manière d'éviter le découragement
« auquel je vous exhorte très fort à ne pas vous livrer.
« Vous êtes jeune et dans une assez belle position pour
« prendre patience, ménagez votre santé toutes les fois
« que vous pourrez le faire sans manquer à votre devoir.
 « J'ai acquitté la lettre de change tirée sur moi, après
« votre désastre de la Bérézina; cela m'a donné le plaisir
« de vous rendre un petit service, ma position me permet
« de venir à votre secours, je sais que vous en userez
« modérément, sachant bien que mes moyens sont bor-
« nés. Si la paix venait à se faire, j'espère bien que vous
« nous reviendrez, vous serez reçu à bras ouverts.
 « J'avais prévu ce que vous me mandez pour moi, en
« envoyant, il y a quelque temps, au comte Tolstoï, une
« lettre très pressante; je n'ai pas reçu de réponse : je ne
« voudrais à ceux qui me blâment qu'un mois de la
« position où je me trouve depuis un an, ils verraient
« qu'il n'y a aucun moyen qu'on ne fût empressé de
« saisir, pour en sortir, c'est la plus infernale qu'on
« puisse imaginer. La peste n'est plus à Odessa ni aux
« environs, mais elle s'est montrée par une inexplicable
« fatalité à Élizabethgrad, où j'ai couru aussitôt que
« je l'ai su. J'ai été assez heureux pour l'arrêter par des
« mesures énergiques; je suis à présent passé maître en
« fait de peste, aussi je la crains moins que les mesures
« désastreuses que l'on prend pour la prévenir; elles
« désolent le pays et le font mourir à petit feu. Il y a

« longtemps que j'aurais tout envoyé promener, si on
« pouvait le faire avec honneur. Je suis persécuté d'une
« étrange manière, qui pourrait réduire au désespoir,
« sans la confiance en la Providence, qui seule peut
« donner la force de supporter ses maux. Je ne vous
« parle pas d'Odessa ; sans ces nouvelles inquiétudes et
« les mesures dont je vous ai parlé, elle ne se sentirait
« plus des malheurs de l'année dernière, tant le commerce
« est prospère. J'habite une maison de campagne qui
« est remplie de fleurs et de fruits, j'y pense bien souvent
« à vous. Adieu, portez-vous bien, je vous embrasse. Mes
« compliments à Langeron, demandez-lui pourquoi il
« n'a pas répondu à ma longue lettre d'il y a trois mois.
« Le consul vous dit mille choses aimables.

« R. »

Le prince régent d'Angleterre, au nom de son père le roi George III, venait de conférer l'ordre de la Jarretière à S. M. l'empereur de Russie; les insignes furent apportés à Tœplitz par le comte Aberdeen, lord Castelreagh et sir Charles Stuart, accompagnés : du héraut « Jarretière », d'un officier de l'ordre, et de quatre sergents ou huissiers dudit ordre, chargés de diriger la cérémonie de réception du nouveau chevalier. Le Tzar, vêtu du riche costume de l'ordre, reçut dans son salon, entouré de toute sa maison militaire, les ambassadeurs anglais; le comte Aberdeen prononça le discours latin d'usage; chacun des aides de camp de Sa Majesté (je me trouvai parmi les heureux) portait un coussin de velours rouge bordé d'un large galon d'or, orné d'un gland d'or à chaque coin. Sur ces coussins se trouvaient les insignes de l'ordre : la bague, la jarretière bleue avec cette inscription brodée en or : « Honni soit qui mal y pense », le glaive, le collier de l'ordre, l'étoile ou plaque, le cordon bleu foncé, des éperons d'or, la toque de velours bleu avec torsade et glands en or, en tout huit objets. Sur l'appel du maître des cérémonies de l'ordre, chacun de nous s'approchait, et déposait le coussin au pied du trône, en mettant un genou en terre; le comte Aberdeen prenait l'insigne et le remettait à l'Empereur. La cérémonie terminée, le procès-verbal fut dressé et signé de tous les assistants; il devait être rapporté à Londres et déposé à la chancellerie de l'ordre. On ne peut rien rêver de plus magnifique et de plus imposant que cette chevaleresque cérémonie.

Peu de jours après, toujours à Tœplitz, je reçus une seconde lettre du duc de Richelieu :

« Odessa, le 23 août-3 septembre 1813.

« J'ai reçu votre lettre, mon cher ami, et celle de Lan-
« geron, je vois qu'il n'y faut plus penser et qu'il faut en
« prendre son parti, je saurai le prendre. Recevez mes
« compliments sur votre croix et vos mille roubles,
« ainsi que sur la jolie commission que vous avez reçue
« d'aller voir nos princes. A votre retour, vous m'aurez
« écrit comment vous avez été reçu par eux, comment
« vous les avez trouvés, en un mot tout ce qui les con-
« cerne; je ne vois pas malheureusement qu'il y ait
« grand espoir. Suivant toutes les apparences, vous êtes
« aux prises à l'heure qu'il est. Dieu vous conserve et
« vous donne la gloire et du bonheur! Quand vous m'écri-
« rez, faites-le par Bredy; je recevrai vos lettres plus
« promptement et plus sûrement. Si vous avez besoin
« d'argent, j'ai cent ducats à votre disposition, usez-en

« modérément. J'écrirai au prince Lubomirski pour
« votre cassette. Vous savez que le pauvre prince Casimir
« est mort, je le pleure sincèrement. Nous n'avons rien
« de nouveau à Odessa, les environs sont restés parfai-
« tement nets de la contagion, qui existe malheureuse-
« ment encore à Balta et dans plusieurs villages, d'où
« elle s'est communiquée à quelques-uns des nôtres,
« mais sans faire de grands ravages. J'ai le plaisir d'aller
« de l'un à l'autre, et il me semble que l'expérience m'a
« donné assez de talents pour combattre la peste; c'est
« toujours un joli talent de société !

« Au revoir, mon cher ami, songez à nous, et si un
« jour tout finit où vous êtes, venez nous retrouver,
« vous serez reçu à bras ouverts. Le consul vous dit
« mille choses; transporté, comme vous pouvez le croire,
« des événements d'Espagne, il donne lundi une belle
« fête à la villa Raynaud, pour les célébrer. Je vous
« embrasse, mon cher Léon, de tout mon cœur.

« R. »

J'ai oublié de dire que, pendant mon dernier séjour à
Pétersbourg, j'avais été promu, à l'ancienneté, au grade de
capitaine en second dans le régiment des chasseurs de la
garde, grade qui correspondait à major ou chef de
bataillon dans la ligne. Après les pertes énormes éprouvées
par mon régiment, la veille de la bataille de Kulm, je me
trouvai, à l'ancienneté encore, capitaine en premier ou
lieutenant-colonel dans la ligne. Je commençai à prendre
un goût prononcé pour une carrière qui se présentait sous
des auspices aussi favorables : lieutenant-colonel à vingt-
cinq ans ! Je devais jusqu'ici mon avancement à l'ancienneté et non à mon mérite personnel, n'ayant rien fait de

remarquable, mais une occasion de me faire remarquer par l'empereur Alexandre allait se présenter de la manière la plus inattendue, et il me combla ensuite de ses faveurs.

Le 7 septembre, nous apprenions à Tœplitz que Bernadotte, prince royal de Suède, commandant un corps d'armée composé de vingt-cinq mille Suédois, trente mille Russes et vingt-cinq mille Prussiens, venait de battre complètement le maréchal Ney à Jütterboch, bataille de Dennewitz chez les historiens français. Malgré les forces supérieures dont il disposait, et malgré son succès, Bernadotte n'avait pas profité de sa victoire. Pour stimuler son zèle et l'engager à mettre plus de vigueur dans ses attaques, les souverains alliés décidèrent de lui donner chacun une marque éclatante de leur satisfaction. Ils espéraient, en flattant son amour-propre, le décider à avancer et à porter un coup sensible à l'ennemi commun, en délivrant Berlin.

Le Tzar lui envoyait le grand cordon de Saint-Georges, l'empereur d'Autriche celui de Marie-Thérèse. Les grand'croix de ces deux ordres, purement militaires, étaient données seulement à des généraux en chef ayant remporté une victoire décisive. Le roi de Prusse envoyait la grand'croix de Fer, ordre nouvellement créé pour faits militaires; personne, excepté le Roi, ne portait encore cette grand'croix. Les souverains décidèrent de faire remettre chaque décoration par un de leurs aides de camp. L'empereur Alexandre fit appeler « l'aide de camp de service », pour porter une dépêche, avec l'ordre de partir immédiatement. Pour mon bonheur, j'étais de service ce jour-là; le comte Nesselrode me mit au courant de la mission dont j'allais être chargé et ajouta : « Revenez dans un quart d'heure
« avec des chevaux de poste, l'Empereur tient essentiel-

« lement à ce que son courrier arrive le premier auprès
« du prince de Suède. »

Je courus à mon logement prendre un petit portemanteau, et me rendis à la poste, demander la carriole
de rigueur, avec deux chevaux de courrier. Mais le
gouverneur de la province venait précisément d'envoyer
l'ordre de ne donner des chevaux à personne avant quatre
heures, et midi sonnait; j'eus beau dire : « Service de
« l'empereur de Russie », le maître de poste ne pouvait
enfreindre un ordre formel. Tout en discutant, je remarquai que l'on préparait deux chevaux et une jolie calèche,
attelage destiné, me dit-on, au lieutenant général baron
de Hardeck, aide de camp de l'empereur d'Autriche; ce
souverain désirait donc, lui aussi, voir son courrier
arriver le premier. Il me vint alors à la pensée de faire
deux relais à cheval pour devancer mon redoutable con-
current. Je revins chercher mes dépêches et fis part au
comte Nesselrode de l'impossibilité d'avoir des chevaux
de poste; « malgré cela, ajoutai-je, je partirai et j'arriverai
« le premier, dussé-je crever mon cheval et celui du
« Cosaque qui m'accompagnera. — Parfait, mon cher,
« me répondit le chancelier, l'Empereur vous saura gré
« de votre empressement. Voici votre dépêche, votre
« passeport et les frais de route. Vous trouverez le quar-
« tier général suédois à Zerbst, ou dans les environs,
« vous avez donc soixante-quinze lieues à franchir. Vous
« descendrez chez le colonel Pozzo di Borgo, notre
« ministre plénipotentiaire près le prince royal, il vous
« présentera et vous tracera à l'avance votre ligne de con-
« duite. Partez vite, tâchez de ne pas tomber dans quelque
« avant-poste français; prenez plutôt le plus long. »

Cinq minutes plus tard, j'étais en route, au galop d'un
bon cheval, escorté d'un Cosaque; je m'arrêtai à Zittau et

remis mon cheval au Cosaque. J'avais franchi dix lieues. Entré en Saxe, je ne craignais plus l'ordre du gouverneur de la Bohême. Aucun courrier n'avait paru encore; je partis immédiatement, joyeux d'avoir l'avance sur le général autrichien et du bon tour que je lui jouais. A chaque relais, je m'informais de la situation des armées; une seule fois, je passai très près d'un poste français; je donnai une pièce d'or au postillon, il me fit traverser au triple galop ce passage dangereux. J'arrivai sain et sauf à Zerbst douze heures avant le général autrichien. Je descendis de voiture chez le colonel Pozzo, et lui remis une dépêche à son adresse; il me témoigna sa satisfaction de me voir arriver le premier au but, et pendant que je rajustais un peu ma toilette, froissée par une si rude course, il me fit ma leçon : « Je crois que le prince royal
« sera très satisfait de ce qu'un Français soit chargé de
« cette mission. Écoutez bien tout ce qu'il vous dira,
« afin de me le répéter sans perdre un mot. Allons tout
« de suite chez lui, vous êtes arrivé le premier, faites-lui
« remarquer l'empressement que vous avez mis à devancer
« les autres courriers, porteurs des décorations de l'em-
« pereur d'Autriche et du roi de Prusse. » Aussitôt, nous nous acheminâmes vers le château, où logeait le prince; il me reçut à merveille, avec des démonstrations inouïes de satisfaction; il remerciait surtout l'empereur de Russie d'avoir choisi un de ses anciens compatriotes pour lui porter cette haute marque de faveur. Tout cela dit avec un charme, un choix d'expressions qui me firent un grand effet; ses spirituelles paroles étaient assaisonnées d'un accent gascon des plus prononcés.

Dès qu'il eut achevé la lecture de la lettre du Tzar, il me demanda des nouvelles du grand quartier général; je répondis à ses diverses questions, puis, s'adressant au

colonel Pozzo : « Vous reviendrez dîner, n'est-ce pas?
« En attendant, je garde M. de *la* Rochechouart, je veux
« causer avec lui jusqu'au moment où nous nous mettrons
« à table. » En se retirant, le diplomate Pozzo me lança
un regard spirituellement expressif; il voulait dire : « Sou-
« venez-vous de mon avis. » Je restai donc seul avec ce
remarquable personnage. Bernadotte, prince royal de
Suède, né en 1764, avait alors quarante-neuf ans. Il était
grand et élancé; sa figure d'aigle rappelait tout à fait
celle du grand Condé, sa chevelure épaisse et noire
s'harmonisait avec le teint mat des habitants du Béarn,
sa patrie. Sa tournure à cheval était très martiale, peut-
être un peu théâtrale, mais sa bravoure, son sang-froid
au milieu des batailles les plus sanglantes faisaient
oublier ce petit défaut. Il est impossible de rencontrer un
homme de manières et de langage plus séduisants, il me
captiva complètement, et si j'avais été attaché à sa personne, je lui aurais été sincèrement dévoué. On prétend
que pour capter les gens, il employait des promesses
gasconnes, qu'il ne tenait pas toujours; il n'y avait là
aucune duplicité hypocrite, mais une grande bonté de
cœur, une parfaite aménité de caractère. Ma première
entrevue me permit d'espérer une conversation plus
intime; en sortant de table, il me dit : « Ne manquez pas
« de venir demain à midi, j'ai beaucoup de choses à vous
« demander. » Dans la soirée, je rendis un compte exact
de ma longue conversation au colonel Pozzo. Ma qualité de Français, mon titre de premier arrivé à Zerbst me
donnaient un grand avantage; Bernadotte me l'avoua
très franchement. De plus, le baron de Bender, représentant l'empereur François-Joseph, diplomate de l'école
du prince de Metternich, ne sympathisait pas avec son
caractère ouvert, loyal, franc et communicatif, les rapports

restaient très froids. Bernadotte avait pour la Prusse une aversion marquée, dont le général Krüsemarck n'avait pu le faire revenir; il s'en expliqua avec moi de façon à ne me laisser aucun doute à cet égard. Il traitait fort mal le feld-maréchal Blücher : « Je l'ai battu à plates coutures « à Lubeck », me dit-il. Il n'aimait guère plus le ministre anglais, sir Thomson : « C'est mon bailleur de fonds », disait-il en riant. Il témoignait une grande affection pour l'empereur Alexandre, admirait son grand caractère, et me parla de son respectueux dévouement à sa personne; il appréciait moins le colonel Pozzo, et l'appelait toujours : Ce « Corse délié ». Je vis tout de suite que son caractère trop rusé ne lui plaisait pas; ma jeunesse et ma franchise le mirent en confiance avec moi. J'espérais donc connaître ses projets ultérieurs dans mon audience du lendemain. Je priai le colonel Pozzo di Borgo de me mettre au courant de ce que je devais dire, et de m'indiquer jusqu'où je pouvais aller dans mes questions, sans éveiller les soupçons du prince, qui me paraissait se tenir sur ses gardes. Cet habile diplomate me résuma ainsi mes instructions : Chercher à découvrir le motif de l'inaction dont il paraît ne pas vouloir s'écarter, malgré ses succès incontestables sur le maréchal Ney et malgré son génie militaire; combattre ses idées à cet égard, l'engager par tous les raisonnements possibles à sortir de cette inactivité, extraordinaire pour tout le monde; écouter et retenir ce qu'il dira à ce sujet.

Exact au rendez-vous, comme on peut le penser, je fus introduit après la réception du général autrichien et du général prussien. Le premier était arrivé douze heures après moi, et le second, quatorze. L'accueil fait à ces messieurs fut purement diplomatique, avec le sérieux et le cérémonial obligés. Ma réception fut tout autre, et la con-

versation très intime; pour en donner toutes les nuances,
je conserverai la forme du dialogue :

« LE PRINCE : Vous êtes-vous bien reposé? Eh bien,
« monsieur de *la* Rochechouart, voilà les deux porteurs
« de grâces de Leurs Majestés l'empereur d'Autriche et le
« roi de Prusse, arrivés derniers, comme à l'ordinaire;
« ces messieurs n'ont pas su se hâter, vous les avez
« devancés, cela devait être : vous êtes Français, ils sont
« Allemands. Entendez-vous, mon ami, qui est-ce qui
« aurait dit, il y a vingt ans, au pauvre sergent Berna-
« dotte : Tu seras traité de : Monsieur mon frère et ami
« par l'empereur de Russie, l'empereur d'Autriche et le
« roi de Prusse? Car toutes ces Majestés sont très aima-
« bles et très polies pour moi. Je connais l'ordre de
« Marie-Thérèse, je sais combien sa grand'croix est
« honorée; dites-moi ce qu'est l'ordre de Saint-Georges.
« Quant à la grand'croix de l'ordre de Prusse, je ne m'en
« soucie guère, elle est trop lourde à porter.

« MOI : Monseigneur, pour obtenir la grand'croix de
« Saint-Georges, il faut avoir gagné, comme général en
« chef, une bataille décisive; personne ne la porte en ce
« moment, le dernier titulaire était le feld-maréchal
« prince Koutousoff.

« LE PRINCE : Alors cela m'honore infiniment, je la
« porterai toujours, je suis à la vie à la mort avec l'em-
« pereur Alexandre.

« MOI : Je le lui dirai, Monseigneur; puissé-je être le
« porteur encore une fois d'une nouvelle preuve de son
« estime pour Votre Altesse Royale, lorsqu'elle aura
« poursuivi sa dernière victoire, en ne donnant pas à
« l'ennemi commun le temps de se reconnaître.

« LE PRINCE : Ah! entendez-vous bien, mon ami; il
« faut beaucoup de prudence dans ma position, elle est

« si délicate, si difficile; outre la répugnance bien natu-
« relle que j'ai à verser le sang français, j'ai ma réputa-
« tion à soutenir, je ne m'abuse pas : mon sort tient à
« une bataille; si je la perds, je demanderais un écu de
« six francs à l'Europe, personne ne me le prêtera.

« Moi : De pareilles idées ne peuvent venir à Votre
« Altesse Royale, cela est impossible; d'ailleurs, Monsei-
« gneur est engagé à présent de façon à ne plus pouvoir
« reculer.

« Le Prince : Si je pouvais ne m'en prendre qu'à
« Napoléon, cela serait bientôt fait. Bonaparte est un
« coquin, il faut le tuer; tant qu'il vivra, il sera le fléau
« du monde, il ne faut plus d'empereur, ce titre n'est pas
« français, il faut à la France un roi, mais un roi
« soldat; la race des Bourbons est une race usée qui ne
« remontera jamais sur l'eau. Quel est l'homme qui
« convient mieux que moi aux Français? »

L'apostrophe m'interloqua un peu; je n'étais pas là
pour discuter une pareille question. Me remettant du
premier trouble, je repris : « Personne ne peut disputer
« à Monseigneur cette couronne, mais pour l'obtenir, il
« faut renverser l'obstacle. Napoléon est entre vous et
« elle. » Notre conversation dura trois heures; chaque
fois que je le pressais, le prince se dérobait avec une
grande habileté. Pendant mon audience, le chef d'état-
major de l'armée suédoise entra pour faire signer des
ordres exigeant une prompte exécution ; cet officier
général sorti, le prince me dit : « Connaissez-vous ce
« monsieur-là? C'est M. d'Aldecreutz, ce détrôneur de
« rois. Je le mènerai si bien, qu'il faudra qu'il y reste. »
Ce M. d'Aldecreutz était à la tête de la révolution qui
amena la chute et l'abdication de Gustave IV.

L'heure de se mettre à table arrivée, le prince me dit :

« Allons à table, mais revenez demain à midi, je vous
« donnerai ma réponse à l'empereur Alexandre. »

Au sortir de cette longue audience, je fus l'objet d'une grande curiosité, tous les diplomates se demandaient ce que j'avais pu faire si longtemps dans le cabinet du prince. Le colonel Pozzo me parut jaloux, mais voyant que je n'en tirais aucune vanité, il écrivit au comte Nesselrode des éloges sur la manière dont j'avais rempli ma mission. Je lui rendis compte de ma longue conversation, lui promettant de porter le grand coup le lendemain, en insistant sur la nécessité de passer l'Elbe, comme preuve de sa coopération à l'œuvre commune.

L'officier d'ordonnance du prince de Suède, de service le jour de cette audience, était le comte Alexis de Noailles, frère d'Alfred de Noailles tué au passage de la Bérézina, il remplaçait près de Bernadotte le fils aîné de madame de Staël ; ce jeune officier avait eu le cou littéralement tranché par un coup de sabre, dans un duel avec un officier prussien. Alexis de Noailles vint annoncer au prince que la garde était relevée, et lui demander le mot d'ordre pour la garde montante, composée de grenadiers russes : « A-t-on donné à boire à ces braves
« gens ? — Oui, Monseigneur. — Eh bien, qu'on recom-
« mence encore. » Bernadotte, entouré alternativement de soldats russes et de la garde suédoise, avait exclu les Prussiens de cette garde d'honneur ; il avait complètement captivé les soldats russes par ses manières affables et sa grande bravoure.

Le lendemain, à midi, je trouvai le prince étendu, les pieds très hauts, placés de façon à former pupitre avec ses genoux, la tête très basse, soutenue par un traversin :
« Je ne travaille jamais mieux que couché, entendez-vous,
« mon ami, monsieur de *la* Rochechouart, je finis ma lettre

« pour votre cher et digne Empereur; causons un peu.

« Moi : Je suis très honoré, Monseigneur, de la con-
« fiance de Votre Altesse Royale, mais afin de m'en rendre
« tout à fait digne, je vais vous parler avec la franchise
« de la jeunesse et le dévouement le plus complet, je ne
« suis pas diplomate, je suis soldat, jeune, mais ayant déjà
« vu bien des choses. Permettez-moi de soumettre à votre
« expérience et à votre haute capacité mes réflexions.

« Le Prince : Parlez, mon ami, je vous écoute.

« Moi : C'est le cœur qui parle, croyez-le bien ; depuis
« que je suis ici, sans questionner, sans répondre, j'ai
« entendu beaucoup parler. Tous les diplomates qui
« vous entourent, disent que vous vous reposez trop
« longtemps sur vos lauriers, ils blâment votre inaction.
« J'ai compris, par ce que vous m'avez fait l'honneur de
« me confier, le motif qui vous retient; mais permettez-
« moi de vous le dire, il n'est pas suffisant, et une autre
« considération mérite de vous être présentée. Vous
« m'avez fait l'éloge de l'empereur Alexandre, vous me
« paraissez lui être sincèrement dévoué, je sais qu'il porte
« à Votre Altesse Royale le plus vif intérêt, parce qu'il
« compte sur votre empressement à l'aider, grâce aux
« grands talents militaires que Dieu vous a accordés, et
« sur vos efforts pour terminer cette lutte terrible, dont la
« pacification de l'Europe est le prix. Mais s'il est pré-
« venu par les rapports diplomatiques, que l'on exagérera,
« de votre inaction calculée, son intérêt pourra se changer
« en indifférence, son orgueil impérial pourra se réveil-
« ler. Réfléchissez, Monseigneur, et souffrez que je vous
« dise que le fils de Gustave IV est le neveu de l'impéra-
« trice Élisabeth, sœur de la dernière reine de Suède.

« Le Prince : Ne m'en dites pas davantage, j'ai com-
« pris. Je vous remercie de votre franchise, vous me

« faites voir la chose sous un véritable point de vue :
« demain, je passerai l'Elbe. » Il me tendit la main, je la
serrai et lui dis : « Permettez que je ne parte que demain,
« pour pouvoir dire à l'Empereur : J'ai assisté au passage
« de l'Elbe. — Soit, à demain, dit le prince, je vous
« donnerai ma réponse en montant à cheval.

« Moi : Puis-je annoncer cette nouvelle au colonel Pozzo?

« Le Prince : Oui, mais sans parler des raisons que
« vous m'avez données. Je ne veux pas que ce Corse
« délié les connaisse, dites-lui en deux mots : Le prince
« passe l'Elbe. Je compte sur votre discrétion. A de-
« main. » Je sortis tout joyeux, le colonel Pozzo m'attendait impatiemment, je lui dis simplement : « Le prince
« passera l'Elbe demain et ira coucher à Dessau. — Mais
« quel motif, me dit le fin diplomate, a pu le pousser à
« cette importante décision ? — Ma foi, je n'en sais rien »,
lui répondis-je.

La nouvelle du passage de l'Elbe se répandit rapidement, l'armée accueillit avec joie l'ordre donné dans la
soirée; l'avant-garde partit tout de suite pour Dessau.

Le lendemain, je me rendis au château de bonne
heure, pour faire mes adieux au prince et recevoir sa
réponse à l'Empereur; son cheval sellé attendait dans la
cour. Dès qu'il m'aperçut, il s'avança, me remit sa lettre
et détacha de sa boutonnière une croix de l'ordre militaire
de l'Épée de Suède : « Monsieur de *la* Rochechouart,
« voilà ce que le prince royal de Suède vous donne »,
puis m'attirant dans l'embrasure d'une fenêtre, il ajouta :
« Voici ce que votre compatriote Bernadotte vous prie
« d'accepter. » Il me remit une tabatière en or avec son
portrait entouré de quatre beaux diamants. Il était
impossible d'agir d'une façon plus aimable et plus délicate. Je le vis monter à cheval.

Pozzo me remit également sa dépêche dans laquelle, me dit-il, il parlait favorablement de moi ; il ajouta : « Il « faut convenir que vous êtes bien traité, figurez-vous « que le prince de Suède a annoncé aux généraux autri- « chien et prussien qu'il ne pouvait les expédier que « ce soir de Dessau ; parti le premier, il est bien juste que « vous rentriez le premier. »

Malgré de nombreuses difficultés et des détours nécessaires pour éviter les avant-postes français, j'arrivai trois jours après en Bohême, au quartier général.

Je descendis de voiture devant la maison occupée par le comte Nesselrode, pour lui rendre compte plus vite de mon séjour à Zerbst et de mes conversations avec le prince royal, moins le mot de la fin : « Nous avons fait « de la prose sans le savoir, me répondit-il. Bernadotte « a été très reconnaissant du choix d'un Français pour « lui porter l'ordre russe ; je rendrai bon compte à l'Em- « pereur de la façon intelligente dont vous avez rempli « votre mission. »

Le lendemain, à la parade, le prince Wolkonski m'informa que l'Empereur m'attendait dans son cabinet. Dès que je fus entré, il me dit en riant : « Le prince royal « est enchanté de vous, il me remercie de vous avoir « choisi pour porter ma lettre et le grand cordon de « Saint-Georges ; racontez-moi ce qu'il vous a dit dans « vos longues conversations, je sais qu'il est très spiri- « tuel, cela doit être amusant. »

Encouragé par la bonté familière de l'Empereur, je commençai mon récit en imitant l'accent gascon de Bernadotte. Je ne lui cachai rien, en ajoutant : « Je dois à « Votre Majesté toute la vérité, je n'ai pas tout dit au « colonel Pozzo ni au comte Nesselrode. » L'Empereur fut enchanté, riant de bon cœur, surtout quand j'arrivai au passage où il se désignait lui-même comme le seul qui pût remplacer Napoléon sur le trône de France! Il me fit compliment sur l'argument que j'avais su trouver pour lui prouver la nécessité de contenter les alliés : « Du reste, vous n'avez dit que la vérité; c'est de la bonne « diplomatie. » L'Empereur me congédia, ayant une audience à donner, en me disant : « Revenez demain « soir à sept heures, j'ai encore des questions à vous « poser. Où est la croix que le prince vous a donnée? — « Sire, j'*attendais* la permission de Votre Majesté pour la « porter. — Je vous la donne; à demain. » Dans la soirée, le Tzar, causant avec son frère le grand-duc Constantin, lui raconta ma mission, sans oublier la prétention de Bernadotte au trône de France, ajoutant : « Cela est bien plus drôle raconté par Rochechouart, il imite l'accent gascon dans la perfection. » Le lendemain, à la parade, le grand-duc m'apostropha devant tout l'état-major en ces termes : « Rochechouart, mon frère m'a « raconté votre visite à Bernadotte, en m'assurant que « vous l'imitiez à merveille, racontez-moi cela. — Mon- « seigneur, répondis-je, cela n'en vaut pas la peine, je « ne me le rappelle plus. — Ah! c'est différent, mon- « sieur le discret. » Puis il me tourna le dos brusquement. Le soir, je dis à l'Empereur que je craignais d'avoir déplu au grand-duc Constantin, mais que je ne pouvais tout dire en public, et je me serais taxé d'ingratitude envers le prince de Suède qui avait été si aimable et si confiant, en me prêtant à amuser tout le monde à ses dépens : « Bravo, mon cher, me dit l'Empereur, je « vous sais gré de votre discrétion, c'est une qualité que « j'apprécie infiniment, soyez sans inquiétude, je parlerai « à mon frère. » J'avais plu, paraît-il, à l'empereur Alexandre, il me garda trois heures dans son cabinet, me disant des choses qui me surprirent, tant elles étaient intimes. Ainsi il me parla de l'amitié sincère qu'il avait pour Napoléon et des moyens employés par ce dernier pour obtenir cette amitié : « Figurez-vous que dans une « de nos entrevues, à Erfurth, Napoléon en vint à me « dire : Je sais qu'il existe une femme qui possède toute « votre tendresse, je sais que son portrait ne vous quitte « jamais; je vous demande ce portrait, je veux le porter « pour l'amour de vous, comme un objet qui me rap-« pellera toujours le meilleur ami que j'ai au monde. Je « le lui remis. Je dois avouer qu'il m'a donné des conseils « excellents; je les ai suivis, et c'est à eux que je dois le « succès de la campagne de Russie. »

En sortant du cabinet du Tzar, je trouvai tous mes camarades réunis dans le salon où nous passions nos soirées; ils m'interrogèrent sur ma longue conversation ; je leur répondis que Sa Majesté m'avait questionné sur l'armée suédoise et demandé des détails sur la bataille de Jütterboch.

Depuis ce moment, chaque fois que l'Empereur me voyait, il me disait une phrase aimable; diverses petites missions me furent données par lui-même ou d'après ses ordres spéciaux, me désignant nominativement pour les remplir. Un jour, le prince Wolkonski rendait compte à l'Empereur qu'un ordre donné au général Wittgenstein n'était pas exécuté : « Eh bien, envoyez-lui Rochechouart, « il saura bien le faire marcher. » On m'expédia en avant sur Komotau ; je trouvai le général, et le décidai à faire ce qu'on lui demandait, car il n'avait aucune bonne raison à alléguer pour ne pas obéir. Je raconte ce fait pour montrer le changement opéré dans ma situation, et cela, parce que le hasard m'avait fait choisir pour porter à Bernadotte une lettre de l'Empereur.

. Le 5 octobre, le général Benningsen, attendu impatiemment, arrivait au quartier général à Tœplitz, amenant quarante-cinq mille hommes de renfort. Le 6 octobre, toutes les troupes alliées se mirent en mouvement, se dirigeant de tous côtés, vers les plaines qui entourent Leipsick; le 15, elles arrivaient devant cette ville. Le lendemain commença la célèbre bataille qui dura trois jours.

Vers deux heures de l'après-midi, une charge désespérée de la cavalerie française venait de faire une trouée pouvant compromettre le gain de la bataille, l'empereur de Russie, qui se tenait au centre de son armée, suivi du régiment de Cosaques de sa garde, ordonna au colonel Orloff-Denissoff, qui commandait ce beau régiment, de repousser cette charge. La manœuvre, heureusement et bravement exécutée, donna le temps à une division de cuirassiers russes, éloignée d'environ cinq cents mètres, d'arriver et de soutenir les Cosaques. Au milieu de la mêlée l'empereur Alexandre se trouva un instant à vingt pas d'un escadron de cuirassiers français. Des villages et des positions prises et reprises plusieurs fois, des milliers de blessés, un nombre effrayant de morts, un pays ravagé et incendié; tel fut le résultat de cette journée, où combattirent les uns contre les autres cinq cent mille hommes soutenus par douze cents pièces de canon.

Le 17, la pluie ne cessa pas de tomber. Un repos général était comme imposé. Les alliés firent entrer en ligne la réserve Benningsen et prévinrent Bernadotte, qui n'était pas éloigné, d'accélérer sa marche. L'armée française, pendant ce temps, changeait ses positions et préparait ses moyens de retraite; quelques coups de canon annonçaient seulement la présence des combattants. A la tombée de la nuit, l'horizon s'éclaira des feux de bivouac de ces cinq cent mille hommes, dont un si grand nombre devaient périr le lendemain !

Le 18 octobre, nous montions tous à cheval à la pointe du jour. La ligne de bataille française avait reculé de plus d'une lieue, l'armée alliée se porta en avant, et le combat s'engagea sur un demi-cercle qui n'avait pas moins de quatre lieues d'étendue. Je ne donnerai pas les détails stratégiques de cette sanglante journée; des volumes ont été écrits sur ce sujet, je me bornerai à mentionner ce que j'ai vu et ce que j'ai fait.

L'empereur Alexandre, accompagné du roi de Prusse et du prince de Schwarzemberg, établit son quartier général au centre de la bataille. A deux heures, au plus fort du combat, pendant que les douze cents pièces de canon tiraient sans interruption, de nouvelles batteries ouvrirent leurs feux sur l'extrême droite de l'armée alliée, commandée par le général Benningsen. Que se passe-t-il là? se demandait-on au quartier général. L'Empereur m'appela : « Allez à notre extrême droite, me dit-il,
« tâchez de parler au général Benningsen, et revenez sans
« perdre de temps me répéter ce que vous aurez vu et
« entendu. Prenez deux Cosaques de la garde avec vous;
« je compte sur l'exactitude de vos rapports. »

Me voilà parti au grand trot, les feux de nos canons me guidaient dans cette course hérissée de dangers; je devais couper au plus court, évitant tous les villages en flammes ou pris et repris à chaque instant par les belligérants ; les boulets sifflaient continuellement à mes oreilles. Un instant je me crus perdu : une forte colonne d'infanterie se trouvait devant moi, poussant des cris tumultueux. Je m'arrêtai et j'allais me jeter sur ma droite, lorsqu'un de mes Cosaques, doué d'une vue perçante, me dit : « Mon officier, ils ont la crosse en l'air, ce sont des gens qui se rendent. » Rassuré par cette remarque, je m'approchai et vis deux régiments badois qui abandonnaient l'armée française et se joignaient au corps du général Benningsen, que précisément je cherchais. J'abordai le général au moment où il recevait les colonels badois. Cette défection fut imitée, peu après, par un corps d'infanterie et de cavalerie wurtembergeois, annonçant que l'armée saxonne tout entière suivrait son exemple.

Le comte Benningsen me donna tous les renseignements que je désirais ; la défection des troupes allemandes, dont je venais d'être témoin, allait lui permettre de brusquer l'attaque. Il achevait de me donner ces détails lorsqu'on lui amena un Cosaque envoyé par le comte de Langeron, le prévenant que l'armée de Bernadotte venait d'entrer en ligne, et qu'il se mettait en communication avec lui. Cette nouvelle me parut si importante, que pour en acquérir la certitude, je me dirigeai aussitôt du côté de la division du comte de Langeron qui formait l'aile gauche de l'armée du prince royal de Suède. Après une course d'une lieue environ, je me trouvai au milieu d'une colonne suédoise, le chef m'affirma que le prince royal occupait Stuntz. Muni de ce précieux renseignement, je revins aussi vite que possible près de l'Empereur. Je le trouvai où je l'avais quitté. On se battait avec acharnement sur la hauteur qui domine Probst-Heyda, pris et repris trois fois différentes.

J'annonçai la défection des troupes allemandes ; j'indiquai la position du général Benningsen, sa marche en avant, j'ajoutai : « Sire, j'apporte une bonne nouvelle de
« plus : l'armée du prince royal de Suède est entrée en
« ligne, sa gauche est en communication avec le corps de
« l'hetman Platoff, sa droite touche Leipsick. — En êtes-
« vous bien certain ? me dit le Tzar. — Sire, je m'en

« suis assuré par moi-même, j'ai parlé aux officiers sué-
« dois de ce corps. — C'est, en effet, une heureuse et
« importante nouvelle », ajouta l'Empereur. Il appela le
prince Schwartzemberg, qui parut douter de mon rapport. Après un petit conseil de guerre, l'Empereur se
décida à envoyer le grand-duc Constantin auprès de Bernadotte pour le maintenir dans ses bonnes dispositions,
et me dit : « Vous connaissez le chemin, menez mon
« frère, et revenez vite. »

Je pris un cheval frais et deux nouveaux Cosaques ; le
grand-duc se fit suivre par un de ses aides de camp et
deux hussards de la garde, et nous partîmes en toute
hâte. La route était moins longue ; la ligne alliée avait pu
se porter en avant, par suite de la défection des troupes
badoises, wurtembergeoises et saxonnes, défection qu'on
peut qualifier d'infâme trahison, d'action indigne, sans
précédents dans les annales militaires des armées des
temps modernes ; car non seulement ces troupes aban-
donnèrent les Français, mais elles les attaquèrent presque aussitôt.

Le prince de Suède nous reçut, monté sur un grand
cheval blanc, revêtu d'une pelisse en velours violet, chargée de brandebourgs d'or, coiffé d'un chapeau entouré
de plumes blanches, surmonté d'un immense panache
aux couleurs suédoises, tenant à la main un bâton de
commandement, en velours violet orné à chaque bout
d'une couronne royale en or. Il était superbe ainsi, au
milieu de la mitraille, entouré de morts et de blessés,
encourageant par sa présence une compagnie d'artilleurs-
artificiers anglais, qui lançaient des fusées à la Congrève.
L'endroit était peu favorable pour un long entretien ;
dès qu'il aperçut le grand-duc Constantin, il s'approcha
et lui dit : « Monseigneur, allons causer plus loin. » Je

demandai au grand-duc ses ordres pour l'Empereur; il me répondit : « Retournez, je reste ici, ne manquez pas « de dire à mon frère dans quel terrible endroit nous « avons trouvé le prince de Suède. » Je tournais bride, lorsque le colonel Pozzo me pria de le conduire à notre quartier général. Je revins très rapidement, sans avoir bu ni mangé; les deux courses, aller et retour, faisaient bien un total de quinze lieues. A peine le colonel Pozzo eut-il dit quelques mots à l'oreille du Tzar, que Sa Majesté me donna l'ordre suivant : « Prenez un de mes chevaux « et deux Cosaques, allez dire à l'hetman Platoff que « l'ennemi est en pleine retraite sur tous les points, qu'il « se porte avec ses Cosaques et son artillerie légère sur la « route de Wittemberg à Leipsick, près de Düben, sur « la Maulde, afin de couper la retraite de ce côté-là. « L'hetman étant sous les ordres du général Benningsen, « vous préviendrez ce général des instructions dont vous « êtes porteur. Je tiens beaucoup à la prompte exécution « de ces ordres. Vous connaissez la position de ces divers « corps, vous pouvez remplir cette mission plus rapide- « ment que tout autre. Je passerai la nuit à Rœtha, vous « viendrez me retrouver au château. » J'avoue que cette manière de finir une journée si fatigante m'effraya un peu ; le jour tirait sur son déclin, je devais me hâter, si je voulais arriver avant la nuit.

On me donna un excellent cheval et deux Cosaques admirables d'intelligence. Je leur demandai s'ils n'avaient pas un morceau de pain : « Voilà, mon officier »; et l'un d'eux me tendit un gros pain blanc avec du lard et un bidon plein d'eau-de-vie. J'avalai quelques gorgées à la gourde, je pris la moitié du pain, et dis à mes Cosaques, tout en trottant : « Il faut nous dépêcher, je dois retrou- « ver le Tzar à Rœtha, où il a déjà couché la nuit der-

« nière. » Le combat avait cessé sur toute la ligne, les feux de bivouac s'allumaient. Après quelques informations, je rencontrai l'hetman dans un village qui brûlait encore, il prenait du thé sur les ruines d'une grande ferme. Prévenu de l'arrivée d'un aide de camp de l'Empereur, tout général en chef qu'il était, et moi, lieutenant-colonel, il me fit un profond salut et me dit gravement : « Qu'ordonne le Tzar? » Je lui expliquai l'ordre, il paraissait comprendre difficilement, mais le colonel d'état-major attaché à sa personne m'assura qu'on allait se conformer aux instructions que j'apportais. « Nous
« allons prévenir ensemble le général Benningsen, ajouta
« l'hetman, je ne veux pas me coucher avant que tout
« soit arrangé, je partirai de là; en attendant, prenons
« du thé. » J'avalai avec grand plaisir cinq ou six tasses de thé excellent avec du rhum, et une grande quantité de craquelins, pour apaiser ma faim. Le rhum absorbé par le chef suprême des Cosaques du Don lui porta probablement à la tête, il devint bientôt plus que gai; je me levai espérant aller seul, prévenir le général; ce diable d'homme ne l'entendit pas ainsi : « Et notre visite
« au général Benningsen? Il faut que nous la fassions
« ensemble, vous lui expliquerez vous-même l'ordre de
« départ de tous mes Cosaques. Faites avancer ma calè-
« che », cria-t-il d'une voix de tonnerre, « et que l'on
« nous conduise près du général Benningsen. » Trois minutes après, la calèche nous attendait, elle était découverte et attelée à la manière russe de six chevaux : un Cosaque, sur le siège, dirigeait les quatre chevaux de front, et les deux chevaux de volée étaient conduits par un second Cosaque monté sur le cheval de droite. Un escadron d'élite formant la garde particulière de l'hetman entourait notre voiture, chaque homme portait une

torche allumée : « Prends le plus court, et ne nous verse
« pas; sans cela, gare à ta peau », tel fut l'ordre donné au
cocher. Le colonel était assis devant moi, je lui demandai : « Savez-vous où est le général? — Je ne m'en doute
« pas, mais soyez certain que les Cosaques nous y mène-
« ront tout droit, abandonnons-nous à leur intelligence,
« et à la grâce de Dieu! » Je ne puis pas encore me
rendre compte du chemin que nous parcourûmes, tantôt
à travers champs, tantôt franchissant les sillons, les haies,
les fossés, sans nous arrêter malgré les soubresauts et les
obstacles que nous rencontrions à chaque instant ; des
branches d'arbres nous enlevaient nos coiffures, ou nous
déchiraient la figure; nos yeux étaient éblouis par la
lumière des torches, au milieu de la nuit obscure. Enfin,
au bout d'une petite heure de cette course diabolique,
nous arrivions dans le village où se trouvait le général
Benningsen. L'hetman dormait profondément, malgré les
cahots qui faisaient bondir notre équipage. Je racontai
au général notre singulière course à sa recherche, lui
donnai connaissance des ordres du Tzar, et lui demandai s'il avait quelques renseignements à me donner sur
les opérations de son corps d'armée : « J'achevais mon
« rapport sur le résultat de la journée, en ce qui concerne
« les troupes placées sous mes ordres, me dit-il, je vais
« ajouter la direction donnée au corps de l'hetman, vous
« porterez mon rapport. »

Dix minutes après, je me disposais à partir, mais je
me rappelai tout à coup que j'avais laissé mes Cosaques
et mon cheval au campement de l'hetman. Bien malgré
moi, je me décidais à passer la nuit à ce bivouac, lorsqu'à
ma grande surprise et à ma grande joie, j'aperçus mes
Cosaques, l'un d'eux tenait mon cheval par la bride. Ils
avaient suivi la calèche, ce que j'avais oublié de leur

ordonner dans l'ahurissement de ce départ précipité, étant ébloui par les torches, harassé de fatigue, la tête excitée, peut-être, par le thé et le rhum, bus précipitamment, ayant l'estomac vide.

Je me hâtai de reprendre la route de mon quartier général, mais j'étais complètement désorienté et incapable de retrouver mon chemin. Je demandai aux Cosaques : « Pouvez-vous me ramener près du Tzar? — Oui, mon « officier », et nous voilà en route. Les yeux de lynx de mes deux guides, aidés de leur intelligence, apercevaient, reconnaissaient une infinité de particularités que j'étais loin de voir, et surtout que je n'avais pas remarquées en venant. Je les entendais dire : « Ah! voilà un chêne près « duquel nous avons passé », ou bien : « Te rappelles-tu « ce ravin? » Enfin, après deux bonnes heures de marche, à mon grand ébahissement, j'arrivai à Rœtha, moulu, exténué, écorché, en un mot dans un état pitoyable; trois heures du matin sonnaient.

Je montai chez le prince Wolkonski, il écrivait encore; je lui remis le rapport du général Benningsen, annonçant le commencement d'exécution des ordres de l'Empereur, et terminai en lui racontant mon voyage avec l'hetman, il en rit de bon cœur. Puis, voyant la fatigue peinte sur ma figure, il me montra un canapé, et me dit simplement : « Couchez-vous là, mon pauvre Rochechouart. » Je ne me le fis pas répéter, je tombai sur ce canapé et m'endormis à l'instant.

Je fus réveillé à neuf heures par un de mes camarades, me criant aux oreilles : « On monte à cheval pour entrer « dans Leipsick! » Je parvins à me soulever, et apercevant sur un guéridon les restes d'un déjeuner, je m'en régalai en conscience, pour réparer le jeûne de la veille.

Tout en faisant la grimace, tant j'étais écorché, j'enfourchai mon cheval et rejoignis l'état-major. Je saluai l'Empereur qui arrivait, il me fit signe d'approcher et m'adressa devant tout le monde ces paroles flatteuses : « Eh bien, colonel! êtes-vous remis de vos fatigues de « la journée d'hier, où vous vous êtes si bien acquitté des « missions que je vous avais confiées? » Ému, surpris par cette insigne faveur, car j'étais lieutenant-colonel depuis six semaines seulement, je balbutiai : « Sire, une pareille « récompense est au-dessus de mon peu de mérite et « ferait oublier de bien plus grandes fatigues. » Je rentrai dans le rang et reçus les félicitations de tous mes camarades. Rapatel s'éloigna un instant, en me disant de l'attendre : il me rapporta, quelques minutes après, une paire d'épaulettes de mon nouveau grade; on comprend facilement ma joie.

L'Empereur se dirigea sur Leipsick, on entendait encore gronder le canon en traversant le champ de bataille, dans la partie où, la veille, la lutte avait été la plus meurtrière, le combat le plus acharné. Le spectacle était navrant et terrifiant à la fois; au moins quinze mille cadavres gisaient à terre, on apercevait des chevaux mutilés, des canons démontés, des maisons incendiées, plus de mille pieds de gros arbres coupés par les décharges de la mitraille, qui s'étaient succédé pendant huit heures. Je n'oublierai jamais l'émotion que je ressentis à l'aspect de ces quinze mille cadavres étendus sur un espace restreint! Que l'on juge d'après cela du nombre de tués et de blessés, dans ces deux journées de carnage! Sans l'infâme trahison des troupes badoises, saxonnes et wurtembergeoises, la victoire aurait été plus chaudement disputée, et par suite, les pertes plus considérables encore.

Vers midi, et environ à une demi-lieue de Leipsick, une députation des magistrats de cette malheureuse ville vint implorer la clémence de l'empereur Alexandre et lui présenter les clefs de la ville, au nom de leur vieux roi resté avec sa famille au milieu de ce grand désastre, pour en conjurer de plus grands encore. Tout en causant avec ces braves gens, l'Empereur recevait à chaque pas les rapports des différents corps chargés de chasser les Français de Leipsick. Enfin, un aide de camp du prince de Suède vint annoncer la prise du faubourg Rosenthal et l'évacuation de la ville, qui, après quatre jours de combat, mettait fin à cette terrible bataille. Bernadotte attendait le Tzar sur la grande place.

L'Empereur m'ordonna d'aller avec cet aide de camp annoncer son arrivée au prince de Suède. Je ne devais le précéder que de quelques minutes. J'entrai donc dans Leipsick et je trouvai Bernadotte sur la grande place; il serrait la main à son ami intime le général Reynier, fait prisonnier peu d'instants auparavant par les Suédois.

Le roi de Saxe se tenait au bas de l'escalier de son palais, attendant humblement le vainqueur, chapeau bas, au milieu d'un bataillon de ses gardes rangés en haie, l'arme au pied et la crosse en l'air.

L'empereur Alexandre mit pied à terre, embrassa cordialement le prince de Suède, déjà descendu de cheval. Après force compliments échangés de part et d'autre, Bernadotte dit : « Sire, voici le roi de Saxe qui vous « offre son hommage respectueux »; mais l'Empereur n'eut pas l'air d'entendre et demanda : « Où est la reine « de Saxe ? — Elle est en haut de l'escalier, attendant « Votre Majesté Impériale, mais voici son auguste « époux qui désire vous être présenté. — Allons voir la « Reine. » Voilà avec quelle sévérité l'empereur Alexandre traita ce vieux Roi, victime de son attachement et de son dévouement à Napoléon, dévouement bien louable, puisqu'il dura jusqu'à la fin, malgré la défection de ses troupes. Je restai stupéfait de l'accueil, sinon cruel, du moins peu généreux de l'empereur de Russie envers le vieillard couronné, qui me parut plutôt attristé qu'humilié de cette réception; il suivit le monarque irrité, dans les appartements de la Reine, mais il ne put obtenir aucune parole du Tzar. Cet infortuné Roi fut traité en prisonnier de guerre et envoyé à Berlin; un aide de camp du Tzar devait l'accompagner et rester près de lui; on désigna pour cette triste mission mon ami Lambsdorf, qui, étant malade, ne pouvait supporter les fatigues d'une pareille campagne.

Le roi de Saxe et le roi de Danemark furent les deux derniers souverains qui restèrent fidèles à Napoléon, même dans ses malheurs, mais ils payèrent cher ce loyal attachement. Le roi de Saxe resta à Berlin jusqu'à la fin de 1814; le prince de Talleyrand plaida chaudement sa cause au congrès de Vienne, il lui fit rendre la liberté et son royaume, moins la Lusace, attribuée à la Prusse. Le roi de Danemark perdit la Norvège, donnée au roi de Suède, en récompense de son puissant concours pendant cette campagne de 1813, et pour l'indemniser de la perte de la Finlande, qui avait été réunie à la Russie après la dernière guerre entre ces deux puissances.

L'armée française trahie, abandonnée par ses alliés, écrasée par trois jours de combats acharnés, dans lesquels elle se couvrit de gloire, il est vrai, mais où elle subit des pertes immenses en hommes et en matériel de guerre, battit en retraite dans le plus grand désordre. Les ponts construits au confluent de l'Elster, de la Parda et de la Pleisse avaient été détruits, et l'armée était forcée de traverser ces rivières pour se réfugier sous la protection des fortifications d'Erfurt. Un certain nombre de ces malheureux soldats purent trouver un gué, mais beaucoup se noyèrent ou furent contraints de se rendre; leurs armes augmentaient le matériel qui tombait aux mains des alliés.

Le champ de bataille, au dire de tous les stratégistes, était mal choisi, pour le cas d'un échec; il est vrai que Napoléon n'admettait pas la possibilité d'un revers, et ne pouvait pas prévoir la trahison des Badois, des Wurtembergeois et des Saxons, mais à la guerre, il faut tout prévoir. Nous le verrons plus tard, accablé, écrasé, ne pas vouloir signer la paix, et préférer continuer une lutte impossible. Son orgueil ne pouvait plier devant la défaite.

On se ferait difficilement une idée de la confusion qui régnait dans la ville de Leipsick, encombrée de blessés, de prisonniers, de soldats de toutes nations. Après y avoir passé vingt-quatre heures, nous en repartions le 21 octobre, pour aller coucher à Pegau. Le 23, nous entrions dans Weimar, lorsque l'Empereur me dit en imitant l'accent de Bernadotte : « Entendez-vous, mon ami,
« monsieur de *la* Rochechouart, allez faire entendre
« raison à ce diable d'homme; il avance avec une lenteur
« désespérante, tandis qu'une marche hardie de sa part
« aurait de si bons résultats. Dites-lui que je vous envoie
« sans façon, et sans lettre, pour l'engager à seconder
« mes efforts, obtenez qu'il avance; vous devez le trouver
« à Gotha. »

Je ne pouvais répéter les mêmes arguments, il fallait en trouver de nouveaux. Le hasard me servit à merveille, je ne fus pour rien dans le succès. Je rencontrai le prince de Suède à la tête du quartier général suédois, sur la route de Kranichfeld, où il devait coucher; je l'abordai en lui adressant quelques compliments et m'informant de l'état de sa santé. N'ayant pas de lettre, je débutai par des phrases banales, mais Bernadotte, beaucoup trop fin pour ne pas deviner que ma visite avait un autre but, me dit : « Mon ami, venez avec nous jusqu'à Kranich-« feld, j'ai précisément une lettre à vous donner pour « l'Empereur. » Descendu de cheval, je le suivis au palais, où son logement était préparé : « J'ai quelques ordres à « donner aux différents corps de mon armée, me dit-il, « après nous causerons, vous souperez avec moi. »

Les officiers d'état-major de chaque division de son armée s'assirent autour d'une grande table, leurs livres d'ordre ouverts devant eux, se disposant à écrire le nom du cantonnement de chaque régiment de leur division. Je m'attendais à voir Bernadotte consulter des plans : mais pas une carte n'était développée. Le prince, plaçant sa main droite devant ses yeux, comme pour se recueillir, désigna sans hésitation les quartiers de chacun, en appelant le corps d'armée, puis la division, la brigade et enfin le régiment; par exemple : corps d'armée russe, commandé par le comte de Langeron, première division sous les ordres du comte Woronzoff, première brigade, etc., etc., dans tel et tel village, et ainsi de suite; tant il avait une mémoire phénoménale et une connaissance profonde de ces localités, où il avait fait la guerre si longtemps.

Après ce tour de force de géographie, il se leva, passa dans ses appartements, me faisant signe de le suivre, et débuta ainsi : « Voyons, qu'avez-vous à me dire? » Je lui répétai les paroles du Tzar : « Vous voyez, me répondit-« il, que je vais au-devant des désirs de Sa Majesté Impé-« riale; demain, vous me verrez continuer ma marche, il « n'y a plus à balancer maintenant. » Je le félicitai de sa résolution et lui exprimai mon admiration sur sa manière de dicter les cantonnements de ses troupes. « Ah !

« vous m'entendez, mon ami ; cela tient à la grande expé-
« rience que j'ai de ces choses-là. » Nous causâmes de
choses et d'autres jusqu'à souper et en sortant de table.

Le lendemain matin, le quartier général suédois parti,
je repris le chemin de Weimar, où je ne trouvai plus
l'empereur Alexandre ; j'y passai le reste de la journée, profitant de ce moment de liberté pour écrire au duc de Richelieu, lui raconter les détails de la bataille de Leipsick, les immenses résultats de cette victoire et lui annoncer ma nomination de colonel, datée d'Arnstadt, 16-28 octobre 1813.

Je rejoignis l'Empereur à Meiningen ; Sa Majesté Impériale logeait dans le château habité par la duchesse douairière de Saxe-Meiningen, tutrice du jeune duc son fils ; elle avait près d'elle ses deux charmantes filles. L'une d'elles épousa le duc de Clarence, devenu roi d'Angleterre sous le nom de Guillaume IV, après la mort de George IV ; l'autre, son cousin, le prince Bernard de Saxe-Weimar. Aucune troupe ne devait séjourner, ni même passer dans cette résidence, acte de galante courtoisie de la part du Tzar, dont la sœur avait épousé le prince héréditaire de Saxe-Weimar.

L'Empereur resta deux jours dans cette charmante ville, à la petite cour de ces séduisantes princesses. Je reçus là une nouvelle marque des bontés de Sa Majesté Impériale, je me garderai bien de la passer sous silence : Au moment du dîner, auquel l'Empereur était invité ainsi que sa maison militaire, il devait, suivant l'usage des cours, nous présenter successivement à la princesse. A ma grande surprise, il me prit la main : « Je veux, madame, commencer
« par celui-ci, c'est le comte de Rochechouart, un de mes
« aides de camp, dont je fais très grand cas, je vous le
« présente le premier, pour réparer un oubli que j'ai

« commis à son égard; présentant à Prague ma maison
« militaire à l'empereur d'Autriche, je n'ai pas pu dire
« son nom, il a dû se nommer lui-même. » Après ces
paroles flatteuses, prononcées par un si grand souverain,
je reçus l'accueil le plus gracieux de la princesse et des
dames d'honneur, voyant en moi un favori, qualité qui
a toujours une grande importance dans les Cours. J'ai cité
ce fait, pour montrer comment ce grand monarque savait
se faire adorer de tous ceux qui l'entouraient. Abasourdi
de tant de bonté, j'écrivis le soir une longue lettre au
consul d'Espagne à Odessa, je relatai dans le plus grand
détail cette nouvelle faveur. le priant d'en faire part au
duc de Richelieu.

Après ces fêtes, nous continuions notre route par
Münerstadt, Schweinfürt, Hombourg. Le 3 novembre,
nous apprenions à Aschaffembourg un nouveau succès
de nos alliés à Hanau. L'armée française avait dû passer,
au prix de pertes énormes, à travers un corps austro-
bavarois, pour continuer sa retraite. Le général de Wrède,
commandant ce corps, avait été blessé grièvement. L'empereur Alexandre me chargea de lui porter le cordon de
Saint-Georges, de deuxième classe. Le roi de Bavière,
par échange de bons procédés, me donna la décoration de
commandeur du Mérite militaire de Maximilien-Joseph.
Je venais de recevoir la croix d'officier du Mérite de
Prusse, pour ma conduite à la bataille de Leipsick; quelques jours plus tard, à Francfort, l'empereur d'Autriche
m'envoya la croix de Léopold d'Autriche; c'était ma cinquième décoration.

L'Empereur entra à Francfort le 20 novembre et y fit
un assez long séjour; le 30, je reçus une lettre du duc de
Richelieu et une du consul d'Espagne; les voici toutes
les deux, celle du duc renferme les conseils d'un père :

« Odessa, le 29 novembre-10 décembre 1813.

« Depuis longtemps, mon cher Léon, je n'avais eu un
« aussi grand plaisir que celui que m'a fait votre lettre de
« Meiningen au consul, arrivée trois jours avant celle
« que vous m'écriviez de Weimar. Parbleu, mon cher,
« vous ne vous plaindrez plus du métier, le succès que
« vous avez eu doit vous raccommoder avec lui. Je n'ai
« pas besoin de vous dire la part que je prends à tout
« cela, vous n'en doutez pas. La manière dont vous avez
« été avancé est si flatteuse, il est si beau de gagner ses
« grades sur le champ de bataille, que vous devez, avec
« raison, être fier. Les bontés que l'Empereur vous
« témoigne, après vous avoir connu, doivent vous
« engager à les mériter toujours davantage par votre
« dévouement et votre zèle. Je fais des vœux bien sin-
« cères pour que votre santé ne mette pas d'obstacles
« à ce que vous continuiez une carrière que vous par-
« courez si brillamment. Le soin d'éviter tout excès
« vous conservera, malgré les fatigues auxquelles vous
« êtes exposé, mais vous succomberez vite, si vous vous
« livrez à certains plaisirs; un aide de camp de l'em-
« pereur de Russie doit trouver de nombreuses occasions.
« Je ne puis vous dire quelle sensation votre rapide avan-
« cement a faite ici : grands et petits y ont pris la part la
« plus vive, et cela ne m'a pas fait un médiocre plaisir,
« en voyant combien vous avez su vous faire aimer.

« Je ne sais ce que deviennent les lettres qu'on vous
« écrit. Pendant votre séjour à Tœplitz, je vous ai écrit
« deux fois par poste étrangère, et vous n'avez rien reçu, il
« faut que votre poste de campagne soit bien en désordre;
« j'adresse celle-ci à un négociant de Francfort, j'espère

« qu'elle vous parviendra; j'en joins deux, une pour
« Langeron, l'autre pour Damas.

« Que vous dirai-je de moi? rien qui vaille la peine.
« Je végète, le bonheur a fui loin de moi, les circon-
« stances font la loi aux hommes, il ne reste qu'à se
« soumettre à la volonté de Dieu, avec résignation si
« l'on peut. Écrivez-moi le plus souvent possible et tou-
« jours par Brody; vos lettres et les gazettes sont notre
« seul plaisir, nous ne vivons que les jours de courrier.
« Si la paix se fait, ce dont je doute, revenez nous voir,
« vous serez reçu en enfant chéri. Croyez que cette ten-
« dresse de ma part vous est acquise, mon cher ami, pour
« la vie.

« R. »

Voici maintenant la lettre du consul d'Espagne, pleine
d'esprit et d'originalité, avec les nouvelles d'Odessa; on
ne la croirait pas écrite par un étranger :

« Odessa, le 1ᵉʳ décembre-15 décembre 1813.

« Je ne saurais mieux, mon cher ami, comparer la joie
« que j'ai ressentie en apprenant votre nomination au
« grade de colonel, qu'à celle que j'éprouvai lorsque la
« nouvelle de la déroute de Napoléon nous parvint.
« M. le duc était un peu indisposé, je me trouvais près
« de son lit quand on me remit votre lettre; je l'ouvre,
« je lis, et au mot de colonel, un cri de joie nous échappe
« à tous deux. Vous ne pouvez vous figurer quelle sen-
« sation a éprouvée ce bon duc; il n'y a que la mienne
« qui puisse en approcher. Je sors, j'annonce partout la
« nouvelle, tous la reçoivent avec enthousiasme, surtout
« Cattley, sa femme, Blaremberg, le marquis de Cas-

« telnau, etc., etc. Enfin, je puis vous assurer sans flat-
« terie que personne ne l'a apprise avec indifférence : amis,
« connaissances, tous me chargent de vous féliciter. Je
« me trouve très heureux d'être l'interprète des senti-
« ments d'affection que tous ont manifestés pour vous
« en cette occasion ; je voudrais que vous puissiez venir
« vous-même pour en jouir. Vous me reprochez de ne
« pas vous avoir écrit depuis le mois de février, mais
« songez que je n'ai aucune réponse aux trente-six mille
« lettres que je vous ai écrites et à Pétersbourg et à l'ar-
« mée. Les seules que j'ai reçues de vous sont : celle de
« Prague, avec le cordon à la Cosaque, dont je suis très
« reconnaissant, et celle de Meiningen, j'ignorais si vous
« viviez encore.

« Que vous dirai-je de ce bon duc? Sa situation est
« désespérante, il n'y a que sa philosophie et l'amour du
« bien public qui la lui fassent supporter, je ne veux pas
« vous affecter, en vous peignant ses souffrances, je tâche
« de le consoler par mes soins et mon sincère attache-
« ment. Il est doux pour moi de remplir ces devoirs
« auprès de lui, vous êtes absent, il n'a personne qui lui
« soit entièrement dévoué, aussi j'ai juré de ne pas le
« quitter tant que vous serez absent. Nous avons à
« Odessa depuis un mois S. M. la reine Caroline de
« Naples avec son fils Léopold et une suite nombreuse ;
« elle a passé par Constantinople, et se rend à Vienne.
« Elle a subi la quarantaine la plus rigoureuse dans la
« maison de Koulikowski, elle sortira après-demain et
« M. le duc lui prépare des fêtes : le premier jour, on
« donnera au théâtre le *Barbier de Séville,* joué par la
« société, vous serez remplacé par André, de chez Sicard.
« Du spectacle on passera au bal, dans la nouvelle maison
« de Rainaud, où les principales dames seront présentées

« à Sa Majesté. Ceci a occasionné une révolution parmi
« ces dames : elles avaient toutes préparé des robes à lon-
« gues queues; les méchants ont fait là-dessus de mau-
« vaises plaisanteries, il y a eu trois conseils de famille,
« et les anciennes ont décidé que comme la Reine vou-
« lait garder l'incognito, il fallait couper les queues pour
« mieux faire sa cour.

« Le second jour, il y aura spectacle russe ou allemand et
« bal à la Redoute. Le troisième jour, opéra italien et une
« petite pièce française. Le quatrième jour, la *Locon-*
« *diera*, comédie italienne, et un ballet d'amateurs, qui
« ne sera pas meilleur pour cela. Le cinquième, Sa
« Majesté ira coucher chez Cobley, qui lui prépare aussi
« une fête, il n'oubliera pas les cacatorio en velours, qu'il
« voulait porter, si vous vous rappelez, dans la chambre
« de madame Narishkin, à deux heures après minuit,
« lors de notre voyage en Crimée. Le sixième jour,
« coucher à Nicolaïeff, on prépare encore une grande fête.
« M. le duc l'accompagnera jusqu'à Ouman et votre ser-
« viteur aussi. Vous voyez par tout ceci, que cet événe-
« ment sera marqué en lettres d'or dans les annales
« d'Odessa.

« Nous sommes délivrés, grâce au Ciel, de la peste,
« mais il nous reste encore un bien plus grand fléau,
« c'est le prince Kourakin, gouverneur général de la
« Petite-Russie; vous ne sauriez vous faire une idée de
« toutes les bizarreries et les vexations de ce grand
« homme : sa mémoire durera bien plus longtemps dans
« ce pays, que la peste.

« Venons aux nouvelles de la ville : Vous savez ou
« plutôt vous ne savez pas, Sicard a épousé mademoi-
« selle Pogger, demoiselle nouvellement arrivée de
« Vienne, pauvre de biens et d'esprit, mais assez jolie.

« L'article nécrologie en blanc, personne de votre con-
« naissance n'ayant eu la fantaisie de mourir, excepté
« cependant madame de Thom, femme du consul général
« d'Autriche; elle a pris congé de ce monde, il y a deux
« mois. Le papa Thom serait très disposé à se consoler
« dans les bras d'une autre, pourvu qu'ils fussent plus
« potelés que ceux de la défunte.

« Nous continuons toujours dans le même état d'inso-
« ciabilité, chacun reste et vit pour soi, ce qui n'arrange
« pas les vieux garçons comme moi. Je passe toutes mes
« soirées chez M. le duc, avec le marquis de Castelnau,
« et ceci me tient lieu de tout. Point d'amourettes ni
« d'intrigues, pas une femme à qui vous puissiez dire
« même un mensonge agréable, c'est pourtant dommage
« que la galanterie espagnole ne trouve pas à s'exercer
« ici. J'espère que vous avez eu nombre d'occasions
« d'exercer la vôtre, dans les différents pays que vous
« avez dû parcourir.

« Revenez, revenez, mon cher comte, le plus tôt pos-
« sible, dans les bras de vos amis; tous sans exception
« me chargent de vous complimenter. M. le duc vous
« écrit, donnez-nous souvent de vos nouvelles. Vous
« voilà donc en France, est-ce vrai? Ma foi, je crois
« rêver, surtout lorsque je me rappelle les vingt-cinq mille
« roubles que ces maudits Français me firent perdre
« l'année dernière à Moscou. Je ne suis pas de votre
« avis pour la paix, nous ne l'aurons pas tant que le
« monstre respirera! J'espère que vous ne vous arrêterez
« pas en si beau chemin, il faut battre le fer pendant
« qu'il est chaud, dit le proverbe. Mes braves compa-
« triotes et les Anglais aussi sont en France, Dieu sait ce
« que tout cela va devenir! Je fais en attendant des vœux
« bien sincères pour le rétablissement de la paix générale,

« et surtout l'indépendance de ma patrie, elle le mérite
« bien. Écrivez-nous tout ce qui se passe, croyez à
« l'amitié sincère que vous a vouée, pour la vie, votre
« invariable et affectionné

« Del Castillo. »

Il me reste peu de chose à dire concernant les mois de novembre et décembre 1813, passés à Francfort, en visitant Baden, Carlsruhe, Darmstadt. L'empereur Alexandre me confia pour cette dernière ville une mission charmante, nouvelle preuve de ses bontés à mon égard et de la faveur dont je jouissais auprès de lui. Appelé dans son cabinet, il me dit : « Vous allez vous rendre à Darmstadt avec
« cette lettre pour le grand-duc, je veux lui faire une
« visite. On raconte que sa Cour, tenue par la grande-
« duchesse, femme du plus haut mérite, est fort agréable;
« je viendrai comme parent; la femme du prince héré-
« ditaire est de la maison de Bade, par conséquent cou-
« sine de l'Impératrice, mais je ne sais à quel degré; vous
« me tirerez cela au clair. Je ne veux pas que l'on me
« reçoive comme empereur de Russie, mais comme
« cousin. Je vais là pour m'amuser et me distraire, une
« réception cérémonieuse m'ennuierait donc, je m'en
« prendrais à vous s'il en était ainsi. Je partirai demain,
« de façon à arriver pour dîner à Darmstadt. J'aurai deux
« aides de camp avec moi, Ouwaroff et Ojarowski, vous
« serez le troisième, tâchez qu'il y ait un bal le soir, vous
« me donnerez avant, le nom des plus jolies personnes
« invitées, vous tâcherez également de me mettre au cou-
« rant de la petite chronique scandaleuse de cette cour,
« il y a matière à récolter, m'assure-t-on. La grande-
« duchesse est fort remarquable, pleine d'esprit; elle a été

« fort belle; le grand-duc est un original tirant sur l'ours;
« quant à son fils, il serait fort nul : présenté à Napo-
« léon, il restait debout sans rien dire. L'Empereur des
« Français lui voyant un uniforme singulier, lui demanda :
« Prince, quel est cet uniforme? — De mon réchiment,
« zire. — Ah! et combien a-t-il d'hommes, votre régi-
« ment? — Che sais pas. — Quelle est cette grande bête?
« dit son interlocuteur, en se tournant vers la personne
« qui l'accompagnait. Eh bien, mon cher, cette grosse
« bête est mon parent; je voudrais ne pas le rencontrer,
« car je ne pourrais m'empêcher de lui rire au nez, en
« pensant à l'exclamation de Napoléon. Faites votre
« toilette et partez de suite. »

Darmstadt est à six lieues de Francfort. Je m'y rendis en poste, et deux heures après, je descendais au palais grand-ducal, en grande tenue, ainsi que l'Empereur me l'avait recommandé. Je me fis annoncer chez le grand-duc, comme porteur d'une lettre de mon souverain pour Son Altesse Royale. On m'introduisit immédiatement dans un immense cabinet qui ressemblait plutôt à un arsenal qu'à un cabinet de travail. Sa hauteur était au moins de vingt pieds, et les murs étaient tapissés, depuis le plancher jusqu'au faîte, d'armes et d'armures de tous genres, depuis l'accoutrement des guerriers germains, jusqu'à l'uniforme des soldats de nos jours. Cet amas de casques, boucliers, cuirasses, cottes de mailles, lances, épées, poignards, sabres, fusils, pistolets, était rangé avec une symétrie admirable et formait un ameublement très curieux, très rare et d'un grand prix; une superbe pièce de canon en bronze, du plus gros calibre, avec son caisson, complétait ce riche assemblage d'armures de tous les siècles. Au milieu de cet arsenal, devant un magnifique bureau en chêne sculpté, tout couvert de dorures ou de velours cramoisi, se tenait debout, une main appuyée sur un superbe fauteuil, et de l'autre tenant la lettre que je venais d'apporter, un homme de six pieds de haut, un peu voûté, paraissant soixante-cinq à soixante-dix ans. Il avait une belle et noble figure, et portait un uniforme bleu foncé, taillé à la prussienne, du temps de Frédéric le Grand, une culotte de casimir blanc et des guêtres en drap noir, montant au-dessus du genou; ses cheveux étaient blancs, coupés très court, sa main belle, sa tenue sévère, mais recherchée; tel m'apparut ce prince. Il joignait à des manières très polies un air noble et mélancolique, presque triste même, et paraissait souffrir de la goutte.

Après avoir lentement pris connaissance de la lettre du Tzar, pendant la lecture de laquelle j'examinai toute cette curieuse collection guerrière, le prince me dit en très bon français, sans le moindre accent : « Une violente
« attaque de goutte m'a empêché de me rendre à Franc-
« fort, présenter mes respectueux hommages à l'empereur
« de Russie; je suis confus que ce grand souverain me
« prévienne. Je me conformerai au désir de Sa Majesté
« Impériale et la recevrai comme parent; cela fâchera un
« peu la grande-duchesse, mais elle se résignera devant
« des ordres. Je lui envoie la lettre aimable que vous
« venez de me remettre, vous allez passer chez elle, vous
« entendre pour la réception de demain, c'est de son
« domaine, et cela la regarde exclusivement, il y a long-
« temps que je ne me mêle plus de ce genre de détails. »
Conduit dans les appartements de la grande-duchesse par le chambellan de service, je fus ébloui à l'aspect digne, mais si gracieux, de cette princesse encore fort belle, malgré son âge. Elle m'accueillit avec une grande affabilité, mais j'eus bien de la peine à lui faire abandonner l'idée d'une réception officielle. Pour la persuader, je

dus lui répéter que Sa Majesté Impériale m'avait ordonné d'insister à cet égard; Elle venait chercher à Darmstadt les plaisirs d'une douce intimité de famille, dont Elle était privée depuis longtemps, et non le cérémonial des Cours. Au moment de me retirer, après avoir reçu l'invitation de revenir dîner, je dis à cette belle princesse, pour piquer sa curiosité : « Je suis chargé par Sa Majesté « Impériale de prendre une foule de renseignements sur « le personnel de la charmante Cour de Darmstadt, une « des plus brillantes de l'Allemagne, grâce à l'auguste « princesse qui lui sert de modèle, et en fait le principal « ornement, par la réunion la plus rare de tant de « belles qualités. » Le soldat savait devenir courtisan; ce compliment me valut un gracieux sourire avec ces mots pour réponse : « Un gentilhomme français peut « seul tourner si agréablement l'expression d'une flatterie « aussi directe, je vous en remercie, monsieur le comte. » Je me retirai en saluant profondément, et le chambellan qui m'avait introduit me remit entre les mains d'un valet de chambre huissier chargé de me conduire dans la chambre qui m'était réservée.

Je visitai le parc magnifique, attenant au palais, puis je rentrai faire ma toilette. A quatre heures, je me rendis dans le grand salon. La grande-duchesse ne tarda pas à faire son entrée, et l'on passa tout de suite dans la salle à manger. Le chambellan me présenta à une dame un peu âgée, m'engagea à lui offrir la main et à m'asseoir à table à côté d'elle. Le couvert était dressé pour vingt personnes : la grande-duchesse héréditaire, les hauts dignitaires de cette petite Cour, dames d'honneur, etc.; le grand-duc mangeait toujours chez lui, et le prince héritier voyageait en ce moment.

Ma voisine était Française, chanoinesse de Bavière,

dame d'honneur de la grande-duchesse, depuis la Révolution. « Vous êtes chargé, me dit-elle, par votre sou-
« verain, de prendre des renseignements sur la Cour de
« Darmstadt, j'ai mission de vous répondre, questionnez-
« moi. » J'appris d'abord que la princesse héréditaire était
sœur de l'impératrice Élisabeth et de l'ex-reine de Suède,
donc belle-sœur du Tzar et non sa cousine; je me promis
de prévenir l'empereur Alexandre de cette proche parenté.

Ma spirituelle cicerona ne put pendant le dîner satisfaire toute ma curiosité, notre conversation continua dans le salon, elle me mit en état de donner le lendemain à l'Empereur les renseignements les plus confidentiels. Je m'aperçus que ma mission avait transpiré parmi les jeunes dames ou demoiselles de la Cour de Darmstadt, car le soir, au salon, je fus circonvenu par bien des jolis visages qui, pour se montrer et se faire connaître, prenaient toutes sortes de prétextes pour causer avec moi de l'empereur Alexandre.

Le lendemain, l'Empereur arriva à deux heures. Je lui racontai tout ce que m'avait appris la dame d'honneur. Un bal ravissant succéda au grand dîner; l'Empereur s'y montra charmant d'amabilité et de galanterie. Donnant le bras à la grande-duchesse en parcourant les salons, il lui dit : « Êtes-vous contente, madame, de mon jeune ambas-
« sadeur; il promet, n'est-ce pas? — C'est un bien
« aimable flatteur », répondit-elle. En retournant à Francfort, le Tzar me témoigna sa satisfaction de la manière dont je m'étais acquitté de cette agréable mission. C'est sur cette note gaie que j'enterrerai l'année 1813.

Me voici donc arrivé à cette fameuse année 1814, si prodigue en événements mémorables, qui changèrent la face de l'Europe, en rétablissant la maison de Bourbon sur les trônes de France et d'Espagne; en détruisant un empire qui paraissait puissant et qui succombera sous le nombre de ses ennemis, malgré le génie militaire de son chef, brillant alors de tout son éclat; malgré la bravoure de ces vieilles bandes de héros, vainqueurs de toute l'Europe depuis tant d'années, écrasées et plus que décimées par deux années consécutives de désastres dont l'histoire offre peu d'exemples.

Le quartier général russe traversa le Rhin à Bâle le 3 janvier, arriva le 13 à Altkirch, le 17 à Vesoul, en passant par Montbéliard et Villersexel; enfin le 26, à Langres.

J'appris le 28 la mort de mon frère Louis, tué le 26 janvier, à deux heures du matin, trois jours avant la sanglante bataille de Brienne, à Lignol, village peu éloigné de Bar-sur-Aube. Séparés par les hasards de la campagne de Saxe, je l'avais rencontré à Bâle sur le pont du Rhin, il m'avait prié d'obtenir de l'Empereur son changement de corps; il ne pouvait rester chef d'état-major du comte Sacken, plein d'égards pour lui, mais exigeant un travail au-dessus des forces humaines; son chef d'état-major devait tout voir par lui-même et ne jamais se contenter de rapports. A Villersexel, l'occasion se présenta pour moi de parler à l'Empereur, je le priai de prendre mon frère dans son état-major. Sa Majesté Impériale me promit de nous réunir, et de donner des ordres en conséquence au prince Wolkonski. J'attendais donc le résultat de cette promesse, lorsque, le 28, dans la soirée, le domestique de mon frère entra dans la chambre que j'occupais avec Rapatel, et m'annonça en sanglotant la mort de son maître.

Envoyé en reconnaissance par une nuit affreusement noire, mon frère était tombé sur une grand'garde française, qui fit un feu de peloton en se repliant et criant : « Les Cosaques! » Mon pauvre frère avait reçu huit balles! Profitant de la retraite des Français, le Cosaque qui l'accompagnait put mettre le corps de son officier en travers devant lui et le rapporter au quartier général du comte Sacken. Mon chagrin fut d'autant plus violent, que je me reprochai de ne pas avoir assez insisté auprès de l'Empereur pour obtenir immédiatement la réalisation de sa promesse.

Il ne me restait plus qu'à faire rendre les derniers honneurs au compagnon des misères de mon enfance! Ne pouvant m'absenter en ce moment, car on attendait à chaque instant l'ordre de se porter en avant, je chargeai une personne de Langres de se rendre à Lignol, de faire enterrer mon frère convenablement, et de prévenir le curé de cette petite paroisse que je réglerais tout, aussitôt que possible. Au mois de juillet, j'envoyai au curé de Lignol ses honoraires pour l'enterrement et l'argent nécessaire pour élever un petit monument dans le cimetière, avec une inscription indiquant le nom, le grade de mon frère, et la date de sa mort.

Depuis notre entrée sur le territoire français, Rapatel et moi nous avions essayé de parler du rétablissement des Bourbons. Les vingt-quatre années de guerres sans relâche et surtout les désastres des deux dernières années, les appels continuels de recrues, toutes ces causes avaient amené un mécontentement général, une désaffection complète de Napoléon. Je crois pouvoir dire et affirmer qu'à l'exception de quelques employés du gouvernement, des acquéreurs de biens nationaux, enfin de quelques enthousiastes du régime du sabre, tout le reste de la nation était fatigué, dégoûté, désillusionné, découragé par tant de sacrifices, effrayé des malheurs qui allaient fondre sur le pays. Que de malédictions n'ai-je pas entendu prononcer sur l'ambition insatiable de Napoléon, cause principale de l'humiliation et de la ruine de la France? voilà la vérité!

Plusieurs personnes venues de Paris, entre autres le comte Alexis de Noailles, le comte de Wall, le comte de Virieu, le marquis de Quinsonnas, se réunirent dans la maison du marquis de Chalencey, où demeurait l'empereur Alexandre. Le but de cette réunion était de sonder ce souverain sur ses intentions en faveur des Bourbons. Avant de provoquer une démonstration, de se déclarer et de faire déclarer les amis des provinces, il paraissait indispensable d'avoir non seulement l'assentiment, mais encore l'appui de l'empereur de Russie. M. de Chalencey nous pria, Rapatel et moi, d'assister à cette réunion. On rédigea séance tenante le mémoire suivant, que je fus chargé de remettre moi-même à l'Empereur le lendemain; je sollicitai une audience, qui me fut immédiatement accordée.

« Sire,

« Pénétrés d'admiration pour la noble générosité avec
« laquelle Votre Majesté Impériale traite la France, tous
« les bons Français osent encore vous supplier d'y mettre
« le comble, en favorisant le projet qu'ils ont formé de
« rétablir leur véritable et légitime souverain sur le trône
« de ses pères; c'est donc vers vous, Sire, que la France
« tend ses bras suppliants. Notre unique ressource, la
« seule qui puisse rendre à notre malheureux pays son
« bonheur, à l'Europe le repos, c'est le rétablissement
« des Bourbons. Qui est plus digne de cette grande œu-
« vre que Votre Majesté ? Ne venez-vous pas, Sire, d'ac-
« quérir le titre glorieux de libérateur de l'Allemagne ?
« La France mérite bien le même intérêt. Les maux qui
« l'accablent en ce moment ne sont peut-être qu'une

« punition infligée par Dieu, en expiation de tous les
« désordres qu'elle a causés en Europe depuis vingt ans.
« La vengeance du Ciel, quoique tardive, a atteint déjà
« presque tous les coupables; reste maintenant cette classe
« d'hommes qui, prêts à sacrifier tout ce qu'ils possèdent,
« méritent l'intérêt et surtout l'estime. Comblé plus que
« personne des bontés de Votre Majesté Impériale, plus
« que personne aussi, je suis à portée de tout espérer de
« votre âme royale.

« Ah! Sire, après avoir conquis ce glorieux titre de
« libérateur des opprimés, il ne vous reste, pour mettre
« le comble à votre gloire impérissable, que de rendre le
« bonheur à l'ennemi qui, naguère, dévastait le cœur de
« vos États, et se voit maintenant refoulé lui-même au
« centre de son Empire. C'est à une nation livrée à toutes
« les horreurs d'une invasion que vous rendrez le bien
« pour le mal; la bénédiction de ce peuple vous suivra
« éternellement, c'est la plus belle récompense qu'un mo-
« narque puisse ambitionner!

« Pareille victoire ne fera couler que des larmes de
« joie; combien peu de conquérants ont cette douce satis-
« faction!

« On s'est adressé au colonel Rapatel et à moi pour
« obtenir la puissante protection de Votre Majesté Impé-
« riale. Le cri de: « Vive le Roi! » n'attend qu'un signal
« approbatif de votre part, pour se faire entendre partout;
« vingt-cinq mille cocardes blanches sont prêtes à être
« arborées au nom de Louis XVIII. Permettez-nous, Sire,
« d'agir pour lui. La Bourgogne, la Franche-Comté, la
« Champagne, la Bretagne, le Poitou, la Vendée n'atten-
« dent que des chefs. Pour effectuer avec succès ce grand
« mouvement, il nous faut, Sire, votre assentiment et la
« permission d'aller rejoindre ces braves gens. Quant à

« moi, j'irai mettre en pratique les leçons que j'ai reçues
« sous vos drapeaux et mériter la confiance que mes com-
« patriotes veulent bien avoir dans le nom que je porte ;
« j'attends vos ordres avec la plus grande soumission,
« l'obéissance que je dois à Votre Majesté étant mon pre-
« mier devoir.

« J'ose espérer, Sire, que ma démarche ne vous paraîtra
« pas indiscrète, la cause qui me fait agir est trop belle
« pour ne pas me servir d'excuse. L'âme de Votre Majesté
« Impériale est trop grande pour ne pas approuver le
« désir si naturel que j'ai de pouvoir contribuer à la déli-
« vrance et au bonheur de mon pays.

« Je mets aux pieds de Votre Majesté Impériale l'assu-
« rance de mon éternel dévouement, et je suis, Sire, avec
« respect, etc., etc.

« Le comte DE ROCHECHOUART.

« Langres, le 15-27 janvier 1814. »

L'Empereur, après avoir lu ce mémoire, me dit : « Je
« comprends et j'approuve votre démarche, ainsi que
« celle de Rapatel ; mais nous ne sommes pas assez sûrs
« du succès pour prendre un parti. Attendez le résultat
« de la prochaine bataille, qui ne peut tarder de se livrer.
« Si le sort nous favorise, je vous accorderai la permission
« que vous me demandez. Vous ne pouvez douter des
« sentiments qui m'animent en faveur de l'auguste
« famille de vos anciens Rois, mais je ne puis agir sans
« mes alliés, je ne puis que laisser faire, mais faire tout
« seul, c'est différent. En attendant, que les Français se
« prononcent ; alors, beaucoup de difficultés s'aplani-
« ront. »

Je communiquai cette réponse le soir même à la réunion ; on se décida à agir. On rédigea et adressa une lettre au Roi, en Angleterre, et une autre au duc de Berry. On confia ces deux lettres, signées de chacun de nous, à un colonel suisse, M. Mallet. En voici la copie :

« Sire,

« Nous venons de présenter aux souverains alliés les
« vœux de nos frères qui, dans nombre de provinces, sont
« prêts à arborer les couleurs royales et à déclarer qu'ils
« ne veulent d'autres maîtres que Votre Majesté. Nous
« partons en ce moment même pour nous réunir en
« armes en Bourgogne à vos fidèles sujets, au cri de :
« Vive le Roi ! En offrant à Votre Majesté nos premiers
« hommages, nous vous supplions, Sire, de nous envoyer
« en toute hâte un prince de votre Maison, pour marcher
« à notre tête, nous conduire à la délivrance de notre
« pays et préparer votre retour au milieu de la joie uni-
« verselle.

« Nous sommes, avec le plus profond respect, etc.

« Langres, le 28 janvier 1814.

« Le comte DE ROCHECHOUART, le colonel RAPATEL,
« le comte Alexis DE NOAILLES, le comte DE
« WALL, le comte Loup DE VIRIEU, le marquis
« DE CHALENCEY, l'abbé RELUQUET et le colonel
« MALLET. »

La seconde lettre était adressée au duc de Berry, que nous savions en Angleterre ; nous ignorions complètement où se trouvait Monsieur, et l'on nous avait assuré que le duc d'Angoulême avait rejoint le duc de Wellington dans le midi de la France.

« Monseigneur,

« Nous partons lever l'étendard royal, nos frères d'ar-
« mes vont dans leurs provinces suivre notre exemple,
« déterminés à remplir nos devoirs envers le Roi et la
« patrie. Nous avons consulté les souverains alliés et
« nous leur avons communiqué nos desseins. La présence
« de Votre Altesse Royale au milieu de nous est néces-
« saire, elle est attendue par tous les vrais Français, pour
« relever le trône de saint Louis, délivrer la France et
« donner à l'Europe le seul gage de paix qui puisse la
« guérir de tous ses maux.

« Au milieu de nous, Votre Altesse Royale ne connaî-
« tra aucun obstacle, elle est appelée à de hautes desti-
« nées, et, forte de la protection du Tout-Puissant, elle
« accomplira avec son épée et les nôtres les décrets de la
« Providence.

« Nous sommes avec respect, Monseigneur, etc.

« Langres, le 28 janvier 1814. »

Mêmes signatures que ci-dessus.

Après le départ de ces deux lettres, on se sépara. Les
uns allèrent en Bourgogne, les autres en Franche-Comté,
quelques-uns suivirent notre quartier général. Quinsonnas et l'abbé Reluquet retournèrent tous deux à Paris,
Alexis de Noailles et Virieu se dirigèrent sur Dijon.

Nous étions à Troyes le 7 février, d'autres royalistes
nous y rejoignirent.

Je n'indiquerai pas les marches en avant, en arrière,
sur le côté, que fit notre quartier général; je renvoie pour

ces manœuvres à l'ouvrage de M. de Koch. Je ne parlerai que des affaires des princes français, dont je fus chargé, d'un côté par l'empereur Alexandre, pour les relations de ces princes avec lui, et de l'autre côté par Monseigneur le comte d'Artois lui-même.

Lors de son arrivée en France, Monsieur se trouva dans une position très délicate, en contact direct avec l'armée autrichienne, dont les chefs, à l'exception du prince de Schwarzemberg, se montrèrent plus que froids et difficultueux, obéissant aux instructions du prince de Metternich, qui ne cachait pas son aversion pour les Bourbons. Aussi, fort embarrassé, apprenant la part que j'avais prise aux premières réunions royalistes, Monsieur chargea le comte de Wall de me remettre la lettre suivante :

« Vesoul, le 21 janvier 1814.

« J'avais le projet, Monsieur, d'écrire à l'empereur de
« Russie par le comte de Wall, que j'envoie au quartier
« général russe, mais, d'une part, je suis si ému, si vive-
« ment attendri de tout ce que j'éprouve de la part des
« Français, depuis que j'ai passé la frontière, particuliè-
« rement ici, et d'autre part, je suis si étonné de la con-
« duite du général autrichien Hirsch, commandant dans
« cette ville, que je craindrais d'exprimer avec trop de
« force ce que j'éprouve. En conséquence, je me borne à
« vous adresser le comte de Wall, qui vous expliquera
« en détail tout ce qui se passe, et vous prier d'en infor-
« mer S. M. l'empereur de Russie.

« Je profite avec plaisir de cette occasion pour vous
« assurer, Monsieur, de tous les sentiments que vous
« m'inspirez.

« Charles-Philippe. »

Je communiquai cette lettre à l'Empereur ; Sa Majesté me chargea de recommander la patience à Monsieur, et surtout de le dissuader, s'il en manifestait l'intention, de venir au grand quartier général, le moment n'étant pas encore arrivé de prendre ostensiblement le parti du rétablissement des Bourbons, parti qui ne plaisait pas à tous les alliés également.

En répondant à Monsieur, je crus nécessaire de lui faire connaître les démarches que nous avions faites, avant son arrivée ; ma position près du Tzar, qui me permettait de servir ses intérêts ; nos espérances d'un succès prochain, mais aussi nos craintes, en cas de revers éprouvés par les alliés. Je rédigeai le rapport suivant ; il faisait connaître exactement la situation des affaires :

« Troyes, le 23 février 1814.

« Monseigneur,

« Lors de notre entrée en France, au commencement
« de cette année, nous eûmes grand soin, le colonel
« Rapatel et moi, de sonder l'opinion ; nous eûmes le
« plaisir de la trouver généralement favorable au réta-
« blissement de la royale famille de Bourbon dans tous
« ses droits ; cependant, nos espérances ne prirent un
« peu de consistance qu'à notre arrivée à Langres ; plu-
« sieurs personnes s'y rendirent à la fois, venant de plu-
« sieurs côtés, pour connaître les intentions des souve-
« rains alliés à l'égard de nos princes légitimes. De ce
« nombre furent : le comte de Virieu et l'abbé Reluquet,
« venant de Paris, annonçant les bonnes dispositions de
« cette grande ville ; ils furent suivis par M. de Montciel,
« venant de Franche-Comté, et par M. de Champagne,
« maire de Lons-le-Saulnier ; ils offraient leurs services

« et ceux de leurs amis, ils demandaient l'autorisation de
« manifester ouvertement leurs intentions, et faisaient
« espérer, s'ils étaient certains d'être protégés ou secourus
« au besoin, la soumission d'une grande partie de cette
« belle province, peut-être même de la place forte de
« Besançon, au gouvernement des Bourbons. Peu d'heures
« après, le comte de Wall arriva de Dijon; le prince
« de Schwarzemberg lui avait donné la permission de
« porter la croix de Saint-Louis, et l'avait engagé à se
« rendre à Langres pour parler à l'empereur de Russie;
« il lui avait laissé de plus entrevoir l'espérance d'une
« réussite de ses projets. Ce gentilhomme venait avec
« l'assurance que la ville de Dijon ne demandait que
« l'autorisation d'arborer la cocarde et le drapeau blancs,
« on espérait que l'exemple de sa capitale entraînerait le
« reste de la province, presque toutes les villes ayant
« pour maires leurs anciens seigneurs. Le même jour,
« M. de Labroue arrivait également de Paris, apportant
« les propositions de plusieurs employés du gouverne-
« ment impérial, notamment de la part de Fouché,
« actuellement en disgrâce, et désireux de se ménager une
« rentrée près des Bourbons, par son empressement à les
« reconnaître. Tous ces messieurs furent reçus, non par
« l'empereur de Russie en personne, mais par le vice-
« chancelier, comte Nesselrode, qui fit à tous, de la part
« de l'Empereur, cette même réponse : L'intention du
« Tzar est de suivre le vœu des Français, de ne le gêner
« en rien; il ne serait pas content d'apprendre que le
« mouvement se fît dans l'intérieur de la ligne occupée
« par les alliés, car l'on pourrait croire alors que ce
« mouvement n'est ni spontané ni volontaire, mais
« stimulé par les puissances étrangères. Si, au contraire,
« la manifestation se produit en dehors de notre ligne,

« elle aura l'avantage d'être considérée comme faite hors
« de notre influence, et alors Sa Majesté Impériale
« pourrait accorder protection et secours au parti roya-
« liste.

« L'essentiel pour ces messieurs était de connaître les
« dispositions du Tzar. Quelques-uns retournèrent en
« Franche-Comté, MM. de Noailles et de Virieu par-
« tirent pour Dijon et l'abbé Reluquet pour Paris. Alexis
« de Noailles resta au quartier général du prince de
« Schwarzemberg, pour décider ce prince à donner aux
« autorités militaires autrichiennes l'ordre de laisser agir.

« Nous demandâmes, le colonel Rapatel et moi, à
« l'empereur de Russie, la permission de servir acti-
« vement le parti royaliste. Sa Majesté nous répondit
« dans l'audience qu'elle nous accorda à ce sujet, que
« si le Ciel favorisait ses armes à la prochaine bataille,
« il nous permettrait volontiers ce que nous demandions.

« Notre petit conseil, réuni à Langres, jugea à propos
« d'écrire au Roi à Hartwell, pour l'informer de ce qui
« se passait, lui demander un prince de sa maison pour
« se mettre à notre tête ; nous ignorions alors l'arrivée de
« Votre Altesse Royale en France.

« On obtint, du prince de Schwarzemberg, mais non
« sans difficultés, l'ordre de laisser passer aux avant-
« postes autrichiens tous les Français qui se réclame-
« raient de MM. de Wall, de Noailles ou de Virieu, de
« les reconnaître comme alliés, dans le cas où ils se pré-
« senteraient armés, et de leur prêter assistance en cas
« de revers.

« L'Empereur de Russie nous chargea, Rapatel et moi,
« de tout ce qui avait rapport aux intérêts de nos Princes,
« nous dit : Ils n'ont pas besoin d'avocat près de ma per-
« sonne, car je suis moi-même le meilleur qu'ils puissent

« avoir. Avec son autorisation, M. de Montciel, zélé
« royaliste, est resté à Langres, et nous avons envoyé
« à Bar-sur-Aube M. Monier, compromis dans la con-
« spiration Cadoudal en 1804.

« C'est à Troyes seulement, que nous apprîmes l'arri-
« vée de Votre Altesse Royale à Bâle. Je chargeai M. de
« Widranges d'aller à Dijon apprendre cette heureuse
« nouvelle à nos amis. M. de Gouault se chargea d'or-
« ganiser le parti royaliste à Troyes ; il est très dévoué et
« apprécié du comte François d'Escars. Notre plus grand
« ennemi est le prince de Metternich ; par ses menées
« sourdes, il cherche à nuire autant que possible à notre
« parti. Notre espoir le mieux fondé, c'est celui que
« nous devons avoir dans le courage des bons Français ;
« ce sont eux qui doivent faire triompher cette cause
« sacrée : aussi toute la gloire leur en reviendra, ils doi-
« vent en être bien convaincus.

« Telle est, en abrégé, la situation de nos affaires en
« ce moment. Monsieur verra par ce rapport ce que l'on
« a fait jusqu'à ce jour, la marche que l'on a suivie, le
« nom des personnes qui se sont mises en avant, la
« nécessité de pousser à une levée de boucliers, hors des
« lignes des armées alliées, enfin le peu de fond que l'on
« peut faire sur l'appui ou le secours des étrangers, c'est
« à nous seuls à agir d'une manière efficace.

« J'aurai soin de transmettre à Votre Altesse Royale
« toutes les nouvelles qui nous parviendront, ainsi que
« quelques observations sur la conduite à tenir, tant
« avec les alliés qu'avec nos amis.

« Le Comte de Rochechouart. »

Ce rapport montre quelles difficultés entravaient le parti royaliste, combien était faible la bonne volonté des alliés à notre égard, et par conséquent combien est fausse et mensongère cette assertion : « Les Bourbons ont été ramenés par les baïonnettes étrangères! » Non, ce sont les Français qui ont forcé les souverains alliés à reconnaître les droits de la maison de Bourbon, alors que toutes leurs préférences inclinaient ailleurs.

Les obstacles que nous rencontrions devinrent plus grands et plus nombreux, à la suite de revers éprouvés par des corps de l'armée alliée, et notre retraite, un peu précipitée, augmenta les dangers que couraient les personnes qui s'étaient ostensiblement prononcées contre le régime impérial. M. de Gouault paya de sa vie sa coopération au rétablissement de ses rois légitimes. Obligés d'évacuer Troyes, nous voulions l'emmener avec nous; il voulut absolument retarder son départ d'une demi-heure, pour terminer quelques arrangements de famille. Le temps lui manqua pour se sauver, les Français entraient par une porte, lorsque nous sortions par la porte opposée. Napoléon s'installa tout de suite à l'hôtel de ville et ordonna de traduire devant une commission militaire les Français désignés comme ayant essayé de renverser son gouvernement. M. de Gouault fut seul arrêté, condamné rapidement et fusillé sur une petite place voisine de son habitation. Le baron Fain rend ainsi compte de cette triste exécution : « La foudre qu'il a voulu braver,
« tombe sur lui; il est traduit devant le conseil de guerre,
« sa mort servira d'exemple. »

Dans son *Manuscrit de* 1814, M. Fain écrit, page 154 :
« Il résulte de la note que M. de Widranges a fait insérer
« dans l'ouvrage de M. de Beauchamp, tome Ier,
« page 241, que la présence des alliés dans l'ancienne

« capitale de la Champagne avait ranimé l'espoir des
« partisans des Bourbons, que l'un d'eux, M. de Wi-
« dranges, gentilhomme lorrain, résolut d'entraîner
« cette ville, qu'il fut secondé par le chevalier de Gouault,
« chevalier de Saint-Louis, que le comte de Roche-
« chouart et le colonel Rapatel, aides de camp de l'em-
« pereur de Russie, leur ayant donné la nouvelle de
« l'arrivée des princes sur le continent, et leur ayant dit
« qu'il était temps de se prononcer, ils s'étaient sentis
« électrisés; qu'ils avaient mis la croix de Saint-Louis à
« leur boutonnière; que le prince de Wurtemberg les
« ayant encouragés à s'adresser à l'empereur de Russie,
« ils étaient allés trouver ce prince, au nom des roya-
« listes de Troyes, et qu'ils lui avaient présenté une
« adresse, dans laquelle ils sollicitaient le rétablissement
« des Bourbons sur le trône de France; que l'empereur
« de Russie ne put s'empêcher de leur dire : Qu'il trou-
« vait leur démarche prématurée, que les chances de la
« guerre étaient incertaines, qu'il serait fâché de les voir
« sacrifiés. »

Il est curieux de lire, à la page 50 du tome Ier de l'ouvrage de M. de Beauchamp, intitulé : *Histoire de la campagne de* 1814, tout ce qui concerne la prétendue entrevue du marquis de Widranges avec l'Empereur, ainsi que la réponse de ce souverain; c'est évidemment la reproduction de mon rapport à Monsieur. Le Tzar, ainsi que je l'ai dit, ne consentit jamais à recevoir aucun de ces messieurs, mais chargea le comte Nesselrode de leur communiquer la réponse que j'ai donnée plus haut. Le fond de la note est vrai, mais les détails sont inexacts. M. de Widranges s'est attribué un rôle qu'il n'a jamais joué.

Napoléon était dans son droit en faisant fusiller M. de Gouault, mais il y aurait eu plus de générosité à lui faire grâce, la mort d'un seul homme, d'une condition peu élevée, ne pouvait ni intimider les autres ni remédier au mal qui couvait.

Le 2 mars, je reçus à Chaumont cette lettre de Monsieur :

« Vesoul, 28 février 1814.

« Le comte de Trogof, qui vous porte cette lettre,
« Monsieur, vous en remettra une pour l'empereur de
« Russie, que je vous prie de remettre le plus tôt possible
« entre ses mains.

« Vous recevrez en même temps la copie de ma lettre
« à Sa Majesté Impériale, afin que vous en connaissiez
« le contenu. Il est nécessaire, indispensable, extrême-
« ment urgent, que je puisse voir Sa Majesté ; il y va de
« tous les intérêts réunis de la France et des alliés.
« J'ajoute, même sans hésiter, qu'il y va de la sûreté des
« armées, si, par malheur, elles se trouvaient encore dans
« la nécessité de faire une marche rétrograde. M. de
« Trogof vous donnera des détails, qu'il est inutile de
« confier au papier. Si Sa Majesté Impériale ne désire
« pas me répondre, ce que vous me ferez dire de sa part
« aura le même effet.

« Je le répète, il est de toute nécessité que je voie Sa
« Majesté Impériale et que tous les moyens, secrets ou
« publics, qu'elle voudra m'indiquer, me sont égaux.
« Songez que les instants sont précieux. Je n'ai pas
« besoin d'exciter votre zèle, je connais trop votre atta-
« chement pour votre Roi, et votre dévouement pour
« l'illustre souverain que vous êtes heureux de servir.

« Je vous renouvelle, Monsieur, l'assurance de tous
« mes sentiments pour vous.

« Charles-Philippe. »

Voici la copie de la lettre de Monsieur à l'Empereur, annoncée dans celle qu'on vient de lire. Cette copie est écrite par le comte François d'Escars, l'adresse de la main de Monsieur, les lettres cachetées aux armes de France :

« *A l'Empereur de Russie.*

« Monsieur mon frère et cousin,

« A l'époque de mon arrivée à Bâle, j'ai exprimé à
« Votre Majesté Impériale le juste désir que j'avais de
« Lui faire ma cour, et de Lui soumettre mes idées, afin
« de pouvoir combiner mes projets, conformément à ses
« intentions. J'avais fait la même démarche auprès des
« souverains, ses alliés.

« Aujourd'hui, Sire, que les circonstances m'ont rap-
« proché de Votre Majesté Impériale, j'ose La prier, avec
« la plus vive et la plus respectueuse insistance, de m'ac-
« corder un entretien, que je considère avec raison
« comme extrêmement important pour le salut de la
« France, pour la gloire de Votre Majesté Impériale, et,
« je ne crains pas d'ajouter, pour l'avantage même des
« armées alliées. Le séjour que j'ai fait ici, et les nom-
« breuses députations que j'ai reçues de plusieurs pro-
« vinces, de Paris même, m'ont mis à portée de connaître
« le véritable esprit de la nation, et de concevoir les plans
« qui me paraissent les plus salutaires et qu'il est néces-
« saire que je soumette au jugement éclairé de Votre
« Majesté Impériale.

« J'adresse cette lettre au comte de Rochechouart, pour
« la remettre à Votre Majesté Impériale ; j'attendrai sa
« réponse, écrite ou verbale, avec la plus juste impatience.
« Je n'ai pas besoin d'ajouter avec quel empressement je

« me porterais au point qu'Elle voudra bien m'indiquer,
« et de la manière qu'il Lui plaira de me prescrire.
« Je supplie, etc., etc.

« Charles-Philippe. »

L'Empereur, extrêmement occupé, ne put me recevoir ; il me fit dire de remettre la lettre du comte d'Artois à son premier valet de chambre, je la lui envoyai, en joignant celle-ci :

« Chaumont, 3 mars 1814.

« Sire,

« Son Altesse Royale Monseigneur le comte d'Artois,
« m'ayant fait l'honneur de m'écrire, me charge de
« remettre à Votre Majesté Impériale une lettre de sa
« part. Votre Majesté étant très occupée, je n'ose insister
« pour La voir, mais je prends la liberté de Lui écrire et
« de joindre ma lettre à celle de Son Altesse Royale,
« dont le comte de Trogof était porteur. Je mets éga-
« lement sous ses yeux celle que j'ai reçue du prince
« français, par laquelle vous verrez, Sire, que cherchant
« tous les moyens qui pourraient convenir à Votre
« Majesté Impériale, dans le cas où Elle ne jugerait pas
« à propos de lui donner une réponse par écrit, ce que
« vous m'ordonnerez verbalement de lui dire de votre
« part fera le même effet. Il paraît que les détails dont
« Monsieur voudrait entretenir Votre Majesté Impériale,
« sont de la plus haute importance, il n'est plus question
« ni de Lui ni des intérêts du Roi son frère, mais de la
« sûreté des armées alliées. La proclamation que M. de
« Caulaincourt a fait parvenir derrière nous, est des plus
« incendiaires, et accompagnée du décret de Napoléon

« du 24 février 1814, pour l'exécution de M. de Gouault,
« qui servit de base à la condamnation à mort du comte de
« Saint-Priest, fait prisonnier aux environs de Mézières,
« condamnation qui attend son effet. MM. de Polignac
« et de Noailles ont remis à Monsieur un exemplaire de
« cette proclamation; on promet une croix d'honneur
« pour chaque tête d'alliés. Ces messieurs, en revenant
« d'Avallon, ont été eux-mêmes arrêtés par une bande de
« paysans armés, qui leur ont demandé s'ils étaient Autri-
« chiens, Russes ou Prussiens; sur leur réponse qu'ils
« étaient Français, on les a laissés passer, en leur disant:
« Tant mieux pour vous, car nous sommes décidés à tuer
« tout étranger qui passera par ici; l'effervescence est à
« son comble.

« L'Auvergne et les Cévennes ont envoyé des députés
« au comte d'Artois, ce prince se décidera probablement,
« après avoir reçu la réponse de Votre Majesté Impériale,
« à se jeter dans les bras de ces braves montagnards,
« pour reconquérir le royaume de ses pères. J'attendrai
« ce soir la réponse de Votre Majesté Impériale avec la
« plus respectueuse impatience.

« Je suis, Sire, etc., etc.

« LE COMTE DE ROCHECHOUART. »

J'écrivis à Monsieur, pour lui rendre compte de la manière dont j'avais exécuté ses ordres :

« Chaumont, 4 mars 1814.

« MONSEIGNEUR,

« Le comte de Trogof m'ayant remis la lettre de Votre
« Altesse Royale pour S. M. l'Empereur de Russie, je me

« suis empressé de la Lui faire parvenir, et afin qu'elle
« ne passât pas par la voie de la chancellerie, j'ai pris la
« liberté d'écrire à ce souverain en la Lui envoyant et la
« remettant moi-même au premier valet de chambre,
« selon l'autorisation que j'avais reçue.

« Je n'ai reçu la réponse que ce matin. D'après son
« contenu, dont le comte Nesselrode m'a donné connais-
« sance, il me semble que si Votre Altesse Royale en-
« voyait Jules de Polignac, avec certains pouvoirs, auprès
« de l'empereur Alexandre, il se trouverait, pour ainsi dire,
« accrédité, et en mesure de dire beaucoup de choses que
« l'on ne saurait écrire. Si Monsieur me permet d'émettre
« franchement ma façon de penser, je prendrai la liberté
« de Lui faire part de ma manière de voir : Nous ne
« devons attendre de protection efficace de personne,
« nous devons même nous défier de tout ce qui n'est pas
« français. Les entraves que l'on se plaît à mettre à nos
« affaires, les difficultés que l'on fait naître à chaque pas,
« ainsi que les dégoûts dont on abreuve nos amis, ne
« nous le prouvent que trop; n'agissons donc que par, et
« avec des Français, mieux vaut périr avec eux, que d'être
« sauvé sans eux. Mais, par suite de cette méfiance que
« nous devons avoir des projets de nos soi-disant alliés,
« cachons-leur le parti définitif que prendra Votre Altesse
« Royale. Nous sommes d'avis, Monseigneur, dans notre
« petit conseil, que vous quittiez la ligne occupée par les
« Autrichiens, et que vous passiez du côté où se trouve
« le corps d'armée commandé par le feld-maréchal Blü-
« cher, c'est un vieux soldat et non un diplomate; comme
« tel, il a une façon de penser noble et loyale, il est,
« de plus, presque aux portes de Paris. Les avantages
« que cette détermination présente n'ont pas besoin
« d'être développés ici. Votre Altesse Royale doit les

« connaître et en apprécier la valeur mieux que per-
« sonne. Si donc Elle se décidait à se rendre à l'armée
« dite de Silésie, il faudrait répandre le bruit qu'Elle se
« jette en Auvergne; par la même raison, si Monsieur se
« décide pour les Cévennes ou l'Auvergne, nous dirons
« ouvertement que vous êtes parti pour Nancy. La
« frayeur qu'ont ici certaines personnes, que Votre
« Altesse Royale aille vers l'armée du feld-maréchal
« Blücher, est une preuve du succès qu'Elle obtiendrait,
« d'après la connaissance qu'elles ont des sentiments
« généreux et chevaleresques de ce vieux brave maréchal.

« L'espoir commence à renaître dans mon cœur, Mon-
« seigneur, la Providence ne nous aura pas menés si loin,
« pour nous abandonner au moment décisif. Il me semble
« que le terrible arrêt est prononcé : Tyran, descends du
« trône, et fais place à ton maître; mais, je le répète, le
« salut est uniquement dans le dévouement des Français.

« Votre Altesse Royale connaît mes sentiments, ils
« sont tout français, je trouve inutile de faire de nou-
« velles protestations de zèle et de dévouement.

« Je suis, avec un profond respect, etc., etc.

« LE COMTE DE ROCHECHOUART. »

Deux jours après, je recevais la lettre suivante du comte d'Escars :

« Vesoul, le 5 mars 1814.

« Je profite, mon cher comte, du départ des Polignac,
« pour vous remercier de votre hospitalité pendant mon
« séjour au quartier général. Je n'ai pas laissé ignorer à
« Monsieur l'activité et le zèle que vous et le colonel
« Rapatel mettez pour la cause que nous servons tous,

« et la position où vous êtes l'un et l'autre d'être de la
« plus grande utilité. Son Altesse Royale a déjà su mettre
« votre zèle à l'épreuve. Messieurs de Polignac retour-
« nent au quartier général, ils vous mettront au courant
« de notre position, qui est très critique, il faut donc
« employer tous nos moyens, pour tâcher de sortir de
« l'espèce de nullité où nous sommes, nous ne négli-
« gerons rien pour cela : grâce à la magnanimité du
« grand Alexandre, j'espère que nous en sortirons avec
« éclat. Je ne puis rien vous dire sur cela, que vous ne
« sachiez aussi bien que moi.

« Je vous préviens que j'ai mandé à lord Castlereagh
« de vous remettre les papiers et paquets venant d'An-
« gleterre pour Monsieur, et qui sont sous mon couvert.
« Je vous prie de passer de temps en temps chez lui pour
« les avoir, et nous les faire parvenir par des occasions
« sûres, le plus tôt possible. Dites à votre camarade
« Rapatel que je compte sur son amitié pour me donner
« des nouvelles de madame Moreau, quand il en aura. Je
« ne vous parle pas des nouvelles des armées, c'est à vous
« à m'en donner.

« Je vous renouvelle, mon cher comte, l'assurance de
« mes sentiments d'attachement et d'amitié que je vous
« ai voués, avec lesquels, etc., etc.

« Le Comte F. d'Escars. »

Pour faire connaître, pour tracer l'historique de tous les mouvements, les marches et les contremarches, les prises et reprises des mêmes villes, les passages des mêmes rivières, il faudrait écrire des volumes; quant à moi, m'en tenant au rôle que je me suis tracé, je ne mentionnerai que les faits qui me sont personnellement connus, je fournirai des détails intimes si l'on veut, payant ainsi un faible tribut à l'histoire de cette campagne mémorable. Je renverrai aux trois ouvrages suivants ceux qui désireraient étudier à fond ces événements : le *Manuscrit de* 1814, du baron Fain; il donne exactement les faits, mais les causes, les conséquences, les résultats sont expliqués ou présentés avec une partialité trop prononcée, qui dénature, selon moi, les faits les plus naturels; il aurait dû mettre de côté tout esprit de parti, en le spécifiant d'avance. Je ferai le même reproche à l'*Histoire de la campagne de* 1814, par M. de Beauchamp : l'auteur accueille trop facilement les détails donnés par des personnes qui ont voulu placer leur nom ou celui de leurs amis dans une histoire qui fera plus ou moins foi dans l'avenir. Je recommanderai tout particulièrement l'ouvrage de M. de Koch, intitulé : *Mémoires pour servir à l'histoire de la campagne de* 1814, deux volumes avec atlas, publiés à Paris en 1819. Cet officier supérieur du corps d'état-major réunit à l'exactitude la plus scrupuleuse des faits, une narration simple, dégagée de toute partialité; la partie militaire est traitée avec un grand talent, on reconnaît la main d'un homme du métier, on doit donc le préférer à tous les autres.

Pour reprendre mon récit, je vais donner deux lettres de M. de Richelieu :

« Odessa, 3-15 février 1814.

« Je profite, mon cher Léon, de l'occasion que j'ai
« d'écrire au comte Nesselrode, pour y joindre un mot
« pour vous, espérant qu'il vous parviendra plus sûre-
« ment sous son couvert. J'ai reçu toutes vos lettres,
« j'ignore si les miennes vous sont parvenues. La der-

« nière de vous au consul nous a causé un bien vif plai-
« sir, en ce qu'elle nous rassure sur le compte de Rasti-
« gnac, que je croyais perdu d'après le bulletin du prince
« de Suède, j'en aurais été vivement affligé, j'ai eu d'au-
« tant plus de joie, lorsqu'en revenant l'autre jour
« d'Ismaïl, où j'avais été passer quelques jours, à cause
« de la peste, qui y est assez forte, nous avons lu les
« nouvelles rassurantes que vous nous donnez. Je crois
« que le petit homme aura été d'une belle colère, en sor-
« tant de son fossé boueux, laissant une botte, qu'il est
« retourné chercher si bravement, au milieu de la mi-
« traille.

« Qui vous aurait dit, cher ami, il y a dix-huit mois,
« que vous rentreriez en France, comme vous le faites ?
« Il faut admirer les décrets de Dieu, car il n'y a sagesse
« humaine qui pût prévoir, encore moins annoncer des
« événements aussi surprenants ; puissent-ils amener
« promptement une paix solide qui rende le repos à l'Eu-
« rope, et rétablisse en France un ordre de choses propre
« à assurer sa tranquillité et celle des autres. Comme il
« m'est impossible de prévoir où ceci peut aller, si vous
« parvenez à Paris, je vous recommande mes sœurs et
« ma belle-mère.

« Quant à ce qui me regarde personnellement, je ne
« vous en parle pas, je végète comme à l'ordinaire, sans
« être bon à grand'chose ni à personne. Dites mille
« choses à Bachmanoff et faites-lui mon compliment sur
« son avancement, auquel je prends la plus vive part ; je
« lui demanderai incessamment une place pour moi, sous
« ses ordres, car il va si vite, que je ne doute pas qu'il
« m'ait bientôt dépassé. Au reste, j'en suis fort aise.
« Au revoir, cher ami, ce sera toujours avec la plus
« vive tendresse que vous serez reçu chez moi, si vous

« voulez y revenir. Je vous embrasse de tout mon
« cœur.
« R. »

« Odessa, le 4-16 mars 1814.

« Je vous remercie de tout mon cœur d'avoir songé à
« moi, le lendemain de l'affaire de Brienne, et votre
« lettre m'a fait, comme vous pouvez le croire, bien de la
« peine, et du plaisir tout à la fois. Langeron m'avait
« déjà annoncé la mort de votre malheureux frère. J'en
« ai été bien affecté; je commençais à me flatter que cette
« guerre épargnerait les personnes auxquelles je m'inté-
« resse le plus, il a fallu aussi payer le tribut, c'est un mal-
« heur bien partagé, mais qui n'en est pas moins sensible.
« Que dire de l'Empereur? il faut baiser la trace de ses
« pas. Quelle âme que la sienne! quel est le souverain
« dont on soit sûr d'être accueilli, quand on lui parle le
« langage de l'honneur et de la franchise? Il sera le sau-
« veur de l'Europe, et en particulier de la France, qui
« pourrait avoir si peu de droits de prétendre à sa bien-
« veillance. Oui certes, mon cher ami, mon cœur a tres-
« sailli en lisant votre lettre, et si, depuis deux ans, j'ai
« besoin d'une résignation plus qu'humaine, pour sup-
« porter ma situation, c'est à présent que l'exercice de
« cette vertu devient dix fois plus difficile. Que ne don-
« nerais-je pas pour que l'Empereur m'appelât auprès de
« lui! Hélas! il me voulait jadis du bien! je croyais même
« lui avoir inspiré quelque amitié, et je puis protester
« devant Dieu que son rang n'entrait pour rien dans
« le prix extrême que j'attachais à ce sentiment de sa
« part. Il faut qu'il m'ait tout à fait oublié, car je sens
« que je n'ai rien fait qui pût me rendre indigne des
« bontés qu'il m'avait témoignées. Les princes français

« doivent être maintenant près de lui. Dieu sait ce qui
« se sera passé depuis le moment où vous m'avez écrit!
« Vous ignoriez alors leur arrivée, je suis bien curieux de
« savoir quel effet elle aura produit en France. Quelle
« apathie que celle de cette nation! à quel état d'humi-
« liation l'a réduite le joug de fer sous lequel elle gémit
« depuis si longtemps! J'espérais qu'au moins les pro-
« vinces de l'Ouest feraient en faveur des Bourbons ce
« qu'a fait la Savoie pour le roi de Sardaigne et la Hol-
« lande pour le Stathouder; mais, excepté où vous êtes,
« personne ne remue, il n'y a plus la moindre énergie.
« Sous quel point de vue méprisable ce peuple sera-t-il
« dorénavant considéré par les étrangers? Je vous prie,
« mon cher ami, et j'exige de vous que vous m'écriviez
« souvent; pensez de quel intérêt sont vos lettres tou-
« jours, mais surtout en ce moment.

« Si, en vous rapprochant de Paris, vous avez pu avoir
« des nouvelles de mes sœurs, j'espère que vous m'en
« donnerez. Dieu vous conserve! c'est le vœu de mon
« cœur. Je vous embrasse tendrement.

« R. »

On le voit, M. de Richelieu ne pouvait se consoler de rester tranquille à Odessa, alors qu'on se battait et que le sort de la France se décidait. Mais Dieu lui réservait un noble rôle dans l'avenir! Il allait bientôt rendre de grands services à son pays, au milieu de la corruption générale où il se trouvait jeté, en butte aux passions des différents partis qu'il avait à combattre. Il devait succomber à la peine, après n'avoir recueilli que de l'ingratitude pour tant de dévouement! Cette lettre peint bien sa grande et belle âme; ces confidences, ces épanchements d'un cœur généreux et véritablement français; et en même temps, ses regrets sur sa triste position, ses plaintes sur l'oubli de l'empereur Alexandre, l'affection sincère et désintéressée qu'il lui avait vouée, tous ces sentiments rendus avec les expressions simples d'une lettre à un ami, — car il ne cessait de me traiter ainsi, — font mieux connaître les grandes qualités de cet homme illustre, que les plus pompeux éloges. J'aurai occasion de citer des pages de sa correspondance intime avec moi, qui mettront encore plus en évidence son patriotisme et ses vertus.

Un congrès se réunit à Châtillon-sur-Seine, au milieu de janvier, dans le but de négocier la paix; je me garderai bien de donner les détails de rupture, de quasi-conclusions, qui prolongèrent les négociations jusqu'au mois de mars, elles furent tantôt suspendues, tantôt accélérées, suivant la nature des événements militaires. Ces alternatives exigèrent des protocoles, des soi-disant ultimatums, etc. Les pièces officielles du congrès sont consignées dans le plus grand détail, avec la plus rigoureuse exactitude, dans le Manuscrit du baron Fain.

Après la bataille de Brienne et d'autres petits combats peu favorables à son armée, Napoléon chargea le duc de Vicence de communiquer au congrès ses dernières concessions; elles furent acceptées après de longs débats, par les plénipotentiaires russes, anglais, autrichiens et prussiens. La paix paraissait conclue, les souverains alliés avaient signé, seule la ratification de Napoléon manquait.

Quelques années plus tard, à Sainte-Hélène, Sir Hudson Lowe refusait de donner le titre d'Empereur à Napoléon, affirmant, que son gouvernement ne l'avait jamais reconnu comme tel, mais simplement sous le nom et titre de général Bonaparte. Comment un grand pays comme l'Angleterre peut-il descendre à un pareil mensonge, au su et vu de toute l'Europe et vis-à-vis d'un prisonnier réduit à l'impuissance? Les pièces officielles du congrès de Châtillon, signées de tous les plénipotentiaires, prouvent la fausseté de cette assertion.

Projet d'un traité de paix entre les puissances alliées et la France :

« Au nom de la très sainte et indivisible Trinité :

« LL. MM. II. de Russie et d'Autriche, S. M. le roi
« du Royaume-Uni de la Grande-Bretagne et d'Irlande,
« S. M. le roi de Prusse, agissant au nom de tous les
« alliés, d'une part, et S. M. l'empereur des Français, de
« l'autre part : désirant cimenter le repos et le bien-être
« futurs de l'Europe, par une paix solide et durable sur
« terre et sur mer, et ayant, pour atteindre ce but salu-
« taire, leurs plénipotentiaires réunis à Châtillon-sur-
« Seine, pour traiter les conditions de cette paix, lesdits
« plénipotentiaires sont convenus des clauses suivantes :

« Art. Iᵉʳ. — Il y aura paix et amnistie entre LL. MM. II.
« d'Autriche et de Russie, S. M. le roi du Royaume-
« Uni de la Grande-Bretagne et d'Irlande et S. M. le roi
« de Prusse, agissant en même temps au nom de leurs
« alliés, et S. M. l'empereur des Français, leurs héritiers
« et successeurs à perpétuité, etc., etc. »

Suivent dix articles, où les mêmes titres et dénominations sont répétés continuellement. Ces articles sont ratifiés par les signatures suivantes :

« Châtillon-sur-Seine, 17 février 1814.

« CAULAINCOURT, duc de Vicence, ABERDEEN,
« CATHCART, le comte RAZOUMOWSKI, HUMBOLDT,
« le comte STADION, Charles STEWART. »

Les plénipotentiaires anglais reconnaissaient donc alors Napoléon comme empereur des Français, et reconnaissaient même ses héritiers et successeurs à perpétuité !

Nous nous trouvions à Vandœuvre, ayant rétrogradé après les derniers succès de Napoléon, lorsque la nouvelle de la signature de la paix, à Châtillon, nous parvint. Nous étions réunis quelques amis : Rapatel, Armand et Jules de Polignac, Alexis de Noailles et moi. Pozzo vint nous annoncer la signature de la paix, il avait vu la ratification des puissances alliées; mais, tout à coup, se levant, et frappant la table du poing, il nous dit avec son animation italienne : « Non, messieurs, tout n'est pas fini, le Corse « n'a pas signé! » Cette épithète de Corse, jetée inopinément, nous parut fort plaisante, surtout venant d'un autre Corse; reste à savoir quel sens il lui donnait! Ces paroles prophétiques se confirmèrent deux jours plus tard : Napoléon, aveuglé par quelques succès, refusa de ratifier les conditions acceptées par son ministre le duc de Vicence, il émit des prétentions exagérées. Les plénipotentiaires rejoignirent leurs souverains, la diplomatie se déclarait impuissante, il fallait s'en rapporter au sort des batailles. C'est bien l'aveuglement dont parle l'Écriture sainte : Dieu frappe certains orgueilleux, leur envoie l'esprit de vertige qui les pousse vers leur destruction. Ainsi les immenses et incontestables talents militaires de ce grand génie, la haute capacité de cet homme extraordinaire, son esprit aussi vaste qu'éclairé, sa longue expérience des affaires du monde, rien ne lui servit : son arrêt était irrévocablement prononcé.

Après la rupture du congrès de Châtillon, l'empereur Alexandre, fatigué des lenteurs du généralissime prince de Schwarzemberg, résolut de mener plus vigoureusement la campagne, avec les trois cent mille hommes qu'il commandait directement. Une série de succès et d'échecs, de marches et de contremarches occupa toute une semaine. Enfin, les armées se rencontrèrent à Arcis-sur-Aube : on s'y battit avec acharnement; Napoléon, ayant éprouvé des pertes énormes, se retira sur Vitry-le-François, l'armée russe le suivit; le combat recommença avec des chances diverses.

Tout à coup, Napoléon opéra un mouvement très diversement apprécié, blâmé par beaucoup, approuvé par le plus petit nombre. Le résultat définitif amena en très peu de jours la chute de ce grand capitaine. Ce mouvement consistait à se porter sur les derrières des armées alliées, pour couper leurs communications; Napoléon espérait qu'elles le suivraient et s'éloigneraient ainsi de Paris. Les forces alliées se divisèrent : deux corps russes et prussiens se chargèrent de le surveiller, le reste de l'armée, sous les ordres du Tzar et du roi de Prusse, et l'armée dite de Silésie, commandée par le feld-maréchal Blücher, marchèrent directement sur Paris, chassant devant elles les corps des maréchaux Marmont, duc de Raguse, et Mortier, duc de Trévise. Dans ce mouvement brusque et rapide, l'empereur d'Autriche se trouva séparé de ses alliés; cet incident, peu important en apparence, priva Napoléon de la protection de son beau-père et du prince de Metternich, dans une circonstance d'un intérêt majeur pour lui et pour sa dynastie.

Napoléon, aidé par la bravoure et le dévouement de ses soldats, multiplia les ressources que lui offrait son génie militaire; il exécuta les manœuvres les plus savantes, se portant avec une rapidité vertigineuse d'un point à un autre : rien ne put conjurer sa perte.

Tous les écrivains de l'époque s'évertuent à déverser le blâme sur telle ou telle manœuvre, telle ou telle détermination, sur l'inaction, l'incapacité, le découragement de tel ou tel général, pour expliquer ou chercher une excuse à la débâcle qui ne tarda pas à se produire. Évidemment, les maréchaux de France, de l'Empire, ne possédaient pas le génie militaire de Napoléon; ils étaient très braves, mais, trop accoutumés à recevoir les ordres du maître, ils n'avaient aucune initiative. La manœuvre de Napoléon était donc dangereuse et blâmable, elle le séparait de ses lieutenants, les privant ainsi des inspirations de son génie et de son coup d'œil d'aigle, qui lui permettait de juger immédiatement le parti que l'on pouvait tirer de la position actuelle de l'ennemi, ou de ses divers mouvements. Chaque victoire remportée accélérait du reste sa ruine, par le prix qu'elle lui coûtait. La France ne fournissait plus de recrues; la vieille armée, composée de vétérans victorieux sur tous les champs de bataille de l'Europe, était restée dans les glaces de la Russie. Si le plus grand général des temps modernes s'est trompé dans ses calculs, c'est qu'il arrive un moment où la puissance et la science humaines ne comptent plus, ou ne peuvent plus rien; qu'on appelle cela destin, fatalité, qu'on invente un autre nom, que peut-on, contre la volonté de Celui qui fait mouvoir le ciel et la terre?

Le 25 mars, nous rencontrions une colonne française à Fère-Champenoise. Je vais donner la relation de cette affaire d'après M. de Koch; j'ajouterai quelques détails, ayant été acteur dans ce drame sanglant : « Cette
« colonne dont l'apparition causait tant d'étonnement et
« d'inquiétude aux alliés, était celle des divisions Pacthod
« et Amey, qu'on a vue arriver le 24 à Bergères. Le
« général Pacthod, pressé de se réunir aux maréchaux
« Marmont et Mortier, avait expédié un officier d'or-
« donnance au duc de Trévise, et, sans attendre son retour,
« il s'était mis en marche au point du jour sur Vitry.
« Arrivé près de Villeseneux, à dix heures du matin,
« il recevait l'injonction de rester jusqu'à nouvel ordre

« à Bergères, où on le croyait encore. Cette division,
« escortant un grand convoi de vivres et de munitions,
« avait marché une partie de la nuit; les chevaux
« tombaient de fatigue; le général Pacthod, se croyant à
« l'abri de tout danger, jugea avoir le temps de rafraî-
« chir ses chevaux à Villeseneux. Mais à peine était-il éta-
« bli, qu'il fut attaqué par la cavalerie du général Korf,
« qui suivait la route de Châlons à Étoges. Il forma
« aussitôt ses troupes : la droite appuyée au village, la
« gauche couverte par un immense carré, le convoi
« massé en arrière. »

M. de Beauchamp donne plus de détails sur l'action.
J'emprunte son récit : « Le convoi était par lui-même
« d'une extrême importance par le nombre de troupes
« qui le suivait, il fut aperçu par la cavalerie du maré-
« chal Blücher; ce maréchal détacha à l'instant les géné-
« raux de cavalerie Korf et Wassiltchikoff pour l'atta-
« quer. A la vue de l'ennemi, la colonne et le convoi se
« replièrent sur Fère-Champenoise, au moment où arri-
« vait sur ce point, par la route de Vitry, la cavalerie
« de la grande armée russe. Informé de cette rencontre,
« le prince de Schwarzemberg fait revenir en toute
« hâte une partie de la cavalerie qui poursuivait les
« maréchaux Mortier et Marmont; en même temps,
« l'empereur Alexandre ordonna de faire avancer l'artil-
« lerie russe de sa garde. Pressée et chargée de tous
« côtés par des troupes, sous les ordres immédiats des
« souverains, la colonne française se forma en plusieurs
« carrés, et se disposa à la plus courageuse résistance, elle
« n'était composée néanmoins que de jeunes soldats et
« de gardes nationales, rien ne put intimider ces mili-
« taires encore novices. Les carrés continuent leur
« retraite en faisant feu, bravant les charges de cavalerie,

« repoussant les sommations réitérées des parlementaires
« russes, refusant toujours de mettre bas les armes. En
« vain le colonel Rapatel, officier distingué, le même
« qui avait recueilli les dernières paroles et reçu le
« dernier soupir de son ancien chef, le général Moreau,
« s'avança seul pour faire cesser la lutte inutile de cette
« brave troupe, qui, entourée et désespérant de vaincre,
« voulait au moins mourir avec gloire. Mes amis! mes
« compatriotes! leur criait le colonel, cessez de com-
« battre! vous avez acquis assez d'honneur! L'empereur
« Alexandre vous rendra votre liberté! A peine avait-il
« achevé ces mots, que frappé de deux balles, il tombe et
« meurt, honoré des respects de l'armée et du Tzar dont
« il était aide de camp. L'artillerie peut seule vaincre la
« résistance de cette poignée de braves, qui luttait contre
« toute une armée. Des batteries ouvrent leur feu, enta-
« ment les carrés, des charges simultanées achèvent de
« les rompre et d'y porter la mort et le désordre. Il fallut
« céder. Les généraux Pacthod et Amey, cinq généraux
« de brigade, douze pièces de canon, quatre mille huit
« cents hommes d'infanterie et le convoi entier, tombent
« au pouvoir des armées confédérées réunies. »

Voici les détails que j'ajouterai à ces deux narrations :

A la première apparition de la colonne française en question, il y eut, en effet, un moment d'étonnement dans l'armée alliée : à quel corps pouvait-elle appartenir? quelle était la cavalerie qui paraissait sur la droite? Nous étions au milieu d'une plaine immense : l'artillerie de la garde reçut l'ordre d'avancer, lorsque, tout à coup, nous vîmes la cavalerie éloignée, charger à fond la colonne, qui mit aussitôt son infanterie en carré et ouvrit un feu d'artillerie bien nourri. Alors plus de doute : la colonne appartenait à l'armée française; ordre fut donné à l'artillerie russe de commencer l'attaque, toute la cavalerie se mit également en mouvement. Rapatel, persuadé que deux de ses frères devaient être là, d'après ce que lui avaient dit quelques prisonniers faits dans la matinée, se porta en avant pour essayer de s'en assurer, et engager la colonne à céder devant des forces si supérieures. Que devint-il? C'est ce que j'ignorais. L'ordre de charger ayant été donné à la cavalerie, notre état-major n'eut pas le temps de se porter de côté pour la laisser passer, nous fûmes forcés, sous peine d'être écrasés, de suivre le torrent. En deux minutes, l'empereur Alexandre et le roi de Prusse se trouvèrent au centre de la colonne ennemie, enfoncée de tous côtés par une charge de seize mille Russes, Prussiens et Autrichiens, cuirassiers, dragons, lanciers, hussards ou Cosaques. Jamais je ne reverrai une mêlée pareille, j'aurais de la peine à la raconter, tant la confusion fut grande, les épisodes nombreux et singuliers, tout était terminé en un clin d'œil, en moins de temps que je ne mets à l'écrire.

Cette colonne, forte de neuf mille hommes, eut en un instant plus de quatre mille morts ou blessés, gisants, sur le chemin qu'ils avaient parcouru dans l'espoir de gagner un bois peu éloigné, où ils auraient été à l'abri des chocs de la cavalerie qui les accablait, et des décharges incessantes de trente pièces de canon. Cette colonne, dis-je, escortait un nombreux convoi de munitions et de vivres destinés à la grande armée française; elle paraissait de loin beaucoup plus forte en hommes qu'elle ne l'était réellement, voilà pourquoi on fit agir contre elle de si puissants moyens d'attaque. Les chariots étaient rangés au centre avec les équipages, notamment ceux du général Pacthod, qui commandait en chef. La défense fut héroïque, et d'autant plus méritoire, que les combattants se composaient de conscrits ou de gardes nationaux mobilisés, rassemblés à la hâte; l'artillerie seule était servie par de vieux soldats, nouvellement revenus d'Espagne.

Au moment où je me trouvais au milieu du carré principal, avec l'empereur de Russie, le roi de Prusse et tous les officiers de leur nombreux état-major entraînés dans la charge des hussards et des Cosaques de la garde, je vis près de moi un officier français se débattant avec des Cosaques, qui essayaient de le dépouiller, malgré ses cris et ses réclamations : « Menez-moi « à mon frère, j'ai un frère dans l'armée russe. — Com- « ment s'appelle votre frère? lui demandai-je. — Rapa- « tel », me répondit-il. Je me précipitai entre lui et les Cosaques, leur ordonnant de le laisser, et lui dis : « Votre « frère est mon camarade, venez que j'aie le plaisir de vous « conduire dans ses bras. » J'achevais à peine de prononcer ces paroles, quand Brozine, un de mes collègues, s'approcha de moi tout en courant et me dit : « Ah! Rochechouart, « quel malheur! l'Empereur vient d'apprendre la mort « de ce pauvre Rapatel, il m'envoie chercher son corps. » Y a-t-il une scène plus pathétique? Ce pauvre prisonnier échappé miraculeusement au massacre de sa troupe, apprenant la mort de son frère, au moment où il allait trouver appui et consolation dans ses bras! Aussi de grosses larmes inondèrent son visage encore tout noir de poudre. Je m'empressai de lui serrer les mains et lui dis : « Vous êtes mon prisonnier, vous ne quitterez pas « le camarade de votre frère. »

Je lui fis donner un cheval sans maître et lui demandai : « Avez-vous quelques effets que l'on puisse sauver? » Il me répondit en sanglotant : « Commandant l'artillerie « de la division Pacthod, tout ce que je possède se

« trouve dans un caisson. » Je partis avec lui à la recherche dudit caisson, il le retrouva intact; les Cosaques fouillaient les voitures, mais négligeaient l'artillerie et les caissons.

Les cinq généraux prisonniers montèrent dans la calèche du général Pacthod, l'Empereur venait de la lui faire restituer; l'empereur Alexandre fit rendre également à ces généraux leurs épées, en leur disant : « Messieurs, « quand on s'en sert si bien, on ne doit jamais en être « séparé. »

Au moment de partir pour Fère-Champenoise, nous aperçûmes blottie sous la calèche, une charmante petite fille de huit à neuf ans, tout en pleurs. Le général Pacthod lui demanda comment elle se trouvait là! Elle lui montra son père, garde national mobilisé, le corps coupé en deux par un boulet : « Je l'ai suivi, ajouta-t-elle, pour « ne pas rester seule à la maison, je n'ai plus de mère, je « ne me connais pas de parents; mon père tué, je me suis « glissée sous la calèche pour éviter les boulets. » Le général Pacthod la fit monter sur le siège de sa voiture et lui dit : « Petite, si tout ceci finit bien et bientôt, je « me chargerai de toi. » Il a tenu parole; n'étant pas marié, il fit élever cette pauvre orpheline dans un grand pensionnat. En 1824, je dînais un soir chez le général Pacthod; je la retrouvai grande et fort jolie; elle épousa, je crois, le neveu de son bienfaiteur, qui lui laissa une partie de sa fortune.

Le soir, je présentai le capitaine Rapatel à l'Empereur. Il fut admirable, comme à son ordinaire, il lui exprima tous ses regrets de la mort de son frère qu'il appréciait beaucoup, et lui demanda ce qu'il comptait faire : « Je « prie Votre Majesté de me rendre la liberté, mais je la « supplie en même temps de me permettre d'attendre le

« moment favorable pour en jouir. Je resterai près de
« M. de Rochechouart, camarade et ami de mon frère, il
« m'a promis de le remplacer. — Soit, dit l'Empereur,
« lorsque la paix sera faite, si vous voulez occuper près
« de ma personne l'emploi que j'avais donné à votre
« malheureux frère, il ne tiendra qu'à vous; du reste,
« vous êtes en bonnes mains jusque-là. »

Je pris donc le capitaine Rapatel avec moi, j'avais déjà Armand de Polignac, chargé par Monsieur de suivre l'empereur Alexandre, afin de profiter de toutes les occasions pour lui parler. Deux jours après, un autre Français au service de la Russie, le marquis de Montpezat, ancien capitaine à l'état-major de la division du duc de Richelieu à Odessa, arrivait du blocus d'Hambourg, et me pria de le laisser s'adjoindre à mes compagnons. La gravité des événements empêchait de lui donner aucune réponse aux dépêches qu'il avait apportées, la proximité de Paris lui faisait naturellement désirer de rester au quartier général, dans un moment où tout allait se décider; il partagea ma calèche avec Rapatel. *Ma suite* s'augmenta encore d'un jeune sous-officier français, nommé Boutet, sauvé sur le champ de bataille de Tarontino en Russie, en 1812, par le lieutenant-colonel du régiment de Cosaques de la garde, qui l'avait ramassé grièvement blessé et fait soigner. Ce jeune homme avait une très belle écriture; il me proposa de le garder près de moi et de l'utiliser à l'occasion, en tout cas, jusqu'à notre entrée prochaine dans Paris. Boutet conservait une profonde reconnaissance pour les soins qu'il avait reçus du colonel de Cosaques; sans lui, il serait mort à Tarontino, mais il croyait que je pourrais lui être plus utile; il devint plus tard aide de camp d'Armand de Polignac.

Le 29 mars, on se battait aux portes de Paris sur une

ligne immense. La grande armée austro-russe et l'armée dite de Silésie formaient un effectif d'au moins cent cinquante mille combattants; l'armée française ne pouvait opposer plus de vingt-cinq à trente mille hommes découragés par les derniers combats. Les maréchaux Marmont et Mortier les commandaient, mais ne s'accordant pas, ils ne voulurent pas concerter leurs mouvements; il y avait un troisième chef, Joseph Bonaparte, revêtu du titre de lieutenant général de l'Empire; la confusion était extrême, la prise de Paris certaine.

Beaucoup de braves firent des prodiges de valeur, mais inutilement, ils se sacrifiaient, se faisaient tuer. Toute lutte était matériellement impossible, ces valeureux efforts pour la continuer aboutirent à retarder la chute de la ville de quelques heures seulement.

L'armée alliée marchait sur Paris en formant un demi-cercle, ne laissant libre que la route d'Orléans, par laquelle se retirèrent : l'impératrice Marie-Louise régente, avec son fils, les ministres, le conseil de régence et le prince Joseph Bonaparte; ils s'établirent à Blois, abandonnant ainsi la capitale sans gouvernement, et livrée à tous les éléments d'intrigue qu'elle renfermait.

Le 29, le grand quartier général couchait à Bondy; le 30, en traversant Pantin, je chantai à mes camarades : « Que Pantin serait content, etc., etc. » Un épicier, placé devant sa porte, nous regardait passer; il s'écria : « Tiens, « les Cosaques qui connaissent not' vieille chanson. » Dans la journée, les Prés-Saint-Gervais, les Buttes-Chaumont, Belleville, furent occupés par l'armée alliée, après une vigoureuse résistance et des pertes considérables en tués et blessés de chaque côté.

L'empereur Alexandre, arrivé sur les Buttes-Chaumont vers les deux heures de l'après-midi, put contempler

Paris; on entendait vers Montmartre et Vincennes un feu terrible de mousqueterie et les décharges continuelles d'une artillerie formidable. A ce moment solennel, l'Empereur descendit de cheval pour mieux jouir de l'imposant spectacle qui s'offrait à sa vue. Il me demanda de lui nommer les principaux monuments; bientôt sa belle figure devint pensive, il ne me questionnait plus, il restait absorbé dans une profonde méditation; à quoi songeait-il? Dieu le sait. Il ne paraissait entendre ni le canon, ni la fusillade, ni le bourdonnement de cette grande ville placée à nos pieds. Je me retirai par discrétion et je me livrai moi-même à des réflexions bien étranges. L'Empereur fut bientôt tiré de sa rêverie par l'arrivée d'un parlementaire amené par le comte Nesselrode.

Le Tzar, le roi de Prusse, les généraux présents et la chancellerie se réunirent en conseil, au bout d'un quart d'heure, l'Empereur me fit signe d'avancer. « Allez « trouver le comte de Langeron, il doit être au bas de « Montmartre, vous lui direz que je viens d'accorder « une suspension immédiate des hostilités; en consé- « quence, qu'il fasse cesser le feu immédiatement, que « pas un soldat n'essaye d'entrer dans Paris, quand « même il se serait rendu maître d'une barrière, je l'en « rends personnellement responsable; allez aussi vite que « vous pourrez. »

Je partis au galop, mais quelle terrible et périlleuse mission ! Il me fallait, en prenant le chemin le plus court, traverser des rues étroites, dans lesquelles on se battait avec acharnement, de chaque maison, transformée pour ainsi dire en fort, partait une fusillade meurtrière, à chaque pas des canons braqués d'un côté ou de l'autre enfilaient les routes, les chemins, les sentiers. Je me disais à moi-même : Jamais je n'arriverai à ma destination au milieu de cette grêle de balles et de boulets, je serai tué dix fois pour une. Heureusement et par miracle, je m'en tirai sans une égratignure. Je mis un mouchoir blanc au bout de mon épée, et agitant mon drapeau je criai partout où je passais, en russe, en allemand et en français : « Cessez le feu, par ordre « du Tzar. Mes amis, ne tirez plus, il y a suspension « d'armes, je vais l'annoncer sur toute la ligne. » On m'écoutait en général, excepté dans quelques endroits, où la lutte était trop acharnée, ou le bruit trop grand pour me faire entendre. Enfin, après des dangers inouïs, je trouvai M. de Langeron à Montmartre, je lui répétai mot pour mot les instructions de l'Empereur, il donna l'ordre de cesser immédiatement le feu, prescrivit des mesures rigoureuses, et interdit, sous peine de mort, à qui que ce fût, de sortir des rangs, ou de pénétrer dans Paris; l'avant-garde de sa division occupait déjà les barrières Rochechouart, des Martyrs, Blanche et de Clichy.

Deux heures après, les feux avaient cessé sur toute la ligne, je retournai annoncer à l'Empereur que ses ordres étaient exécutés : « C'est bien, me dit-il, vous avez fait « diligence. » Quelques jours plus tard, l'Empereur se souvenant de cette périlleuse mission, signa mon brevet de commandeur de l'ordre de Saint-Vladimir, avec cette mention : « En récompense de sa conduite à la bataille « sous Paris, journée du 18-30 mars 1814. » L'Empereur se dirigea sur Bondy, où il avait couché la veille, et où l'appelaient de graves négociations qui se prolongèrent jusqu'à une heure très avancée. Armand de Polignac, Montpezat, Rapatel, Boutet et moi, nous nous dirigeâmes sur Belleville, comptant y souper et y passer la nuit. En suivant les boulevards extérieurs, longeant les barrières de la Villette et de Pantin, nous causions avec de nombreux bourgeois terrifiés; redoutant la journée du lendemain, quelques misérables nous disaient : « Entrez donc, « nous irons avec vous dans de bons endroits, où il y « aura gros à piller. » Nous distribuions le plus possible une proclamation du Roi, datée d'Hartwell :

« Louis XVIII aux Français.

« Le moment est enfin arrivé, où la divine Providence
« semble prête à briser l'instrument de sa colère! L'usur-
« pateur du trône de saint Louis, le dévastateur de l'Eu-
« rope, éprouve à son tour des revers, ne feront-ils
« qu'aggraver les maux de la France, et n'oserait-elle
« renverser un pouvoir odieux, que ne protègent plus les
« prestiges de la victoire? Quelles préventions ou quelles
« craintes pourraient aujourd'hui l'empêcher de se jeter
« dans les bras de son Roi, et de le reconnaître dans sa
« légitime autorité, le seul gage de l'union, de la paix et
« de bonheur, que ses promesses ont tant de fois garantis
« à ses sujets opprimés?

« Ne voulant, ne pouvant tenir que de leurs efforts le
« trône que ses droits et leur amour peuvent seuls affer-
« mir, quels vœux seraient contraires à ceux qu'il ne
« cesse de former? Quel doute pourrait-on élever sur ses
« intentions paternelles?

« Le Roi a dit dans ses déclarations précédentes, et il
« réitère l'assurance, que les corps administratifs et judi-
« ciaires seront maintenus dans la plénitude de leurs
« attributions; qu'il conservera leurs places à ceux qui
« en seront pourvus, et qui lui prêteront serment de fidé-
« lité; que les tribunaux, dépositaires des lois, s'inter-
« diront toutes poursuites relatives à ces temps malheu-
« reux, dont son retour aura scellé pour jamais l'oubli;
« qu'enfin, que le Code dit Napoléon, mais qui ne ren-

« ferme en grande partie que les anciennes ordonnances
« et coutumes du royaume, restera en vigueur, si l'on en
« excepte les dispositions contraires au dogme religieux,
« assujetti longtemps, ainsi que les libertés du peuple,
« aux caprices du tyran.

« Le Sénat, où siègent des hommes que leurs talents
« distinguent à si justes titres, et que tant de services
« peuvent illustrer aux yeux de la France et de la posté-
« rité, ce corps dont l'utilité et l'importance ne seront
« bien reconnues qu'après la Restauration, peut-il man-
« quer d'apprécier la destinée glorieuse qui l'appelle à
« être le premier instrument du grand bienfait qui
« deviendra la plus solide, comme la plus honorable
« garantie de son existence et de ses prérogatives?

« A l'égard des propriétés, le Roi, qui a déjà annoncé
« l'intention d'employer les moyens les plus propres à
« concilier les droits et les intérêts de tous, voit les nom-
« breuses transactions qui ont lieu entre les anciens et
« les nouveaux propriétaires, rendre ce soin presque
« superflu. Il s'engage à interdire aux tribunaux toutes
« procédures contraires auxdites transactions, à encou-
« rager les sacrifices qui pourront contribuer au repos
« de la France et à l'union sincère de tous les Fran-
« çais.

« Le Roi a garanti à l'armée la conservation des
« grades, emplois, soldes et appointements dont elle
« jouit à présent, il promet aussi aux généraux, officiers
« et soldats, qui se signaleront en faveur de sa cause,
« inséparable des intérêts du peuple français, des récom-
« penses plus réelles, des distinctions plus honorables,
« que celles qu'ils ont pu recevoir d'un usurpateur, tou-
« jours prêt à méconnaître, ou même à redouter leurs
« services. Le Roi prend de nouveau l'engagement

« d'abolir cette conscription funeste, qui détruit le bon-
« heur des familles et l'espérance de la patrie.

« Telles ont toujours été, et telles sont encore les inten-
« tions du Roi, son rétablissement sur le trône de ses
« ancêtres ne sera, pour la France, que l'heureuse transi-
« tion des calamités d'une guerre qui perpétue la tyrannie
« aux bienfaits d'une paix solide, dont les puissances
« étrangères ne peuvent trouver la garantie que dans la
« parole du souverain légitime.

« LOUIS.

« Hartwell, comté de Buckingham, le 1er février 1814. »

Le *Moniteur universel* du 2 avril 1814 publie la note suivante :

« Il a paru dans le *Journal de Paris* une proclamation
« intitulée : *Louis XVIII aux Français*, cette pièce n'a
« aucun caractère d'authenticité. » On pouvait critiquer son opportunité, sa rédaction, mais il était impossible de nier son authenticité : un courrier spécial d'Angleterre nous l'avait apportée, en réponse à la lettre que nous avions adressée, de Langres, au Roi; lettre dont j'ai donné copie plus haut.

A la nuit tombante, nous quittions les barrières pour entrer dans Belleville, où tout était encore dans la plus grande confusion; on s'était battu une partie de la journée dans les rues, mais, chose surprenante, aucuns dégâts n'avaient été commis, soit par les Français, soit par les alliés. Les tomes V, VI et VII de la Bibliothèque britannique, imprimés et publiés à Paris en 1826, contiennent une relation des événements de ce jour, et parlent de la dévastation des maisons de Belleville ; je puis affirmer que le 30 mars au soir, il n'existait d'autres dégâts que ceux résultant d'un combat dans la rue, tels que carreaux cassés et arbres brisés. L'auteur de cette relation est un Anglais prisonnier dans Paris; on voit clairement qu'il n'appartenait à aucune armée, quelques détails exacts ont été puisés aux meilleures sources, mais d'autres ont été pris on ne sait où. On y trouve une proclamation à la suite des rixes, signée : « Comte de Mor-« temart, aide de camp de l'empereur de Russie. » On veut sans doute parler de moi, or, je n'ai signé aucune proclamation, et je ne m'appelle pas comte de Mortemart.

Nous commandions notre souper dans une de ces guinguettes achalandées dans les faubourgs des grandes villes; le patron s'était réfugié dans Paris, avec sa femme, ses enfants, son chef de cuisine, et sa caisse, laissant son établissement sous la direction de son premier garçon, gaillard très éveillé, et de deux aides de cuisine. Ils se chargèrent de préparer un souper, les provisions ne manquaient pas : la veille encore, on avait dansé toute la nuit, et personne n'avait songé à s'attabler dans la journée. Nous étions nombreux et tous Français : le général comte de Lambert, dont la division occupait Belleville, le général baron de Damas, commandant la brigade de grenadiers de la garde, qui venait de s'emparer de Montreuil, et mes quatre compagnons. Le garçon étonné de nous entendre tous parler français, sans articuler un mot de russe, ne put se contenir, et croisant ses bras, il nous dit : « Ah çà, pour des Cosaques, vous en dégoisez tout « de même pas mal en français, et du plus relevé encore ! » Nous répondîmes par un joyeux éclat de rire. Boutet ajouta avec un grand sérieux : « Il ne faut pas que « cela t'étonne, mon garçon, nous avons appris le fran-« çais en nourrice. »

Je me retirai vers onze heures avec mes compagnons, dans le logement qui m'était affecté : une fort jolie maison de campagne appartenant à un gros négociant du Marais; le jardinier-concierge, menacé d'abord de loger des Cosaques, avait été ravi de recevoir un aide de camp du Tzar.

Le 31 mars, je montai à cheval de grand matin, pour rejoindre le quartier général. Je pris le chemin de Bondy, j'appris en route que l'Empereur se trouvait près des barrières. Me dirigeant de ce côté, je rencontrai le colonel Brozine, le même camarade qui à Fère-Champenoise m'avait annoncé la mort de Rapatel; il me dit : « Où diable « étiez-vous donc caché? on vous cherche de tous côtés. « — Pourquoi? — Vous êtes nommé commandant de la « place de Paris, et le général Sacken, gouverneur; cou- « rez, on vous attend. » Avant que je fusse revenu de mon étonnement, je m'entendis appeler par le général Sacken lui-même : « Je désespérais de vous rencontrer, me dit-il, « nous n'avons cependant pas de temps à perdre, je suis « heureux du choix que l'Empereur a fait de vous, parce « que vous êtes Français; vous connaissez Paris, votre « nomination prouvera à ses habitants de quelles bonnes « intentions le souverain est animé. Pour moi, je suis « heureux de voir près de moi, comme collaborateur, le « frère de mon ancien chef d'état-major, pendant deux « années, dont la mort m'a vivement affligé.

« Vous allez prendre le commandement de trois batail- « lons de gardes russes, ils sont en colonne, près d'ici; « j'y ai joint deux pièces de canon; vous irez à l'hôtel de « ville, vous en prendrez possession au nom du Tzar, « vous y laisserez vos canons et deux bataillons; avec le « troisième, vous vous rendrez à l'Élysée, désigné pour « loger l'empereur de Russie, sa maison et sa chancellerie. « Vous vous entendrez ensuite avec le préfet de la Seine « et la municipalité de Paris pour préparer des logements,

« des rations de vivres et de fourrages, des places dans
« les hôpitaux pour nos blessés et nos malades. Deux
« officiers supérieurs de la garde nationale vous attendent
« pour vous guider et vous protéger ; marchez cependant
« avec prudence, évitez toute collision. Vous me choi-
« sirez un logement convenable, proche de l'Élysée, et
« vous viendrez me l'indiquer ; allez, prudence et fer-
« meté ! »

Se figure-t-on mon étonnement, ma joie, mon embarras ? Surpris par un commandement qui m'était confié, sans y avoir été préparé le moins du monde ; heureux, transporté de joie de me voir rentrer ainsi dans cette grande ville, que j'avais quittée dix ans auparavant dans une position si triste, étant seul, séparé de mes parents dispersés par la Révolution et ruinés par leur dévouement à la famille royale, et obligé de me contenter du panier de la diligence, l'état de ma bourse ne me permettant pas de prendre une place dans l'intérieur de la voiture ; aujourd'hui : je rentrais commandant la place ! Il ne me restait ni le temps ni la possibilité de réfléchir ; le torrent des affaires m'emportait malgré moi.

Je fis mon entrée par la rue du Faubourg-Saint-Martin ; je choisis Montpezat pour aide de camp, et M. de Zasse pour major de place ; je le rencontrai par hasard en ce moment. Gentilhomme livonien, instruit, brave, loyal, parlant parfaitement français, il avait été commandant de place sur les bords de la mer Baltique, il devait m'être d'un grand secours.

Au moment de commander à mes bataillons : Colonne en avant ! marche ! un des deux officiers supérieurs de la garde nationale, annoncé par le général comte Sacken, s'approcha de moi pour m'escorter. Quelle fut notre surprise mutuelle ! je reconnaissais Albert de Brancas, plus

tard duc de Cereste, et lui, retrouvait un ami intime, dans l'officier russe chargé de prendre possession de l'hôtel de ville de Paris, au nom du Tzar. Nous nous étions liés pendant mon séjour à Paris, à mon retour du Portugal; nous nous embrassâmes avec effusion, puis M. de Brancas se tournant vers la foule qui nous entourait : « Pari« siens! leur dit-il, l'empereur de Russie vous donne un
« gage de son intérêt pour notre grande ville, il vient de
« désigner cet officier supérieur, son aide de camp, pour
« être commandant d'armes; c'est un compatriote, un
« enfant de Paris, c'est un ami intime que je retrouve et
« un ami pour vous, que je vous présente. » Un murmure d'approbation accueillit ces paroles, mon nom vola de bouche en bouche, et comme nous étions tout près de la barrière et de la rue Rochechouart, l'effet fut complet. L'autre officier de l'état-major de la garde nationale de Paris était le beau comte Albert d'Orsay, également un de mes bons amis; il venait d'être renversé par son cheval, sur le pavé du faubourg Saint-Martin, et on le transporta chez lui sur un brancard. Je lui serrai la main en passant.

Arrivé sans encombre devant l'hôtel de ville, je rangeai ma troupe en bataille sur la place de Grève et je montai dans les appartements du préfet, le comte de Chabrol; il me reçut très froidement; il trouvait des difficultés à tout ce que je demandais. Je crus alors devoir lui parler sévèrement, je lui répétai que j'étais chargé de prendre possession de l'hôtel de ville, avec deux bataillons des gardes russes et deux pièces de canon, afin d'occuper la place de Grève et le palais au nom de l'empereur de Russie et des souverains alliés, et que je venais de mettre cet ordre à exécution :
« En conséquence, monsieur, ajoutai-je, je ne viens pas
« vous demander des obligeances, ou vous prier de me

« rendre quelque service, je viens vous donner des
« ordres et vous enjoindre d'obtempérer à toutes les
« demandes que je jugerai nécessaires au service de
« l'armée alliée. Pour vous donner une idée des bonnes
« intentions de S. M. I. l'empereur Alexandre, et de sa
« bienveillance pour la France, pour la ville de Paris et
« pour ses habitants, il m'a choisi, moi le comte de Roche-
« chouart, votre compatriote, pour traiter avec vous
« tous les détails de l'occupation de la capitale par une
« armée de cent cinquante mille hommes; c'est donc avec
« moi, monsieur, que vous aurez à décider ces graves
« questions. » M. de Chabrol changea immédiatement
de manières et de langage, il m'assura être tout à ma
disposition et s'informa de ce qui était le plus urgent. Je
l'engageai à réunir les douze maires de Paris, pendant
que j'irais exécuter les ordres du général comte Sacken,
gouverneur de Paris, homme très honorable, intègre et
fort aimable.

Je laissai M. de Zasse à l'hôtel de ville avec les deux
bataillons, pour préparer les rations et les logements militaires, et j'allai, avec mon troisième bataillon, prendre
possession de l'Élysée. J'installai dans ce palais la maison de l'Empereur. Je choisis l'hôtel du général Hulin,
dernier gouverneur de Paris, situé place Vendôme,
pour mon état-major et moi, et réservai pour le général Sacken l'hôtel de M. Roy, rue de la Chaussée d'Antin; je n'avais rien trouvé de convenable dans le voisinage
de l'Élysée. Tous ces arrangements terminés, je me
rendis place Louis XV, où je savais trouver l'empereur de Russie et le roi de Prusse. Le généralissime
prince de Schwarzemberg faisait défiler, devant Leurs
Majestés, l'armée alliée. Les derniers bulletins de Napoléon représentaient cette armée comme épuisée, désor-

ganisée, réduite à un faible effectif; au lieu de cela, pendant trois heures, les Parisiens, accourus en foule, virent défiler les régiments de la garde russe, dans la plus belle tenue; la garde royale prussienne, moins nombreuse, mais aussi belle; le corps entier des grenadiers hongrois à l'air martial; au moins vingt mille Cosaques ou Kalmouks; trente-cinq mille hommes de cavalerie régulière des trois nations, suivis de quatre cents pièces de canon, avec tout le train que nécessite une pareille artillerie. Cette exhibition de forces si écrasantes parut produire une grande impression sur les Parisiens. Le plus brillant et le plus nombreux état-major qui sera jamais réuni, complétait ce tableau, éclairé par un soleil éclatant. Joignez à cela une foule électrisée; les cris poussés par plus de cent mille bouches : Vive l'empereur Alexandre! vive le roi de Prusse! vive le Roi! vivent les alliés! vivent nos libérateurs! mêlés aux commandements faits aux troupes, en russe et en allemand, le bruit des voitures, des chevaux, des fantassins; ce spectacle est impossible à décrire, il vaut mieux laisser le champ libre à l'imagination. Un seul détail entre mille, resté présent à ma mémoire : une jeune femme était parvenue, je ne sais comment, à se hisser sur l'un des étriers du Tzar, et lui criait aux oreilles, d'une voix frénétique et fiévreuse : « Vive l'empereur Alexandre! » Ce beau souverain lui prit les mains pour l'empêcher de tomber, et lui dit de son air gracieux : « Madame, criez : Vive le Roi! et je « crierai avec vous. »

Après avoir rendu compte au général Sacken de l'organisation des logements, j'allais me retirer, lorsqu'il me communiqua une décision prise à l'instant même par les souverains alliés : le général russe comte Sacken était maintenu comme gouverneur de Paris et trois commandants de place, russe, autrichien et prussien, avaient chacun sous leurs ordres quatre arrondissements, dans lesquels devaient loger les officiers de leur nation.

Ces commandements des douze arrondissements de Paris, sous les ordres du gouverneur comte Sacken, étaient répartis ainsi :

Les premier, deuxième, troisième et quatrième sous les ordres du comte de Rochechouart, colonel, aide de camp de l'empereur de Russie.

Les cinquième, sixième, septième et huitième sous les ordres du général Hertzogenberg, général-major autrichien, émigré, dont le nom français était comte de Pecadeuc, en bas breton : montagne du duc, qu'il avait traduit littéralement en allemand par : Hertzogenberg.

Les neuvième, dixième, onzième et douzième sous les ordres du comte de Goltz, général-major prussien, en remplacement d'un autre général qui avait refusé.

Le quartier général de l'empereur de Russie fut installé à l'Élysée ; en attendant son organisation complète, l'empereur Alexandre accepta pendant quelques jours l'hospitalité dans l'hôtel du prince de Talleyrand, 2, rue Saint-Florentin, hôtel qui appartenait avant la Révolution au duc de l'Infantado.

Le quartier général du roi de Prusse s'établit dans l'hôtel du prince Eugène de Beauharnais, rue de Bourbon. La Prusse acheta cet hôtel pour y établir son ambassade.

On mit à la disposition de l'empereur d'Autriche et de sa suite l'hôtel du prince de Wagram, situé boulevard des Capucines, qui devint plus tard le ministère des affaires étrangères.

Le palais de Saint-Cloud fut assigné, faute de place dans Paris, au prince de Schwarzemberg, et au nombreux état-major du généralissime. La multiplicité des uniformes russes, anglais, autrichiens, suédois, prussiens, allemands occasionna plusieurs méprises; pour éviter des accidents, tous les officiers alliés reçurent l'ordre de porter au bras droit un brassard blanc. On crut voir dans le choix de cette couleur une démonstration en faveur des Bourbons, il n'en était rien; la couleur blanche fut préférée comme étant celle qui se voyait de plus loin, le jour ou la nuit. Les royalistes de Paris attachaient de l'importance à la couleur du brassard, mais c'était une simple coïncidence, elle n'entrait pas dans la pensée du prince de Schwarzemberg, de qui l'ordre émanait.

Mon commandement demeura le plus important. Je restai seul chargé des communications et des relations avec la préfecture, le gouvernement provisoire et l'état-major de la garde nationale. Après m'avoir instruit de ces nouvelles dispositions, le général Sacken me dit : « L'Empereur vous ordonne d'exécuter ponc-
« tuellement et sans aucune restriction, une commis-
« sion à laquelle Sa Majesté Impériale attache une
« grande importance, tâchez de vous en bien pénétrer;
« l'Empereur est informé que, sous un prétexte quel-
« conque, M. de Caulaincourt, duc de Vicence, doit se
« présenter à l'Élysée et insister pour être admis auprès
« de Sa Majesté Impériale. Non seulement l'Empereur ne
« veut pas le voir, mais il vous ordonne de lui dire, et
« cela sans ménagements aucuns, qu'il ne veut ni le
« recevoir ni l'écouter. Tâchez de vous tirer de là le
« plus poliment possible, cela vaut toujours mieux,
« n'employez les gros mots qu'à la dernière extrémité,
« mais employez-les, si vous ne pouvez faire autrement,
« car vous devez obéir à un ordre si formel. » Le gouverneur achevait à peine de me donner ces instructions

que l'empereur Alexandre m'aperçut et m'appela. Je n'avais pas encore eu l'occasion de le remercier du poste important qu'il venait de me confier, il ne m'en laissa pas le temps : « Je suis horriblement pressé, me dit-il, « ainsi donc deux mots seulement. Je suis bien aise de « ce que j'ai fait pour vous, je crois que vous com- « prendrez votre situation. Le général Sacken a dû vous « dire que je ne veux pas recevoir le duc de Vicence, « allez à l'Élysée et déclarez-le-lui. »

Je me rendis tout de suite au palais de l'Élysée. Je trouvai sur les marches du perron le grand écuyer, duc de Vicence, ancien ambassadeur de France en Russie; l'ayant vu dans mes voyages à Pétersbourg, je le connaissais parfaitement. Je m'approchai de lui et lui demandai ce qu'il désirait. Le dialogue suivant s'établit entre nous : « LE DUC : Je viens offrir à Sa Majesté l'empereur « de Russie la maison de l'empereur Napoléon pour le « servir dans ce palais.

« MOI : L'empereur Alexandre a sa maison, elle suffit « à tous ses besoins, j'ai reçu des ordres à cet égard, je « ne vous en adresse pas moins tous mes remerciements « pour cette aimable prévenance.

« LE DUC : Je désire recevoir cette réponse de la bouche « même de Sa Majesté. J'ai l'honneur d'en être connu « particulièrement.

« MOI : Impossible, monsieur le duc, l'Empereur « vient de me donner ses ordres; il lui est impossible de « recevoir personne aujourd'hui.

« LE DUC : Je n'ai probablement pas l'honneur d'être « connu de vous, sans cela...

« MOI : Je vous demande pardon, j'ai parfaitement « l'honneur de vous connaître, monsieur le duc de « Vicence; je me borne à vous répéter que l'Empereur

« m'a ordonné de ne laisser pénétrer aucun étranger
« auprès de sa personne, telle est la consigne que je viens
« de donner à l'officier qui commande ici.

« Le duc : Cette défense ne peut me concerner, et
« lorsque l'empereur Alexandre sera informé de l'insis-
« tance que je mets à lui présenter mes hommages de
« vive voix, je suis certain que je serai admis en sa pré-
« sence. Au titre de grand officier de l'Empire français,
« je joins celui de diplomate.

« Moi : Monsieur le duc, j'ai employé jusqu'à présent
« des expressions polies, qui devraient être comprises
« d'un diplomate aussi distingué. Je vais vous parler
« maintenant sans détours, militairement et clairement :
« Sa Majesté l'empereur de Russie, que je quitte à l'in-
« stant, place Louis XV, vient de me dire : Si le duc de
« Vicence se présente à l'Élysée et désire me parler, je
« vous ordonne de lui répondre que je ne veux ni le voir
« ni l'entendre. Je suis désolé de vous répéter ces paroles
« aussi crument, mais votre insistance m'y a forcé.

« Le duc : Il ne me reste plus qu'à me retirer, mais
« je ne sache pas avoir rien fait pour m'attirer cette
« sévérité de l'empereur de Russie. »

Le duc de Vicence, nommé par Napoléon ambassadeur en Russie, après la paix de Tilsitt, avait su capter
par ses formes charmantes l'amitié de l'empereur
Alexandre, qui, dans l'épanchement d'une confiance
intime, lui avait fait des confidences d'une grande importance, action peu prudente vis-à-vis d'un ambassadeur
étranger. Cette grande intimité déplut à Napoléon. Au
commencement de 1812, il rappela le duc de Vicence et
nomma à sa place le général de Lauriston. Après la prise
de Moscou par l'armée française, l'empereur Alexandre,
ayant cru reconnaître, à certains indices, que M. de Cau-

laincourt l'avait indignement trahi en abusant de quelques-unes de ses confidences intimes, avait pris la résolution de ne plus avoir aucune relation avec lui. Le duc de Vicence étant parvenu à prouver le non-fondé de cette accusation, l'Empereur lui rendit toute justice et son amitié. Je tiens ce dernier renseignement du duc de Richelieu. Le duc de Vicence parti, je me rendis en toute hâte place Vendôme pour prendre possession de mon commandement.

Les affaires les plus importantes m'attendaient, une des plus pressées était de m'entendre avec le commandant en chef de la garde nationale de Paris. Le maréchal Moncey, revêtu de ce commandement, avait donné sa démission la veille au soir; le duc de Montmorency le remplaçait. Les relations de famille et de société qui existaient entre nous devaient faciliter les négociations d'intérêts si difficiles à concilier; sa sœur, Éléonore-Anne-Pulchérie de Montmorency, avait épousé, le 21 avril 1801, Victor de Mortemart, fils du marquis de Mortemart, qui me témoigna tant de bonté à Lisbonne. Je n'avais rien mangé depuis notre souper à Belleville; il m'emmena dîner chez lui, voulant jouir de la surprise de sa femme, retrouvant, commandant la place de Paris, le jeune homme avec lequel elle avait joué la comédie à la Meilleraye, en 1803. Le duc de Montmorency avait un beau rôle à jouer dans les circonstances actuelles; malheureusement, il manquait d'énergie, qualité indispensable dans ces moments de trouble. Il fut bientôt remplacé par le général Dessoles.

Je passai la nuit du 31 mars au 1er avril tout entière debout, consacrant les premières heures aux maires des quatre arrondissements placés tout spécialement sous mes ordres pour organiser les logements militaires et les distributions de vivres et de fourrages ; puis vint le tour de l'état-major de la garde nationale et de la police, pour régler les patrouilles indispensables dans ce moment de désorganisation générale. Ces affaires terminées, on m'annonça la visite d'un groupe de royalistes amenés par Armand de Polignac et le marquis de Quinsonnas; ils venaient tenir un conseil chez moi. Les premiers mots étaient à peine échangés, qu'un aide de camp du général Sacken vint m'ordonner de me rendre, toute affaire cessante, auprès de lui. Je priai Armand de Polignac et ses amis de m'attendre, et je me rendis en toute hâte chez le gouverneur. Les deux autres commandants, prussien et autrichien, arrivèrent en même temps que moi : « Messieurs, nous dit le général Sacken, nous sommes prévenus que Napoléon a été vu dans la journée, à quelques lieues de Paris; il venait de Fontainebleau; il pourrait se faire qu'avec les débris des troupes qui ont combattu hier, joints à quelques renforts dont il dispose encore, il tente un coup de main cette nuit, espérant nous surprendre dans les rues de cette grande capitale, rues que nous ne connaissons pas. Vous prendrez chacun un bataillon de vos troupes respectives, vous le ferez bivouaquer devant vos logements, j'en garderai un également. L'empereur de Russie couche chez le prince de Talleyrand, il y a des forces suffisantes sur la place Louis XV. Le roi de Prusse a plusieurs bataillons de garde sur le quai d'Orsay, derrière l'hôtel qu'il habite. Au premier signal, vous ferez évacuer tous les postes et vous vous dirigerez place Louis XV, lieu du rendez-vous général. D'après certaines négociations entamées avec le maréchal Marmont, duc de Raguse, qui s'est si bravement battu tous ces jours-ci, je ne crois pas à une attaque, mais rappelez-vous que

« c'est souvent au milieu du plus beau triomphe que
« l'on éprouve les revers les plus sanglants; je compte
« donc sur votre prudence et votre activité, comme vous
« pouvez compter sur ma vieille expérience. » Chacun
de nous assura le gouverneur qu'il ferait son devoir, qu'il
se conformerait ponctuellement à ses ordres, et que ses
sages conseils seraient suivis.

Avant de rentrer dans mon salon, je donnai les
ordres nécessaires pour l'exécution de ceux que je venais
de recevoir; ma figure portait les traces d'une préoccu-
pation bien compréhensible, après une telle communication; M. de Quinsonnas s'en aperçut le premier, il me
dit : « Que se passe-t-il donc, cher ami? vous avez une
« mine bien sévère? — Il se passe, répondis-je, que je
« n'ai ni le temps ni l'envie de m'occuper de restaura-
« tion; qui sait si nous ne serons pas obligés d'évacuer
« Paris cette nuit! une terrible responsabilité pèse sur
« moi... » Ces messieurs tournant, en réalité, la supposition que je venais de faire, se retirèrent en disant : « On
« va quitter Paris cette nuit! » Ils se rappelaient le sort
du chevalier de Gouault, fusillé quelques mois auparavant à Troyes, et chacun voulait prendre ses précautions. Montpezat entra alors, il m'apportait de nombreuses
pièces à signer et venait me rendre compte de l'exécution
de plusieurs ordres. Enfin vers cinq heures du matin,
brisé de fatigue, je m'étendis sur un canapé et dormis
environ deux heures.

Cette première nuit se passa sans alertes. A sept heures,
je me remis au travail, effrayé de la masse d'affaires
que j'avais à traiter, me trouvant bien novice pour
des questions si graves et si multiples. Les chances d'attaque de la part de Napoléon paraissaient s'évanouir;
nous apprenions la nouvelle de son abdication à Fontaine-

bleau, le retour des Bourbons semblait décidé, je me mis plus tranquillement au travail.

Le 1ᵉʳ avril, dès sept heures du matin, le préfet de la Seine, le préfet de police et tous les maires de Paris me firent prévenir que depuis trois jours aucun arrivage de bestiaux n'avait pu pénétrer dans la ville ; ceux qui s'y étaient aventurés avaient été saisis par les corps de troupes isolés qui entouraient Paris. Or, il fallait pourvoir à la consommation journalière de la capitale, à la fourniture des hôpitaux civils et militaires, aux rations des troupes alliées dont le nombre, déjà considérable, allait augmenter par l'arrivée de régiments en retard, ralliant Paris. Cette question d'approvisionnement de viande de boucherie primait toutes les autres, il fallait s'en occuper immédiatement.

J'envoyai à chaque barrière des sous-officiers accompagnés d'agents de la municipalité et de la police, avec ordre de saisir tout le bétail amené par les corps en retard. Tous ces animaux pris par réquisition n'avaient rien coûté à ceux qui les traînaient à leur suite ; les agents municipaux les saisirent et les payèrent sur place, le prix basé sur la moitié des cours des derniers marchés. De cette façon, il se trouva bientôt à la disposition de la ville une immense quantité de viande revenant à la moitié du prix ordinaire ; ce qui laissa le temps aux bœufs de Normandie et d'ailleurs de reprendre le chemin de Paris. Les détenteurs de ces bestiaux se trouvaient eux-mêmes largement indemnisés, par l'argent comptant qu'on leur donnait pour une chose qui ne leur coûtait rien. Cet expédient me valut de grands remerciements de la part du conseil municipal, préoccupé comme moi des conséquences qui pouvaient résulter du manque de viande de boucherie.

Cette affaire terminée, je m'occupai des logements ; je recevais des réclamations sans fin de la part des propriétaires les plus riches et souvent les plus récalcitrants. La première réclamation vint de M. Roy ; son hôtel, rue de la Chaussée-d'Antin, qu'il habitait avec sa famille, était fort joli, mais pas assez vaste pour loger, en plus, le général Sacken, son état-major et ses bureaux ; cette réclamation me paraissant fondée, j'établis le gouverneur chez M. de Crest, faubourg Saint-Honoré, tout près de l'Élysée. M. Roy dut loger, en échange, deux de mes collègues, aides de camp du Tzar. Madame Hulin, femme du général à qui j'avais succédé, parvint, je ne sais comment, auprès de l'empereur Alexandre ; elle se prétendit enceinte, pleura, supplia, et finalement obtint qu'on me ferait déloger de son hôtel ; le général Sacken me transmit lui-même l'ordre de Sa Majesté Impériale de chercher un autre appartement. M. Cordier, maire du premier arrondissement, m'installa à l'hôtel d'Elbeuf, place du Carrousel, occupé naguère par le duc de Bassano, ministre d'État, par conséquent, magnifiquement meublé par le garde-meuble de la couronne, avec argenterie, vaisselle, cristaux, linge, etc., etc., aux armes et chiffre de Napoléon ; de vastes bureaux étaient tout prêts, de magnifiques écuries attendaient les chevaux ; en un mot, l'hôtel était somptueux et donnait une idée du luxe de l'Empire. Je m'établis dans l'appartement de la duchesse de Bassano, le lit commun avec son mari avait des draps de batiste et des oreillers ornés de dentelles ; une glace au ciel du baldaquin et une autre glace dans la ruelle annonçaient que ce ministre d'État, marié à l'une des plus jolies femmes de cette époque, n'était pas uniquement absorbé par les affaires de l'Empire, et se reposait délicieusement, dans ce voluptueux sanctuaire de l'hymen, des fatigues et de l'activité constante que Napoléon exigeait, même de ses ministres. On mit également à ma disposition quatre valets de pied à la livrée de l'Empereur et deux huissiers ; je gagnai donc beaucoup à être renvoyé par madame Hulin.

Le docteur Bourdois refusa les billets de logement qui lui furent présentés, sous prétexte que son titre de médecin des enfants de l'Empereur l'exemptait de cet impôt. Je me trouvais à la mairie quand il vint faire sa réclamation ; me retournant vers les répartiteurs, je leur dis : « Messieurs, croyez-vous juste que M. le docteur « Bourdois, propriétaire d'un bel hôtel, rue Royale, soit « exempté d'une charge qui pèse en ce moment sur tous « vos concitoyens, parce qu'il est richement rétribué « comme médecin des enfants de l'Empereur ? — Non, « s'écrièrent-ils, qu'il paye comme les autres ! » Le docteur furieux me dit en sortant : « Singuliers honoraires « pour vous avoir soigné d'une fluxion de poitrine, en « 1804 ! »

Le général Arrighi, duc de Padoue, réclama également. Je soutins que son hôtel, situé rue de la Chaussée-d'Antin, n'était pas trop chargé. Enfin, la duchesse de Rovigo se plaignit amèrement, et avec raison, que l'on eût rempli son hôtel de la rue Cerutti, actuellement rue Laffitte, de simples Cosaques au nombre de quarante ; ils abîmaient le riche mobilier qui garnissait les appartements, c'était évidemment une vengeance contre l'ancien préfet de police. Je remplaçai cette horde de Cosaques par le prince Lapoukin, un des grands seigneurs de Russie, mon camarade, aide de camp du Tzar. Assez sur ce chapitre ; j'ai voulu simplement donner une idée des difficultés que j'éprouvai à caser tout le monde.

Une affaire bien plus importante et bien désagréable

ne tarda pas à me tomber sur les épaules; elle a été inexactement racontée : Dès les premiers jours d'avril, quelques exaltés vinrent sur la place Vendôme, avec l'intention d'enlever la statue de Napoléon, et de la précipiter de la colonne qu'elle surmontait. Ce rassemblement était dirigé par le vicomte Sosthènes de La Rochefoucauld et le comte de Semallé. Les personnes raisonnables n'approuvant pas la manière dont on voulait agir, s'adressèrent au gouverneur de Paris pour faire abandonner cette prétention, qui blessait beaucoup de susceptibilités et pouvait amener une collision; il était donc prudent de l'éviter. Le général Sacken m'ordonna de prendre toutes les mesures convenables pour empêcher la dégradation du monument; il joignait à cet ordre un avis émané de la préfecture de police, inséré dans le *Moniteur universel* du 7 avril 1814, page 383, relatif à la décision prise sur le sort de la statue de Napoléon, et ainsi conçu :

Préfecture de police. — Place Vendôme.

AVIS

« Le monument élevé sur la place Vendôme est sous la
« sauvegarde de la magnanimité de S. M. l'empereur
« Alexandre et de ses alliés. La statue qui le surmonte
« ne pouvant y rester, en descendra pour faire place à
« celle de la Paix. »

L'ordre était positif, je n'avais qu'à m'y conformer. M. de Montbadon vint me proposer fort à propos de se charger de cette opération, m'assurant, me promettant et me prouvant que si on voulait le laisser agir, il ferait descendre la statue, sans endommager le monument ni ses ornements accessoires.

Pour arriver à ce résultat, il fallait d'abord dessouder la statue de son piédestal. Un serrurier-mécanicien pouvait seul exécuter ce travail difficile. M. de Montbadon en avait trouvé un, mais il ne voulait rien faire à moins d'avoir été requis par un ordre formel. Ne me croyant pas autorisé à donner pareil ordre, en dehors de mes attributions purement militaires, j'écrivis au baron Pasquier, préfet de police, pour l'engager à enjoindre au serrurier de commencer promptement son travail, ce qui eut lieu immédiatement. Sans collision, sans nuire à la colonne, ni à ses ornements, et même sans endommager la statue, on la descendit en quatre heures, pour la légère somme de quatre mille francs; je vais essayer d'expliquer par quelle manœuvre. Dès qu'elle fut dessoudée, au moyen de poulies elle fut enlevée de son socle, et après avoir passé un gros câble autour de la colonne, à hauteur de la balustrade du sommet, on tendit les deux bouts du câble à l'aide d'un cabestan, en fixant les deux extrémités de ces deux bouts ainsi tendus, à d'énormes pieux enfoncés au milieu de la rue Castiglione. La statue fut placée sur de forts madriers, posés en travers des deux parties du câble bien savonnées; ils glissèrent doucement avec ce lourd fardeau, retenu par une grosse corde passée dans des poulies placées en échiquier, et superposées sur deux de hauteur. Telle est l'exacte vérité, et grâce à M. de Montbadon, l'opération s'exécuta sans irriter personne. La statue, transportée dans les magasins de l'État, fut fondue plus tard, et son métal employé pour la statue équestre de Henri IV, placée sur le pont Neuf.

On m'a beaucoup reproché ma conduite en cette circonstance : en quoi est-elle blâmable? J'ai agi avec la plus grande prudence, je n'ai pris sur moi aucune initiative, tous les ordres émanaient du baron Pasquier, magistrat éclairé, chargé de la police de la capitale. Mon rôle se borna donc à surveiller l'exécution d'un ordre donné par le gouverneur de Paris, mon supérieur immédiat; je peux affirmer que tout se passa très convenablement. Je méritais donc plutôt des éloges, pour cette mission fort délicate.

Une des grosses difficultés du moment consistait à organiser une police militaire, pour surveiller cette foule d'officiers et de soldats étrangers, au milieu de tant d'éléments de disputes, de débauches, de froissements d'intérêts et d'amour-propre blessé; sans compter les vauriens qui abondent toujours dans un pareil centre de démoralisation. De concert avec le préfet de police et l'état-major de la garde nationale, j'établis des patrouilles composées mi-partie gardes russes, mi-partie gardes nationaux, ces derniers ayant la droite, et placées sous le commandement d'officiers de mon état-major particulier, parlant français. Je parvins ainsi à établir un ordre et une tranquillité qui nous valurent plus d'une fois les éloges et les remerciements des autorités.

Je me trouvai obligé de tenir ma maison avec un certain luxe; d'avoir à dîner chaque jour vingt-cinq à trente personnes; les gardes nationaux qui faisaient le service des patrouilles, ou qui montaient la garde à mon hôtel, étaient souvent du nombre. Je pus faire face à la dépense d'un pareil train, au moyen d'une subvention que l'administration des jeux m'offrit, avec l'assentiment du préfet de police; cette subvention s'élevait pour moi et les officiers de mon état-major chargés de la surveillance des maisons de jeu du Palais-Royal, à la somme de mille francs par jour. Le major de place remettait quatre cents francs aux officiers de mon état-major, les six cents autres entraient dans ma caisse. Le préfet de la Seine, M. de Chabrol, me pria instamment d'accepter au nom de la ville de Paris cette somme, qui paraissait m'être indispensable pour frais de représentation; le Conseil municipal voulait subvenir à ces dépenses obligatoires, sans grever le budget de la ville. Avant d'accepter définitivement, j'en parlai au général Sacken, qui me dit avoir reçu une indemnité s'élevant à trois mille francs par jour : « De cette façon, « ajouta-t-il, nous ne serons nullement à la charge de la « ville de Paris, et nous pourrons tenir une maison con- « venable, ce que nous ne pourrions faire, ni vous ni « moi, avec nos seuls appointements. » Je mis un certain amour-propre à dépenser tout ce que je recevais, je menais donc un grand train, car, outre ces six cents francs par jour, l'intendance de la maison impériale me fournissait : chauffage, éclairage, linge, cristaux, argenterie, valets de pied, cochers, voitures, chevaux; l'hôtel que j'habitais étant classé : palais impérial. Quel changement après les misères de la maison de bains de Caen, et d'Altona!

Le préfet de la Seine me donna un agent supérieur de son administration, M. Noël, homme d'une intelligence et d'une capacité peu communes; il me fut d'une grande utilité, et m'aida beaucoup à maintenir la tranquillité, l'ordre et la sécurité, dans les circonstances exceptionnelles où la ville de Paris se trouvait; j'espère qu'elle ne reverra jamais pareils événements!

Je retrouvai à Paris un grand nombre d'officiers de l'ancien régiment de Mortemart dans lequel j'avais fait mes premières armes, en Portugal; je les réunis au nombre de vingt-deux, dans un grand dîner. Notre ancien colonel, le duc de Mortemart, était mort en 1812; mais son frère, le bon et excellent marquis de Mortemart, notre ancien lieutenant-colonel, présida cette réunion de famille militaire.

Comme on peut le penser, ma famille m'accueillit fort aimablement, la mort de mon frère Louis me faisait chef de la maison de Rochechouart; la position importante dans laquelle je me trouvais me permit de rendre mille services à ma ville natale et à mes parents.

Le 10 avril, je donnai un grand bal, une de mes cousines, Delphine de Mirepoix, marquise de Roncherolles, en faisait les honneurs; bal magnifique dont on parla longtemps. Mes invitations comprenaient le faubourg Saint-Germain, un grand nombre de généraux et d'officiers supérieurs, russes, anglais, autrichiens, prussiens. Deux musiques militaires de la garde russe jouaient dans différentes parties de l'hôtel, et l'orchestre de Julien dans la salle de danse. Des chanteurs russes choisis dans mon ancien régiment des chasseurs de la garde, exécutèrent, sans accompagnement d'aucun instrument, des chants nationaux d'une mélodie toute particulière : ils eurent le plus grand succès, ils le méritaient; cette musique nouvelle amusa beaucoup les Parisiens. Le grand-duc Constantin me fit l'honneur d'assister à mon bal; en sortant à quatre heures du matin, il m'affirma s'être plus amusé qu'à aucun bal de la Cour, dont le cérémonial obligatoire jette toujours un certain froid. A la fin du souper, je proposai de boire au retour de Louis XVIII; on accueillit mon toast par les cris unanimes et frénétiques de : Vive le Roi !

Le 12 avril, S. A..R. Monsieur, frère du Roi et son lieutenant général, faisait son entrée dans Paris; la réception fut assourdissante d'enthousiasme. Le prince de Talleyrand, président du gouvernement provisoire, adressa à Monsieur un discours de félicitations; il répondit, et sa dernière phrase bien connue fut couverte d'applau-

dissements frénétiques : « Enfin, je me retrouve dans ma
« patrie, après vingt ans d'absence, rien n'y est changé,
« il y a seulement un Français de plus ! »

Je vais entrer dans quelques détails sur la révolution
gouvernementale qui rétablit les Bourbons, à l'exclusion de
la dynastie napoléonienne, j'ai su ces détails par le duc de
Richelieu, qui les tenait de l'empereur Alexandre lui-
même : impossible donc de puiser à une source plus
authentique.

Les premières réunions se tinrent, au commencement
d'avril, chez M. de Talleyrand, rue Saint-Florentin, où
demeurait l'empereur de Russie; le palais de l'Élysée
n'étant pas encore en état de le recevoir. Le départ de
l'impératrice Marie-Louise pour Blois, avec son fils
et les ministres de Napoléon; et l'absence de l'empereur d'Autriche, qui ne put arriver à Paris que lorsque
tout était fini, laissèrent le champ libre aux adversaires de
l'Empire. Je voudrais bien prouver combien est mensongère cette phrase répétée par les libéraux : « Les Bour-
« bons ne sont revenus qu'à la suite des baïonnettes
« étrangères et nullement par le vœu de la nation. »
Rien n'est plus faux; pour s'en convaincre, il suffit de
suivre les actes des souverains alliés, ils prouvent : 1° que
leur intention formelle était de laisser les Français se prononcer sur le genre de gouvernement qui leur convien-
drait; 2° que jamais plus franche et plus loyale déclaration n'a été faite. Le *Moniteur* du 2 avril 1814, page
364, publia la déclaration suivante :

DÉCLARATION

« Paris, le 1er avril 1814.

« Les armées des puissances alliées ont occupé la capi-

« tale de la France, les souverains alliés accueillent le
« vœu de la nation française.

« Ils déclarent :

« Que si les conditions de la paix devaient renfermer
« de plus fortes garanties, lorsqu'il s'agissait d'enchaîner
« l'ambition de Bonaparte, elles doivent être plus favo-
« rables, lorsque, par un retour vers un gouvernement
« sage, la France elle-même offrira l'assurance de ce repos.

« Les souverains alliés proclament, en conséquence :
« qu'ils ne traiteront plus avec Napoléon Bonaparte ni
« avec aucun membre de sa famille ; qu'ils respectent l'in-
« tégrité de l'ancienne France, telle qu'elle a existé sous
« ses rois légitimes ; ils peuvent même faire plus,
« parce qu'ils professent toujours le principe que, pour
« le bonheur de l'Europe, il faut que la France soit
« grande et forte.

« Qu'ils reconnaîtront et garantiront la Constitution
« que la nation française se donnera. Ils invitent par
« conséquent le Sénat à désigner un gouvernement pro-
« visoire qui puisse pourvoir aux besoins de l'adminis-
« tration et préparer la Constitution qui conviendra au
« peuple français.

« Les intentions que je viens d'exprimer me sont com-
« munes avec toutes les puissances alliées.

« ALEXANDRE.

« *Pour Sa Majesté Impériale, le secrétaire
d'État :*

« Comte Nesselrode. »

Cette déclaration nette et positive, sans restriction ni
amphibologie, est officielle.

Dans la nuit du 31 mars au 1ᵉʳ avril, la première conférence se réunit chez le prince de Talleyrand, dans l'appartement de l'empereur de Russie : le roi de Prusse, le prince de Schwarzemberg, le comte Nesselrode, le général Pozzo di Borgo, le prince de Talleyrand, le baron Louis, Mgr de Pradt, archevêque de Malines, y assistaient. La discussion porta sur le choix du gouvernement. Le prince de Talleyrand, le baron Louis et l'archevêque de Malines, Mgr de Pradt, se prononcèrent ouvertement pour l'exclusion de la dynastie napoléonienne et le rappel des Bourbons. Mais, d'après eux, les mandataires de la nation, le Sénat et le Corps législatif, devaient se réunir et nommer un gouvernement provisoire. Le prince de Talleyrand, en sa qualité de vice-grand Électeur, convoqua le Sénat pour le lendemain 1ᵉʳ avril. Cet habile diplomate, dans un discours remarquable, présenta la question très clairement et très nettement.

Les sénateurs nommés membres du gouvernement provisoire, et chargés de rédiger une nouvelle Constitution, furent :

> Le prince de Talleyrand, *président,*
> Le général de Beurnonville,
> Le marquis de Jaucourt,
> Le duc de Dalberg,
> et l'abbé de Montesquiou.

Mgr de Pradt raconte, dans ses *Mémoires,* avec le plus grand détail, ce qui se passa dans le salon de l'empereur de Russie. Selon sa narration, toute l'initiative du rappel des Bourbons appartient aux Français, les souverains ont seulement approuvé la délibération, sans en provoquer le résultat.

Le 3 avril, le Sénat et le Corps législatif prononcèrent la déchéance de Napoléon en ces termes :

« Le Sénat arrête et décrète :

« ARTICLE PREMIER. — Napoléon Bonaparte est déchu du
« trône, et le droit d'hérédité établi dans sa famille est aboli.

« ART. 2. — Le peuple français et l'armée sont déliés
« du serment de fidélité envers Napoléon Bonaparte.

« ART. 3. — Le présent décret sera transmis par un
« message du gouvernement provisoire de la France,
« envoyé tout de suite à tous les départements et aux
« armées, et proclamé incessamment dans tous les quar-
« tiers de la capitale. »

Les nombreux considérants qui précèdent cet arrêt énumèrent les griefs de la nation contre la conduite et les actes de Napoléon.

Dans une séance tenue le même jour, le Corps législatif vota le décret, l'arrêt et les considérants du Sénat. Certes, voilà des actes émanés de la libre volonté des mandataires de la nation française, les baïonnettes étrangères n'y sont pour rien.

La narration du baron Fain, dans son *Manuscrit de 1814*, chap. II, p. 363, est plutôt le plaidoyer d'un avocat que le récit d'un historien :

« On désirait le rétablissement des Bourbons, mais on
« ne voulait pas que cette révolution parût être comman-
« dée par la force des armes, il fallait aller doucement,
« ménager l'opinion, faire parler des voix françaises et
« ne paraître accéder qu'au vœu national. Tel était le
« plan des alliés ; leur langage était devenu celui de la
« générosité, les partisans des Bourbons faisaient le reste.
« Au dehors, ils provoquaient le retour de leurs princes
« avec tout l'essor d'un zèle longtemps comprimé. On ne

« voyait qu'eux, allant et venant à travers les bivouacs
« et les bagages ennemis qui encombraient nos ponts,
« nos quais et nos boulevards ; ils s'agitaient dans tous
« les sens, frappaient à toutes les portes. Tout ce qui les
« écoutait était bon, ils trouvaient d'utiles auxiliaires
« dans cette foule de gens en place, qui ne pensent qu'à
« conserver leurs emplois; ils recrutaient surtout des pro-
« sélytes actifs parmi tous ces ambitieux, que les hon-
« neurs et les grâces n'avaient pu encore atteindre, depuis
« quinze ans qu'ils sollicitaient.

« Déjà tout ce qui était mécontent du sort avait battu
« des mains à la nouvelle d'un revirement dans les fortu-
« nes, déjà toutes les familles qui avaient perdu à la Ré-
« volution, avaient calculé tout ce qu'une contre-révolu-
« tion pourrait leur rendre. L'oreille des vieillards se
« prêtait volontiers à d'anciens noms, à d'anciens amis,
« qui réveillaient les souvenirs de leur jeunesse. L'ima-
« gination des femmes se laissait séduire par l'intérêt
« romanesque de quelques grandes infortunes. La popula-
« tion des boutiques, inquiète au bruit du sabre étranger
« qui battait le pavé, s'empressait de renier le souverain
« qu'elle admirait hier : en un mot, les passions jalouses,
« le ressentiment des ambitions trompées, des vanités
« blessées, des torts justement punis, les lâchetés de l'in-
« gratitude et même celles de la peur, tout concourait à
« seconder les ennemis de Napoléon.

« En général, l'idée de la conquête était insupportable
« aux Parisiens; on voulait à tout prix échapper à cette
« situation, on courait se réfugier dans l'idée plus tolé-
« rable d'une restauration ; les chefs de parti avaient saisi
« habilement ce retour de l'amour-propre national sur
« lui-même. La volonté des alliés n'était présentée que
« comme l'appui de la nôtre, et l'oppression que six cent

« mille étrangers exerçaient sur notre malheureux pays,
« commençait à s'appeler la délivrance du pays.

« Mais il fallait un organe à cette opinion publique
« qu'on voulait faire parler, et l'on n'avait pas eu de
« peine à le trouver; le Sénat était en possession du droit
« de suppléer, dans toutes les circonstances imprévues, à
« l'absence du pouvoir; à ce titre, le gouvernement de
« Napoléon lui avait donné l'initiative dans les plus
« grandes affaires. Le Sénat avait donc été choisi pour
« prendre encore l'initiative dans celle-ci. Dès le 31 mars
« au soir, l'empereur de Russie avait invité ce corps à
« pourvoir aux besoins des circonstances et au salut de
« l'État, à s'occuper d'une nouvelle Constitution, ainsi
« que de la formation d'un gouvernement provisoire.

« Le Sénat, habitué à obéir, s'était rassemblé le
« 1er avril, sous la présidence de M. de Talleyrand, et
« avait accepté pour composer le gouvernement provi-
« soire: MM. de Talleyrand, de Beurnonville, de Jau-
« court, de Dalberg et l'abbé de Montesquiou. Au même
« moment, le conseil général de la Seine, convoqué illé-
« galement par son président Bellard, avait déclaré que
« le vœu de Paris était pour le rappel des Bourbons. »

J'ai cité ce passage dans son entier, car j'y trouve très bien expliqués les motifs qui ont porté les autorités françaises, d'accord avec la grande majorité des habitants de Paris, à prononcer la déchéance. Cet acte accompli, le rappel des Bourbons en était l'unique conséquence. Ce ne sont donc pas les baïonnettes étrangères qui ont ramené nos anciens Rois; la présence des alliés vainqueurs de Napoléon a permis la manifestation du vœu national. Évidemment si Paris était resté sous la domination d'une armée dévouée au grand capitaine, cette capitale n'eût pas osé proclamer son opinion sur la déchéance, malgré toutes les bonnes raisons qu'elle avait, d'après le baron Fain lui-même, d'en agir ainsi.

Je trouve encore dans le même ouvrage deux passages qui prouvent que : 1° loin de favoriser le parti royaliste, les souverains alliés ont toujours répété : « C'est à la na-« tion française à se prononcer sur cette grave question »; 2° que l'idée de restauration des Bourbons n'appartenait pas seulement aux royalistes, mais que les plus chauds partisans du régime impérial, même les plus capables, y songeaient. Le baron Fain, dans son *Manuscrit de 1814*, p. 154, déjà cité, dit : « Il résulte de la note que M. de Vi-
« drange a fait insérer dans l'ouvrage de M. de Beauchamp,
« t. I*er*, p. 241 *et suivantes*, que la présence des alliés
« dans l'ancienne capitale de la Champagne avait ranimé
« l'espoir des partisans des Bourbons; que l'un d'eux,
« M. de Vidrange, gentilhomme lorrain, résolut d'entraî-
« ner cette ville, qu'il fut secondé par M. de Gouault;
« que le comte de Rochechouart et le colonel Rapatel,
« aides de camp de l'empereur de Russie, leur ayant donné
« la nouvelle de l'arrivée des princes sur le continent et
« leur ayant dit qu'il était temps de se prononcer, ils
« s'étaient sentis électrisés; qu'ils avaient rattaché la
« croix de Saint-Louis à leur boutonnière; que le prince
« de Wurtemberg les avait encouragés à s'adresser à l'em-
« pereur de Russie; ils étaient allés trouver ce prince au
« nom des principaux royalistes de Troyes, et qu'ils avaient
« présenté une adresse dans laquelle ils sollicitaient le
« rétablissement des Bourbons sur le trône de France.
« M. de Vidrange finit par un aveu encore plus remar-
« quable : c'est que l'empereur de Russie ne put s'empê-
« cher de leur dire qu'il trouvait leur démarche un peu
« prématurée, que les chances de la guerre étaient incer-
« taines, qu'il serait fâché de les voir sacrifiés. »

Dans le même manuscrit de 1814, page 289, on lit cette lettre :

« N° 28.

« Châtillon, le 5 mars 1814.

« Sire,

« J'ai besoin d'exprimer particulièrement à Votre
« Majesté toute ma peine de voir mon dévouement in-
« connu. Elle est mécontente de moi, Elle le témoigne,
« Elle charge de me le dire ; ma franchise Lui déplai-
« sant, Elle la taxe de rudesse et de dureté, Elle me
« reproche de voir partout les Bourbons, dont peut-être
« à tort je ne parle qu'à peine. Votre Majesté oublie que
« c'est Elle-même qui en a parlé la première, dans les
« lettres qu'Elle a écrites ou dictées ; prévoir comme Elle
« les chances que peuvent leur présenter les passions
« d'une partie des alliés, celles que peuvent faire naître
« des événements malheureux, et l'intérêt que pourrait
« inspirer dans ce pays leur haute infortune, si la pré-
« sence d'un prince et d'un parti réveillait ces vieux sou-
« venirs dans un moment de crise, ne serait cependant
« pas si déraisonnable, si les choses sont poussées à bout.
« Dans la situation où sont les esprits, dans l'état de fièvre
« où est l'Europe, dans celui d'anxiété et de lassitude où
« se trouve la France, la prévoyance doit tout embrasser,
« elle n'est que de la sagesse. Votre Majesté voudrait, je
« le comprends, vacciner sa force d'âme, l'élan de son
« grand caractère à tout ce qui La sert, et communiquer à
« tous son énergie ; mais Votre ministre, Sire, n'a pas
« besoin de cet aiguillon, l'adversité stimule son cou-
« rage, au lieu de l'abattre, et s'il Vous répète sans cesse
« le mot de paix, c'est qu'il la croit indispensable et
« même pressante pour ne pas tout perdre. C'est quand

« il n'y a pas de tiers entre Votre Majesté et lui, qu'il
« Vous parle franchement; c'est Votre force, Sire, qui
« l'oblige à Vous paraître faible, tout au moins plus
« disposé à céder qu'il ne le serait réellement. Personne
« ne désire, ne voudrait plus que moi consoler Votre
« Majesté, adoucir tout ce que les circonstances et les
« sacrifices qu'elles exigent, auront de pénible pour Elle,
« mais l'intérêt de la France, celui de Votre dynastie, me
« commandent avant tout d'être prévoyant et vrai. D'un
« instant à l'autre, tout peut être compromis par ces
« ménagements, qui ajournent les déterminations qu'exi-
« gent les grandes et difficiles circonstances où nous
« sommes. Est-ce ma faute si je suis le seul qui tient ce
« langage de dévouement à Votre Majesté; si ceux qui
« Vous entourent et qui pensent comme moi, craignant
« de Lui déplaire et voulant La ménager, quand Elle a
« tant de sujets de contrariété, n'osent Lui répéter ce
« qu'il est de mon devoir de Lui dire? Quelle gloire,
« quel avantage, peut-il y avoir pour moi, à prêcher, à
« signer même cette paix, si toutefois on parvient à la
« faire? Cette paix, ou plutôt ces sacrifices, ne sont-ils
« pas pour Votre Majesté un éternel grief contre son
« plénipotentiaire? Bien des gens en France, qui en
« sentent aujourd'hui la nécessité, ne me le reprocheront-
« ils pas dans six mois, après qu'elle aura sauvé Votre
« trône? Comme je ne me fais pas plus d'illusions sur
« ma position que sur celle de Votre Majesté, Elle doit
« m'en croire. Je vois les choses telles qu'elles sont, et
« les conséquences qui peuvent advenir. La peur a uni
« tous les souverains, le mécontentement a rallié tous les
« Allemands, la partie est trop bien liée pour la rompre.
« En acceptant le ministère dans les circonstances où je
« l'ai pris, en me chargeant ensuite de cette négociation,

« je me suis dévoué pour Vous servir, pour sauver mon
« pays; je n'ai point eu d'autre but, et celui-là était assez
« noble, assez élevé, pour me paraître au-dessous de
« tous les sacrifices; dans ma position, je ne pouvais qu'en
« faire, et c'est ce qui m'a décidé. Votre Majesté peut dire
« de moi tout le mal qu'il Lui plaira; au fond de son
« cœur, Elle ne pourra en penser, et Elle sera forcée de
« me rendre toujours la justice de me regarder comme
« l'un de Ses plus fidèles sujets, et l'un des meilleurs
« citoyens de cette France, que je ne puis être soupçonné
« de vouloir avilir, quand je donnerais ma vie pour lui
« sauver un village.

« Je suis, Sire, etc., etc.

« Caulaincourt, duc de Vicence. »

Cette lettre dit bien des choses, elle est profonde et vraie; comment répéter encore que personne ne pensait aux Bourbons, sauf les vieux royalistes? et que les baïonnettes étrangères les ont seules ramenés, tandis que ce sont les fautes, l'orgueil et l'oppression de Napoléon qui y ont bien autrement contribué? La lettre qui suit dans l'ouvrage du baron Fain, signée également de M. de Caulaincourt, est aussi fort curieuse à lire, et ajoute encore à tout ce que je viens de dire; elle prouve combien ce plénipotentiaire avait raison, combien son jugement était solide; mais je ne veux pas abuser des citations.

Je terminerai par un dernier argument qui me paraît irréfutable : Napoléon a refusé deux fois la paix, à Prague, en 1813, à Châtillon en 1814; et cependant les conditions imposées par les souverains alliés étaient très modérées. Est-il admissible, si ces souverains voulaient imposer à la France les Bourbons, qu'ils aient signé la paix de Châtillon, reconnaissant Napoléon et ses descendants! Napoléon a refusé seul les conditions obtenues par l'habileté du duc de Vicence. Aux lecteurs impartiaux de juger.

Après que le Sénat eut prononcé la déchéance de Napoléon, l'exclusion de sa dynastie, le rappel de Louis XVIII et la substitution de la cocarde blanche et du drapeau blanc au drapeau et à la cocarde tricolores, ses actes furent soumis à l'adhésion du Corps législatif, des Cours de cassation, des comptes et d'appel, etc., etc. Alors seulement, Monsieur entra dans Paris. L'enthousiasme des Parisiens se manifesta, comme je l'ai dit plus haut, d'une manière indescriptible, à l'entrée du prince français rendu à sa patrie. J'augurai favorablement de cette réception chaleureuse, elle me paraissait bien significative; j'assistais pour la première fois à pareil spectacle, la suite m'a prouvé combien il faut tenir peu compte de ces élans populaires; la fumée de cet encens est si facilement dissipée par le moindre vent révolutionnaire!

Le soir de ce beau jour, Armand de Polignac me présenta à Monsieur. Il saisit le moment où le prince terminait son repas, Monsieur était harassé de fatigue, causée par l'émotion bien naturelle qu'il venait d'éprouver, et par les cinq heures passées soit à pied, soit à cheval, étant obligé de répondre à toutes les harangues et les félicitations dont on l'avait accablé, avant et après sa visite à Notre-Dame.

Son Altesse me reçut de la façon la plus gracieuse. Elle voulut bien me remercier de mon zèle pour le service du Roi, et me dire une foule de choses aimables, qui me comblèrent de joie.

Le 15 avril, l'empereur d'Autriche fit enfin son entrée dans Paris. Le Tzar et le roi de Prusse se portèrent au-devant de leur allié. Monsieur le reçut à la tête de la garde nationale; il y eut grande parade, grande revue, défilé des troupes, harangues, vivats à profusion; ce programme se répétait, du reste, à chaque entrée de prince ou de souverain.

Les adhésions au changement de gouvernement arrivaient en foule, soit des armées de terre et de mer, soit des administrations civiles ou judiciaires du royaume. On peut les lire dans le *Moniteur universel* des mois d'avril et de mai 1814. Les expressions de ces adhésions individuelles ou collectives sont rédigées dans des termes d'un enthousiasme que l'on devait croire sincère.

Le 20 avril, eut lieu l'entrée par la barrière de Clichy de S. A. R. le duc de Berry, venant de Rouen; grande réception, force harangues habituelles.

Le 23 avril, le prince royal de Suède vint féliciter Monsieur sur sa rentrée en France, et lui présenter ses hommages, à peu près dans ces termes : « Mon prince, « je vous fais mon bien sincère compliment sur votre « retour dans votre patrie; ce pays est difficile à mener, « il faut une main de fer et un gant de velours. » Monsieur me répéta lui-même ces paroles, quelques jours plus tard, en me racontant sa conversation avec l'ancien prince de Ponte-Corvo, maréchal Bernadotte.

Je n'ai rien de marquant à citer jusqu'au 3 mai, jour de l'entrée solennelle du Roi. La Charte constitutionnelle, signée le 2 mai dans la soirée, au château de Saint-Ouen, où Louis XVIII passa la nuit, fut publiée seulement le 5 juin en séance royale, après le départ de Paris des armées étrangères. L'empereur Alexandre se rendit, sans escorte, avec un aide de camp, le général Tchermitcheff, le 1er mai à Compiègne, pour y complimenter le Roi et dîner avec lui. On trouva du meilleur goût cet hommage rendu au roi de France par ce grand et magnanime souverain, il prouvait son affection sincère pour la nation française, et il ne cessa de nous témoigner cette amitié en toutes circonstances.

Que dire de cette entrée du Roi, si ce n'est rendre compte d'un enthousiasme inouï, enivrant? Tout semblait promettre une prospérité de longue durée, assurée par une réconciliation complète avec toute l'Europe. Il faut avoir assisté à cette entrée, pour se faire une idée des acclamations, des témoignages d'une joie folle, des transports d'allégresse, dont Paris offrit le tableau, et dont le souvenir ne peut s'effacer de la mémoire de celui qui en a été spectateur. Qu'est-ce que tout cela est devenu? Combien cela a-t-il duré?

Un splendide soleil éclairait cette journée mémorable, les maisons étaient ornées de guirlandes de lys. Plus de vingt mille fusils de gardes nationaux servaient de porte-bouquets à des lys. Il existe une gravure représentant le cortège royal traversant le Pont-Neuf se rendant à Notre-Dame, j'y figure suivi d'un Cosaque. J'assistai au *Te Deum* chanté en grande pompe dans la cathédrale, je ne pus toutefois rester jusqu'à la fin de la cérémonie, un autre devoir me réclamait ailleurs. La duchesse de Richelieu avait quitté le château de Courteille, qu'elle habitait avec sa mère, la comtesse de Rochechouart; elle m'avait prié de demander une audience à l'empereur Alexandre, désirant vivement lui être présentée. L'Empereur, en m'accordant cette faveur, me posa quelques questions sur cette dame, sur sa famille, sur la cause de la non-consommation de son mariage avec le duc son époux. Je le mis complètement au courant : « Je n'ai de libre, me dit-il,
« que mardi prochain, jour de l'entrée du roi Louis XVIII;
« cependant je ne voudrais pas la priver, ni vous non
« plus, du plaisir de voir cette fête. Arrangez-vous de
« façon à m'amener la duchesse de Richelieu, ici, dans

« mon cabinet, avant que le Roi soit rentré aux Tui-
« leries. » Madame de Richelieu avait une croisée quai
des Orfèvres, pour voir le cortège. Il fut convenu que je
la prendrais avant la fin de la cérémonie, dans ma voiture,
et que je la conduirais à l'Élysée. L'audience de l'Empereur dura près de trois quarts d'heure, puis il la congédia de la façon la plus affectueuse. Je la reconduisis
chez elle; pendant le trajet, elle ne cessa de me parler
de la beauté, de la bonté, de l'amabilité, de l'esprit de
l'empereur Alexandre; elle en raffolait, ce qui ne me
surprit nullement, sachant par moi-même combien ce
grand souverain était séduisant.

Le lendemain, j'allai à l'ordre. L'Empereur me dit
dans l'embrasure d'une fenêtre : « Je comprends mainte-
« nant la conduite du duc de Richelieu vis-à-vis de sa
« femme. Ah! mon cher, qu'elle est laide et affreuse! Je
« lui crois beaucoup d'esprit et de grandes qualités, mais
« à vingt ans, il aurait fallu un courage surhumain pour
« passer par-dessus pareille laideur. » Il est de fait que
cette pauvre femme était bien disgraciée de la nature :
bossue par devant et par derrière, un nez énorme, des bras
d'une longueur démesurée, et très petite de taille; elle
avait les vertus les plus solides, beaucoup d'esprit, et
malheureusement pour elle, le cœur le plus aimant.

Les circonstances devenaient bien graves pour moi,
j'aurais eu besoin d'un ami, du duc de Richelieu, pour
me guider, j'étais seul, jeune, un peu grisé par la haute
position que j'occupais; je cédai trop vite à l'impulsion
d'un moment de légèreté, sans bien en peser toutes les
conséquences. Passant par-dessus des convenances, que
je n'aurais dû jamais oublier, je quittai le service de la
Russie pour entrer à celui du Roi. Voici comment je
me décidai, mais trop vite.

Peu de jours après le rétablissement de Louis XVIII sur le trône, on s'occupa de la paix générale; elle devait naturellement être précédée du départ des troupes étrangères et de la remise de la capitale au pouvoir de son souverain légitime. On décida que les troupes partiraient le 1ᵉʳ juin et que le jeudi, 2 juin, le *Moniteur* publierait les articles de la paix. L'empereur Alexandre avait annoncé son départ de Paris pour le 3 juin, il comptait se rendre d'abord à Londres, puis en Russie; je priai le général Sacken de remettre à Sa Majesté Impériale ma démission du service de la Russie. Monsieur m'avait promis, ma démission acceptée, de me faire admettre au service de la France avec le grade de maréchal de camp. Muni de cette promesse, j'aurais dû la tenir secrète et suivre l'empereur Alexandre jusqu'à sa rentrée en Russie, je lui devais bien cette marque de dévouement, en reconnaissance des bontés et des grâces dont il m'avait comblé. Il me parut trop dur de quitter de nouveau ma patrie, où je retrouvais une existence si agréable! Je manquai à la reconnaissance. Le général Sacken s'acquitta de sa commission avec zèle et bonté. Il me dit deux jours après : « L'Empereur n'est pas content de vous; il croyait, « d'après ce que j'ai pu comprendre, que vous lui étiez « plus attaché, il vous congédie cependant avec le grade « de général-major honoraire, mais il ne vous recevra « pas pour lui faire vos adieux, voilà tout ce que j'ai pu « obtenir. » Je compris alors, mais trop tard, l'étendue de la faute que je venais de commettre; il n'y avait plus de remède.

En quittant mes fonctions, j'adressai mes remerciements au général commandant en chef de la garde nationale et au préfet de la Seine, Je reçus les réponses suivantes :

« *Garde nationale de Paris. — État-major général.*

« Paris, 3 juin 1814.

« Monsieur le Comte,

« L'ordre du jour dont j'ai l'honneur de vous adresser
« un exemplaire, vous prouvera que si la garde nationale
« s'est montrée digne de votre estime et de vos éloges,
« elle a vivement senti le prix de la bienveillance et de
« l'intérêt avec lequel vous avez bien voulu la seconder
« et lui prêter l'appui des braves que vous commandez.

« Recevez, Monsieur le Comte, l'expression de la
« reconnaissance qu'inspire à la garde nationale votre
« conduite, qui prouve qu'en ne cessant pas d'être dévoué
« au prince auguste auquel vous attache un lien réci-
« proque de bienfaits et de services, vous avez eu en
« France un cœur français, et mérité, quel que soit le
« titre qui vous y ramène, de n'être jamais pour nous un
« étranger.

« Veuillez bien, Monsieur le Comte, agréer l'assurance
« de ma haute considération.

« *Le ministre d'état-major des gardes nationales*
« *de France, commmandant en chef la garde*
« *nationale de Paris.*

« Dessoles. »

« *Préfecture du département de la Seine.*
« *Bureau du préfet.*

« Paris, 7 juin 1814.

« Monsieur le Comte,

« Je suis extrêmement touché de la lettre que vous
« m'avez fait l'honneur de m'écrire le 4 de ce mois.

« MM. les maires de Paris partageront ma reconnais-
« sance pour les expressions bienveillantes dont elle est
« remplie. Je n'oublierai pas, et ces magistrats se rap-
« pelleront avec un égal plaisir, que vous avez puissam-
« ment contribué au maintien de l'ordre, lors de l'arri-
« vée des troupes alliées, et que vous avez contribué le
« premier à établir un mode uniforme pour les réquisi-
« tions, qu'il n'a pas été possible d'éviter aux habitants.
« Sous ce rapport, la ville de Paris vous a une obliga-
« tion particulière, à laquelle je me plais à rendre hom-
« mage. Je me réjouis avec vous, Monsieur le Comte,
« de votre rentrée au service de la France. L'État vous
« compte parmi ses plus valeureux défenseurs, et si vous
« ne vous étiez vous-même fait connaître par des qualités
« brillantes, l'exemple de vos pères serait une garantie
« des services que vous rendrez à nos Rois.

« Agréez, je vous prie, Monsieur le Comte, la nou-
« velle assurance de ma haute considération.

« *Le baron préfet de la Seine,*

« Chabrol. »

Je reçus enfin la lettre suivante du général Sacken, me
prévenant que nos fonctions mutuelles prenaient fin,
l'administration militaire étant rendue au gouvernement
français.

« Monsieur le Comte,

« Sa Majesté l'Empereur de toutes les Russies ayant
« quitté Paris aujourd'hui, 2 juin, j'ai l'honneur de vous
« prévenir que mes fonctions de gouverneur cessent dès
« à présent, et que toute l'administration de cette ville
« rentre à l'instant dans les mains du gouvernement
« français.

« Recevez, Monsieur le Comte, mes remerciements
« bien sincères, pour la part si utile que vous avez prise
« à mon administration; j'en conserverai un souvenir
« durable.

« Agréez, Monsieur le Comte, etc., etc.

« *Le gouverneur de Paris,*

« Sacken. »

Le 5 juin, le commandant en chef de la garde nationale de Paris, entouré de tout son état-major, nous offrit un grand dîner : nous y reçûmes chacun nominativement les remerciements que, sans vanité, nous méritions. Le *Moniteur universel* du 9 juin 1814, page 636, donne tous les détails de cette réception d'adieu.

Pour terminer ce quatrième chapitre ou phase de ma vie, je donnerai une lettre du duc de Richelieu.

« Odessa, 25 juin 1814.

« J'ai reçu, mon cher ami, votre lettre; l'en-tête m'a
« réjoui, vous croyant resté au service de Russie, mais
« ce que vous me dites dans le courant de la lettre, me
« prouve que vous avez pris votre parti, ce qui m'est
« confirmé par ma femme et mes sœurs. J'en suis affligé;
« comblé, accablé comme vous l'avez été des bontés de
« l'Empereur, vous auriez dû lui faire au moins la poli-
« tesse de l'accompagner chez lui, attaché surtout comme
« vous l'étiez à sa personne. Au reste, c'est chose faite,
« n'en parlons plus. Moi, sitôt que l'Empereur sera
« revenu en Russie, je demanderai à aller le trouver à
« Pétersbourg, et j'obtiendrai le congé dont j'ai besoin
« pour aller à Paris. Je ne m'étonne pas beaucoup qu'il
« ne l'ait pas accordé à la demande de ma famille, car il
« doit avoir envie de causer avec moi sur bien des choses

« concernant ce pays-ci, et moi, de mon côté, je désire le
« voir pour la même raison.

« J'ai écrit au Roi une lettre de félicitations, je lui
« soumets en même temps les motifs de ce retard, qui
« tient au compte que je dois rendre de mon administra-
« tion. Écrivez-moi si vous êtes avantageusement placé.
« Il me semble que ce qui doit surtout vous occuper,
« c'est de songer à faire un bon mariage, car vous n'avez
« pas dû retrouver grand'chose en France, et vous avez
« besoin d'un établissement solide et indépendant de la
« cour. Donnez-moi des détails sur vos espérances à cet
« égard, vous savez quel tendre intérêt je prends et pren-
« drai toujours à vous, il ne finira qu'avec la vie. Je
« vous embrasse de tout cœur; le consul est à Vienne,
« où il espérait vous embrasser, je l'attends bientôt.
« Tout le monde ici vous dit mille choses.

« R. »

CHAPITRE V

1814-1823

Nomination de maréchal de camp en France. — Nomination de lieutenant de mousquetaires noirs. — Débarquement de Napoléon au golfe Juan. — Le Roi quitte Paris. — Nous le rejoignons à Gand. — Nomination de chef d'état-major du ministre de la guerre. — Correspondance avec le duc de Richelieu. — Bataille de Waterloo. — Rentrée du Roi en France et à Paris. — Ministère Talleyrand et Fouché. — Ministère Richelieu. — Correspondance relative à cet événement. — Nomination au commandement de la place de Paris. — Le général Daumesnil à Vincennes. — Ma visite. — Procès et exécution du maréchal Ney. — Organisation du service de la place. — Libération du territoire. — Règlement de l'indemnité aux alliés. — Congrès d'Aix-la-Chapelle. — Démission du duc de Richelieu. — Correspondance pendant son voyage. — Assassinat du duc de Berry. — Second ministère Richelieu. — Retraite du duc de Richelieu. — Mon mariage. — Mort du duc de Richelieu. — Le duc de Bellune m'enlève le commandement de la place de Paris. — Mise en non-activité.

Au moment où j'abandonnais si brusquement le service de la Russie pour entrer au service de la France, le général Dupont était ministre de la guerre. Né dans la Charente, à une petite distance de Rochechouart, il se montra fort aimable pour moi, saisit la première occasion favorable pour faire signer au Roi mon admission au service de la France, et m'en donna avis par la lettre suivante :

« *Ministère de la guerre. — 2ᵉ division. — État-major.*

« Paris, le 22 juillet 1814.

« Monsieur le Comte, j'ai mis sous les yeux du Roi la

« lettre dans laquelle vous m'avez informé que vous
« aviez donné votre démission du service de Russie.
« Sa Majesté, par une décision du 14 de ce mois, a bien
« voulu vous admettre à son service avec le grade de
« maréchal de camp. J'éprouve un véritable plaisir à
« vous donner cet avis.

« Recevez, Monsieur le Comte, etc., etc.

« *Le ministre de la guerre,*

« Comte Dupont. »

Je me trouvais largement récompensé des services que j'avais pu rendre à la cause royale, même de ceux que je venais de rendre à ma ville natale. Ma mère avait perdu sa fortune en voulant sauver la Reine, la brillante carrière qui s'ouvrait devant moi compensait cette perte; officier général à vingt-six ans, l'avenir me paraissait des plus riants.

Le 29 août, Monsieur me reçut chevalier de Saint-Louis. Il me fit également incorporer dans la seconde compagnie des mousquetaires de la garde du Roi, dits mousquetaires noirs, avec le grade de lieutenant; n'ayant jamais servi dans la cavalerie, il n'avait pu m'entrer dans l'idée de solliciter cet emploi.

Au mois de novembre, le duc de Richelieu m'écrivit de Vienne; l'empereur Alexandre lui accordait enfin un congé temporaire pour venir en France présenter ses hommages au Roi, régler ses affaires personnelles et voir sa famille, dont il était séparé depuis si longtemps. Il me priait de remettre une lettre au Roi, dans laquelle il Lui expliquait les motifs qui l'avaient empêché de venir plus tôt Lui faire sa cour et reprendre son service de premier gentilhomme de la chambre. Il annonçait son arrivée prochaine et me recommandait de lui chercher un logement convenable.

Le Roi me chargea, en réponse à cette lettre, de dire à M. de Richelieu les choses les plus aimables et les plus flatteuses, puis il ajouta : « Assurez-le de ma part du plaisir « que j'aurai à le voir auprès de moi et la satisfaction que « j'éprouverais à le voir dans mes conseils. » En transmettant ces gracieuses paroles à M. de Richelieu, je le suppliai de venir loger chez moi, rue Royale, où j'avais loué, du baron Louis, un appartement meublé, assez grand pour nous loger tous les deux ainsi que son aide de camp, mon ancien camarade Stempkowski, qui l'accompagnait. J'insistai auprès de cet excellent duc, pour qu'il me laissât le plaisir de l'héberger, nous avions tant de choses à nous dire !

A la fin de novembre, j'eus donc le bonheur de l'embrasser après une séparation de deux années, pendant lesquelles tant d'événements importants s'étaient passés ! On comprendra mon bonheur ! Il m'avait servi de père, guidé aux débuts de ma carrière militaire, je devais ma position à ses excellents conseils.

La famille du duc de Richelieu se composait alors : 1° de la maréchale de Richelieu, troisième femme de son grand-père; 2° de la duchesse douairière de Richelieu, seconde femme de son père; 3° de ses deux sœurs : mesdames de Montcalm et de Jumilhac, issues du second mariage de son père; 4° de sa belle-mère la comtesse Louis de Rochechouart; et 5° de sa femme.

Après avoir consacré quelques jours à la première partie de sa famille, il voulut aller voir sa belle-mère et sa femme à Courteille, que ces dames n'avaient pas cessé d'habiter, même pendant la Révolution. Cette visite l'embarrassait beaucoup, il tenait absolument à m'emmener avec lui, j'acceptai de bon cœur.

Nous nous rendîmes vers le milieu de décembre dans ce beau château, situé près de Verneuil. La réception si aimable et si cordiale de ces deux femmes d'esprit nous fit paraître bien courts les quelques jours que nous pouvions leur consacrer, étant forcés de rentrer à Paris pour les visites officielles du 1ᵉʳ janvier; M. de Richelieu, en qualité de premier gentilhomme de la chambre du Roi, et moi, pour présenter mon peloton de mousquetaires noirs.

Les quatre premiers gentilshommes de la chambre du Roi étaient : le duc de Duras, le duc d'Aumont, le duc de Richelieu et le duc de Fleury. Le roi Louis XVI avait accordé à M. de Richelieu la survivance de la charge de son grand-père le maréchal. M. de Richelieu ne pouvait remplir cette charge et rester au service de la Russie; d'un autre côté, il lui était impossible de quitter brusquement l'empereur Alexandre, il aimait son gouvernement de la Nouvelle-Russie et surtout Odessa. Il hésitait d'autant plus à prendre un parti, que la marche suivie par le gouvernement du Roi lui causait une grande inquiétude, sa stabilité lui paraissant douteuse. Une nouvelle génération était née sous la grande Révolution, ses mœurs, ses habitudes, ses idées, différaient de celle qui l'avait précédée, aussi peu de sympathie régnait entre ces deux générations. On avait témoigné à M. de Richelieu le désir de le voir entrer dans les conseils du Roi; il réunissait à une longue expérience des affaires publiques un esprit conciliant, tenant le juste milieu entre ces deux générations, auxquelles on pouvait dire qu'il appartenait également. Il se borna à répondre : « Je suis incapable « de diriger les affaires de ce pays-ci, les personnages

« auxquels on m'adjoindrait, me sont inconnus, autant
« que je leur suis étranger, je n'ai que des notions géné-
« rales, mes idées seront-elles d'accord avec les leurs? »

Et dans l'intimité il m'ajoutait : « Comment voulez-
« vous, cher ami, que je me fourre dans une pareille
« bagarre? Quels jugements puis-je porter sur certaines
« personnes, dont la conduite présente, les actes, les
« paroles sont en désaccord complet avec leur passé?
« Que voulez-vous, par exemple, que je pense du maré-
« chal Soult, notre ministre de la guerre? Enfant de la
« Révolution, à laquelle il doit tout ce qu'il est main-
« tenant, au lieu de garder un honnête silence sur cer-
« tains actes de cette même Révolution, il s'en fait
« aujourd'hui l'accusateur; ne vient-il pas de renouveler,
« comme ministre de la guerre, sa proposition du 21 no-
« vembre 1814, contenue dans le *Moniteur universel* de
« ce jour, numéro 525, page 139 : Le maréchal Soult,
« gouverneur, pour le Roi, de la 13ᵉ division militaire,
« en vertu de l'autorisation de Sa Majesté énoncée par une
« lettre de Monseigneur le duc d'Angoulême, en date du
« 7 de ce mois, vient de former une commission chargée
« de diriger et de surveiller l'exécution, par voie de
« souscription volontaire, d'un monument religieux à la
« mémoire des victimes de Quiberon. » Cette commission se composait : du maréchal duc de Dalmatie, président; du duc de Rohan-Chabot, du comte Étienne de
Damas, du baron de Damas, du vicomte de Sesmaisons,
du comte de Botdéru et du comte de Floirac, préfet du
Morbihan. Le *Moniteur* du 1ᵉʳ janvier 1815 donne les
détails sur la forme du monument, et le renouvellement
de cette proposition.

Nous n'étions pas au bout de ces fausses protestations
d'une fidélité à toute épreuve, de ces manifestations d'un

zèle de commande, dépassant toutes bornes, et par cela même nuisibles à la cause royale. N'avons-nous pas vu des hommes éminents changer trois fois, en moins de quatre mois, de cocarde, de drapeau, de couleur politique; se servant des expressions les plus énergiques, pour protester d'un dévouement sans bornes en faveur d'un gouvernement adulé la veille, conspué le lendemain? Je ne nommerai personne, mais je renvoie au *Moniteur*; qu'on lise ce journal impitoyable, depuis les premiers jours de 1814 jusqu'à la fin de 1816, on verra une singulière lanterne magique de marches, de contremarches, de pirouettes et même de culbutes.

Quelques esprits sérieux pressentaient de grands événements, mais personne ne songeait à y porter remède; l'indifférence politique était aussi générale que l'indifférence en religion, et au milieu de tout cela, les événements marchaient, le torrent grossissait. Le *Nain jaune*, journal satirique très hostile aux Bourbons, écrivait, le 26 février : « Ce n'est pas à coups de bâton que nous « chasserons les vautours qui nous dévorent, mais à « coups de CANNES », faisant allusion au lieu où devait débarquer Napoléon, avant que ce débarquement s'effectuât.

La nouvelle publiée par le *Moniteur* du 8 mars produisit une profonde impression dans Paris : « Bonaparte « est sorti de Porto-Ferrajo, le 26 février, à neuf heures du « soir, par un temps extrêmement calme, et qui s'est « soutenu jusqu'au 1ᵉʳ mars. Il montait un brick et était « suivi de quatre bâtiments, tels que pingues ou felou- « ques portant de mille à onze cents hommes au plus, « composés d'une petite partie de Français, le reste de Polo- « nais, Corses, Napolitains et d'hommes de l'île d'Elbe. « Les bâtiments sont venus mouiller dans la rade du

« golfe Juan, près Cannes, le 1ᵉʳ mars ; les troupes mirent
« pied à terre, etc., etc. »

Si l'on se demande : Qu'a-t-on fait après la nouvelle du débarquement de Napoléon? je serais bien embarrassé de répondre. On fit beaucoup et rien tout à la fois; tous les moyens employés n'eurent pour résultat que d'amener Napoléon en vingt jours, du golfe de Juan aux portes de Paris, et de forcer le Roi à évacuer sa capitale et à quitter son royaume.

Le 18 mars, en rentrant dîner, M. de Richelieu me dit : « Tout ceci va mal finir, on a perdu la tête aux
« Tuileries, je n'en fais pas de reproches, car réellement
« les événements marchent si vite, les défections aug-
« mentent tellement, qu'il est impossible d'y remédier. Je
« crois donc, quoique ni le Roi ni ses ministres ne m'en
« aient encore soufflé mot, que l'on va se retirer devant
« le torrent, peut-être se rendra-t-on à Lille, pour y
« attendre la décision des souverains alliés, réunis encore
« en congrès à Vienne. Je ne puis décemment aban-
« donner le Roi, quoiqu'il ne m'ait rien dit, je resterai
« près de lui jusqu'au bout. Stempkowski part à l'instant
« avec mon valet de chambre, ma calèche et mes effets,
« ils vont m'attendre à Francfort, vous avez trois che-
« vaux, vous m'en prêterez un. J'ai pu me procurer
« dix mille francs en or, si vous avez quelque argent,
« réalisez-le, et faites vos préparatifs, le départ peut
« avoir lieu dans quelques heures. »

Notre dîner vite expédié, je me rendis aux Célestins, quartier des mousquetaires noirs; notre capitaine, le marquis de La Grange, n'avait reçu aucun ordre ni communication; il nous recommanda néanmoins de ne pas quitter nos appartements, l'ordre de monter à cheval pouvant arriver d'un moment à l'autre. Je rentrai chez moi, je mis dans mon cabriolet mes effets les plus précieux, un nécessaire de voyage contenant huit mille francs en or, toute ma fortune, enfin le portemanteau de M. de Richelieu; ne conservant dans ma bourse que cinq cents francs. Je laissai à Paris, sous la garde de mon valet de chambre, mon argenterie, linge de table, cave, etc., etc.

La journée du 19 mars se passa dans la même anxiété, les nouvelles les plus fâcheuses se succédaient sans relâche, nos mousquetaires consignés au quartier, les chevaux sellés et bridés, attendaient des ordres qui ne venaient pas. Après dîner, le duc de Richelieu se rendit aux Tuileries, où, en sa qualité de premier gentilhomme de la chambre, il avait ses grandes entrées; il revint à neuf heures et me dit : « Montons à cheval, il n'y a pas
« un instant à perdre, allons-nous-en, le Roi avec lequel
« j'ai causé pendant une demi-heure, ne m'a pas dit un
« mot ni de ses projets ni de sa résolution, il n'a appa-
« remment pas confiance dans les événements, mais le
« prince de Poix, capitaine des gardes du corps de ser-
« vice, m'a soufflé tout bas à l'oreille : On part dans une
« heure, les relais sont préparés, nous allons à Lille,
« venez nous y rejoindre. » Au même instant, le marquis de La Grange m'envoyait l'ordre suivant : « Les
« quatre compagnies rouges se réuniront à onze heures,
« barrière de l'Étoile. »

Dans sa précipitation à monter à cheval, M. de Richelieu mit de travers la ceinture renfermant ses dix mille francs, il plaça en bas l'entrée des petites poches; le mouvement du cheval en trottant fit sortir les pièces d'or qui se répandirent dans le caleçon, le pantalon et les bottes; en arrivant à Beauvais le lendemain matin, il remit tout à sa place, mais on se figure les meurtrissures, les écorchures qui en résultèrent.

Nous fûmes obligés de rester à Beauvais, pour nous reposer d'une marche de nuit de quinze lieues. La maison militaire du Roi se composait : de quelques gardes du corps ; gendarmes, chevau-légers, mousquetaires gris et noirs, elle avait pour infanterie les cent-suisses avec quatre pièces de canon, commandés par Casimir de Mortemart, et enfin quelques centaines de volontaires dits : royaux, à côté desquels marchait Louis de la Rochejaquelein avec une partie de ses grenadiers à cheval ; cette petite armée était sous les ordres de LL. AA. RR. Monsieur, frère du Roi, et du duc de Berry. On était parti bien tard de Paris, fort en désordre, précipitamment et même sans trop savoir quel chemin on devait suivre ; aussi le nombre des traînards, comme celui des égarés, était assez grand, il fallut donc attendre ceux qui étaient restés en arrière pour un motif quelconque, et connaître au juste l'état de nos forces, elles étaient environ de quatre mille hommes.

Le duc de Richelieu causa toute la journée avec le maréchal Marmont, duc de Raguse, qui suivait les princes ; quant à moi j'allai voir la marquise de Crillon, fille du marquis de Mortemart, elle traversait Beauvais se rendant au château de son beau-père, situé dans les environs. Dans la nuit du fameux 20 mars, un courrier de Paris nous annonça l'entrée triomphale de Napoléon aux Tuileries, escorté par les troupes envoyées la veille pour le combattre. Nous apprenions en même temps l'arrivée à Lille de Louis XVIII, fort bien reçu par le maréchal Mortier, duc de Trévise, commandant la 16ᵉ division militaire. Dans la journée, l'ordre nous parvint de rejoindre le Roi le plus tôt possible.

Le 21 mars, on coucha à Poix, le 22 à Abbeville, le 23 à Saint-Pol, le 24 à Béthune. Un profond découragement s'empara de notre petite armée, lorsque Monsieur

nous communiqua une dépêche royale, conçue à peu près en ces termes : « Le Roi, forcé de quitter Lille, ne pou-
« vant compter sur la fidélité des troupes qui forment la
« garnison de cette forteresse, se voit, à regret, obligé
« d'abandonner la France, et se retire en Belgique. Il
« remercie tous ceux qui lui sont restés fidèles, les engage
« à rentrer dans leurs foyers, pour y attendre des jours
« meilleurs. Le Roi charge les officiers généraux de
« licencier les corps qui ne peuvent entrer en armes, dans
« un pays étranger. »

Le général comte de Lauriston licencia la Maison Rouge à Béthune. Beaucoup d'officiers généraux résolurent de poursuivre leur route, je pris naturellement ce parti; nous nous dirigeâmes sur Estaire pour gagner Ypres, désigné comme rendez-vous général à tous les Français qui voudraient, ou pourraient suivre individuellement les princes.

Le 26 mars, nous couchions à Estaire, petite ville située sur la Lys, entourée de marais et de tourbières; notre convoi traversait ce mauvais passage, lorsque des estafettes annoncèrent le général Excelmans, accourant à la tête d'une colonne de cavalerie pour nous disperser et nous faire évacuer au plus vite le territoire français. Cette nouvelle causa une panique générale. Le convoi, voulant couper au court, quitta la chaussée, et s'embourba dans des tourbières. Mon nécessaire de voyage renfermait une forte somme; mon domestique voulut l'emporter, mais mon cocher, depuis peu à mon service, s'unissant à d'autres mauvais garnements, menaça de le tuer; ma voiture et bien d'autres furent pillées et détruites. Je me trouvai donc, comme au passage de la Bérézina, ne possédant que ce que j'avais sur le corps ou dans mes poches, deux chevaux de selle et mon manteau; on conçoit mon découragement.

Nous arrivions à Ypres le 27, jour de Pâques, au nombre de cent environ : les princes et leur maison, le maréchal Marmont, le duc de Richelieu, fort heureusement en uniforme russe, le général Bordesoulles, d'autres officiers et moi. Le commandant de la place nous arrêta aux portes de cette forteresse, et nous salua de ce singulier compliment : « Messieurs, j'ai été officiellement prévenu
« de l'arrivée de Leurs Altesses Royales, Mgr le comte
« d'Artois et Mgr le duc de Berry; ces princes peuvent
« entrer, leurs logements sont prêts, mais on m'a com-
« mandé également la plus grande prudence au sujet des
« personnes civiles ou militaires qui sortent de France.
« Je vous déclare donc que, vu la trahison qu'a éprouvée
« le roi de France, de la part de ses sujets, excepté les
« deux princes, leurs aides de camp et leurs domestiques,
« pas un autre individu n'entrera dans la place que je
« commande. » Les voitures contenant les princes, leurs officiers et leur maison, entrèrent au grand trot dans la ville. Le duc de Richelieu, le maréchal Marmont et moi nous étant approchés pour nous expliquer, je reconnus dans ce féroce commandant de place un colonel d'état-major au service de la Russie, nommé Palavicini; je l'avais souvent rencontré pendant les campagnes de 1813 et de 1814. Je me fis reconnaître et nommai les autres personnes; il me répondit : « La présence d'un maré-
« chal de France me fait maintenir ma décision, c'est
« un traître plus haut placé que les autres, voilà tout.
« Quant à vous, général de Rochechouart, je vous con-
« nais très bien, mais vous portez l'uniforme français, cela
« vous condamne. Cette exclusion ne vous regarde pas,
« monsieur le duc de Richelieu, avec l'uniforme que vous
« portez, entrez dans Ypres, vous serez le bienvenu. »
M. de Richelieu se chargea de répondre : « Ce n'est, mon-

« sieur, ni le lieu ni le moment de se disputer avec vous,
« et de vous prouver l'injustice de vos soupçons plus qu'in-
« convenants; ma présence au milieu de ces messieurs
« devrait vous faire penser que leur position et leur con-
« duite les mettent à l'abri de tous reproches, laissez-les
« entrer avec moi, j'en prends la responsabilité. » Éloquence perdue, M. Palavicini ne voulut pas céder; le duc de Richelieu déclara qu'il ne profiterait pas de la permission, et menaça de se plaindre au roi des Pays-Bas.
« Allez parler au lieutenant général comte de Dann,
« reprit M. Palavicini, il est encore dans la ville, mais il va
« partir dans un instant pour rejoindre le prince d'Orange,
« il commande toute la province; vous verrez ce qu'il vous
« répondra. » M. de Richelieu se mit à la recherche du général de Dann; je m'approchai alors du maréchal Marmont qui restait consterné de ce qu'il venait d'entendre.
« Monsieur le maréchal, lui dis-je, voici qui vous donnera
« une idée de la manière dont on traitait les émigrés dans
« certaines parties de l'Allemagne. J'ai entendu dire qu'un
« petit prince allemand avait fait planter un poteau sur
« la limite de son petit État, sur lequel on lisait ces
« aimables mots : Défense est faite à tous Juifs, vaga-
« bonds ou émigrés de passer ici. » M. de Richelieu vint au bout d'une demi-heure, avec le comte de Dann, qui donna naturellement l'ordre de nous laisser entrer tous sans exception; il fit ses excuses au maréchal Marmont et lui dit : « Ce pauvre Palavicini est devenu fou à la nou-
« velle du débarquement de Napoléon, qu'il a combattu
« toute sa vie. Je vais le placer ailleurs jusqu'à ce que sa
« raison soit revenue. » Cet incident terminé, nous entrions en ville, brisés de fatigue et d'émotion, et nous allions tout de suite entendre la messe, car c'était le jour de Pâques. M. de Richelieu me dit en che-

min : « Venez avec moi, mon cher ami, je ferai votre
« paix avec l'empereur Alexandre, nous retournerons à
« Odessa, nous n'en sortirons jamais. » Après la messe,
je rentrais à mon logement, disposé à suivre ce bon duc,
quand François d'Escars m'accosta en me disant : « Mon-
« sieur a appris, avec chagrin, la perte de vos bagages à
« Estaire, il croit que vos services peuvent être fort utiles
« au Roi; il vous prie donc de vous rendre de suite à
« Gand, où nous allons tous rejoindre le Roi. Vous pouvez
« vous trouver sans argent pour faire cette route, Monsieur
« m'a chargé de vous remettre cette bourse. Au revoir, à
« demain à Gand. » La bourse contenait trois mille francs.
Je racontai cette conversation à M. de Richelieu, ajoutant
qu'après cette aimable attention, je ne pouvais quitter le
Roi; je devais le suivre jusqu'au bout : « Puisque l'on
« compte sur vos services, votre devoir est tout tracé,
« me dit-il ; dévouement absolu, sacrifice de vos intérêts
« personnels, même de votre vie; Dieu sait ce que l'ave-
« nir nous réserve. J'écris à l'Empereur ; je ne parlerai
« pas de vous, je partirai ce soir pour Vienne rejoindre ce
« souverain, je vous écrirai, faites de même. Je comprends
« les services que l'on attend de vous : on a besoin plus
« que jamais de l'appui de l'empereur Alexandre, on sait
« que je vais le retrouver, je serai donc votre inter-
« médiaire. » Quelques heures après, nous nous séparions
le cœur triste ; l'avenir paraissait bien sombre.

Le 29 mars, j'arrivai à Gand et me présentai chez Monsieur pour le remercier de ses bontés, et me mettre à sa disposition. Montpezat, qui ne m'avait pas quitté, se mit en quête d'un logement. Le hasard le conduisit chez un M. Van den Marck. Il nous reçut en amis, insistant pour que nous vivions à sa table avec sa famille. Madame Van den Marck nous combla de soins et de prévenances; j'ai conservé le meilleur souvenir de la réception de ces excellentes personnes.

Monsieur m'ordonna de me rendre à Alost; le duc de Berry, avec l'assentiment du roi des Pays-Bas, y établissait son quartier général, réunissant quelques grenadiers à cheval, chevau-légers et mousquetaires venus isolément rejoindre le Roi. Le nombre des officiers était assez considérable et pouvait former le cadre d'une petite armée que l'on espérait réunir; je me fis inscrire sur les contrôles le 4 avril, mais rien n'était organisé. Le duc de Berry m'engagea à retourner à Gand.

J'y arrivai à deux heures le 5 avril; à peine descendu de cheval, je recevais l'ordre de me rendre chez le duc de Feltre, ministre de la guerre, le seul ministre qui eût suivi le Roi. — Je ne compte pas M. de Blacas, ministre de la maison du Roi, compagnon de Louis XVIII pendant toute l'émigration. — Je me rendis tout de suite chez le ministre de la guerre : « Je vous ai présenté au Roi, « me dit-il, pour être mon chef d'état-major, cela vous « convient-il, général? » Ma réponse fut naturellement : « On ne peut davantage, monsieur le duc. — En ce cas, « venez demain matin, je vous installerai officiellement, « je vous délivrerai votre lettre de service, vous ferai con- « naître vos attributions et les officiers qui seront sous « vos ordres. »

Le lendemain, le duc de Feltre me donna lecture de ma lettre de service :

« Le ministre secrétaire d'État de la guerre, ayant à
« désigner, d'après les intentions du Roi, un maréchal de
« camp, pour être employé comme chef d'état-major, le
« ministre de la guerre a fait choix de M. le comte de
« Rochechouart. Il est ordonné aux officiers d'état-major

« et officiers de toutes armes de le reconnaître, et faire
« reconnaître par ceux qui sont sous leurs ordres

« *Le ministre secrétaire d'État de la guerre,*

« Duc de Feltre.

« Fait à Gand, le 6 avril 1815. »

Il me remit également cette autre pièce :

« Monsieur le comte, j'ai l'honneur de vous informer
« que le Roi a approuvé que vous fussiez employé comme
« chef de l'état-major formé près le ministre de la guerre.
« D'après les intentions de Sa Majesté, cet état-major
« sera composé pour le moment de MM. les colonels du
« Bourg, de Vassimont, de Kentzinger et du capitaine
« du Barrey.

« J'ai l'honneur de vous adresser votre ordre de ser-
« vice.

« Recevez, Monsieur le comte, etc., etc.

« *Le ministre secrétaire d'État de la guerre,*

« Duc de Feltre. »

Le ministre ajouta : « J'aurai le plus grand besoin de
« vos services, sur vous seul va rouler le travail du
« ministère que j'organise. Les officiers désignés dans la
« deuxième lettre vous aideront dans le travail qui va vous
« être confié, vous désignerez à chacun d'eux la partie
« qui lui sera affectée, suivant leurs aptitudes. Je vous ai
« choisi sur la liste des officiers généraux qui ont suivi
« le Roi, pour deux raisons : la première est le nom
« illustre que vous portez, qui, joint à votre parenté

« avec le duc de Richelieu et le duc de Mortemart, offre
« une double garantie de votre fidélité au Roi, et de la
« confiance que cela doit inspirer. La seconde raison se
« trouve dans vos anciennes relations avec nos alliés.
« Monsieur ne m'a pas laissé ignorer les services que
« vous lui avez rendus l'année dernière auprès de l'em-
« pereur Alexandre. Mon logement n'est pas assez vaste
« pour vous recevoir ainsi que les bureaux; le bourgmestre
« vous a désigné la maison de madame Lemarrois, elle
« touche la mienne, établissez-vous dès aujourd'hui. »

Je quittai avec le plus grand regret la famille Van den Marck; madame Lemarrois me reçut d'une façon très grognon. Femme du général de ce nom, quoique séparée de son mari, elle avait conservé sa haine des Bourbons et son enthousiasme pour Napoléon.

Le colonel du Bourg n'accepta pas le poste au ministère, il préféra rester près de Mgr le duc de Berry à Alost; je proposai au ministre de la guerre de le remplacer par le marquis de Montpezat, lieutenant-colonel d'état-major, mon ami; je répondais de son dévouement, on l'agréa. Le commandant comte d'Épremesnil et le chevalier de Gournay, ancien capitaine à l'armée de Condé, remplacèrent le colonel Vassimont et le chevalier du Barrey. Je complétai mon état-major en prenant deux officiers d'ordonnance : MM. Scipion de La Farre et de La Rue, tous deux gardes du corps. Le premier périt à la prise d'Alger, le second devint général de division.

A peine installé dans mes nouvelles fonctions, j'écrivis au duc de Richelieu, comme nous en étions convenus. Je reçus quelques jours après sa réponse, dans une valise expédiée de Vienne par le prince de Talleyrand.

« Vienne, le 14 avril 1815.

« Vous serez peut-être bien aise, mon cher Léon, de
« recevoir de mes nouvelles ; je suis arrivé assez heureu-
« sement, sauf un arrêt de trente-six heures qu'un mau-
« dit capitaine prussien m'a fait subir à Liège, préten-
« dant que je pourrais bien être un suppôt de Bonaparte ;
« finalement, il m'a fait conduire à Aix-la-Chapelle par
« un gendarme ; je suis arrivé sans autre mésaventure.
« J'ai trouvé les chemins encombrés de troupes, il sem-
« ble que le Nord et l'Est se soulèvent pour écraser le
« parjure. L'Empereur m'a reçu avec sa bonté ordinaire,
« il est impossible d'imaginer, de souhaiter de plus excel-
« lentes dispositions que celles que j'ai trouvées. Malheu-
« reusement, il faut encore quelque temps avant que les
« armées, qui marchent au nombre de plus de deux cent
« cinquante mille hommes, arrivent aux frontières de
« France. Les têtes de colonnes sont en Bohême, divisées
« en cinq grands corps d'armée de cinquante mille hom-
« mes chacun, commandés par Sacken, Langeron, Dok-
« toroff, Yermoloff et Rajewski. D'après le compte de
« l'Empereur, plus de huit cent mille hommes se trou-
« veront en action contre la France. Je lui ai demandé
« la permission de l'accompagner dans cette campagne et
« de rester près de lui, il me l'a accordée avec beaucoup
« de grâce. Je n'ai pas encore pu parler de vous autres,
« mais l'occasion se présentera ; je la saisirai, comme
« vous pouvez le croire. Je ne sais pas encore quand on
« partira, cela ne saurait tarder beaucoup.

« L'armée autrichienne n'est pas reconnaissable. Elle
« est complète, surcomplète : plus de trois cent mille hom-
« mes entreront en campagne. Tous les jours, il passe par
« ici des régiments énormes et en parfait état. Il est im-

« possible, à moins qu'on ne le fasse exprès, que la chose
« ne finisse pas bientôt et bien. Quoique Monsieur doive
« déjà savoir tout cela, dites-le-lui et mettez-moi à ses
« pieds. Mille et mille choses à nos amis et compagnons
« d'infortune. Croyez, cher ami, à ma tendre et inalté-
« rable amitié pour la vie.

« Ce 15, je viens de recevoir votre lettre; nous en
« savons plus que vous sur le Midi, où Mgr le duc d'An-
« goulême a eu des avantages, il doit être aux portes de
« Lyon. Mais néanmoins je crains pour lui si l'on ne
« peut aller promptement à son secours, ce que l'épisode
« de Murat rend presque impossible pour le moment.
« On a reçu des nouvelles d'Italie hier au soir, très favo-
« rables. Murat a été battu, et, comme l'armée autri-
« chienne d'Italie se renforce chaque jour et sera bientôt
« de cent soixante mille hommes, il n'y a aucun doute
« que ce Roi ne soit écrasé avant peu, pourvu que les
« royalistes du Midi puissent tenir jusque-là. Je partirai
« avant l'Empereur pour aller faire mon équipage de
« campagne à Francfort.

« Adieu, je vous embrasse.

« R. »

Je m'empressai de communiquer cette lettre au duc de Feltre; il me pria de la lui laisser, il désirait la montrer au Roi; elle parut importante, en ce sens qu'elle nous mettait au courant de tout ce qui se passait. Le Roi chargea son ministre de me témoigner la satisfaction qu'il avait éprouvée à la lire, et celle qu'il avait de pouvoir compter sur un aussi bon avocat auprès de l'empereur Alexandre. Depuis, je rendis compte à M. de Richelieu de tout ce que nous faisions.

Les Français qui voulaient rejoindre le Roi éprouvaient

de nombreuses difficultés de la part des autorités prussiennes, néerlandaises ou badoises, pour traverser les frontières de ces pays ; Louis XVIII envoya des commissaires sur ces frontières, avec mission de s'entendre avec les autorités locales pour le passage des déserteurs et des volontaires. On me chargea de rédiger leurs instructions; les voici, approuvées par le Roi, contresignées par le ministre.

« Gand, le 17 avril 1815

« Sire,

« Votre Majesté ayant jugé à propos d'envoyer un cer-
« tain nombre d'officiers sur les frontières de son royaume,
« chargés de recevoir et d'engager les soldats de son
« armée et les volontaires qui désireront se réunir sous
« ses drapeaux, j'ai l'honneur de Lui soumettre une liste
« d'officiers que je crois dignes de la confiance de Votre
« Majesté, pour l'exécution de ce service, et de Lui repré-
« senter qu'afin d'obtenir des résultats prompts et effi-
« caces, il serait nécessaire de promettre et d'accorder la
« somme de quatre-vingts francs à chaque cavalier monté,
« et celle de vingt francs à chaque fantassin qui se pré-
« sentera aux officiers désignés à cet effet.

« Si Votre Majesté daigne approuver cette proposition,
« je m'empresserai de donner aux officiers en question
« les instructions nécessaires pour l'exécution du service
« régulier qui leur sera confié.

« *Approuvé,*   Le duc de Feltre.

« LOUIS.

« *Pour le Roi, le ministre secrétaire d'État,*

« Duc de Feltre. »

Une ordonnance du Roi fixa les attributions et fonctions des commissaires envoyés sur différents points des frontières. Voici la liste nominative de ces commissaires, et le détail des premières sommes que je remis à chacun d'eux avec une instruction détaillée :

MM. Le comte de Casteja.	6,000 fr.
Le chevalier d'Arblay, maréchal de camp.	5,000 —
Le marquis de Castries, colonel. . .	5,000 —
Le comte E. de Quinsonnas, maréchal de camp.	8,000 —
Le comte Gaëtan de La Rochefoucauld.	3,000 —
Le comte de La Garde, maréchal de camp.	4,000 —
Le comte de Gouvello.	1,000 —
Le baron de Vassimont, colonel. . .	1,500 —
Le chevalier Bertier de Bizy.	1,500 —
Le comte de La Porterie.	500 —

Ces sommes formaient un total de 35,000 fr. sur un crédit de 40,000 fr. ouvert sur la cassette du Roi. Ce crédit fut porté plus tard à 60,000 fr.; chacun de ces messieurs me donna un reçu particulier. J'ai fourni au Roi un état détaillé avec les quittances à l'appui, pour justifier des sommes employées en primes et dépenses extraordinaires de ces messieurs. La correspondance du duc de Richelieu indiquera les résultats de ces missions :

« Vienne, le 3 mai 1815.

« J'ai reçu avec bien du plaisir, mon cher ami, votre
« lettre par le courrier de Pozzo, je suis charmé qu'on vous

« emploie d'une manière aussi distinguée, mais j'avoue
« que j'aurais désiré savoir en quoi consistent vos occu-
« pations, car je ne conçois pas trop quelles elles peuvent
« être, à moins qu'il ne vous arrive beaucoup de monde
« de France, et que vous n'ayez des troupes à organiser.
« C'est ce que Pozzo aurait mandé, à ce que j'imagine,
« et je n'ai rien entendu dire. Plus je réfléchis sur l'état
« intérieur de cette malheureuse France, moins je con-
« çois quel genre d'espérances on pourrait concevoir d'un
« avenir plus heureux pour elle. Tous les éléments de
« dissolution s'y trouvent réunis, et aucun des liens
« nécessaires au maintien des sociétés n'y existe plus.

« La guerre se fera avec un extrême acharnement, les
« armées alliées sont montées au dernier degré d'irrita-
« tion contre une nation qui ne paraît jetée au milieu
« de l'Europe que pour faire son malheur. Je crains
« bien qu'il ne soit pas possible, quelque soin qu'on y
« apporte, d'user d'une aussi grande modération qu'à la
« campagne dernière. Tout cela, cher ami, et bien d'au-
« tres choses encore, ne nous promet rien de bien heureux,
« aussi faut-il vivre au jour le jour, et nous résigner à
« notre sort.

« Je compte partir ces jours-ci pour Francfort, c'est là
« où vous devrez m'écrire sous le couvert de Bethman,
« consul général de Russie. Mandez-moi ce que vous
« faites, combien vous êtes, quelles nouvelles vous
« avez de France, s'il vous vient des déserteurs. En un
« mot, des détails sur votre situation. Les troupes alliées
« marchent à force, mais pourtant ne pourront pas arri-
« ver encore de quelque temps. Pensez qu'il vient cinq
« régiments de Cosaques de la mer Noire ! Les régiments
« autrichiens, que j'ai vus passer, sont très nombreux et
« fort beaux, l'esprit tout à fait changé, et une ardeur

« telle, qu'ils n'en ont jamais eu une semblable au com-
« mencement d'aucune guerre.

« Au revoir, cher ami, comptez sur moi en toute occa-
« sion, et quelque chose qui vous arrive, ma bien tendre
« amitié est à vous pour la vie.

« Mille choses à Rastignac. Voici une lettre pour lui,
« je l'ai reçue d'Odessa, je l'ai ouverte par mégarde,
« prévenez-l'en.

« R. »

Je n'ai conservé aucune copie de mes lettres au duc de Richelieu, je le regrette, car elles auraient servi d'explication aux lettres qu'il m'adressait, et elles contenaient des détails dont je ne me souviens plus.

Francfort, le 26 mai 1815.

« Me voilà à Francfort depuis quatre jours, mon cher
« Léon, comme je vous l'avais marqué de Vienne. J'y ai
« trouvé Quinsonnas, ce qui m'a fait grand plaisir, il
« m'a aidé à acheter trois chevaux de selle, j'espère pou-
« voir me monter et m'équiper à moins de frais que je
« n'aurais cru. Nous avons beaucoup parlé de vous, et
« j'ai été bien fâché de voir qu'il n'ait pu remplir sa
« mission; cela vient en partie de ce qu'on a négligé de
« prévenir à Vienne de cet envoi d'officiers, chose, il
« me semble, qu'on eût dû nécessairement faire avant de
« les expédier. Au nom de Dieu, évitez autant que vous
« pourrez tout ce qui pourrait avoir l'air de légèreté,
« cela est nécessaire, plus que je ne pourrais vous le
« dire.

« Je tâcherai de rester au quartier général de l'Em-
« pereur, comme il me l'a permis, et dans l'unique but de

« pouvoir avec le temps être utile aux affaires du Roi;
« car pour mon propre compte, j'aimerais mieux le plus
« modeste commandement que cette vie de quartier
« général.

« J'ai rencontré les premières colonnes alliées entre
« Nuremberg et Wurzbourg, mais la queue est encore
« loin, ce qui ne paraîtra extraordinaire qu'à ceux qui
« ne réfléchissent pas à l'énorme distance qu'elles ont à
« parcourir; pour moi, je regarde comme miraculeux de
« les voir rendues sur le Rhin et au delà, en moins de
« trois mois, du jour où elles ont pu recevoir l'ordre de
« se mettre en marche. L'armée est magnifique, com-
« posée de deux cent cinquante mille hommes, dont cin-
« quante mille de cavalerie et six cents pièces de canon,
« plus cent mille hommes de réserve sur les frontières de
« Pologne et de Silésie.

« Ce que j'ai appris ici, sur l'esprit des provinces fron-
« tières, d'Alsace, de Lorraine et de Champagne, m'a fait
« beaucoup de peine; il est très mauvais, et il paraît
« certain que tout y prendra les armes contre vous. Les
« dispositions des chefs des armées alliées sont excel-
« lentes, mais il sera difficile de retenir dans une exacte
« discipline six ou sept cent mille hommes excessivement
« animés, et qui devront d'ailleurs vivre aux dépens du
« pays; que de maux de toute espèce vont fondre sur cette
« malheureuse France!

« J'écris à La Garde, je vous prie de lui remettre ma
« lettre; je crois qu'on ne peut faire un meilleur choix,
« pour l'envoyer à l'armée russe, mais ayez soin d'en
« faire prévenir et demander l'agrément par Pozzo. Je
« dois vous dire qu'on a été fâché de ne pas voir mettre
« à la tête de votre rassemblement quelqu'un des géné-
« raux marquants de l'armée, comme Maison, Ricard,

« ou mieux un maréchal de France; M. de Trogoff peut
« être un excellent choix, mais il ne produira pas d'effet
« sur les soldats français. Voilà ce que j'ai entendu dire.
« Ce qui me parviendra de cette nature, je me ferai un
« devoir de vous en prévenir. Écrivez-moi souvent, don-
« nez-moi tous les détails sur votre position, pour me per-
« mettre de parler de vos affaires; vous savez bien que je
« ne dirai que ce qu'il faudra dire. J'espère que le prince
« de Talleyrand passera bientôt par ici. On désire vive-
« ment le voir à la tête des conseils du Roi, je crois
« qu'en effet on ne pourrait rien faire de mieux que de
« l'y mettre. Adieu, cher ami, portez-vous bien, et
« comptez sur mon bien tendre attachement pour la vie.

« R. »

Deux maréchaux de France avaient suivi le Roi : le maréchal Marmont, duc de Raguse, et le maréchal Victor, duc de Bellune; mais notre troupe était plus nombreuse en officiers qu'en soldats, et l'on craignait de mauvaises plaisanteries en mettant à sa tête un prince du sang, Mgr le duc de Berry, ou un maréchal de France.

Non seulement des maréchaux et des généraux, mais des hommes politiques, des écrivains, et parmi eux je citerai M. Guizot, nous suivirent à Gand. Chacun voulait faire prévaloir ses idées ou ses projets; de là, cette légèreté dont se plaignait M. de Richelieu, et le peu de réflexion qui précédait nos actes. Les reproches ou les remontrances qu'on nous adressait sans tenir compte de notre position exceptionnelle, nous tracassaient, nous inquiétaient et n'amenaient aucun résultat. Nous avions le grand tort d'être malheureux, d'être les plus faibles; avec cela, on a rarement raison, tout ce que l'on fait est blâmé.

Le roi des Pays-Bas avait envoyé à Gand, comme commissaire extraordinaire de police, le baron d'Eckstein; sa capacité, sa grande prudence accompagnée d'une vigilance active, nous furent d'un grand secours, pour veiller sur la personne du Roi, et pour obtenir l'éloignement des individus qui nous paraissaient suspects ou même dangereux.

Le temps marchait, de grands événements se préparaient, une lutte définitive était sur le point d'éclater entre un million d'hommes; des illusions de gloire et de succès fascinaient les yeux de Napoléon à tel point, que, loin d'être effrayé du haro poussé contre lui par l'Europe entière, il avait l'air d'en tirer avantage. Son prétendu amour pour la France ne l'empêchait pas de la précipiter dans les plus grands périls; pourvu qu'il parvînt à ressaisir le pouvoir, le reste lui importait peu. Il déguisait sa soif insatiable de domination et de guerre, sous les noms : d'honneur national à venger, et de libertés à reconquérir; il ne voyait pas les maux qui menaçaient cette pauvre France, et n'admettait pas l'idée d'un échec.

Je m'empressai de montrer au ministre de la guerre la lettre suivante de M. de Richelieu, pour qu'il la communiquât au Roi :

« Francfort, le 11 juin 1815.

« La Garde m'a remis votre lettre, mon cher Léon, et
« tous les paquets qu'elle contenait. Vous sentez bien
« que la première chose, avant d'accepter ou de refuser,
« c'était de savoir si cette mission avait l'agrément de
« l'empereur Alexandre; sans cette condition, je ne pou-
« vais être bon à rien au service du Roi, précisément
« même, en raison des liens qui m'attachent à la Russie;
« car en supposant même que je quittasse le service du

« Tzar dans ce moment, comme je ne lui deviendrais pas
« plus agréable, au contraire, je ne pourrais plus d'au-
« cune manière être bon à quelque chose au Roi, dans
« quelque qualité que ce fût. J'ai donc été chez l'Em-
« pereur et lui ai dit avec ma franchise ordinaire : On
« désire me nommer commissaire extraordinaire, et
« ministre plénipotentiaire du Roi près de Votre Majesté
« Impériale, la chose lui serait-elle agréable? Il m'a
« déduit fort en détail les raisons qui lui paraissent
« rendre ces fonctions incompatibles avec mon existence
« à son service et à sa suite. Il m'a été fort bien démon-
« tré qu'il ne s'en souciait pas; mais quel a été mon
« étonnement, quand il a ajouté : Que d'ailleurs il était
« inutile de discuter ce qui m'était personnel, puisque la
« mesure avait été discutée à Vienne, et rejetée par une
« décision des puissances alliées, à laquelle il venait
« d'adhérer. Je suis tombé de mon haut, je vous l'avoue,
« et je n'ai pas conçu qu'on prenne une mesure, comme
« celle d'envoyer des plénipotentiaires, de leur tracer
« leurs fonctions, avant d'être assuré qu'ils seront reçus
« par ceux auprès desquels ils doivent résider. Le pauvre
« La Garde se trouve dans un grand embarras. Cepen-
« dant, quoique l'Empereur m'ait dit de le renvoyer avec
« ma réponse, j'espère que nous pourrons peut-être le gar-
« der; il reste maintenant, sous prétexte d'attendre la
« réponse de l'Empereur à la lettre du Roi, réponse
« retardée par l'absence de Nesselrode. Quinsonnas
« également ne sait que devenir, il reste encore ici, mais
« je crains bien qu'on ne le force à partir au premier
« jour. J'ai parlé de lui au prince Schwarzemberg, qui
« m'a dit avoir demandé sur sa première mission des
« instructions à Metternich, et des ordres à l'empereur
« François-Joseph, et qu'il n'avait reçu ni les unes ni les

« autres. Mais aujourd'hui, sa mission étant d'un autre
« genre, puisqu'il est avec Roger de Damas ce que La
« Garde était destiné à être avec moi, il partagera, sui-
« vant toute apparence, le sort de ces commissaires.

« Quant à moi, mon cher Léon, il m'a toujours paru
« que je pouvais être plus utile au Roi, sans être revêtu
« d'aucun titre, et je vous avoue que c'est ce qui m'a
« fait désirer d'être à la suite de l'Empereur, car, tel que
« vous me connaissez, n'aimant ni les Cours ni les quar-
« tiers généraux, j'aurais mille fois mieux aimé avoir
« un commandement si petit qu'il fût. J'écris à Blacas et
« au ministre de la guerre, et je vous répète que tout ce
« que je pourrai faire, pour diminuer les maux de la
« France, ou être utile au service du Roi, je le ferai avec
« le plus grand empressement ; qu'il est impossible que
« l'occasion ne s'en présente pas, dès notre entrée en France ;
« que tout ce qu'on voudra faire savoir à l'empereur de
« Russie, qui sorte des voies ordinaires de la diplomatie,
« je m'en charge ; que dans ma situation actuelle près de
« ce souverain, il me semble que je suis plus à même
« d'être utile, que si j'étais revêtu d'un grand titre,
« qui me mettrait sans cesse en collision avec tout le
« monde, et auquel d'ailleurs il ne faut pas penser,
« puisque d'abord il n'existe pas, et qu'ensuite il serait
« désagréable à l'Empereur que j'en fusse revêtu. Du
« reste, mon cher, j'approuve très fort que vous restiez
« près du Roi jusqu'à la fin, et ce ne sera assurément
« jamais moi qui vous donnerai le conseil de le quitter,
« dès qu'il vous emploiera à quelque chose.

« Ce n'est pas mon avis que je vous donnais, touchant
« le choix qu'on a fait, du chef de votre petit corps, mais
« bien ce que j'avais entendu dire, je vous croyais plus
« nombreux ; pour ce petit nombre, n'importe quel en

« soit le chef. Il me semble que les espérances et les pro-
« babilités de succès ne doivent pas se mesurer sur le
« nombre d'hommes qui viendront rejoindre le Roi à
« Gand, mais sur celui de ses partisans à l'intérieur. Il
« paraît qu'il y a des provinces où il y en a très peu, ce
« sont celles précisément où nous allons entrer; celles de
« l'Ouest et du Midi, au contraire, en renferment un grand
« nombre. Si l'on pouvait les réunir et les organiser,
« ce serait la chose la plus importante. Vous avez assu-
« rément bien raison d'accepter les offres des généraux;
« quand on se noie, on ne regarde pas si c'est le bon
« Dieu ou le diable qui vous tend la main pour vous
« sauver, on commence par sortir de l'eau, et l'on voit
« ensuite ce qui reste à faire. Au nom de Dieu, per-
« suadez-vous bien qu'il ne faut rejeter personne, nous
« ne sommes pas trop nombreux, ne faisons pas comme
« à Coblentz, où nous avions peur d'être en trop grand
« nombre, et que l'expérience de tant de maux ne soit pas
« perdue.

« J'irai dans quelques jours au quartier général, pour
« tout à fait; je crois que nous en avons encore pour
« trois semaines avant d'aller en avant, le premier batail-
« lon russe est entré ce matin ici, mais la queue est un
« peu loin.

« Au revoir, mon cher ami, je vous écris par M. de
« Bréan, je saisirai, quand il y aura quelque chose d'inté-
« ressant, toutes les occasions de vous écrire, faites de
« même. Je vous embrasse de tout mon cœur.

« R. »

Certaines phrases de cette lettre donnèrent à penser au
duc de Feltre que les agents du Roi, près du congrès de
Vienne, agissaient ou recevaient des ordres à son insu,

c'est-à-dire en dehors du conseil dont il faisait partie. Il devina que des intrigues se tramaient contre lui, il ne devait pas s'y attendre, car sa conduite a toujours été aussi noble, que loyale et désintéressée. J'aurai l'occasion d'en parler, lors de la seconde entrée du Roi à Paris.

Le 15 juin, nous fûmes avisés de l'ouverture des hostilités entre l'armée française commandée par Napoléon, et les armées anglo-prussienne et belge. Le 16, un de ces fuyards, toujours porteurs de mauvaises nouvelles, arriva à Bruxelles; il raconta qu'une partie de l'armée prussienne était battue, après avoir subi des pertes considérables, et que l'armée anglaise étant en pleine déroute, ses bagages se retiraient par la forêt de Soignes. Ces nouvelles nous parvinrent bien vite à Gand, je courus chez le duc de Feltre prendre ses ordres, il m'emmena chez le Roi; nous le trouvâmes entouré de gens qui l'engageaient à se sauver. Louis XVIII, calme et résigné, répondit : « Messieurs, je n'ai rien reçu d'officiel, si le malheur était « aussi grand que vous le dites, je serais prévenu. Je ne « bougerai pas d'ici, que je n'y sois forcé par les circon-« stances les plus impérieuses; que ceux qui ont peur « partent. » Le soir, beaucoup partirent, les plus peureux gagnèrent Nimègue avec leurs chevaux, car je transmis l'ordre du ministre de la guerre, de ne laisser sortir aucun cheval de poste. Le 17 juin, de meilleures nouvelles rendaient le calme à notre Cour, on annonçait bien un petit succès de l'armée française, mais sans importance. Enfin, le 19, le résultat de la sanglante bataille livrée le 18, à Waterloo, nous parvenait. N'ayant pas assisté à cette cruelle journée pour l'armée française, je n'en parle pas, trop heureux de ne pas avoir été témoin de ce grand désastre, dont les conséquences cependant devaient amener la fin de notre exil.

Le Roi fit en toute hâte ses préparatifs de départ pour rentrer en France, et donna l'ordre de se mettre en marche; je passai vingt-quatre heures à dicter et expédier l'ordre de départ de notre petite troupe, lui tracer son itinéraire, prévenir toutes les autorités locales, assurer les subsistances et le logement des officiers et soldats. Le Roi, Monsieur et les ministres quittèrent Gand le 22 juin; notre petite armée partit le même jour d'Alost. Le Roi séjourna le 23 à Mons et le 24 il entrait en France. L'état-major du ministre de la guerre, sous mon commandement, formait son escorte.

A Mons, pendant que le duc de Feltre me dictait quelques ordres, le comte de Blacas entra tout ému dans le cabinet du ministre, il sortait de chez le Roi et accourait annoncer à son ancien collègue la détermination qu'il venait de prendre. A tort ou à raison, on attribuait au comte de Blacas, ex-ministre de la maison du Roi, toutes les fautes commises par le gouvernement pendant la première Restauration. Cette accusation était accréditée presque partout en France, même à l'étranger, et du côté de la Cour on ne la repoussait pas entièrement, tant on est heureux de rejeter sur un seul individu la responsabilité de tous les malheurs. Au moment de rentrer en France, M. de Blacas, profondément affligé de cette injustice, n'avait pas hésité à se présenter chez le Roi et lui avait dit : « Que, voulant avant tout le bonheur de
« son maître et de son pays, craignant que sa présence
« ne nuisît à son auguste personne, même en ne faisant
« pas partie de ses conseils, il se retirait à l'étranger et y
« resterait jusqu'à ce que l'opinion lui rendît justice.
« Sacrifiant son propre bonheur, pour ne pas servir de
« prétexte aux mécontents; il acceptait sans murmures
« les injustes accusations, trop heureux de prouver par

« là son dévouement au Roi. Prêt à lui sacrifier sa vie, il
« n'hésitait pas à lui sacrifier jusqu'à son honneur. » Il
était sorti sans attendre la réponse du Roi et venait prévenir le duc de Feltre; il le quitta tout en larmes.

Je n'avais pas perdu un mot de cette scène; dès que
M. de Blacas fut parti, nous nous regardâmes, le ministre
de la guerre et moi, sans prononcer une parole! Admirant
cette noble conduite, digne d'un serviteur aussi fidèle que
dévoué. Je suis heureux de la faire connaître, car de nos
jours, un désintéressement pareil est bien rare! Quelques
instants après, la conversation se porta tout naturellement
sur la formation d'un nouveau ministère. De singulières
rumeurs se propageaient, on parlait vaguement de l'entrée
au ministère de Fouché, duc d'Otrante. Le prince de
Talleyrand, chef d'une école politique peu morale et peu
scrupuleuse dans ses moyens d'action, n'hésitait pas à
proposer au Roi cet acte, qui allait désoler tous ses vrais
serviteurs, sous prétexte de se servir d'un homme perfidement habile, il est vrai, mais que son passé devait
exclure des conseils du Roi et de la famille des Bourbons!
Que penseraient les monarques étrangers d'un choix pareil?
Que diraient les honnêtes gens, en voyant que la politique en était arrivée à faire fouler aux pieds tout ce
qu'il y a de noble, de sacré, d'honnête, de délicat et de
chevaleresque, pour obtenir un succès peut-être si peu
durable!

Le duc de Feltre m'avoua qu'il professait un grand
mépris pour le prince de Talleyrand, il ne le lui avait pas
dissimulé. Ce sentiment lui avait été inspiré par Napoléon, qui lui dit un jour : « Clarke, je vous défends de
« vous lier avec le prince de Talleyrand, car ce n'est que
« de la m...., il vous salirait. » Après m'avoir répété ces
paroles plus qu'énergiques sur le compte de ce trop

célèbre diplomate, il me parla de Fouché : « Celui-là, dit-
« il, je n'ai jamais pu le souffrir, Napoléon ne se servait
« de lui qu'à regret, aussi s'en est-il débarrassé, dès
« qu'une occasion favorable s'est présentée. Il faut rendre
« justice à Napoléon, tous ceux qu'il a renvoyés des
« affaires ou de l'armée, le méritaient; ainsi, par exemple,
« jamais je ne consentirai à présenter à la ratification du
« Roi, la nomination du général de brigade Donadieu
« au grade de lieutenant général, nomination demandée
« par Madame la duchesse d'Angoulême, cela serait trop
« insulter l'armée; une autre fois, je vous raconterai les
« motifs de sa disgrâce; il doit aux événements de 1814
« de ne pas avoir été traduit en conseil de guerre. »

J'engageai le duc de Feltre à profiter de la première occasion, pour éclairer le Roi, sur la moralité des personnes qu'il comptait employer, et sur l'effet que de pareils choix produiraient sur les honnêtes gens. Mais le duc de Feltre, parfait honnête homme, grand travailleur, uniquement occupé de ses devoirs, très bon administrateur, exécrait les phrases : il m'avoua qu'il n'oserait jamais parler dans ce sens au Roi. Nous en étions là de notre conversation, lorsque nous vîmes passer la voiture du Roi qui allait franchir la frontière, se dirigeant sur Cateau-Cambrésis, en évitant Valenciennes, ou les autres places fortes, investies ou assiégées par les armées alliées.

Il n'y avait plus rien à faire pour changer les dispositions du Roi, le prince de Talleyrand l'accompagnait, et l'intrigue paraissait trop bien menée, pour que le duc de Feltre pût faire autre chose que de suivre et se taire. Les détails de notre rentrée en France sont insignifiants, en présence surtout de ce qui se passait à Paris, ou au quartier général des alliés, je n'en parlerai donc pas.

Nous passions à une faible distance de Cambrai, assiégé

par les Anglais, lorsqu'on apprit que cette place venait de se rendre au Roi. Il importait de prouver que les villes qui suivraient cet exemple, s'en trouveraient bien : la ville et la citadelle de Cambrai furent évacuées par les Anglais, qui les remirent au Roi. Le Roi y entra et avec lui notre petite armée, laquelle, on se l'imagine aisément, grossissait à vue d'œil après les revers de Napoléon et son abdication ; nous restâmes à Cambrai plusieurs jours.

Le 27 juin, je reçus la lettre suivante du duc de Richelieu :

« Manheim, 25 juin 1815.

« Je profite, cher ami, d'un courrier qui va chez Pozzo
« pour vous écrire un mot : hier le général Rapp, qui
« commande à Wissembourg, a fait dire au prince royal
« de Wurtemberg, qui est à Bergzobern, qu'une dépêche
« télégraphique venait de l'informer de l'abdication de
« Bonaparte en faveur de son fils, de l'établissement
« d'un gouvernement provisoire à Paris, composé de
« Fouché, Carnot, Quinette, Caulaincourt et Grenier,
« ajoutant que le général allait envoyer au-devant des
« alliés pour négocier ; qu'il espérait qu'ils cesseraient
« toute hostilité. L'effet que cette nouvelle a produit ici,
« nous a fait hâter notre marche. Tout le monde m'a
« paru bien disposé pour le Roi, qui, j'espère, est en
« France à présent. Nous ignorons encore quel est le but
« de cette nouvelle scène tragique pour notre pays, mais
« vous pouvez compter que nous ne nous arrêterons pas,
« tant que Bonaparte ne sera pas prisonnier. Je crains
« bien qu'il ne soit déjà parti pour l'Amérique sur quel-
« que petit bâtiment, et alors, cela sera à recommencer.
« L'empereur Alexandre parle du Roi avec intérêt, et
« l'Autriche est très bien, oui, très bien, soyez-en sûr.

« Wrede est à Sarreguemines, et nous marchons demain.
« On a envoyé à l'archiduc Ferdinand, qui passe par
« Bâle, ainsi qu'à Frémont, l'ordre de ne pas s'arrêter, au
« cas qu'on leur fît des propositions semblables à celle de
« Rapp, mais de toujours suivre leur chemin. J'espère,
« mon cher, vous revoir bientôt quelque part, mais ce ne
« sera pas pour longtemps, et aucune puissance humaine
« n'est en état de me faire vivre avec les gens que j'ai
« malheureusement si bien appris à connaître. Nous
« entrerons en France ces jours-ci. Si l'on veut me charger
« de quelque chose, je suis toujours prêt à le faire ; écri-
« vez-moi dans tous les cas, et croyez à mon inaltérable
« amitié.
« R. »

La destinée de l'homme est parfois bien extraordinaire.
En voici un qui reçoit un avertissement du ciel, il en est
tellement pénétré, qu'il cherche les plus justes raisons
pour se dérober, et il ne se passera pas trois mois que,
cédant à des considérations graves si l'on veut, le pauvre
duc devra subir son sort dans toute sa rigueur.

L'empereur de Russie et même le cabinet autrichien
se montraient bien disposés pour Louis XVIII; au contraire, les généraux prussiens et le duc de Wellington,
enflés d'orgueil par la victoire de Waterloo, ne laissaient
échapper aucune occasion de nous accabler de leurs
mauvais procédés. La Prusse, écrasée à Iéna, avait été en
butte à toutes les vexations imaginables. Napoléon avait
abusé de sa victoire, chassé la reine Louise, vénérée et
adorée de ses sujets ; trouvant enfin une occasion de se
venger, ses généraux la saisissaient avec peu de mesure
et surtout peu de générosité. Les Anglais, toujours jaloux
de la France, cherchaient tous les moyens de nous affai-

blir, ne pouvant nous conquérir. Si ces puissances étaient parvenues à s'emparer de nos places fortes, elles auraient emporté ou détruit tout le matériel de guerre. Afin d'éviter une pareille humiliation et une pareille perte, le duc de Feltre s'empressa d'envoyer aux commandants de toutes les forteresses l'ordre d'arborer le drapeau blanc et de se soumettre au Roi, avec lequel les alliés n'étaient point en guerre; ils éviteraient et l'humiliation et les conséquences d'une conquête étrangère. Le général de Bourmont à Lille et le général Reille à Valenciennes sauvèrent ainsi ce que ces villes fortes possédaient de matériel.

Le 1er juillet, nous couchions à Saint-Denis. Je fus chargé de distribuer un grand nombre d'exemplaires d'une proclamation du Roi datée de Cambrai : « J'accours
« pour ramener mes sujets égarés, pour adoucir les maux
« que j'aurais voulu prévenir, pour me placer une
« seconde fois entre les armées étrangères et les Fran-
« çais, dans l'espoir que les égards dont je peux être
« l'objet tourneront à leur salut, la seule manière dont
« j'aie voulu prendre part à la guerre. Revenu sur le sol
« de la patrie, je me plais à parler de confiance à mes
« peuples. Mon gouvernement devait faire des fautes,
« peut-être en a-t-il fait! Il est des temps où les inten-
« tions les plus pures ne suffisent pas pour diriger, où
« quelquefois même elles égarent, etc., etc. »

Au moment de me mettre au lit, je fus appelé chez le duc de Feltre : « Je vous ai fait venir, mon cher Roche-
« chouart, d'abord, pour vous remercier de votre con-
« cours depuis que nous sommes ensemble, et des
« marques d'attachement que vous m'avez données;
« ensuite, pour vous prévenir que le Roi vient d'accepter
« ma démission. Ne pouvant continuer à être son

« ministre, avec des collègues qui ont adopté une poli-
« tique que je ne saurais approuver, je me retire, avec la
« satisfaction d'avoir rempli mon devoir. Je suis entré au
« ministère lorsqu'il y avait des dangers à courir, et dans
« le moment d'une crise, dont il était difficile de prévoir
« l'issue ou la fin; je le quitte, lorsque le Roi est en
« sûreté. Au reste, en donnant ma démission, je n'ai fait
« qu'aller au-devant des désirs du prince de Talleyrand,
« le nouveau président du conseil des ministres; jamais
« nous n'aurions marché d'accord. Je sais que le maré-
« chal Gouvion Saint-Cyr me remplace. Il n'est pas ici,
« ce dont je suis bien fâché, car je lui aurais parlé de
« vous; mais voici une lettre, vous la lui remettrez avec
« ce portefeuille; je suis sûr d'avance du bon accueil que
« vous en recevrez demain à Paris. Adieu, mon cher
« ami, embrassez-moi, et que Dieu vous bénisse! » Puis
il me serra dans ses bras, ayant comme moi les larmes
aux yeux; une voiture l'attendait, il y monta rapidement
et disparut.

Enfin, le samedi 8 juillet, le Roi fit son entrée dans Paris.
Monsieur avait organisé ainsi le cortège : En tête et ayant
le commandement : le général Maison, nouveau gouverneur de la première division militaire, son état-major;
l'état-major du ministre de la guerre sous mes ordres, les
maréchaux de France, les généraux qui avaient suivi le
Roi à Gand, ou qui étaient venus le rejoindre depuis
l'abdication de Napoléon; enfin, notre petit corps d'armée
ramené d'Alost. Partis à deux heures de Saint-Denis,
nous arrivions à trois heures à la barrière, où le Roi
fut reçu et complimenté par le préfet de la Seine et
le conseil municipal de la ville de Paris. Le soir,
les maisons particulières et les édifices furent illumi-
nés spontanément et sans ordres. Un bon bourgeois

de la rue Saint-Denis avait placé devant sa boutique un transparent avec ces mots : « Vive le Roi, ma femme « et moi!... » Le Roi fut accompagné jusqu'aux Tuileries par des acclamations inouïes, étourdissantes, plus vives et plus bruyantes encore qu'à sa première entrée, au moins égales, m'a-t-on affirmé, aux acclamations poussées trois mois avant, à l'entrée de Napoléon.

Je suivis le Roi jusque dans ses appartements, j'y trouvai le maréchal Gouvion Saint-Cyr, auquel je remis le portefeuille du ministre de la guerre et la lettre du duc de Feltre. Il me pria de venir le lendemain de bonne heure déjeuner avec lui au ministère de la guerre, pour causer librement.

Exact à me rendre à l'ordre et à l'invitation du maréchal Gouvion Saint-Cyr, je me présentai de bonne heure à son cabinet; il m'accueillit avec bonté et bienveillance. Le ministre me dit très franchement que je pouvais lui être très utile, non seulement en le mettant au courant de ce qui s'était passé à Gand, mais encore en lui faisant connaître les personnes qui entouraient le Roi et les princes, étranger qu'il était à la vie de courtisan. « Je « vous demande donc, ajouta-t-il, de conserver l'emploi « que vous occupiez près du duc de Feltre ; je compte « également que vous me servirez d'intermédiaire auprès « des alliés, avec lesquels nous allons avoir des relations « bien délicates, qui nécessiteront beaucoup de prudence « et de fermeté ; enfin, votre parenté avec le duc de « Richelieu, qui est appelé à jouer un grand rôle inces- « samment, me rend votre présence près de moi très « précieuse. Je vous prie donc de venir tous les jours, à « la même heure, c'est le meilleur moment pour causer. « Si vous n'avez pas de logement, je vous ferai donner « une chambre ici ; en tout cas, vous accepterez ma table. »

Après le déjeuner, le maréchal me recommanda de lui présenter le lendemain les officiers qui composaient l'état-major de son prédécesseur. « La présentation sera bien-
« tôt faite, répondis-je, tous ces messieurs sont rentrés à
« leurs corps, à l'exception du marquis de Montpezat,
« lieutenant-colonel d'état-major plein de mérite et d'in-
« struction ; je vous serai reconnaissant, monsieur le
« maréchal, de me l'adjoindre. — Accepté », répondit le ministre. Je refusai de loger au ministère.

Je fus bien étonné de lire le 10 juillet, dans le *Moniteur universel,* la liste du nouveau ministère, composé de :

MM. le prince DE TALLEYRAND, ministre des affaires étrangères, *président du conseil.*
     le baron LOUIS, ministre des finances.
     FOUCHÉ, duc d'Otrante, ministre de l'intérieur et police.
     le baron PASQUIER, ministre de la justice, garde des sceaux.
     le maréchal GOUVION SAINT-CYR, ministre de la guerre.
     le comte DE JAUCOURT, ministre de la marine.
     le duc DE RICHELIEU, ministre de la maison du Roi.

Pendant le déjeuner, je ne pus m'empêcher de témoigner ma surprise au maréchal, je lui donnai lecture de la dernière lettre de M. de Richelieu, et j'ajoutai : « Je suis
« convaincu qu'il n'acceptera pas, il est encore au service
« de la Russie et auprès de l'empereur Alexandre, com-
« ment a-t-on pu disposer de lui sans son assentiment,
« et même sans l'avoir prévenu ? Si, avant de faire paraître
« l'ordonnance dans le *Moniteur universel,* j'avais pu
« savoir ce dont il était question, instruit comme je le
« suis de ses intentions, je vous aurais averti, monsieur le

« maréchal, j'aurais évité au Roi un refus désagréable,
« au conseil des ministres une démarche qui paraîtra
« légère, et au duc de Richelieu un réel chagrin, car il
« va se trouver vis-à-vis de l'empereur de Russie dans
« une très fausse position, nullement d'accord avec les
« égards qu'il lui doit. » Je n'osai pas ajouter que jamais
M. de Richelieu ne consentirait à être le collègue de
Fouché! Le ministre, homme sérieux, me répondit :
« Cela est incroyable; on ne nous a rien dit au conseil
« touchant la position exceptionnelle de M. de Richelieu,
« je ne conçois pas que l'on ait agi aussi légèrement, j'en
« parlerai ce soir au conseil; je vous remercie du ren-
« seignement que vous venez de me donner. »

J'attendis avec impatience M. de Richelieu et lui pro-
curai un billet de logement près de l'Élysée, car je ne
pouvais plus le recevoir, le baron Louis ayant repris
l'appartement qu'il me louait rue Royale. Du reste, mon
valet de chambre, que j'avais laissé, le 20 mars, gardien de
mon argenterie, linge, vaisselle, cave, etc., etc., avait
vendu tout à moitié perte, et bu le vin, « pour qu'il ne se
« gâtât pas », me dit-il. Il eut cependant l'honnêteté de
me remettre douze cents francs, reliquat de la vente,
pour reconstituer mon ménage.

Je m'empressai d'aller causer avec M. de Richelieu, le
13 juillet, jour de son arrivée. Il n'avait pas décoléré
depuis la réception de l'ordonnance qui le nommait
ministre de la maison du Roi, tant il avait été irrité du
procédé. Il avait annoncé tout de suite à l'empereur
Alexandre son refus formel d'accepter; mais l'Empereur
lui répondit : « Je comprends votre refus, mon cher duc,
« je suis bien touché de votre dévouement à ma personne,
« je tiens à vous conserver au service de la Russie, et je
« ne me séparerai de vous qu'avec le plus grand regret.

« Cependant, d'après l'intérêt que je porte au roi de
« France, je sais combien, dans les circonstances diffi-
« ciles où il se trouve, et celles que je prévois où il
« va se trouver, un homme tel que vous doit lui être
« utile, peut-être même indispensable au maintien d'une
« bonne harmonie entre nos deux gouvernements. Nous
« en reparlerons à Paris. »

Le soir même de son arrivée, le duc s'en expliqua franchement avec le Roi.

Déjà prévenu par le ministre de la guerre des motifs de son refus, après la conversation que nous avions eue ensemble à ce sujet, le Roi agréa ce refus, mais il persista dans son désir de le voir faire partie de son conseil, si ce n'était pour le moment présent, au moins dans un délai très prochain.

Le *Moniteur* du 18 juillet 1815, page 814, annonça l'embarquement de Napoléon sur un vaisseau de guerre anglais, en reproduisant la dépêche du préfet maritime de Rochefort : « Buonaparte est arrivé dans la journée du
« 15 juillet à bord du vaisseau anglais le *Bellérophon*,
« capitaine Maitland. C'est ainsi que, sous le refuge du
« pavillon blanc, Buonaparte a terminé à bord d'un
« vaisseau anglais l'entreprise commencée par lui, exé-
« cutée à l'aide de MM. Ney, de La Bédoyère, Bassano,
« Lavalette, Savary, Bertrand, d'Erlon, Regnault de
« Saint-Jean d'Angély, Boulay de la Meurthe, Defermon,
« Étienne, et mesdames Hortense, Souza et Hamelin. »

Les puissances alliées désignèrent chacune un commissaire, chargé de surveiller Napoléon à Sainte-Hélène ; le prince de Talleyrand, dans le but de se venger de Napoléon, proposa au Roi M. de Montchenu, bavard insupportable, complètement nul. Cette nomination causa un étonnement général ; le ministre répondit aux amis

qui lui demandaient le motif de ce choix : « C'est la
« seule vengeance que je veuille tirer des procédés de
« Napoléon à mon égard ; du reste, elle est terrible ; quel
« supplice pour un homme de la trempe de Bonaparte
« d'être obligé de vivre avec un bavard ignorant et
« pédant ! je le connais, il ne résistera pas à cet ennui, il
« en sera malade et en mourra à petit feu. »

Le premier acte du nouveau ministère fut un rapport du ministre de la police, proposant deux mesures de la plus grande sévérité, rapport inséré dans le *Moniteur* du 26 juillet 1815, page 844 :

1° Dix-huit personnes devaient être arrêtées et traduites devant les conseils de guerre : Ney, La Bédoyère, Drouet d'Erlon, les deux frères Lallemand, Ameilh, Lefèvre-Desnouettes, Brager, Gilly, Mouton-Duvernet, Grouchy, Clausel, Laborde, Debelle, Bertrand, Drouot, Cambronne, La Vallette et Rovigo.

2° Trente-huit personnes étaient expulsées, les unes de Paris, les autres de la France : Soult, Alix, Marbot, Excelmans, Bassano, Félix Lepelletier, Boulay de la Meurthe, Méhée, Fressinet, Thibaudeau, Carnot, Vandamme, Lamarque, Lobau, Havel, Piré, Barrère, Arnoult, Pommereuil, Regnault de Saint-Jean d'Angély, Dejean, Arrighi de Padoue, Garrau, Réal, Bouvier-Dumolard, Merlin de Douai, Durbach, Dirot, Defermon, Bory Saint-Vincent, Félix Desportes, Hulin, Garnier de Saintes, Mellinet, Cluys, Courtin, Forbin-Janson fils et Leborgne-Dideville.

On remarquera que ces listes donnaient les noms, sans qualifications, ni titre, ni grade, qu'elles étaient dignes enfin des listes de proscription du temps de la Terreur signées Fouché ; seulement, celles-ci étaient signées : duc d'Otrante et contresignées : prince de Talleyrand, président du conseil. Le ministre de la guerre me raconta que Carnot, l'un des expulsés du duc d'Otrante, avec lequel il était membre du gouvernement provisoire quinze jours auparavant, indigné du procédé de son ancien collègue, lui écrivit : « Où veux-tu que je me « retire, traître? » Fouché lui répondit au bas du même billet : « Où tu voudras, imbécile. » Cette correspondance concise, en style républicain, peint mieux ces deux hommes que dix pages d'histoire. L'article 12 de la convention signée le 3 juillet entre le gouvernement provisoire et les commissaires de l'armée anglo-prussienne : le duc de Wellington et le feld-maréchal Blücher, portait : « Seront pareillement respectées les personnes, les pro- « priétés particulières, les habitations; en général, tous les « individus qui se trouvent dans la capitale continueront « à jouir de leurs droits, liberté, sans pouvoir être inquié- « tés ni recherchés en rien, relativement aux fonctions « qu'ils occupent ou auraient occupées, à leur conduite « et à leurs opinions politiques. » On adressa aux signataires de cette convention une protestation contre la violation de l'article 12. Les généraux étrangers répondirent: « Nous avons fidèlement observé la convention, personne « n'a été arrêté ni inquiété en notre nom; le roi de France « est rentré dans la plénitude de son pouvoir; on doit « s'adresser au prince de Talleyrand, président du conseil. »

Ma position auprès du ministre de la guerre fut régularisée par de nouvelles lettres de service :

« *Ministère de la guerre.* — *État-major général.* —
« 2ᵉ *division.*

« Paris, le 28 juillet 1815.

« Le ministre secrétaire d'État de la guerre ayant fait
« choix de M. le maréchal de camp, comte de Roche-

« chouart, pour être employé en qualité de chef d'état-
« major du ministre de la guerre, cet officier jouira du
« traitement de onze cents francs par mois, affecté à son
« grade, à compter du 10 de ce mois.

« Gouvion Saint-Cyr. »

Le feld-maréchal Blücher avait résolu de faire sauter le pont d'Iéna, quoique, pour ménager la susceptibilité des Prussiens, on l'eût appelé : pont des Invalides. Malgré les protestations des généraux étrangers, malgré l'opposition énergique du Roi et de ses ministres, le jour était fixé, on pouvait craindre des troubles, et peut-être une manifestation armée des Parisiens. Le ministre de la guerre me pria de tenter une démarche auprès du roi de Prusse. Je me rendis tout de suite à son hôtel, rue de Bourbon ; connaissant tous les aides de camp de ce souverain, j'obtins immédiatement une audience. En quelques mots j'expliquai au Roi le motif qui me faisait prendre la liberté de me présenter chez lui, et je le suppliai de défendre à un de ses généraux d'exécuter un pareil acte, qui ne saurait empêcher que la bataille d'Iéna n'ait eu lieu. Le Roi me répondit, à ma grande surprise : « Général,
« j'ai déjà été informé des intentions du feld-maréchal
« prince Blücher, je lui ai fait dire que je ne les
« approuvais pas, et que je le priais d'abandonner son
« projet, j'ai vu avec peine que sa réponse n'était pas
« conforme à mes désirs, et qu'il persiste, pour l'honneur
« de l'armée prussienne, dit-il, dans sa détermination.
« Je vais encore lui envoyer un de mes aides de camp,
« pour l'engager à se contenter du changement de nom
« de ce maudit pont. »

Je saluai le Roi, mais voyant que sa réponse était

évasive, je courus chez le duc de Richelieu lui faire part de ce qui se passait. Il alla sur-le-champ chez l'empereur Alexandre; celui-ci, indigné de cet acte de vandalisme, pouvant amener de grosses complications, se rendit de suite chez le roi de Prusse. M. le duc de Richelieu me raconta leur entretien : l'empereur Alexandre avait déclaré que si le feld-maréchal Blücher n'obéissait pas à l'ordre qu'il priait le Roi de lui envoyer, il irait de sa personne se placer sur le pont menacé, et verrait s'il aurait l'audace de le faire sauter, pendant qu'il y serait; le nom du pont d'Austerlitz ne l'avait pas offensé, et il n'avait fait aucune démarche pour qu'il fût changé. Le vieux maréchal fut forcé de céder devant ces paroles si énergiques. Le pont d'Iéna fut sauvé et débaptisé momentanément, et le pont d'Austerlitz appelé pont du Jardin des Plantes, sans attendre que l'Empereur en eût manifesté le désir.

Les puissances alliées avaient établi une commission pour recevoir toutes les réclamations, demandes et réquisitions qu'elles pourraient avoir à exiger du gouvernement français; le Roi, pour répondre aux exigences des alliés, avait nommé une commission composée de : M. le comte Corvetto, président, et MM. de La Bouillerie et Dudon. La lettre de service suivante m'adjoignait à ces messieurs :

« Paris, le 4 août 1815.

« Monsieur le comte de Rochechouart, maréchal de
« camp, chef d'état-major du ministre de la guerre, ayant
« été longtemps au service de la Russie, pouvant être
« utile à la commission nommée par le gouvernement,
« pour traiter avec les puissances étrangères, soit pour
« faciliter les communications, soit par sa connaissance

« des différentes langues, soit par ses anciens rapports
« avec les ministres des puissances alliées, est adjoint à
« cette commission, pour être employé par elle, comme
« il est dit ci-dessus, pour faciliter les communications.

« Le maréchal Gouvion Saint-Cyr. »

Les derniers mots étaient écrits de la main du maréchal, pour ménager la susceptibilité du baron Louis, opposé à l'entrée de l'élément militaire dans les commissions de finances. Malgré cette concession, il ne tint pas compte de la volonté du ministre de la guerre; je me présentai le lendemain au ministère des finances, où siégeait la commission en question. Le président ayant pris connaissance de ma lettre de service, m'assura que l'on me convoquerait lors de la première réunion; mais je ne reçus jamais aucune convocation ni invitation; la commission fonctionna sans moi. Le ministre de la guerre fut outré de cette façon d'agir, mais de grosses affaires l'empêchèrent de s'en plaindre au conseil. La rumeur publique accusait M. Dudon, membre de cette commission, d'avoir tiré d'assez gros bénéfices de ses fonctions; on lui donna dans le monde le surnom de Cosaque du Don.

Un décret du Roi rétablit la garde royale; elle se composait de :

Quatre brigades d'infanterie, trois françaises et une suisse, formant deux divisions;

Deux divisions de cavalerie : une de grosse cavalerie, deux régiments de grenadiers à cheval, deux régiments de cuirassiers; l'autre de cavalerie légère : un régiment de dragons, un de lanciers, un de chasseurs et un de hussards;

Enfin, un régiment d'artillerie à cheval et un à pied, formant brigade.

Sur ma demande, le ministre de la guerre me porta en première ligne pour le commandement d'une brigade d'infanterie, il ne doutait pas de ma nomination, surtout en ma qualité d'ancien lieutenant de mousquetaires, corps dissous; la majorité du conseil se prononça cependant contre moi. Le maréchal m'avoua que mon échec était motivé par le refus du duc de Richelieu de siéger dans un conseil de ministres à côté de Fouché. Du reste, très froissé que sa liste n'ait pas été acceptée par ses collègues, il parla d'envoyer sa démission.

Le maréchal Gouvion Saint-Cyr me donna en cette circonstance, et plus tard, toutes les marques d'un vif intérêt et d'une grande confiance. Cet homme, du plus haut mérite, probe, délicat, modeste, à cheval sur la discipline, m'apprit énormément de choses pendant nos déjeuners intimes; je lui conserve une profonde reconnaissance de ses bontés.

Le conseil des ministres jugea opportun d'accorder quelques décorations aux officiers généraux composant les maisons militaires des souverains alliés. Comme je connaissais la plupart de ces messieurs, le maréchal me consulta : selon moi, l'ordre de la Légion d'honneur, accordé pour services civils ou militaires, ne répondait pas à leurs usages ni à leurs idées, il fallait donner la croix de Saint-Louis. Le maréchal ayant approuvé la note que je lui remis, me chargea de préparer une liste et de rédiger un décret conférant : trois grands cordons, seize croix de commandeurs et vingt-huit de chevaliers. Le nom des officiers auxquels le Roi accordait des décorations parut au *Moniteur* du 30 septembre 1815. Ces nominations, faites sous tout autre ministère, auraient été acceptées avec empressement par les souverains, ils auraient répondu à cette gracieuseté par l'envoi d'un nombre égal de cordons et de croix; mais un gros nuage s'était élevé entre l'empereur Alexandre et le prince de Talleyrand. Je ne connus pas à temps cette mésintelligence, qui amena la chute du ministère Talleyrand-Fouché; j'aurais certainement prévenu le maréchal, qui aurait évité au Roi un échec fort désagréable. L'empereur de Russie ne refusa pas les décorations, mais il ne donna pas l'autorisation de les porter. Le prince régent d'Angleterre refusa la même autorisation aux officiers de l'armée de son père, George III.

Voici ce qui s'était passé : l'empereur Alexandre venait de découvrir que, pendant les travaux du congrès de Vienne, le prince de Talleyrand avait proposé au prince de Metternich le plan d'un traité secret et d'une alliance offensive et défensive entre la France et l'Autriche. Le ministère anglais n'était pas étranger à ce traité, dont le but était de contre-balancer, de détruire au besoin l'influence de la Russie dans les affaires de l'Europe, influence acquise par le rôle éminent que cette puissance venait de jouer en affranchissant la France du joug de Napoléon. Le prince de Talleyrand avait entamé ces négociations à l'insu de Louis XVIII, mais il espérait les lui faire approuver, s'il réussissait à les conclure. Les événements du 20 mars anéantirent ce projet; le secret éventé parvint à la connaissance du Tzar, qui ne dissimula pas son mécontentement de voir ce même diplomate diriger la politique de la France, comme président du conseil des ministres.

Les prétentions des alliés devenaient chaque jour plus insupportables, l'Espagne même se mettait de la partie, menaçant d'exiger à main armée des indemnités très considérables. On envoya le duc d'Angoulême sur nos frontières du Midi, pour faire entendre raison à ce petit-fils de Louis XIV. La confusion et le désordre régnaient dans nos affaires intérieures, l'agitation des esprits était excessive, l'appui de l'empereur de Russie devenait indispensable au gouvernement pour résister à toutes les exigences. Mais comment obtenir cet appui après la tentative de M. de Talleyrand pour repousser l'alliance russe? Le prince de Talleyrand sentit lui-même l'impossibilité de parer les coups qui allaient nous frapper de tous les côtés à la fois. Les préliminaires du traité de Paris annonçaient les plus sinistres intentions, de la part des puissances étrangères, à l'égard de la France; on parlait d'une nouvelle carte de ce royaume, sur laquelle ne figuraient plus certaines provinces. Nous n'avions pas un ami pour prendre notre défense, nos armées étaient détruites, le trésor vide, la nation divisée en trois factions, enfin, le ministère ne présentait aucune consistance.

Le Roi, effrayé, convaincu de la nécessité d'avoir un ministère dirigé par un homme jouissant d'une réputation sans tache, tourna ses regards vers le duc de Richelieu; lui seul pouvait décider l'empereur de Russie à prendre notre défense. Mais M. de Richelieu persistait à repousser les propositions qu'on lui faisait, se disant ouvertement incapable de diriger les affaires de la France; et dans l'intimité, il nous parlait surtout du peu d'union qui existait entre le pavillon de Flore et le pavillon de Marsan. Pendant trois jours, on négocia avec M. de Richelieu; on s'adressa à moi, me priant de joindre mes instances à celles qui arrivaient de tous côtés. J'assistai donc à toutes les conférences qui se tinrent chez lui à cet effet. La veille du jour où il céda enfin à toutes les supplications, le vicomte Mathieu de Montmorency se jeta littérale-

ment à ses genoux; les mains jointes, il le suppliait de faire le sacrifice de ses goûts, de ses convictions, de son repos même, pour sauver son pays et son Roi : « Sup-
« posez-vous, ajouta-t-il, sur un champ de bataille,
« hésiteriez-vous, si une charge paraissait indispensable,
« à l'ordonner et à vous mettre à la tête des escadrons,
« malgré les chances d'y trouver la mort? Ceci offre
« moins de dangers, mais la victoire sera décisive pour
« notre pays, sans coûter la vie à personne. » Le duc, ébranlé, ne promettait rien encore; enfin, on vint l'avertir que l'empereur Alexandre le demandait et l'attendait dans sa voiture. M. de Richelieu s'empressa de descendre, le Tzar lui dit de se placer à côté de lui, et donna l'ordre de rentrer à l'Élysée.

L'Empereur exigea, pour ainsi dire, que le duc devînt ministre du Roi, avec la présidence du conseil : à cette seule condition, ajouta-t-il, il redeviendrait l'ami du Roi et de son pays, il emploierait tous les moyens pour sauver l'un et l'autre, alléger le poids des exigences des alliés, et nous rendre la position que la France devait occuper en Europe. Il termina par ces paroles : « Des
« intrigants de la pire espèce ont failli nous brouiller le
« Roi et moi, par des démarches injustifiables, nuisibles
« aux véritables intérêts de la France, je ne puis avoir
« aucune confiance en eux, vous seul m'en offrez assez
« pour oublier cet acte d'ingratitude; je vous délie de
« tous vos engagements envers moi, à la condition que
« vous servirez votre Roi comme vous m'avez servi.
« Soyez le lien de l'alliance sincère entre les deux pays,
« je l'exige au nom du salut de la France. » Après de telles paroles, le duc de Richelieu ne pouvait plus hésiter; il se rendit près du Roi, se mit à sa disposition, et le surlendemain, le *Moniteur* du 26 sep-

tembre 1815 annonçait la formation d'un nouveau ministère :

MM. le duc DE RICHELIEU, ministre des affaires étrangères, *président du conseil;*
    le comte DE CORVETTO, ministre des finances;
    le duc DE FELTRE, ministre de la guerre;
    le vicomte DU BOUCHAGE, ministre de la marine;
    DE BARBÉ-MARBOIS, ministre de la justice, garde des sceaux;
    DECAZES, ministre de la police.

Le vieux M. de Barbé-Marbois refusa d'abord, prétextant son âge avancé, mais le duc de Richelieu, qui tenait à l'avoir pour collègue à cause de sa grande réputation de moralité, insista tellement, qu'il accepta, disant que l'insistance de M. de Richelieu lui faisait trop d'honneur pour qu'il ne s'empressât pas d'accepter, et de travailler avec lui au bonheur de son pays, à sa tranquillité et à celle du Roi. Le prince de Talleyrand, en apprenant le nom de celui qui allait le remplacer au timon des affaires, s'écria avec son ton caustique et railleur : « Ah! « le duc de Richelieu, bon choix; c'est l'homme de « France qui connaît le mieux la Crimée! » Mais tous les vrais amis de la France se réjouirent de le voir à la tête du ministère. On ne peut se figurer le nombre de lettres de félicitations qui arrivèrent de tous les côtés à M. de Richelieu; il faut, comme moi, les avoir lues. Je n'en veux citer qu'une, pour montrer quel espoir donnait la nomination de cet homme éminent, et de quelle réputation il jouissait :

              « Coppet, septembre 1815.

    « MONSIEUR LE DUC,

« Je n'ai pas besoin de vous dire ce que je pense de

« vous, vous le savez, et quoique j'aie beaucoup d'atta-
« chement pour votre prédécesseur, je sais quel bien
« vous ferez à la chose publique. Depuis peu de jours
« que le Roi est de retour, je lui trouve déjà une con-
« duite admirable; si la France peut être sauvée par un
« ange, elle le sera par le Roi. Ne vous découragez pas
« dans cette difficile entreprise, et que votre considération
« personnelle nous rende une France; je ne vois que le
« Roi et quelques-uns de ses ministres qui puissent
« m'en donner l'espoir. Quelle gloire, et ce qui vaut
« mieux, quelle jouissance de cœur n'aurez-vous pas, si
« vous nous refaites une patrie! Le problème consiste
« dans l'intégrité de la France, le départ des étrangers et
« la constitution anglaise franchement et sincèrement
« établie. Cette trinité de bonheur nous sera-t-elle accor-
« dée par le bon Dieu?

« On m'ordonne l'Italie pour ma santé, j'espère cepen-
« dant vous voir bientôt, mais je voudrais qu'on pût
« aller sans passeport du faubourg Saint-Germain au
« faubourg Saint-Honoré.

« Croyez, je vous prie, Monsieur le duc, que je sais
« vous admirer, ce qui vous est un sûr garant de mon
« attachement inviolable.

« Mille hommages.

« Ev. de Staël. »

Pour connaître maintenant les pensées secrètes du duc de Richelieu, il faut se reporter à sa correspondance avec le confident de son âme, l'abbé Nicolle[1].

---

[1] Cette lettre et les trois suivantes ont été déjà publiées par M. l'abbé Frappaz dans la *Vie de l'abbé Nicolle*. — In-18. Jacques Lecoffre et Cie, éditeurs, 1857.

« Paris, 21 septembre 1815.

« Le sort en est jeté, Monsieur l'abbé, j'ai cédé aux
« ordres du Roi, aux instances de l'Empereur et à la voix
« publique, qui, j'ignore pourquoi, m'a appelé au minis-
« tère dans le moment le plus affreux : c'est ce qui m'a
« fait accepter. Il y eût eu de la lâcheté à abandonner ce
« malheureux Roi dans l'horrible position où il se
« trouve. L'Empereur a été admirable pour moi en cette
« occasion. J'ai obtenu de lui de conserver la pension de
« mille six cents ducats que je possède, et de l'appliquer
« au soutien de la maison d'éducation d'Odessa. Je ne
« vous exhorte pas à revenir en France, nous sommes
« sur un volcan. Adieu, Monsieur l'abbé, priez le bon
« Dieu pour moi, je n'eus jamais si besoin qu'il vienne
« à mon aide. Pauvre France! pauvre Odessa! pauvre
« Crimée! L'homme est posé par la Providence au haut
« d'une montagne, d'où elle le pousse, et le fait rouler
« jusqu'au bas, sans qu'il puisse s'arrêter : puissé-je ne
« pas tomber avec la chose publique au fond du préci-
« pice!

« Je vous embrasse bien tendrement.

« R. »

J'anticipe et je vais citer d'autres lettres de M. de
Richelieu à l'abbé Nicolle, car il est impossible de mieux
peindre l'état de la France :

« Paris, janvier 1816.

« Non, ne venez pas encore ici. Avec votre caractere
« doux et conciliant, que deviendriez-vous chez un
« peuple qui n'est pas un moment de sang-froid et qui
« porte tout à l'extrême? Vous seriez bientôt tout aussi
« fatigué que moi. La vie que je mène me devient tous

« les jours plus insupportable ; toutes mes habitudes,
« tous mes goûts sont froissés, de manière que ma vie
« entière est un supplice. Comme l'esprit de parti est au
« plus haut degré d'irritation, je ne puis ni me faire
« entendre ni comprendre la langue qu'on me parle, et
« peut-être fais-je plus mal, en ne me jetant pas dans un
« parti, entraînant l'autre parti sur les échafauds, comme
« j'en suis sollicité tous les jours. Mais comme il me
« serait impossible de suivre cette direction, où tendent
« les meneurs d'aujourd'hui, je ne puis longtemps être
« leur homme ; aussi, je m'aperçois que je perds du
« terrain tous les jours, et cela doit être. Malheureux
« pays, où l'on n'a que le choix entre les extravagances
« et les crimes, où le langage de la raison est le seul avec
« lequel on ne puisse espérer se faire entendre de per-
« sonne ! J'ai bien recommencé dix fois cette page, il
« faut pourtant que je la finisse : je me résume en vous
« déconseillant de revenir en France, jusqu'à ce que je
« vous y engage. Quoique nous jouissions d'une tran-
« quillité en apparence complète, nous n'en sommes
« pas moins sur un volcan, et, pour ne rien dire de plus,
« la mort du Roi serait le signal de la plus terrible révo-
« lution. Eh bien, croiriez-vous qu'un certain parti,
« fort soutenu, fort appuyé à la Cour, spécule sur cet
« événement, et, je le dis tout bas, en accuse la lenteur ?
« Les insensés s'imaginent qu'alors ils rétabliront sans
« peine toutes les institutions que la Révolution a
« détruites, et ils ne voient pas que la suite immédiate
« d'une pareille entreprise serait de faire couler en France
« des torrents de sang, et de la livrer ensuite à l'étran-
« ger. Il vous est impossible de vous imaginer ce qu'est
« la société, une arène où l'on est prêt à s'égorger pour
« des nuances d'opinions. Le malheureux Roi sait fort

« bien sa position : il se voit isolé au milieu de sa
« famille, qui a d'autres idées que les siennes, tiraillé par
« ses parents, tiraillé par ses ministres, cherchant partout
« la tranquillité, et ne la trouvant pas, cet état influe sur
« sa santé. Souvent le sang lui porte à la tête, et, avec sa
« corpulence et ses jambes malades, il est impossible de
« ne pas frémir d'inquiétude et d'effroi ! Au milieu de
« tout cela, je ne vous parlerai pas de moi ; je tâche de
« suivre ma ligne de fermeté et de modération tout à la
« fois, mais que de peine n'ai-je pas à m'y tenir ? C'est
« une espèce de tour de force répété à tous les instants du
« jour. Jugez de ma fatigue ! Il faut employer toutes ses
« forces, toutes ses facultés à se soutenir, et il ne reste
« ni temps ni moyen de rien faire d'utile. Aussi n'y a-t-il
« à toutes les peines et à toutes les inquiétudes qu'on
« endure, aucune compensation ; moi surtout, qui n'ai
« ici personne à qui je puis ouvrir mon cœur, je suis
« encore plus malheureux. Voyez si, dans ma situation,
« j'ai du mérite à vous dire de ne pas venir ici ; mais il
« faut d'abord aimer ses amis pour eux-mêmes, c'est un
« devoir que je remplis, mais à regret.

« Si vous me demandez après tout cela ce que je compte
« faire, je vous dirai que je pousse le temps avec l'épaule,
« tâchant de sauver le présent, sans trop d'espoir pour
« l'avenir. Ma santé s'altère, mais ce n'est pas là ce qui
« m'inquiète. J'ai pensé envoyer tout promener la semaine
« dernière ; mais, à moins d'y être absolument forcé, je
« crois, en conscience, devoir rester tant que le Roi me
« soutiendra, et que l'on ne me forcera pas la main
« pour me faire sortir, malgré moi, de la direction que
« j'ai cru devoir prendre.

« Je vous embrasse de tout cœur.

« R. »

« Paris, 23 janvier 1816.

« Mes lettres vous auront mis au courant de ma situa-
« tion, qui n'est pas devenue plus douce. Luttant contre
« les folies des uns, les criminelles entreprises des autres,
« et les vexations de cent cinquante mille étrangers,
« sous la tutelle de qui nous sommes, trouvant à chaque
« pas des obstacles de la part de ceux sur l'appui des-
« quels on était plus en droit de compter; je ne pense
« pas qu'un homme se soit jamais trouvé dans une
« position plus pénible. Vous savez que je me connais et
« me juge bien; vous ne pouvez douter que je connaisse
« mieux que personne ce qui me manque pour faire face
« à tant de difficultés; cependant, malgré tout ce qu'on
« fait pour agiter le pays, soit par les projets criminels des
« révolutionnaires, soit par les exagérations des ultra-
« royalistes, qui voudraient tout rétablir en un jour, la
« France est tranquille, plus même qu'il n'était possible
« de l'espérer. Je suis convaincu que si les princes vou-
« laient marcher dans la ligne du Roi, ou si le Roi
« avait le courage de les y obliger, les choses pourraient
« aller passablement. Mais nous sommes loin de cette
« supposition, et je ne vois pas, avec les dispositions qui
« existent, que l'on puisse répondre de rien. Dans un
« tel état de choses, ce serait folie que de vous engager à
« revenir : vous souffririez ici le martyre, car je défie
« quiconque a été, pendant plusieurs années, étranger à
« cette irritation, de pouvoir s'y accoutumer. Adieu,
« etc., etc. »

« Novembre 1816.

« La vieille Europe paraît épuisée au physique comme
« au moral; la terre même se refuse à produire, et le
« soleil à mûrir les moissons. La récolte en vins a été
« nulle dans la presque totalité de la France, celle du blé
« est médiocre, il en résulte une énorme cherté, si même
« ce n'est une disette. Je doute qu'il y ait à présent, sur
« la surface de la terre, un peuple aussi malheureux que
« le peuple français : humilié dans son amour-propre,
« écrasé d'impôts, sans commerce, sans industrie, et
« payant le pain six et sept sous la livre! Il souffre en
« silence, et acquiert quelques droits à l'estime, par sa
« résignation. Il ne reste plus ici d'activité que pour la
« haine. Cette passion est encore dans toute sa force, la
« société est insupportable, et les passions y sont aussi
« vives qu'en 1792... Les personnes qui croient qu'on
« défait une révolution de vingt-sept ans avec deux ou
« trois décrets, sont furieuses que nous ne nous prêtions
« pas à une opération aussi facile. Ils m'avaient pris,
« croyant me faire l'instrument de leurs extravagances,
« et, voyant aujourd'hui que je ne m'y suis prêté et
« même que je voudrais les sauver malgré eux, en sui-
« vant ma ligne de modération et de sagesse, ils s'achar-
« nent contre moi, et en disent autant de mal qu'ils en
« disaient de bien auparavant, et, dans les deux cas, plus
« que je n'en mérite. Tout cela est peu de chose, assu-
« rément; mais quand cet éloignement vient d'hommes
« qui composent la classe avec laquelle vous êtes destiné à
« vivre, et que, d'ailleurs, les écarts de cette classe peuvent
« avoir des suites si graves, on ne peut s'empêcher de les
« déplorer.

« Le spectacle de la France au pillage n'est rien moins
« que fait pour égayer. Il n'y a que la conduite des
« Russes qui soit admirable, comme celle de l'Empereur
« est un modèle de noblesse, de loyauté et de bonne
« politique. Mais les autres armées exercent cruel-
« lement le droit de représailles, les Anglais pour-
« tant exceptés ; les Prussiens, Autrichiens, Bavarois,
« s'escriment à l'envi, usent et abusent des avantages de
« la victoire. La France expire à la lettre sous le poids
« de l'Europe qui l'écrase. Le passage d'un corps d'armée
« épuise tellement le pays qu'il traverse, que ceux qui
« passent ensuite ne trouvent à subsister qu'avec la
« plus grande peine. La masse des campagnes vit au
« jour la journée, n'a rien en réserve. Je viens d'être
« témoin à Courteille du passage d'un corps prussien,
« qui va en Bretagne, et, quoique j'aie fait l'impossible
« pour éviter une partie des maux, quoique le général
« fût un de mes anciens amis et un excellent homme, je
« frémis d'une pareille calamité, dans un pays aussi
« misérable, et avec des hommes aussi exigeants et aussi
« peu disciplinés que les Prussiens. Jusqu'à présent, rien
« n'indique encore le terme de cet état de choses, qui,
« comme au reste on devait s'y attendre, ne ressemble
« guère à celui de l'année dernière. L'Empereur voudrait
« qu'il finît promptement et bien, et qu'on éteignît enfin,
« par une paix raisonnable, les haines qui divisent les
« nations européennes depuis trop longtemps. Dieu
« veuille qu'il réussisse dans ce noble dessein.

« Croyez à mon bien tendre attachement.

« R. »

Cette correspondance intime, adressée à son confesseur,

montre le cœur, le patriotisme, et cependant le découragement de cet excellent homme.

Je repris, comme à Odessa, la direction de la maison du duc de Richelieu, je me mis immédiatement en mesure de la lui composer; d'après sa recommandation expresse, d'accord avec ses goûts et la situation des finances du royaume, je l'établis sur un pied honorable, mais simple et sans luxe. On lui alloua vingt-cinq mille francs pour son installation, c'est-à-dire pour acheter : argenterie, porcelaine, verrerie, équipages, etc., etc.; le ministère des affaires étrangères occupait alors l'hôtel Galliffet; il avait deux entrées, l'une rue du Bac, l'autre rue de Grenelle. L'organisation et la direction de la maison du duc de Richelieu exigeant ma présence continuelle, je m'installai au second étage. La rentrée du duc de Feltre au ministère de la guerre me confirma dans mes fonctions de chef d'état-major.

Le général Wlodeck, l'un de mes anciens camarades, aide de camp de l'empereur Alexandre, vint me parler de son beau-frère, M. de Rayneval, et me pria de le recommander au duc de Richelieu; je le fis à l'instant, avec d'autant plus de plaisir, que nous l'avions connu en 1812, étant attaché alors à l'ambassade de France à Pétersbourg. « Quelle heureuse idée! me dit M.⁰ de Richelieu, « je prends Rayneval pour secrétaire général, j'aurai près « de moi un homme capable, très au fait des affaires « étrangères, surtout un homme en qui je puis avoir « toute confiance. » Le lendemain matin, Rayneval était installé comme son chef de cabinet.

Environ trois semaines après sa rentrée au ministère de la guerre, le duc de Feltre réorganisa plus économiquement les commandements des divisions militaires : il désigna le général Despinois, connu par sa sévérité, pour commander la 1re division militaire, et surveiller tous les officiers en demi-solde, réfugiés dans la capitale. Il me présenta pour le poste de commandant du département de la Seine et de la place de Paris. Le Roi et tous ses ministres acceptèrent cette proposition, à l'exception du duc de Richelieu. Par excès de délicatesse, et dans la crainte de faire crier au népotisme, il s'opposait, lui étant président du conseil, à ce que l'un de ses parents reçût un commandement aussi important, le plus beau que puisse exercer un maréchal de camp. Le duc de Feltre insista en disant que ma parenté avec le président du conseil ne pouvait pas être une raison plausible pour ne pas me donner un commandement que j'avais déjà exercé à la satisfaction générale; le duc de Richelieu céda à ces considérations. Le lendemain, je reçus ma lettre de service.

« *Ministère de la guerre.*

« Paris, 16 octobre 1815.

« Monsieur le Comte,

« Le Roi ayant jugé convenable à l'intérêt de son ser-
« vice que le commandement de la place de Paris fût
« occupé de nouveau par un maréchal de camp, Sa Ma-
« jesté vous a choisi pour ce commandement important,
« et m'a ordonné de vous expédier en conséquence vos
« lettres de service, qui vous seront remises par M. le
« comte Maison, gouverneur de la 1re division militaire.
« S'il m'en coûte de voir cesser, par cette nouvelle desti-
« nation, les relations que vous donnaient avec moi les
« fonctions que vous avez occupées dans des moments si
« difficiles et que ma confiance vous avait rendues, j'en
« suis dédommagé par la satisfaction que j'éprouve à

« être auprès de vous l'interprète des intentions de Sa Ma-
« jesté, dans une circonstance où vous obtenez une preuve
« si flatteuse de sa bienveillance.

« Recevez, Monsieur le Comte, l'assurance de ma par-
« faite considération.

« Duc de Feltre. »

Un billet m'ordonnait de me rendre immédiatement place Vendôme, à l'hôtel de l'état-major de la place, pour prendre le commandement du département de la Seine et celui de la ville de Paris. Le lieutenant général, comte Claparède, était prévenu. Je couchai le 18 au soir dans mon nouvel appartement, place Vendôme, à l'hôtel affecté au commandant de la place. Le lendemain matin je pris mon service.

Je dînais tous les soirs chez le duc de Richelieu, remplaçant à sa table la maîtresse de maison; mais voulant faire honneur à ma position, je donnais tous les matins un grand déjeuner auquel j'invitais les officiers d'état-major de la place, les officiers de service, et quelques officiers étrangers avec lesquels j'avais des relations continuelles, sans compter mes parents et mes amis.

J'ai parlé du désir secret qu'avaient les Prussiens de dépouiller nos arsenaux et nos places fortes du matériel de guerre qui s'y trouvait, quoiqu'ils ne fussent pas en guerre avec Louis XVIII. L'arsenal de Vincennes renfermait un matériel considérable : 52,000 fusils neufs, 925 pièces de canon, des caissons, harnais, balles, boulets, obus, bombes, sabres, pistolets, plusieurs milliers de livres de poudre, etc., etc. C'était un bon et gros morceau, mais le difficile consistait à faire ouvrir les portes du trésor, gardées, heureusement, par le brave général Daumesnil, gouverneur du château de Vincennes.

Le général baron von Müffing, commandant en chef du corps prussien, qui occupait Paris et ses environs, essaya de tous les moyens oratoires et diplomatiques pour pénétrer dans ce château. A la première sommation, le général Daumesnil fit arborer le drapeau blanc fleurdelisé, et répondit qu'à moins d'un ordre de la main du Roi, il ne laisserait pénétrer personne dans le fort, bien déterminé à le défendre et même à faire sauter le château s'il le fallait, plutôt que de le livrer. Surveillé par les Prussiens, et ne pouvant avoir aucune relation avec l'extérieur, il profita du transport d'une femme à l'hôpital, et cacha dans ses jarretières un billet pour le duc de Feltre, par lequel il demandait quelques renforts, et la visite d'un officier supérieur pour lui faire une communication. Le duc de Feltre me chargea de sa réponse verbale et me demanda quel déguisement je comptais prendre pour arriver près du général Daumesnil. « Aucun, répondis-je, je m'y rendrai à cheval en grand uniforme, avec mon aide de camp et une escorte. » Je prévins le général von Müffing, que je connaissais tout particulièrement, de mon intention d'inspecter un fort placé sous mon commandement; il eut la bonne grâce de trouver cela tout simple, et me dit, moitié en plaisantant, moitié sérieusement : « C'est un rude « homme que votre général Daumesnil, je le crois peu « favorable aux Bourbons, car il n'aime pas leurs alliés. » Il me remit sans difficultés un laisser-passer pour les avant-postes prussiens, pour moi, le comte de Tamnay mon aide de camp, et deux ordonnances; j'en profitai le lendemain matin de très bonne heure.

Rien ne pourrait exprimer la surprise et le plaisir qu'éprouva le général Daumesnil en me voyant devant le pont-levis du château; les chaînes rapidement abaissées, furent relevées dès que j'eus franchi le fossé. Arrivé dans

son cabinet, je lui dis que le ministre de la guerre, pénétré de la difficulté de sa position, m'avait chargé : de lui
témoigner combien sa conduite ferme et courageuse était
appréciée du Roi, qui l'assurait de sa satisfaction ; de voir
ensuite comment on pourrait lui envoyer les renforts
qu'il réclamait ; et enfin de recevoir communication du
projet qu'il n'avait osé confier à personne. La conversation suivante s'engagea :

« Le général : J'aurais besoin d'un secours d'hommes,
« ma garnison se composant seulement de : 50 vétérans,
« 36 cavaliers démontés et 15 soldats du génie, enfin
« d'une vingtaine d'officiers supérieurs.

« Moi : Jamais les Prussiens ne laisseront pénétrer des
« renforts.

« Le général : J'en suis convaincu, mais à présent
« que je suis certain de l'appui et de l'approbation du
« Roi, j'essayerai de lutter, bien déterminé à exécuter le
« projet que j'ai communiqué hier au colonel prussien,
« en réponse à sa sommation de lui livrer le château et
« l'arsenal.

« Moi : Pouvez-vous me dire quel est ce projet ?

« Le général : J'ai fait entrer le colonel dans cette
« même chambre où nous sommes, c'est ma chambre
« à coucher, vous voyez quel en est l'ameublement
« (c'était une pièce de canon de 24, sur son affût ; la
« grande fenêtre de l'appartement, occupé jadis par la
« régente Anne d'Autriche, lui servait d'embrasure ;
« d'un côté se trouvait une pile de boulets, de l'autre
« des cartouches à mitraille) ; puis je lui dis qu'à moins
« d'un ordre écrit de la main du roi de France, je ne
« rendrais pas la place, dont la défense m'était confiée ;
« je repousserais toute attaque, et enfin, si la résistance
« devenait impossible j'userais de ma dernière ressource.

« Je lui montrai alors la petite trappe qui est sous vos
« pieds, et la levant, je le prévins qu'elle correspondait,
« par un tuyau de fer-blanc posé depuis quelques jours,
« à la grande poudrière qui est au-dessous de nous;
« j'y jetterais un tison enflammé, qui nous ferait tous
« sauter.

« Moi : Quel effet a produit cette menace?

« Le général : Le ton avec lequel je l'ai articulée lui a
« prouvé que j'étais bien décidé à la mettre à exécution.
« Le colonel s'est retiré en me disant que j'assumais sur
« ma tête une grande responsabilité. — Je ne m'en inquiète
« pas, lui répondis-je : quelle responsabilité peut courir
« un mort? Mais je périrai avec gloire, en donnant à
« mon pays la dernière preuve de dévouement qui soit à
« ma disposition, car je veux mourir avec tout ce que j'ai
« de plus cher au monde.

« Moi : C'est un dévouement sublime, mon cher géné-
« ral, mais à quoi se rapporte votre dernière phrase? »

Sans me répondre le général sonna et dit à l'ordonnance qui se présentait : « Priez ma femme de venir
« ici avec son enfant. » Deux minutes après, je vis entrer
une jeune et jolie femme, tenant dans ses bras un bel
enfant de trois ou quatre ans. Continuant, ou plutôt
achevant sa pensée, le général poursuivit : « J'aurais
« pu renvoyer ma jeune compagne à Paris, avec notre
« unique enfant, mais je la connais assez pour être cer-
« tain qu'elle partage mes sentiments et mon amour pour
« la France; au moment où je sauterai, elle sera à mes
« côtés, tenant son fils comme elle le tient maintenant,
« et le même tombeau nous renfermera tous les trois. »

Mes yeux se remplirent de larmes, en entendant ces
imples et touchantes paroles, prononcées sans jactance,
et avec un grand accent de sincérité. Je lui serrai la main

de tout cœur, ainsi que celle de sa jeune femme, et leur dis que j'espérais bien qu'ils ne seraient pas forcés d'en venir à cette extrémité. Je pris congé de cet homme courageux, pénétré d'estime pour sa noble conduite, et l'assurai que j'en rendrais bon compte au ministre de la guerre.

Je retournai immédiatement chez le duc de Feltre, pour lui faire mon rapport et lui répéter la conversation que je viens de relater; je crus pouvoir me permettre de solliciter une récompense éclatante, pour reconnaître un pareil dévouement; le ministre me promit d'en parler au conseil. Soit oubli, soit un autre motif, il n'en fut plus jamais question.

Je terminerai l'année 1815, par le récit d'une grande et terrible affaire, celle du procès, du jugement et de la condamnation du maréchal Ney, ayant dû, comme commandant la place, surveiller l'exécution de l'arrêt. Plusieurs versions ont paru, sur les derniers moments et la fin tragique du maréchal Ney; toutes sont différentes ou inexactes, car aucun des auteurs de ces divers écrits n'a assisté en personne à ce drame lugubre; et parce que tous ont cru nécessaire, aux dépens de la vérité, d'y ajouter ou d'en retrancher quelques faits, en raison du parti politique auquel ils appartenaient.

J'ai parlé des rapports de Fouché, ministre de la police, demandant au Roi, le 26 juillet 1815, de faire traduire devant les conseils de guerre dix-huit personnes ayant joué un rôle actif pendant les Cent-jours, et de déporter trente-huit autres personnes pour la même cause. D'après ces rapports, approuvés en conseil, le maréchal Ney fut traduit devant un conseil de guerre, présidé par le maréchal Moncey; celui-ci se récusa, sous le prétexte qu'il existait entre lui et le maréchal Ney d'anciens motifs d'animosité personnelle, qui lui faisaient un devoir d'homme d'honneur de s'abstenir d'être son juge.

Le conseil des ministres, sur les instances de Fouché, condamna le maréchal Moncey à six mois de forteresse, avec privation de solde et suspension de sa dignité. Une ordonnance du Roi, du 29 août, insérée dans le *Moniteur* du 1ᵉʳ septembre 1815, composait ainsi le nouveau conseil :

Le maréchal JOURDAN, *président*.
Le maréchal MASSÉNA, *juge*.
Le maréchal AUGEREAU, *juge*.
Le maréchal MORTIER, *juge*.
Le lieutenant général comte GAZAN, *juge*.
Le lieutenant général comte CLAPARÈDE, *juge*.
Le lieutenant général comte VILLATE, *juge*.
Le commissaire ordonnateur, baron JOINVILLE, *commissaire du Roi*.
Le maréchal de camp, comte GRUNDLER, *rapporteur*.
Et M. BOUDIN, *greffier*.

Le conseil de guerre se réunit le 9 novembre; le lendemain 10, il se déclarait incompétent. Les avocats du maréchal Ney avaient plaidé l'incompétence : Le titre de maréchal n'est pas un grade, disaient-ils, mais une dignité, la personne qui en est revêtue n'est justiciable que de la Chambre des pairs; elle seule peut connaître des actes imputés à ce haut dignitaire de la couronne, et les juger. L'opinion des deux éminents avocats, MM. Dupin aîné et Berryer père, coûta la vie à celui qu'ils voulaient défendre. Les quatre maréchaux de France et deux des généraux faisant partie du conseil de guerre avaient plus ou moins mal agi envers le Roi, ils étaient donc à peu près aussi coupables que l'accusé. Le général Cla-

parède me dit : « Je puis vous affirmer que la majorité
« du conseil est pour l'acquittement ; les avocats du ma-
« réchal sont des fous ou des imbéciles d'avoir soulevé
« cette question d'incompétence, à laquelle personne ne
« songeait. » En effet, cinq juges sur sept s'empressèrent
de se déclarer incompétents, heureux de se retirer du guê-
pier, où ils avaient été jetés, soi-disant par la volonté du
Roi, en réalité, par l'infernal savoir-faire de Fouché, uni
à l'astuce du prince de Talleyrand.

Le 11 novembre, le duc de Richelieu, président du
conseil, porta à la Chambre des pairs une ordonnance
royale, la constituant en haute cour de justice, afin de
juger le maréchal Ney. Le baron Séguier, premier président de la Cour royale de Paris et pair de France, était
désigné pour procéder à l'instruction du procès. Il lut
son rapport le 16 novembre, présenta l'acte d'accusation le lendemain 17, et la Chambre des pairs rendit
l'arrêt et le jugement le 6 décembre. Tel est le résumé
historique de cette cause célèbre, voici les détails de l'exécution.

Le 7 décembre, un aide de camp du général Despinois,
commandant la 1re division militaire, mon chef immédiat, me réveilla à trois heures du matin, et me remit un
pli cacheté, ainsi conçu :

« N° 1. — Le lieutenant général, commandant la
« 1re division militaire, en vertu des ordres de MM. les
« commissaires du Roi, pour l'exécution de l'arrêt rendu
« ce jourd'hui par la Chambre des pairs contre le maré-
« chal Ney, ordonne à M. le maréchal de camp, comte
« de Rochechouart, en sa qualité de commandant la
« place de Paris, de se rendre sur-le-champ au palais du
« Luxembourg, pour y prendre sous sa garde et respon-

« sabilité la personne du condamné. Il s'adressera pour
« cet effet, d'abord à M. le comte de Sémonville, grand
« référendaire de la Chambre des pairs, auquel il exhibera
« le présent, et ensuite à M. le colonel de Montigny,
« adjudant du palais, qui, après lui avoir donné connais-
« sance de la force et situation de toutes les gardes et
« piquets de différentes armes, ainsi que des consignes
« par lui données, fera entre ses mains la remise de son
« service et de la personne du condamné.

« M. le comte de Rochechouart prendra le com-
« mandement supérieur des troupes actuellement em-
« ployées à la garde intérieure du palais, en conservant
« néanmoins, tant à M. le colonel de Montigny qu'à
« M. le colonel d'état-major, comte de Caumont, com-
« mandant de la garde nationale, la surveillance et
« l'action particulière qu'ils ont exercées concurrem-
« ment, d'après les consignes de M. le grand référen-
« daire, qui continueront à recevoir leur exécution. Il
« prendra également le commandement et la direction
« de tous les postes ou piquets extérieurs, avec lesquels
« il se mettra sur-le-champ en rapport. Son objet, indé-
« pendamment de la garde du Luxembourg, aussi long-
« temps qu'il sera chargé de la personne du maréchal
« Ney, sera de prévenir et d'empêcher à son égard toute
« espèce de tentative d'évasion ou d'enlèvement, soit par
« surprise, soit par force ouverte; de veiller à l'extérieur
« plus spécialement dans les arrondissements du Luxem-
« bourg, de Vaugirard, de Saint-Sulpice, au maintien
« de la sûreté et de la tranquillité publiques. Il disposera
« pour cet effet de la compagnie de gendarmerie casernée
« rue de Vaugirard, et de telle autre compagnie de vété-
« rans, qu'il jugera à propos d'ajouter à la garde natio-
« nale actuellement de service. Il recevra des instructions

« ultérieures sur le mode et l'heure de l'exécution de
« l'arrêt rendu par la Chambre des pairs.

« Paris, le 7 décembre 1815 (trois heures du matin).

« *Le lieutenant général, commandant la*
« *1ʳᵉ division militaire,*

« Despinois. »

Je montai à cheval et me rendis, suivi de mes aides de camp, au Luxembourg ; me conformant aux instructions du général Despinois, je commençai par aller chez M. de Sémonville, qui m'attendait, me dit-il, avec la plus vive impatience, ayant hâte de se débarrasser de la responsabilité de son prisonnier. Il m'en fit la remise à l'instant même, en me conduisant dans la chambre occupée par le maréchal ; deux grenadiers à cheval de la garde royale étaient avec lui. Cette remise eut lieu sans que le prisonnier y prêtât la moindre attention, il causait avec M. Cauchy, secrétaire-archiviste de la Chambre des pairs. Après avoir donné décharge au grand référendaire, je pris connaissance des moyens de surveillance employés pour la garde du prisonnier ; n'ayant rien à y ajouter, je laissai les choses dans le même état, et le commandement, sous mes ordres, resta confié aux mêmes personnes qui en avaient été chargées. Ensuite je m'installai dans une grande salle du rez-de-chaussée, tant pour y recevoir facilement de nouveaux ordres, que pour être à portée, mieux qu'ailleurs, de les faire promptement exécuter.

Quelques instants après, le général Despinois me fit dire que le Roi avait permis au maréchal de recevoir trois personnes seulement : sa femme, son notaire et son confesseur. Je montai chez le prisonnier, et le colonel de Montigny lui ayant lu, en ma présence, l'autorisation royale, le maréchal me dit : « Je vais d'abord m'entretenir avec mon notaire, il est probablement dans ce « palais à attendre qu'on le laisse parvenir jusqu'à moi; « ensuite, je recevrai ma femme et mes enfants; quant au « confesseur, qu'on me laisse tranquille, je n'ai nul « besoin de la prêtraille. » A cette dernière phrase, un des deux vieux grenadiers se levant lui dit : « Vous avez « tort, maréchal », et lui montrant son bras orné de plusieurs chevrons, il ajouta : « Je ne suis pas aussi « illustre que vous, mais je suis aussi ancien. Eh bien! « jamais je n'ai été si hardiment au feu que lorsque « j'avais auparavant recommandé mon âme à Dieu! » Ces quelques mots, prononcés d'une voix émue et solennelle, par ce colosse, parurent impressionner vivement le maréchal; il s'approcha du grenadier, lui dit avec douceur en lui tapant sur l'épaule : « Tu as peut-être « raison, mon brave, c'est un bon conseil que tu me « donnes là. » Puis se tournant vers le colonel de Montigny : « Quel prêtre puis-je faire appeler? — L'abbé de « Pierre, curé de Saint-Sulpice, nous sommes sur sa « paroisse; c'est un ecclésiastique des plus distingués « sous tous les rapports. — Priez-le de venir, je le rece« vrai après ma femme. » Le conseil du vieux soldat avait été entendu.

On introduisit le notaire, avec les précautions d'usage, il ne resta pas longtemps avec le condamné, dont il avait probablement reçu les instructions d'avance. La maréchale entra avec ses trois enfants; le comte de Tamnay, mon aide de camp, porta le plus jeune jusque dans la chambre du prisonnier, située en haut du palais. Ce pauvre enfant, ne comprenant pas ce qui se passait et étonné de tout cet appareil militaire, jouait avec les moustaches de Tamnay.

Cette entrevue déchirante dura une heure environ, le maréchal ne pouvant plus lutter contre l'attendrissement y mit fin de lui-même; il ne put obtenir le départ de sa femme, qu'en lui promettant de la revoir dans la journée, ce qu'il savait bien ne pas être possible. Ils se séparèrent avec des torrents de larmes. Peu après, on introduisit le curé de Saint-Sulpice; il resta avec le maréchal une grande heure, pendant laquelle j'avais ordonné aux deux grenadiers de rester en dehors de l'appartement; ce saint prêtre promit de revenir avant l'instant fatal.

Pendant ce temps-là, et successivement, j'avais reçu les ordres suivants :

« N° 2. — Monsieur le maréchal de camp, comte de
« Rochechouart, est prévenu que, d'après mes ordres,
« MM. Martin, lieutenant de gendarmerie de la Seine,
« et Pain, lieutenant de celle de la force publique, se
« rendent au palais du Luxembourg, pour être mis à sa
« disposition, et prendre sous leur garde et responsabilité
« personnelle, jusqu'à parfaite exécution de l'arrêt rendu
« contre le maréchal Ney, le condamné, sauf à en donner
« décharge à tout officier actuellement préposé à la même
« garde.

« Paris, le 7 décembre 1815.

« *Le lieutenant général commandant la*
« *1re division militaire,*
« Despinois. »

« N° 3. — Conformément aux articles 2 et 3 de la sec-

« tion VI du Code pénal militaire, du 12 mai 1793, pour
« l'exécution de l'arrêt de mort, rendu cejourd'hui par
« la Chambre des pairs contre le maréchal Ney, à l'heure
« qui sera indiquée, il sera commandé : quatre sergents,
« quatre caporaux et quatre fusiliers, les plus anciens de
« service, dans la compagnie de sous-officiers vétérans,
« actuellement préposée à la garde du condamné. Ces
« douze militaires seront placés sur deux rangs; ce sont
« eux qui seront chargés de faire feu sur le coupable,
« quand le signal leur en sera donné par l'adjudant de
« place. M. le maréchal de camp, comte de Roche-
« chouart, donnera ses ordres à cet effet, et choisira dans
« son état-major l'adjudant le plus ferme et le plus
« capable, en lui prescrivant de reconnaître à l'avance
« le terrain et de faire l'inspection des armes.

Paris, 7 décembre 1815.

« *Le lieutenant général commandant*
« *la 1re division militaire,*
« Despinois. »

« *Nota.* — Il y aura, pour plus de sûreté, un détache-
« ment de douze autres hommes, qui sera placé en
seconde ligne et en réserve.

« Despinois. »

« N° 4. — Instructions pour l'exécution de l'arrêt
« rendu cejourd'hui contre le maréchal Ney :
« Le condamné sera extrait du palais du Luxembourg
« par une escorte composée de gendarmes et des grena-
« diers de La Rochejaquelein, qui entoureront sa per-
« sonne; à ses côtés seront les deux lieutenants de gendar-
« merie, à pied s'il est à pied, ou en voiture à côté de lui,

« s'il demande à en avoir une; dans ce dernier cas, les
« gendarmes et les grenadiers entoureront sa voiture
« aux deux portières, en avant et en arrière des roues.
  « Après l'escorte, la compagnie de vétérans sous-offi-
« ciers, un piquet de garde nationale à pied; la garde
« nationale à cheval fermera la marche. Il traversera
« dans cette disposition le jardin, et viendra sortir par
« la grille de l'Observatoire, en se dirigeant vers ce
« dernier point. A sa sortie, les cent trente gendarmes à
« pied, qui ont ordre de s'assembler sur la place de
« l'Odéon, et de se porter ensuite, moitié par la rue
« de l'Ouest, moitié par la rue d'Enfer, sur le terrain, se
« formeront en haie, et marcheront par file à droite et à
« gauche sur les deux flancs de l'escorte, de manière,
« lorsqu'elle s'arrêtera, à la dépasser, et à fermer toutes
« les issues du terrain indiqué. Parvenus sur le terrain,
« les officiers de gendarmerie accompagneront avec les
« gendarmes et les grenadiers le condamné au lieu du
« supplice, et la troupe étant en bataille par carrés, ils
« le feront mettre à genoux, face au détachement des
« tireurs, lui banderont les yeux, se retireront aussitôt,
« et l'adjudant de place fera le signal convenu.
  « Le cadavre sera exposé quelque temps, et gardé par
« des piquets d'infanterie et de cavalerie. Si les parents
« le réclament et s'offrent à le relever sur place, il leur
« sera rendu, mais au préalable procès-verbal sera dressé
« de la consommation du jugement par le secrétaire-
« archiviste de la Chambre des pairs, faisant fonction de
« greffier, en présence de l'adjudant qui le signera. S'il
« n'est point réclamé, il sera relevé à la diligence de
« la police civile et déposé à l'hôpital de la Maternité,
« avec le consentement du directeur de l'établissement.
  « M. le maréchal de camp, comte de Rochechouart,

« surveillera et fera surveiller par les officiers de l'état-
« major de la place l'exécution de la présente, de manière
« à ce que toutes les dispositions qu'elle contient ne
« puissent éprouver ni retard ni empêchement.

« Paris, 7 décembre 1815.

« *Le lieutenant général commandant*
« *la 1re division militaire,*
« Despinois. »

Ces ordres clairs et précis prévoyaient tout, je m'y conformai donc ponctuellement. J'ignorais l'endroit désigné pour l'exécution, mais je supposais qu'elle aurait lieu dans la plaine de Grenelle, théâtre habituel des exécutions militaires, et j'étais sur le point d'envoyer reconnaître le terrain, quand, une demi-heure seulement avant que la sentence fût exécutée, je reçus l'ordre verbal de tout disposer entre l'Observatoire et la grille du jardin du Luxembourg, en face d'un mur qui existe encore, à gauche en sortant du jardin. La police était informée qu'une tentative de délivrance se produirait près de Grenelle.

J'éprouvai un grand embarras pour choisir l'adjudant de place chargé de faire exécuter l'arrêt. Ma première pensée avait été de faire tirer au sort tous ces messieurs, mais ce mode présentait de graves inconvénients, tous ces officiers ne possédant ni la même capacité ni la même énergie. J'arrêtai enfin mon choix sur le chef de bataillon comte de Saint-Bias, excellent officier, Piémontais d'origine; j'étais enchanté d'éviter à un Français cette pénible mission; il prit donc communication de toutes les instructions et ordres que j'avais reçus.

Un nouveau message du général Despinois, — j'en recevais tous les quarts d'heure, — me prévint que l'exécution se ferait à neuf heures du matin, assez tôt pour qu'il n'y eût pas trop de spectateurs, cependant assez tard pour qu'il en y eût un certain nombre.

Après le départ du curé de Saint-Sulpice, qui avait promis au maréchal d'être près de lui à l'heure suprême, le condamné se jeta tout habillé sur son lit, et dormit d'un sommeil tranquille, jusqu'à huit heures un quart. Cinq minutes après, M. le curé de Saint-Sulpice revint, je le priai d'annoncer au prisonnier que ses derniers moments étaient arrivés ; ce digne ecclésiastique, quoique préparé à sa douloureuse mission, fut saisi d'un tremblement nerveux, qu'il conserva jusqu'à la fin de l'exécution ; dès qu'il parut sur le seuil de la porte, le maréchal Ney lui dit : « Ah! monsieur le curé, je vous « comprends, je suis prêt. » Il se mit à genoux, reçut l'absolution, descendit l'escalier d'un air calme et tranquille.

Je pris sur moi, sans consulter le condamné, de faire avancer une voiture de place, le maréchal nous salua ; j'éprouvai un grand soulagement quand je le vis en redingote bleue, avec une cravate blanche, une culotte courte noire, des bas noirs et pas de décorations. Je craignais qu'il ne fût en uniforme et, par suite, d'être obligé de le faire dégrader et de lui faire arracher les boutons, les épaulettes et les décorations. En voyant le mauvais temps, il dit en souriant : « Voici une vilaine journée. » Puis, se tournant vers le curé, qui se rangeait pour le laisser monter en voiture : « Montez, monsieur le curé, « tout à l'heure, je passerai le premier. » Les deux officiers de gendarmerie montèrent également dans la voiture, se plaçant sur le devant.

A quelques centaines de pas de la grille du Luxembourg, dans l'avenue de l'Observatoire, le cortège s'arrêta ;

voyant ouvrir la portière, le maréchal, qui s'attendait à aller à Grenelle, prévenu peut-être qu'une manifestation se produirait en sa faveur, dit : « Quoi! déjà arrivé? » Il refusa naturellement de se mettre à genoux et de se laisser bander les yeux; il demanda seulement au commandant Saint-Bias de lui indiquer comment il devait se placer; il fit face au peloton, qui tenait ses fusils dans la position : d'apprêtez armes! Et là, dans une attitude que je n'oublierai jamais, tant elle était noble, calme et digne, sans jactance aucune, il ôta son chapeau, et profitant du court moment que lui laissait l'adjudant de place, pour se mettre de côté et donner le signal du feu, il prononça ces quelques paroles, que j'entendis très distinctement : « Français! je proteste contre mon juge- « ment, mon honneur... » A ces derniers mots, comme il portait la main sur son cœur, la détonation se fit entendre; il tomba foudroyé. Un roulement de tambours et les cris de : Vive le Roi! poussés par les troupes formées en carré, terminèrent cette lugubre cérémonie.

Cette mort si belle me causa une grande impression; me retournant vers Auguste de La Rochejaquelein, colonel des grenadiers, qui était à côté de moi et qui déplorait comme moi la mort du *brave des braves,* je lui dis : « Voilà, mon cher ami, une grande leçon pour « apprendre à mourir! »

Les neuf mots prononcés par le maréchal, en face de la mort, furent mal répétés, soit par les journaux, soit par de soi-disant spectateurs; ils ajoutaient même que le maréchal avait commandé : Feu! Les choses se sont passées comme je viens de le dire, je n'ai aucun intérêt à déguiser la vérité, j'entendis distinctement le maréchal, dont j'étais peu éloigné et que je suivais des yeux avec une attention toute particulière. Étant chargé de faire le

rapport de l'exécution au général Despinois, j'étais à cheval, et dominant la foule j'entendais et voyais mieux que personne. Le cadavre n'ayant pas été réclamé, car la famille n'avait pas pu être prévenue, on le porta au lieu désigné par l'ordre n° 4. Après avoir exécuté les ordres que j'avais reçus, le reste n'étant plus de mes attributions, je me retirai ; mais avant de rentrer chez moi, je passai chez le duc de Richelieu, pour lui rendre compte de ma triste mission et lui raconter deux épisodes inconvenants que je n'avais pu prévenir : Dans le quart d'heure qui s'était écoulé entre l'exécution et l'enlèvement du corps, un Anglais se précipitant au galop de son cheval, l'avait fait sauter par-dessus le cadavre, et après cet acte révoltant s'était enfui comme l'éclair, sans qu'il fût possible de l'arrêter. En second lieu, j'avais éprouvé une grande surprise en voyant parmi les spectateurs un général russe à cheval, en grand uniforme ; et en reconnaissant le baron Van B..., d'origine hollandaise, mais depuis très longtemps au service de la Russie, il avait été gouverneur de Mittau ; poussé par la curiosité, il avait suivi assidûment le procès, et ne voulant pas perdre le spectacle de l'exécution, était resté toute la nuit autour du Luxembourg. Son uniforme et ses nombreuses décorations lui avaient permis non seulement de circuler, mais encore de se bien placer pour tout voir. D'après mon récit, le duc de Richelieu crut devoir porter ce fait à la connaissance de l'empereur Alexandre. Ce noble souverain entra dans une violente colère, fit appeler sur-le-champ notre curieux et lui dit : « Rendez grâces à Dieu
« de ne pas être Russe, sans cela je vous aurais fait sol-
« dat sur l'heure, vous êtes étranger, je vous chasse de
« mon service ; quittez tout de suite l'uniforme russe,
« dont vous avez compromis la dignité, et ne mettez

« jamais les pieds en Russie. » Je tiens ces détails de l'aide de camp de service. L'empereur Alexandre montra encore, dans cette occasion, l'élévation de son cœur, l'exquise délicatesse de ses sentiments et l'esprit de convenance qui dirigeait toujours sa conduite.

Je reçus le lendemain la lettre suivante du général Despinois :

« N° 5.
                                    « Paris, 9 décembre 1815.

  « Monsieur le Comte,

« J'ai reçu la copie du rapport qui vous a été adressé
« par le chef de bataillon de Saint-Bias, sur l'exécution
« du maréchal Ney ; j'y ai remarqué que cet officier supé-
« rieur avait mal observé le vœu de la loi, et sans aucun
« doute vos propres instructions, en faisant, au lieu d'un
« signal, le commandement de : Feu! à la troupe. Par
« cette raison, et pour plusieurs autres, que je me réserve
« de vous confier, je ne crois pas qu'il y ait lieu à recti-
« fier la version des journalistes, à moins de rédiger
« soigneusement une relation entière de tout ce qui
« s'est passé dans l'intérieur du palais du Luxembourg
« et au lieu du supplice, depuis l'arrêt de condamnation
« jusqu'à l'exécution du condamné.
« Si pareil événement se reproduisait, je vous engage
« au surplus à ne jamais employer M. de Saint-Bias, qui
« avait tout à fait perdu la tête, et qui a suffisamment
« prouvé, en cette circonstance, son incapacité et son
« manque de vigueur.
  « Agréez, etc., etc.
                                          « Despinois. »

Je répondis immédiatement pour disculper mon officier :

« Mon général,

« Je prends la liberté de vous représenter que le comte
« de Saint-Bias ayant été choisi par moi sur tous les
« officiers d'état-major de la place, pour commander
« l'exécution du maréchal Ney, je suis personnellement
« intéressé à le rétablir dans votre esprit et à changer
« l'opinion que vous paraissez avoir sur lui et son peu
« de mérite. Cet officier supérieur est Piémontais, sa
« mère a été dame d'honneur de la feue reine de Sar-
« daigne, il m'a été chaudement recommandé par le
« comte de Revel, fils du maréchal de Saint-André; il
« m'en a fait le plus grand éloge, et m'a surtout parlé
« de sa bravoure, qui est très brillante. Il est porteur de
« certificats donnés par les habitants de Lübeck, où il a
« été commandant de place, qui attestent sa probité, sa
« bravoure et sa capacité. Il a le malheur d'être vif, de
« ne pas parler correctement le français; il a été obligé
« de commander : Feu! au lieu de faire le signal d'usage,
« parce que les vétérans ne le comprenaient pas, et que,
« d'un autre côté, le public demandait la lecture du juge-
« ment, tandis que le maréchal faisait deux pas en avant
« pour parler, ce qui a été cause d'un retard d'une demi-
« minute, puisqu'il n'a eu que le temps de dire, en por-
« tant la main sur son cœur : « Français, je proteste
« contre mon jugement, mon honneur... » Voilà l'exacte
« vérité. Je vois avec peine que plusieurs personnes
« réclament le triste honneur d'avoir fait ceci, d'avoir
« ordonné cela; celui qui a été chargé de cette pénible
« fonction s'en est acquitté comme il le devait. Je réponds
« de la capacité, de la bravoure, du zèle et de l'honneur
« du comte de Saint-Bias, sans cela, je ne l'aurais pas

« choisi. J'appuie sur sa bravoure, parce qu'on a l'air de
« dire que la peur lui avait fait perdre la tête, ajoutant
« qu'il était d'une pâleur mortelle; son teint est celui
« d'un homme du Midi, peu coloré. Je suis fermement
« convaincu que la peur est un sentiment inconnu à ce
« brave officier; certes, il n'aurait pas commencé à
« l'éprouver dans un moment où il ne courait aucun
« danger. Tout ce tripotage vient de la jactance de per-
« sonnes que je vous désignerai nominativement de
« vive voix, ce soir. Je vous informerai pareillement du
« motif particulier qui m'a fait choisir M. de Saint-
« Bias, de préférence à tout autre.

« J'ai l'honneur, etc., etc.

« Le comte de Rochechouart. »

Ainsi se termina, pour moi du moins, cette triste affaire. Voici dans quels termes le *Moniteur* du 8 décembre 1815, page 1359, rendit compte de l'exécution :

« Le maréchal Ney a subi sa condamnation, à neuf
« heures du matin; il avait demandé les secours de la
« religion, il a été accompagné jusqu'au lieu de l'exé-
« cution, sous les murs de l'avenue de l'Observatoire,
« par M. le curé de Saint-Sulpice. Il a donné le signal
« du feu et est tombé à l'instant foudroyé. »

Le lendemain, 9 décembre, page 1364, le *Moniteur* donna une nouvelle note :

« *Chambre des pairs*. — L'arrêt de condamnation
« rendu hier par la Chambre des pairs contre le maréchal
« Ney, a été exécuté sur la place de l'Observatoire, ce
« matin, à neuf heures vingt minutes. Dès trois heures, la
« garde du condamné avait été remise au maréchal de
« camp comte de Rochechouart, commandant la place

« de Paris, chargé par le lieutenant général comte Des-
« pinois, commandant la division, et d'après les ordres
« de Messieurs les commissaires du Roi, de prendre les
« dispositions nécessaires pour assurer l'exécution de
« l'arrêt. La sûreté intérieure et extérieure du palais a
« été, dès ce moment, confiée à la vigilance de M. de
« Rochechouart, et il a été donné décharge du pri-
« sonnier à l'huissier de la Chambre qui l'avait écroué. »

On a beaucoup reproché à la Restauration ce qu'on a appelé : la réaction de 1815, ainsi que les jugements du maréchal Ney, du colonel de La Bédoyère et de M. de La Vallette; par qui ces mesures rigoureuses ont-elles été prises? Certes ce n'est ni par le Roi ni par les royalistes, mais par deux enfants de la grande Révolution, qui, à force de fourberies, d'astuce et d'audace, sont parvenus à faire oublier, l'un, la scélératesse de son début, l'autre l'indignité de sa conduite, comme prélat et comme gentilhomme français. Ce sont eux qui, au retour du Roi, lui ont fait approuver l'ordonnance signée par eux, traduisant dix-neuf personnes devant les conseils de guerre, et bannissant du territoire français trente-huit autres personnes. Ce n'est point à eux cependant qu'on a reproché ces actes si rigoureux. Après l'exemple de ces châtiments sévères, donné par ces deux ministres pervers, comment s'étonner que des populations égarées par la passion et l'esprit de parti, se soient portées à des excès que l'on aurait pu éviter, si l'exemple de la modération leur eût été donné par des ministres animés de charité chrétienne?

A la fin de novembre 1815, le duc de Feltre m'avait demandé un rapport sur l'organisation et les attributions de la place de Paris, je répondis :

« Paris, 24 novembre 1815.

« Monseigneur,

« En attendant que Votre Excellence ait fixé le nombre
« des officiers de mon état-major, avec les noms que j'ai
« présentés à la nomination du Roi, et qu'Elle ait bien
« voulu déterminer toutes les attributions de ma place,
« je crois devoir vous soumettre, Monsieur le duc, le
« plan d'organisation de la police militaire que j'ai conçu.
« J'attendrai votre approbation pour l'arrêter définiti-
« vement. Si, dans les instructions que je me propose de
« donner aux officiers supérieurs de mon état-major,
« vous pensiez que j'aie omis quelques recommandations
« essentielles, ou que j'aie dépassé la limite de mes attri-
« butions, je vous supplie de vouloir bien m'en prévenir,
« mon intention et mon unique désir étant de justifier
« la confiance du Roi; pour y parvenir, je ne saurais
« prendre de meilleur moyen que celui de suivre vos
« avis, ainsi que la direction que vous voudrez bien me
« donner.

« Je suis, avec un profond respect, etc., etc.

« Le comte de Rochechouart. »

Projet d'organisation de la police militaire de Paris
  « *oumis à Son Exc. le duc de Feltre,*
    ministre de la guerre.

« La police générale, qui embrasse toute l'étendue du
« Royaume, et la préfecture de police, qui s'occupe
« exclusivement de la capitale, ne peuvent dispenser
« l'autorité militaire d'exercer sur ses subordonnés une

« surveillance spéciale, on peut même dire qu'en face des
« circonstances exceptionnelles où se trouvent placés
« l'armée et les militaires qui la composent, ces derniers
« se sont mis dans le cas d'être soumis à une attention
« continuelle. Afin que cette vigilante et incessante sur-
« veillance puisse être exercée :
  « 4 lieutenants-colonels,
  « 12 chefs de bataillon ou d'escadrons,
  « 24 capitaines ou lieutenants adjoints,
« seront répartis dans la capitale, de manière à ce que
« chaque lieutenant-colonel ait la surveillance de trois
« arrondissements, au centre desquels il demeurera,
« ayant sous ses ordres : trois chefs de bataillon ou
« d'escadrons, et six capitaines ou adjoints, qui change-
« raient de quartier périodiquement. Les théâtres, les
« maisons de jeux, les cafés, les bals publics, les hôtels
« garnis seront soumis à leur surveillance, mais unique-
« ment pour ce qui concerne les militaires. Ils se concer-
« teront avec messieurs les maires et les commissaires de
« police, pour tout ce qui pourrait concourir utilement
« à l'exercice de leurs fonctions.

« Les officiers supérieurs seront tenus de visiter eux-
« mêmes, par intervalles, les registres des hôtels garnis ;
« une attention particulière sera donnée à l'arrivée des
« militaires de tous grades, à Paris ; on recherchera leurs
« ressources ou moyens d'existence. Les militaires qui
« seront trouvés sans permis de séjour, ou sans congé
« régulier, seront conduits à l'état-major de la place.
« Chaque lieutenant-colonel adressera, chaque matin,
« un rapport au commandant de place, ledit rapport
« sera communiqué au lieutenant général commandant
« la division, pour lui faire connaître les événements
« arrivés. Le commandant de la place adressera directe-

« ment au ministre de la guerre des rapports particu-
« liers, lorsque des faits importants le rendraient néces-
« saire, ou exigeraient une décision immédiate.

« Le chef de la police militaire de la place logera,
« comme par le passé, à l'état-major, place Vendôme ; il y
« recevra à toutes les heures du jour et de la nuit les
« personnes qui auraient des avis importants à lui
« donner ; il interrogera les militaires qui lui seront
« envoyés, et, suivant les délits dont ils se seront rendus
« coupables, il pourra les relaxer ou les envoyer soit à la
« prison de leur quartier, soit à l'Abbaye ; il devra cepen-
« dant pour cette dernière maison d'arrêt prendre les
« ordres du commandant de place, lequel, de son côté,
« informera le commandant de la division. »

Le ministre approuva complètement ce rapport, mais il ne put le faire approuver par le conseil des ministres, par suite des réclamations du ministre de la police. Mon état-major se composait de :

Un colonel, chef d'état-major,

Un lieutenant-colonel, major de place,

Un chef d'escadrons, chef de la police militaire,

Deux lieutenants-colonels,

Quatre chefs d'escadrons ou de bataillon,

Vingt-quatre capitaines, adjudants de place,

Un secrétaire-archiviste.

Soit un total de 34 officiers, sans compter mon aide de camp. Ce nombre était suffisant, mais nécessaire pour assurer le service difficile et fatigant qu'exigeaient la ville de Paris et le département de la Seine, dans ces temps orageux, pleins de trouble, et au moment de la réorganisation de l'armée.

En témoignage des relations agréables que je n'ai cessé d'avoir avec le duc de Feltre, pendant tout le temps qu'il est resté ministre de la guerre, je vais donner copie d'une lettre qu'il m'adressait, et qui prouve la confiance et l'estime dont je jouissais auprès de lui :

« *Ministère de la guerre.* — 2ᵉ *division.*
Bureau de la maison militaire du Roi.

« Paris, 26 novembre 1815.

« Monsieur le Comte,

« Le Roi désire accorder une dignité dans l'un de ses
« ordres au feld-maréchal, prince Barclay de Tolly; je
« vous prie de me faire connaître les motifs qui peuvent
« déterminer Sa Majesté à accorder au prince Barclay de
« Tolly cette marque de sa bienveillance particulière. Il
« serait à désirer que l'on pût citer dans l'ordonnance
« les faits pour lesquels cet officier général a mérité de
« fixer l'attention du Roi.

« Veuillez, Monsieur le Comte, me communiquer les
« renseignements que vous pouvez avoir à ce sujet. J'ai
« l'honneur d'être, avec un parfait attachement, etc., etc.

« Le duc de Feltre. »

Je répondis tout de suite à cette lettre si aimable :

« Paris, 29 novembre 1815.

« Monsieur le Duc,

« D'après la lettre que Votre Excellence m'a fait
« l'honneur de m'écrire avant-hier, en me faisant part
« du désir que le Roi vous a manifesté de revêtir le feld-
« maréchal prince Barclay de Tolly de l'un de ses
« ordres, ce maréchal ayant déjà le grand cordon de la

« Légion d'honneur, il ne reste à lui donner que le
« grand cordon de l'ordre royal et militaire de Saint-
« Louis ou celui du Saint-Esprit, si Sa Majesté le juge à
« propos.

« Dans tous les cas, puisque vous me faites l'honneur,
« Monsieur le Duc, de me consulter, tant sur la manière
« de rédiger l'ordonnance, que sur les faits à citer pour
« motiver la faveur que le Roi veut lui accorder, je pense
« que la noble conduite de ce maréchal à Meaux et à
« Châlons-sur-Marne, pendant tout le temps que son
« quartier général a séjourné dans ces deux villes, est
« une raison suffisante pour lui accorder une marque
« quelconque de la reconnaissance du Roi, ainsi que de
« sa royale bonté.

« Je crois qu'il serait plus convenable de ne citer
« aucun fait d'armes de ce général distingué, puisqu'ils
« sont tous contre des armées françaises; selon ma
« manière de voir, il faudrait se borner à rappeler dans
« l'ordonnance les services qu'il a rendus à notre pays,
« en maintenant, comme il l'a fait, la plus sévère disci-
« pline parmi les troupes confiées à son commandement;
« c'est, je crois, un assez bel éloge et le seul que le Roi
« puisse faire d'un général étranger.

« Je suis, avec un profond respect, etc., etc.

« Le comte de Rochechouart. »

Ma position était donc fort agréable. J'occupais un poste important, surtout dans les circonstances présentes; parent du premier ministre, je dirigeais sa maison, je faisais les honneurs de sa table et de son salon, ce qui me mettait en relations continuelles avec le corps diplomatique; traité par le ministre de la guerre

avec les plus grands égards, ayant sa confiance et son
amitié, tout se réunissait pour me composer une existence aussi heureuse qu'on peut l'avoir en ce monde,
bien différente des débuts de ma vie! Pénétré de mon
bonheur, je ne désirais rien de plus, ni pour le présent ni
pour l'avenir; cependant le duc de Richelieu, ma famille
et mes amis ne cessaient de me dire que cette brillante et
enviable position pouvait disparaître tout à coup, par un
événement politique, et que je devais profiter de ces
avantages pour faire un riche mariage. Je comprenais
l'excellence du conseil, mais je répondais : Rien ne presse.

Le duc et la duchesse d'Angoulême, mariés depuis
longtemps, n'avaient pas d'enfants, et ne pouvaient plus
en espérer, il était donc urgent de marier le dernier fils
de France, pour assurer par sa postérité la couronne de
ce beau royaume à la branche aînée de sa maison, et
l'empêcher de passer dans la branche cadette, dite d'Orléans. Le duc de Berry, âgé de trente-neuf ans, avait
contracté un mariage secret en Angleterre, sans l'agrément du Roi. Cette union fut déclarée nulle, le Roi
assura un sort convenable à la mère et aux deux filles
nées de ce mariage; l'aînée épousa plus tard le prince de
Lucinge, la cadette le baron de Charette.

Le duc de Richelieu désirait faire épouser au duc de
Berry la grande-duchesse Anne, jeune princesse charmante, sœur de l'empereur Alexandre; il est inutile
d'énumérer les avantages qu'offrait ce mariage. Les
négociations ne purent aboutir, parce que le Roi et
Monsieur exigeaient que la princesse abjurât la religion
orthodoxe, et devînt catholique avant la célébration du
mariage; le Tzar, au contraire, ne voulait consentir
à cette soi-disant conversion que quelques mois après le
mariage, afin de paraître céder à une conviction reli-

gieuse, et non aux exigences de la Cour de France. On ne voulut transiger d'aucun côté, le projet fut abandonné.

Le 17 juin 1816, le duc de Berry épousait la princesse Marie-Caroline, petite-fille de Ferdinand, roi de Naples, et nièce de la duchesse d'Orléans. Des fêtes brillantes eurent lieu à cette occasion, et pour un moment la Cour des Tuileries offrit la réunion de toutes les joies et de tous les plaisirs : les bals, spectacles, grands dîners, réjouissances publiques et particulières de tout genre, durèrent un mois. Mais bientôt des pluies torrentielles perdirent les récoltes, amenèrent une famine terrible, et de nouveaux sacrifices devinrent indispensables pour nourrir le peuple et les armées étrangères qui occupaient encore une grande partie du territoire.

Une ordonnance royale du 24 juillet 1816 me nomma président du 2ᵉ conseil de guerre, chargé de juger le maréchal de camp Lallemand, accusé : « d'avoir pris « une part active à des mouvements séditieux, pour ren- « verser le gouvernement légitime. » Le général Lallemand, réfugié en Amérique, et contumace, fut condamné sans débats à la peine de mort. On traduisit devant un autre conseil de guerre son frère, comme lui officier général et contumace, il fut également condamné à mort.

Le duc de Richelieu déposa alors à la Chambre des députés un projet d'amnistie générale, ordonnant la cessation de toutes poursuites contre les personnes visées dans l'ordonnance du 24 juin, à la requête de Fouché. La Chambre se montra moins clémente que le Roi, les régicides restèrent bannis du royaume.

Le 23 février 1817, mon état-major parut trop nombreux, en présence des économies ordonnées dans tous les ministères, à cause de l'état pitoyable des finances, conséquence de l'occupation de notre territoire par les armées étrangères et des énormes contributions de guerre qui nous frappaient. On supprima le poste de colonel chef d'état-major et, au lieu de 34 officiers, on m'en laissa 26 seulement :

1 lieutenant-colonel,
7 chefs de bataillon ou d'escadrons,
18 capitaines ou lieutenants, adjudants de place.

A la suite de ces réductions, j'écrivis au général Despinois :

« Paris, 23 février 1817.

« Mon général,

« Je crois pouvoir vous assurer que, malgré la réduc-
« tion importante que va subir mon état-major, le ser-
« vice de la place n'en souffrira pas trop, car, moi et les
« officiers qui me restent, nous redoublerons de zèle et
« d'activité. Je ferai de mon mieux pour répondre à votre
« confiance, ainsi qu'à celle du Roi, que nous avons
« l'honneur de servir.

« Veuillez agréer, etc., etc.

« Le comte de Rochechouart. »

A la vérité, le service devenait très difficile; le grand nombre d'officiers en demi-solde réfugiés dans Paris, précisément pour échapper plus facilement à la surveillance, obligeait les officiers de place à redoubler de zèle et d'activité. Je regrettai surtout mon chef d'état-major, le comte de Beaumont, un ami en qui j'avais toute confiance.

Son départ déplut beaucoup au duc de Berry, et m'attira

de sa part une de ces scènes de violence qu'il ne savait pas maîtriser au premier moment, mais que son bon cœur lui faisait regretter et réparer ensuite. Le jour en question, passant en cabriolet sur le boulevard, il m'aperçut, me fit signe de venir lui parler, et me dit dans un violent accès de colère : « Vous avez donc « chassé ce pauvre Beaumont? C'est parce que l'on sait « qu'il est mon ami! tous vos ministres sont des f... « gueux, dites-le de ma part au duc de Richelieu. » Il fit alors un mouvement, comme pour me donner un coup du fouet qu'il tenait à la main. Je me reculai précipitamment et lui répondis ce peu de mots : « Monseigneur, « de pareilles commissions se font directement, et non « par intermédiaire. » Je m'éloignai en lui faisant un profond salut. Le dimanche suivant, à la réception qui avait lieu chez les princes et princesses de la famille royale, il s'approcha de moi et me dit avec sa bonté et sa franchise habituelles : « Rochechouart, je crois que j'ai « été trop vif l'autre jour, je serais fâché de vous avoir fait « de la peine, mais j'aime beaucoup le comte de Beau- « mont, et j'étais piqué de le voir sans place »; puis me prenant la main, il ajouta : « Oubliez ce moment de « vivacité. »

Au grand désespoir de la famille royale et de tous les bons Français, madame la duchesse de Berry était accouchée d'une fille; cette princesse vécut quelques semaines seulement, et sa mort amena une vive querelle dans la maison du duc de Berry. Madame de la Ferronnays avait été nommée gouvernante des enfants du prince; l'usage de la Cour voulait, dans le cas de mort, que le berceau et la layette fussent donnés à la gouvernante. Le duc de Berry refusa de suivre cet usage, et cela dans des termes si violents, que M. de la Ferronnays demanda une explication; elle eut malheureusement lieu avant que la colère du prince fût dissipée, et amena une scène déplorable. M. de la Ferronnays donna sa démission de gentilhomme de la chambre du prince; et madame de la Ferronnays de gouvernante des enfants de France; ils quittèrent le château à l'instant, et allèrent coucher chez des amis. Cet événement mit tout le château en émoi, on aimait et appréciait beaucoup M. de la Ferronnays; comme il n'avait aucune fortune, il pria le duc de Richelieu de lui donner un emploi. Le poste de ministre plénipotentiaire en Danemark était vacant; peu ambitionné, il exigeait cependant par son importance un homme sage et éclairé. M. de Richelieu proposa au Roi M. de la Ferronnays. Il fut nommé et rendit les plus grands services dans son poste; il devint par la suite un homme d'État fort distingué.

Le roi de Prusse venait de parcourir ses nouvelles provinces rhénanes, annexées à son royaume par le congrès de Vienne, passant en revue les troupes qui s'y trouvaient en garnison; il inspecta ensuite le corps prussien qui occupait notre territoire. Louis XVIII envoya le duc de Reggio le complimenter de sa part, et l'inviter à venir à Paris. Le roi de Prusse accepta, et resta une quinzaine de jours dans la capitale, sous le nom de comte Rupin. Le duc de Richelieu, président du Conseil des ministres, le reçut au ministère des affaires étrangères, réception fort embarrassante, Sa Majesté Prussienne ayant l'habitude de dîner à trois heures précises, comment faire dîner des Parisiens à pareille heure? Je demandai à un colonel d'un régiment de la garde royale sa musique. Le roi Frédéric-Guillaume fit honneur au repas, avec un appétit qu'enviaient les autres convives. Grâce à la musique, le temps s'écoula très agréablement pour ceux qui ne mangeaient pas. Le Roi se montra fort sensible à cette attention, conforme aux mœurs allemandes, mais usage inconnu en France.

J'avais une loge grillée aux Variétés; le comte de Goltz, ambassadeur de Prusse en France, me pria de la prêter au comte Rupin, je m'empressai de la mettre à sa disposition, pour tout le temps de son séjour à Paris. Je prévins le directeur et l'ouvreuse de la qualité de celui à qui je cédais momentanément ma loge. On le reçut avec les plus grands égards. Les rois de Prusse ont, comme le grand Frédéric, la réputation d'être très économes; il est vrai que le royaume de Prusse est peu favorisé par la nature; Frédéric-Guillaume ne donna pas la moindre gratification à l'ouvreuse, quoiqu'il n'eût pas manqué une seule représentation. Je crus devoir donner quarante francs à cette femme, en lui disant qu'on m'avait chargé de lui remettre ce petit cadeau.

Il faut avoir vécu comme moi dans l'intimité du duc de Richelieu, pour apprécier les embarras et les difficultés de tout genre que rencontrait le gouvernement, chargé d'exécuter le traité signé le 20 novembre 1815 avec les alliés. Si nous ne perdions aucune portion de l'ancien territoire, comme nous en avions été menacés, pour satisfaire l'appétit de la Prusse, nous devions payer une contribution de guerre de sept cents millions, ainsi répartie :

La Russie.	130 millions.
L'Angleterre.	130 —
L'Autriche.	110 —
La Prusse.	110 —
La Bavière.	55 —
Le grand-duché de Bade.	35 —
A divers.	130 —

Plus, la subsistance de cent cinquante mille alliés, qui devaient occuper notre territoire pendant cinq ans, dépense évaluée à cent cinquante millions par an, et ce chiffre augmenta en 1816, avec le manque de récoltes.

La Chambre des députés était divisée en trois fractions : les royalistes, qui eux-mêmes se subdivisaient en ultras et modérés; les libéraux, presque tous d'anciens révolutionnaires, et les doctrinaires. L'antagonisme de ces différents partis apportait une perturbation incessante dans les affaires, troublait le ministère, jetait le désaccord parmi les ministres, les empêchait de s'occuper utilement du remède à apporter à la situation financière, si compromise. C'est au milieu de ces tiraillements, de ce conflit d'intrigues, que M. de Richelieu eut à se débattre. Son âme loyale fut froissée de se voir si mal secondé, en face des périls qui menaçaient la monarchie et la France; il ne cessait de répéter : « Je suis incapable de lutter contre
« ces difficultés, je suis profondément découragé, et si je
« ne sentais que seul peut-être, je puis obtenir la libé-
« ration du territoire, je me retirerais ; mais une fois ce
« but atteint, rien ne pourra me retenir à la tête des
« affaires ; ma santé ne peut résister à de pareils assauts. »
Les tiraillements dans l'intérieur du conseil des ministres, dont je viens de parler, amenèrent quelques changements dans sa composition. Dans les derniers jours de septembre, le duc de Feltre, nommé récemment maréchal de France, se retirait et était remplacé par le maréchal Gouvion Saint-Cyr, et le comte Molé recevait le portefeuille de la marine.

Je vais entrer dans quelques détails sur l'opération de la libération du territoire, d'abord je les crois peu connus, ensuite les relations qui s'établirent à cette occasion entre le duc de Richelieu et M. Ouvrard amenèrent mon mariage.

Au mois de novembre 1816, la caisse de l'État était vide, le conseil des ministres chargea M. Decazes de voir M. Ouvrard, le célèbre financier, et de lui demander soixante millions, lui promettant pour ce service la bienveillance du gouvernement dans la liquidation de différentes affaires, datant de l'Empire et des Cent-jours. M. Ouvrard répondit : « Personne, dans l'état des choses, « ne peut avancer soixante millions, mais je me fais fort « de procurer un milliard pour se libérer complètement « des alliés. » M. Decazes traita cette idée de paradoxe absurde, et quoiqu'il n'eût aucune confiance en cette offre, par politesse seulement, il pria M. Ouvrard de rédiger un mémoire explicatif. Le lendemain, M. de Richelieu recevait le mémoire. Après en avoir pris connaissance, il écrivit le billet suivant :

« Je prie M. Ouvrard de vouloir bien prendre la peine « de passer chez moi, demain à trois heures, pour con- « férer sur le mémoire qu'il m'a communiqué.

« Lundi.
« Richelieu. »

A l'heure indiquée, le duc de Richelieu, le comte Corvetto, ministre des finances, et M. Ouvrard eurent une longue conférence; on admit en principe qu'il fallait trouver un milliard, au lieu de soixante millions; il restait à s'entendre sur les valeurs que le gouvernement donnerait, et sur l'usage qu'on en ferait.

M. de Richelieu attendait avec anxiété les propositions du financier : « Il faut créer cent millions de rentes », dit M. Ouvrard; le comte Corvetto déconcerté s'écria : « Créer des nouvelles rentes ! mais j'ai encore la totalité « du crédit de six millions de rentes, accordé par les

« Chambres en 1815 ; je ne puis en faire usage, à aucun
« prix. — Eh bien », reprit M. Ouvrard, « vous aurez
« cent six millions, et je me charge du placement. Aujour-
« d'hui, on vous sait forcé d'emprunter, on attend, espé-
« rant de bonnes conditions ; en empruntant cent six mil-
« lions de rentes, vous déclarerez le grand-livre fermé
« irrévocablement, vous verrez le résultat de cette pro-
« messe. » M. de Richelieu comprenait le projet dans ses
grandes lignes, mais, effrayé de sa hardiesse, il ne décida
rien dans cette première entrevue.

Peu de jours après, le Trésor suspendit ses payements
aux alliés; le duc de Richelieu, malgré les observations
des personnes qu'il consultait et le ridicule que l'on jetait
sur les plans Ouvrard, le fit appeler de nouveau; il l'autorisa à donner suite à son projet.

M. Ouvrard se rendit à Londres pour se mettre en rapport avec MM. Hope et Baring, et leur soumettre ses
idées : Il s'agissait de faire recevoir par les alliés le payement de la contribution de guerre, en rentes, à un prix
déterminé. MM. Hope et Baring se chargeraient de vendre
ces rentes, moyennant une commission. Il fallait aussi
procurer les fonds nécessaires au payement des subsistances des armées étrangères. MM. Hope et Baring
acceptèrent tout de suite de faire l'avance des sommes
nécessaires à l'entretien des alliés à 5 pour 100, plus
1 pour 100 de commission. Le conseil des ministres
donna cette fourniture en entreprise générale à M. Doumerc; elle était payable en rentes, avantage important
dans les circonstances présentes. Il ne restait plus qu'à
faire accepter aux alliés des rentes, à un prix fixe, en
payement de la contribution de guerre. M. Ouvrard alla
s'entretenir de cette acceptation avec le général Pozzo di
Borgo, ambassadeur de Russie, qui lui conseilla de voir

le duc de Wellington, ce dernier jouissant de la confiance des souverains.

Le duc de Wellington se trouvait à Bruxelles, fort mécontent de la suspension des payements par le Trésor, et inquiet des subsistances de son armée. Il reçut M. Ouvrard le 5 décembre 1816, le financier développa les arguments en faveur de son plan : les alliés prendraient en payement de toute la contribution de guerre, des rentes sur le grand-livre de France, à un prix déterminé; MM. Hope et Baring se chargeraient, pour le compte des alliés, de la vente de ces rentes; de plus ces messieurs payeraient à l'entrepreneur général toutes les dépenses d'entretien des armées alliées : « Je me suis adressé à « Votre Excellence, ajouta M. Ouvrard, connaissant l'au- « torité de vos avis auprès des souverains de l'Europe; du « reste je suis persuadé que le prix des rentes s'élèvera « rapidement, dès que les banquiers apprendront que les « alliés acceptent ces rentes en payement. » Il concluait en demandant la réduction d'un cinquième de l'effectif de l'armée alliée, comme le moyen le plus certain de calmer les esprits, de consoler l'orgueil national, enfin de relever le crédit de son créancier : or, un débiteur a toujours avantage à relever le crédit de son créancier. Le duc de Wellington demanda vingt-quatre heures de réflexion, et, le lendemain, il annonçait à M. Ouvrard qu'il acceptait, et qu'il espérait faire partager son opinion aux autres puissances. Il écrivait le jour même à lord Castlereagh, premier ministre d'Angleterre, l'engageant à causer avec M. Baring.

L'inquiétude était générale à Paris, M. de Richelieu la partageait; on persistait à considérer les négociations comme irréalisables, et les espérances de succès comme illusoires. Aucune soumission ne se présenterait, disait-on, et la banque de Paris criait bien haut qu'elle ne prendrait pas un sou de l'emprunt.

Le duc de Wellington arriva le 9 janvier 1817 à Paris. Logé militairement chez M. Ouvrard, hôtel de La Reynière, rue des Champs-Élysées ; il le fit prier de descendre dans son cabinet, au moment de la visite de M. le duc de Richelieu et de M. le comte Corvetto. Il fut arrêté que M. Ouvrard rédigerait sur son plan, une note qui serait portée par le duc de Wellington à la conférence des alliés. Le jour même, le plan fut arrêté par les ambassadeurs des puissances alliées, et expédié à toutes les chancelleries par un courrier extraordinaire. En sortant de la conférence, M. de Richelieu et M. Corvetto entrèrent chez M. Ouvrard pour le féliciter, le remercier et le prier d'inviter MM. Baring et Labouchère à venir à Paris. Ces messieurs arrivèrent immédiatement. Le plan à peine arrêté, les conséquences commencèrent à se faire sentir : le 11 février 1817, le duc de Richelieu pouvait annoncer aux Chambres que l'effectif des armées alliées allait être réduit de trente mille hommes, ce qui diminuait la dépense d'entretien de trente millions par an. Les fonds augmentèrent, le choix des maisons étrangères excita une heureuse rivalité parmi les maisons françaises, on reprit confiance, la rente haussait. MM. Hope et Baring voulurent être acheteurs, au lieu d'être commissionnaires. Ainsi que M. Ouvrard l'avait annoncé au duc de Wellington, l'intervention des puissances alliées assura tout le succès de l'opération, et lorsqu'on apprit que les rentes n'étaient plus à vendre, tout le monde en voulait acheter. Un premier traité fut signé avec MM. Hope et Baring, au taux de 53 fr. 85. Un mois après, la rente valait 65 francs ! Alors les capitalistes, les maisons françaises de banque et de commerce, qui repoussaient avec effroi et comme fatale à leur crédit, toute opération financière avec le Trésor royal, virent par l'exemple des maisons étrangères, que l'on pouvait acheter avec avantage et avec sécurité des rentes de l'État; dès lors, tous briguèrent la faveur de prendre part à ces emprunts. Il fallut, précaution étrange et nouvelle, employer la force armée pour contenir la foule se pressant aux guichets du Trésor pour acheter des rentes. M. de Richelieu, qui avait été jouir de ce spectacle extraordinaire, entendit M. Antoine Clary, l'un des adversaires les plus violents de la première heure, bousculé par les soldats, répondre à son neveu qui l'engageait à se retirer : « Si je quitte la place, je « n'aurai rien. »

Ainsi en 1816 : paye des armées alliées suspendue, banqueroute imminente; à la fin de 1817, la confiance rétablie, l'Europe satisfaite, les caisses des banquiers et des capitalistes ouvertes au gouvernement devançant les besoins du Trésor, par des offres indéfinies, à un intérêt modéré. En résumé, en 1816, on ne pouvait vendre de la rente à aucun prix; en janvier 1818, elle valait 75 francs! Tout l'honneur doit en revenir à M. de Richelieu, qui avait dirigé et pour ainsi dire imposé toutes ces négociations. Ce résultat lui rendit courage, il écrivit à l'abbé Nicolle :

« Paris, 31 mai 1818[1].

« Nous sommes assez tranquilles ici, la confiance se
« rétablit, on se bat pour nous prêter de l'argent. Si
« cela pouvait prouver aux gens, qui ne cessent de dire
« que depuis trois ans le système suivi mène à la per-

---

[1] Cette lettre et les deux suivantes ont été déjà publiées par M. l'abbé Frappaz, dans la *Vie de l'abbé Nicolle*. In-18, Jacques Lecoffre et Cie, éditeurs. 1857.

« dition, si cela pouvait leur prouver, dis-je, que leurs
« assertions ne sont pas aussi indubitables qu'ils se
« l'imaginent, cela serait déjà avoir gagné beaucoup, car
« il faut les ramener, et s'ils commençaient, les gens de
« bonne foi s'entend, à croire qu'il serait possible qu'ils
« se fussent trompés, cela les engagerait à se rapprocher;
« leur union avec le ministère est le seul moyen de
« consolider l'existence du gouvernement, et par suite la
« tranquillité de l'Europe, par celle de la France.

« Je vous embrasse, etc., etc.

« R. »

« Paris, 3 juillet 1818.

« La belle apparence des récoltes, tant en grains qu'en
« vins, donne au pays et à ses habitants un aspect de
« bien-être et d'hilarité que je ne lui ai pas encore vu.
« Il n'y a qu'une certaine classe de gens qui persistent à
« dire que tout va mal, et ils y mettent une irritation,
« une âcreté qui réagit sur le reste de la nation, à qui ils
« deviennent de plus en plus odieux. Cet aveuglement
« de leur part est déplorable, mais s'il n'est que contra-
« riant aujourd'hui, il peut devenir un jour bien funeste,
« et je vous avoue que je ne vois aucun remède aux
« suites qu'il peut avoir.

« Je me fais un grand bonheur de revoir l'Empereur
« à Aix-la-Chapelle. Le sort de la France y sera décidé,
« et j'ai lieu d'espérer qu'il le sera comme nous le
« désirons. Notre situation, sans être bonne, sera passable
« quand les alliés seront partis, et, avec de l'ordre, il
« sera facile de l'améliorer encore, de manière à pouvoir
« soulager le peuple d'une partie des impôts qui pèsent
« sur lui. La caisse d'amortissement agissant alors,

« puisqu'on aura cessé d'emprunter, chaque année amè-
« nera une amélioration, en diminuant une partie de la
« dette. Ceux qui viendront après nous, s'ils veulent être
« plus sages que leurs pères, pourront être plus heureux;
« mais je crains bien qu'il n'en soit rien. Ce fatal esprit
« de parti ne s'éteindra pas de sitôt en France. Je vous
« embrasse de tout cœur.

« R. »

« Paris, 21 août 1818.

« Je pars dans douze jours pour Aix-la-Chapelle,
« j'espère que la besogne sera courte et bonne, et qu'enfin
« la France, en étant rendue à elle-même, rentrera dans
« la communion européenne. Si elle sait être sage, elle
« possède encore tous les éléments d'une étonnante pro-
« spérité. On ne peut se faire aucune idée des progrès
« qui ont eu lieu depuis un an, et ils seront bien plus
« rapides encore, dans la supposition qu'on ne fasse pas
« de folies. La même amélioration que vous voyez dans
« les fonds publics, existe dans le prix des terres, qui est
« monté étonnamment. Pour que cela dure, il ne faut,
« comme je vous le disais, que de la sagesse. Les Fran-
« çais en auront-ils? C'est un problème qu'il n'est pas
« permis de résoudre avant le temps. L'expérience en
« décidera, comme des avantages du gouvernement
« représentatif. Quoi qu'il en soit, après la réunion
« d'Aix-la-Chapelle, je reviendrai à la session, et ce sera,
« je l'espère, la fin de ma carrière politique.

« R. »

Pour maintenir cette prospérité, on ordonna les plus
strictes économies dans toutes les dépenses. Je fus atteint
un des premiers. On avait déjà réduit le personnel de

mon état-major, on diminua mes frais de bureau de six mille francs, mon indemnité d'ameublement de six mille francs et les frais de police militaire de douze mille francs. Ces réductions, qui furent générales dans les différentes administrations, découragèrent les employés, et, ce qu'il y a de pire, personne à la Chambre ne tint compte aux ministres de leurs réformes; les dépenses indispensables qui restaient à acquitter n'en furent pas moins attaquées; on compromit le service général, mais les ministres eurent la conscience d'avoir rempli rigoureusement leur devoir quand même.

Pendant l'été, le duc de Richelieu entama des négociations pour la réunion d'un congrès, où seraient réglées définitivement toutes les questions qui intéressaient l'Europe, et surtout la durée de l'occupation du territoire français par les armées étrangères, occupation qu'il espérait faire réduire à trois années, comme le permettait le traité du 20 novembre 1815. M. de Richelieu, chargé de représenter la France, arriva le 26 septembre à Aix-la-Chapelle, où devait se réunir le congrès. « Avant de se
« rendre à Aix-la-Chapelle, l'empereur Alexandre visita
« les provinces méridionales de son vaste empire, Odessa
« et la Crimée. Il put, dans ce voyage, constater la sage
« administration de l'ancien gouverneur de la Nouvelle-
« Russie. La richesse des campagnes, l'activité du com-
« merce, l'état florissant de la population et la prospérité
« du lycée furent tour à tour l'objet de ses éloges; il
« voulut témoigner sa satisfaction par un acte public, et
« il le fit en prince qui connaît la véritable grandeur.
« Dans le fronton du principal péristyle du lycée d'Odessa,
« il ordonna de placer sur un cippe le buste du fondateur
« de la ville, avec inscription : *A Richelieu, Odessa*
« *reconnaissante*. A côté de ce buste, et sous les traits

Lawrence pinx.   Héliog. Dujardin.

ARMAND EMMANUEL DUC DE RICHELIEU
1767-1822

Imp. Eudes.   E. Plon, Nourrit & Cie Edit.

« d'un génie ailé, Odessa, d'une main pose une couronne
« d'immortelles sur la tête du gouverneur, et de l'autre,
« elle indique à la Muse de l'histoire les paroles de
« l'inscription[1]. »

On comprendra après ces lignes l'accueil que reçut
notre plénipotentiaire à Aix-la-Chapelle. Je n'entrerai
dans aucun détail sur ce congrès, cela appartient à l'histoire, je dirai seulement que le duc de Richelieu parvint,
grâce à l'appui de l'empereur Alexandre, à faire fixer le
départ des troupes étrangères au 30 novembre. Il sauva
ainsi la France, et l'Europe entière applaudit aux efforts
de son zèle.

Pendant le congrès, le célèbre peintre anglais, Lawrence, fit le portrait de tous les souverains et de leurs
ambassadeurs; celui du duc de Richelieu était frappant
de ressemblance; M. de Richelieu en commanda à Lawrence six copies, qu'il destinait : à madame de Montcalm et à madame de Jumilhac, ses sœurs, à la duchesse
de Richelieu, à la duchesse d'Aumont et à la princesse
de Carency, sa femme et ses belles-sœurs; enfin, une pour
moi. J'héritai plus tard des copies appartenant à la
duchesse de Richelieu et à la princesse de Carency.

M. de Richelieu entrevoyait avec terreur la fin du
congrès et son retour à Paris, tant il craignait que le
Roi n'acceptât pas sa démission, et il m'écrivait :

« Aix-la-Chapelle, 21 octobre 1818.

« Je vous remercie, mon cher ami, de toutes les
« choses aimables que vous me dites, je suis bien aise si
« on a été content; mais bien de vous à moi, on ne me

---

[1] Extrait de la *Vie de l'abbé Nicolle*, par M. l'abbé Frappaz,
page 134.

« l'a pas dit plus que de raison, ou plutôt, on ne me l'a
« pas dit du tout, mais motus.

« L'Empereur ne passera à Paris que le temps d'aller
« dîner chez le Roi, et il compte repartir d'abord après
« le dîner; il n'y aura d'autre moyen pour vous de le
« voir qu'au moment où il montera en voiture, il ne
« veut aucun honneur, mais on n'a pas pu se dispenser
« d'envoyer une personne au-devant de lui.

« Je ne pense pas pouvoir être à Paris avant le
« 25 novembre, je voudrais que ceci finît prompte-
« ment, mais il me paraît impossible que ce soit plus tôt.
« J'attends Stempkowski, après la revue russe, je suis
« bien triste de penser qu'il faut m'en séparer.

« Les grands-ducs m'ont comblé d'amitié, vous verrez
« le grand-duc Constantin à Paris; il a bien envie de
« voir les exercices; une chose qu'il désire extrêmement
« de voir aussi, ce sont les plans en relief des forteresses,
« qui sont aux Invalides; j'écris au ministre de la guerre,
« vous pourrez lui en parler, et l'y conduire. A bientôt,
« mon cher ami, je vous embrasse.

« R. »

« Aix-la-Chapelle, 20 novembre 1818.

« Je vous remercie de votre petit mot, mon cher ami,
« j'arriverai à Paris jeudi ou vendredi. Je veux voir
« l'Empereur, recevoir sa bénédiction et aller me jeter
« dans cet effroyable abîme de passions, de vices et de
« corruptions. Plaignez-moi, malgré les cordons dont on
« me bariole et les tabatières dont on m'accable, je
« donnerais tout cela pour la liberté d'aller à Ourzouff;
« le beau temps! Je vous embrasse tendrement.

« R. »

Dès son arrivée à Paris, M. de Richelieu supplia le Roi de lui permettre de se retirer, sa tâche : la libération du territoire, étant accomplie. Le Roi le pria de rester encore auprès de lui, pour l'aider de ses conseils. Il le nomma chevalier du Saint-Esprit et lui offrit un portrait de Louis XVI, fait avec les cheveux de cet infortuné monarque et ceux de la reine Marie-Antoinette, et un magnifique fusil de la manufacture royale de Versailles, ayant appartenu à Louis XVI. Avant de quitter Paris, M. de Richelieu, qui continuait à me traiter comme son propre fils, me donna ces deux précieuses reliques.

Au mois de décembre, la Chambre des députés discuta une nouvelle loi électorale; le duc de Richelieu resta seul un instant au ministère, les autres ministres s'étant retirés ; mais ne voulant pas assumer une responsabilité aussi grande et sentant sa santé ébranlée par tant d'émotions, il renouvela ses instances auprès du Roi, et sa démission fut enfin acceptée. Le Roi affirma publiquement ses regrets, le nomma ministre d'État et grand veneur, et chargea M. Decazes de former un nouveau ministère.

Le lendemain 30 décembre, le marquis de Lally-Tollendal, après avoir exprimé à la Chambre des pairs son admiration pour les vertus, les talents et les services rendus par M. de Richelieu, proposa que : « le premier « auteur de la libération du sol français soit honoré « d'une récompense nationale, héréditaire, proportionnée « à l'éminence de ses services, et à l'excès de son désin- « téressement, digne, en un mot, de la satisfaction d'un « grand Roi et de la reconnaissance d'une grande nation. » (*Moniteur universel* du 1ᵉʳ janvier 1819.)

Dans la séance du 4 janvier 1819, le président de la Chambre des pairs communiqua à l'Assemblée la lettre

suivante de M. de Richelieu : « ..... Je serais trop fier
« d'un témoignage de bienveillance donné par le Roi,
« avec le concours des deux Chambres, pour avoir la
« pensée de le décliner. Mais les journaux m'ont appris
« qu'il s'agissait de me décerner, aux dépens de l'État,
« une récompense nationale, et je ne peux me résoudre à
« voir ajouter, à cause de moi, quelque chose aux charges
« qui pèsent sur la nation... » (*Moniteur universel* du
11 janvier 1819.) A la suite de cette lecture, la Chambre
des pairs décida de prendre la proposition du marquis
de Lally-Tollendal en considération.

Le 4 janvier 1819, M. de Richelieu, très souffrant,
partit pour le Midi, me laissant une procuration générale
pour gérer ses affaires ; son ancien aide de camp Stempkowski, qu'il avait appelé à Aix-la-Chapelle, l'accompagnait. M. de Richelieu se rendit d'abord à Courteille,
et une correspondance régulière s'établit entre nous ; il
me communiquait ses impressions, et surtout ses instructions pour l'affaire de dotation. Je vais citer quelques-
unes de ces lettres :

« Courteille, 16 janvier 1819.

« Stempkowski vous a écrit, mon cher ami, pour vous
« demander des livres ; je suis au calme plat, après les
« tempêtes des quinze jours de décembre, cela fait un
« contraste singulier, et dont je jouis bien, je vous
« assure. Je pars mardi, je visiterai le haras du Pin, dont
« M. de Tilly me fera les honneurs. A propos de M. de
« Tilly, je l'ai chargé de m'acheter en Normandie de
« bons chevaux de carrosse, pour quand je reviendrai à
« Paris, je l'ai autorisé à tirer sur vous, je vous en pré-
« viens, pour que vous fassiez honneur à ma signature.
« Du haras, j'irai à Alençon, au Mans, à Tours ; si vous

« avez des lettres à me faire passer, adressez-les dans cette
« dernière ville, sous le couvert de Stempkowski, mais
« qu'elles n'arrivent pas plus tard que samedi 23. Ma
« santé est très bonne ; je bois, je mange, je dors beau-
« coup, je ne fais rien d'ailleurs, c'est une bonne vie
« intime. Tout est parfaitement tranquille dans le pays,
« et si l'on dit que les jacobins lèvent la tête, assurez
« qu'il n'en est rien. Je vous embrasse bien tendrement.

« R. »

« Courteille, 19 janvier 1819.

« Voilà des lettres, cher ami, que je vous prie de dis-
« tribuer ; il me semble que j'ai gagné peu de chose à
« n'être plus ministre, car j'écris presque davantage qu'au-
« paravant. J'ai bien du chagrin de la mort de la reine de
« Wurtemberg, vous savez combien je lui étais attaché ;
« quel coup pour l'Empereur et l'Impératrice mère !

« J'ai lu dans le *Conservateur* qu'il fallait s'attendre à
« une discussion fort orageuse touchant l'affaire qui me
« regarde, il y a un article de M. de Kergorlay qui est
« fort aigre. J'aurais voulu pour beaucoup qu'il ne fût
« jamais question de tout cela, une chose de cette nature
« n'est bonne que quand elle se fait tout d'une voix et sans
« discussion, autrement, c'est en vérité pis qu'un outrage.

« Achetez-moi de la rente, il faut que je vous le dise,
« cher ami, je veux travailler pour vous, j'ai le projet de
« vous assurer dix mille francs de rente et de vous aider,
« par là, à faire un bon mariage. Le fils aîné de ma sœur
« sera assez riche, vous n'aurez donc, j'espère, aucun
« scrupule à accepter ce don de l'amitié, je voudrais
« posséder vingt mille francs de rente, et vous en laisser
« la moitié.

« Je pars demain, n'écrivez plus qu'à Bordeaux ; mille
« amitiés.

« R. »

L'affaire de la dotation, présentée et soutenue par le ministère Decazes, excitait les passions des partis : on publia des pamphlets ; le comte Lanjuinais, pair de France, fit paraître une brochure, à laquelle je crus devoir répondre :

« Paris, 23 janvier 1819.

« Monsieur le Comte,

« Je lis, page 8, titre IV de la brochure que vous
« venez de faire paraître, et qui a pour titre : *La Charte,*
« *la liste civile et les majorats :* que le bienfait et le bien-
« faiteur exigent, et dès à présent, une récompense, non
« seulement honorifique, mais très lucrative ; quoique
« l'ex-ministre ait obtenu autrefois la remise de ses bois
« confisqués, et quoique ses traitements, ses inscriptions,
« ses gages de pair, de ministre d'État, de premier
« gentilhomme du Roi et de général étranger paraissent
« lui laisser une existence convenable pour un dignitaire
« marié, mais sans charge de femme et d'enfants.

« Il me paraît, Monsieur le Comte, que vous avez de
« bien fausses notions sur les affaires, la fortune et les
« traitements du duc de Richelieu ; votre réputation
« d'homme véridique m'engage à vous fournir les moyens
« de rectifier l'inexactitude des faits énoncés dans l'article
« précité : c'est, je n'en doute pas, vous faire plaisir, que
« de vous mettre à même de rétablir la vérité dans son
« entier, personne ne connaissant mieux que moi la
« situation financière de M. le duc de Richelieu.

« Le peu de biens que M. de Richelieu a retrouvés en
« France, il y a dix-sept ans, lui a servi à payer des

« dettes de famille, le douaire de sa belle-mère et à assurer
« celui de sa femme, en un mot, il n'a rien conservé
« pour lui. Quant à ses gages de pair, vous pouvez
« vous en convaincre près de M. de Sémonville, il n'en
« touche aucun. Comme ministre d'État, la moindre
« question de votre part vous eût fait acquérir la preuve
« que M. de Richelieu ne reçoit pas de traitement. La
« charge de premier gentilhomme de la chambre du Roi
« est la seule dont il touche les appointements. Comme
« général étranger, vous supposez, Monsieur le Comte,
« qu'il reçoit un traitement; je ne puis comprendre
« comment il peut venir à l'idée qu'un gouvernement
« soit assez peu raisonnable pour payer quelqu'un qui,
« non seulement, n'est plus à son service, mais est à
« celui d'une autre puissance, et qu'il y ait au monde une
« personne assez peu délicate pour recevoir dans ce cas
« un traitement quelconque. La vie entière de M. de
« Richelieu le met à l'abri de pareilles suppositions.

« Par ce court exposé, vous voyez, Monsieur le Comte,
« que tous les appointements, gages et traitements, que
« touche M. de Richelieu, se réduisent aux seuls émolu-
« ments de sa charge de gentilhomme de la chambre du Roi.

« Agréez, je vous prie, etc., etc.

« Comte de Rochechouart. »

Je reçus la réponse suivante :

« Paris, 25 janvier 1819.

« Monsieur le Comte,

« Je vous remercie des instructions que vous me faites
« l'honneur de me communiquer par votre lettre d'hier,
« la deuxième édition de ma brochure est tirée de samedi

« dernier; s'il y en avait une troisième, je m'empresserais
« d'entrer dans vos vues, autant qu'il est possible. Cepen-
« dant, mon expression : « paraissent » n'affirme rien,
« et annonce que je n'entends rien affirmer, sinon qu'il
« paraît que l'ex-ministre a des ressources convenables.
« Huit jours avant que le projet parût, j'avais prié le
« nouveau premier ministre de se borner à une demande
« pécuniaire, et lui avais annoncé que, s'il y avait,
« comme il y a, des questions constitutionnelles sup-
« posées, préjugées, pour un acte d'administration indi-
« viduelle, qui n'est projet de loi qu'en sens impropre,
« alors, et dans ce cas seul, je m'y opposerais publi-
« quement, sous le rapport d'intérêts publics, eux seuls
« ont guidé ma plume, le reste n'est qu'accessoire.

« Je croyais avoir montré, en qualifiant M. de Riche-
« lieu de *chevalier français*, page 5, *sensible et généreux*,
« combien j'ai d'estime pour sa personne. S'agit-il d'un
« million à donner? Je me tais, je ne blâme point, je
« persiste à vouloir ne pas contester, à supposer et à
« croire. S'agit-il de faire encore deux blessures à la
« Charte? Mon amour pour la vérité, la morale, la liberté,
« la propriété publique demeure plus fort que mon res-
« pect pour la personne.

« Veuillez agréez, etc., etc.

« Comte Lanjuinais. »

La troisième édition ne parut pas. M. le comte Lanjuinais ne fit aucune rectification, la calomnie restait entière,
malgré l'explication de « paraissent » et quelques fleurs
jetées sur M. de Richelieu. Ces lettres prouvent l'opposition faite au projet; de plus, elles expliquent la lettre
suivante :

« Bordeaux, 4 février 1819.

« Merci, cher ami, votre lettre me donne une nouvelle
« preuve de votre attachement, dont je vous sais bon gré.
« Votre épître au comte Lanjuinais est parfaite. Vous
« aurez peu de peine à croire que j'eusse préféré un petit
« mot de remerciement, voté à l'unanimité, à de l'argent
« disputé par une si forte minorité. J'avais toujours pensé
« que cette sotte affaire ne serait pour moi qu'une source
« de désagréments, je vois que je ne m'étais pas trompé.

« Je resterai encore ici huit ou neuf jours, y compris
« une excursion à la mer, par les Landes, vous savez que
« j'ai toujours eu un faible pour les déserts. Adieu, cher
« ami, adressez-moi vos lettres à Toulouse, poste res-
« tante, et à Marseille, chez Damas. Je vous embrasse
« tendrement[1].

« R. »

« Bordeaux, 14 février 1819.

« J'ai fait, cher ami, fort heureusement mon excursion
« dans les Landes, j'ai vu des choses très intéressantes,
« et un pays si sauvage, que la steppe n'est rien auprès;
« quoique déshabitué du cheval, j'en ai très bien supporté
« l'ennui, pendant trois jours. Mon parti est décidé pour
« la donation, je l'abandonne à la ville de Bordeaux,
« pour bâtir un hôpital, le sien est affreux. Notre nom
« se trouve déjà attaché à cette ville, qui en a gardé le
« souvenir, je crois que je ne pouvais mieux choisir;
« d'ailleurs, c'est la seule de France qui ait rendu un
« véritable service à la cause royale, en appelant le duc
« d'Angoulême, quand il y avait encore des risques à le
« faire. Je désire que ma donation fasse le moins de
« bruit possible, n'en parlez donc pas.

[1] Voir Appendice.

« Je pars demain pour Toulouse, je dépense beaucoup,
« mes trois mille francs par mois y passeront, cependant,
« je ne fais aucune dépense de fantaisie, mais il faut
« payer, pour avoir été président du conseil des minis-
« tres, cela est déplaisant.

« Adieu, cher ami, je vous embrasse de tout mon
« cœur.

« R. »

« Montpellier, 3 mars 1819.

« J'ai reçu, cher ami, tout votre paquet de lettres,
« tout m'est exactement parvenu. Le *Conservateur* a
« encore voulu verser du ridicule sur ce que j'ai fait à
« Bordeaux, il me semble cependant que cela n'en était
« pas susceptible, mais il faut s'attendre à tout, être bien
« sûr que la raison et la modération ne sauraient plaire à
« personne.

« On m'accueille partout très bien, et surtout ici, mais
« avec des honneurs qui commencent à m'ennuyer, soit
« dit entre nous. J'espère que Damas ne fera pas tant de
« façons pour me recevoir que le général Briche, qui est
« venu au-devant de moi avec sa femme et un escadron
« de chasseurs, je ne savais où me fourrer. La pluie
« nous poursuit depuis Toulouse, j'espère que c'est la fin
« de l'hiver.

« Adieu, je crois que vous m'aimez, vous avez raison,
« moi je vous aime de tout mon cœur.

« R. »

« Marseille, 13 mars 1819.

« Maiffreydi m'a apporté votre lettre, et une bien
« aimable de l'Empereur, il me marque qu'il serait

« charmé de me voir dans les provinces que j'ai admi-
« nistrées, et où il compte faire un voyage cet été. Je
« n'irai pas, quelque désir que j'en aie. Vous allez si
« grand train à Paris, qu'il est difficile qu'on n'arrive
« pas à une explosion, et je ne veux pas être trop loin,
« pour ne pas avoir l'air de déserter la France dans des
« circonstances aussi critiques. Je vous conseille de bien
« vous observer, de ne prendre aucune couleur dans
« tout ceci, soyez soldat, rien que soldat, mais soyez-le
« tout à fait, prenez de l'ascendant sur vos troupes,
« qu'elles soient dans votre main; en dernière analyse,
« les soldats décident de tout, il faut donc avoir des
« hommes derrière soi. Soyez tranquille, je ne serai plus
« ministre, aucune puissance de la terre n'est capable
« de me faire rentrer au ministère, mais s'il y a du train,
« je ne resterai pas neutre, au moins jusqu'au moment
« où les étrangers s'en mêleront, car alors, je n'en suis
« plus. On me dit que Paris fait frémir : l'irritation et
« la rage poussées au plus haut degré, la raison nulle
« part. Au contraire, dans les provinces, tout est d'un
« calme parfait, on paraît attendre avec une complète
« indifférence ce qu'il plaira à Paris de décider.
« Adieu, cher ami, je vous embrasse, etc.

« R. »

« Marseille, 21 mars 1819.

« Le parti que j'ai pris, cher ami, pour la dotation, me
« permet de toucher le traitement de ministre d'État, le
« seul que j'aie sur le Trésor, vous pouvez donc toucher
« les termes échus et les termes à venir. Comme je veux
« contribuer aux frais d'éducation de mes neveux, donnez
« à madame de Jumilhac quatre mille francs par an,

« depuis le 1ᵉʳ janvier dernier. Je tâche de faire le moins
« de dépense possible, et j'espère ne pas dépasser deux
« mille cinq cents francs par mois. Croyez-vous que l'on
« ne m'a pas encore informé des domaines qui compo-
« saient la dotation? et que, jusqu'à présent, le cadeau que
« j'ai fait à l'hôpital de Bordeaux est aussi illusoire que
« celui que j'ai reçu de la nation, ce n'est pas y mettre de
« la grâce, et si l'on est piqué contre moi, pour l'emploi
« que j'ai fait de cette dotation, on a grand tort, car certes
« je n'y ai mis ni ostentation ni humeur.

« A voir la tranquillité qui règne dans les provinces, le
« peu d'impression que font toutes les discussions qui
« agitent si vivement les salons de Paris, on croirait que
« l'on fait un cours de rhétorique. Quels que soient les
« changements qu'on fera subir à la loi d'élection, tous
« les départements que j'ai traversés n'éprouveront
« aucune agitation.

« Adieu, cher ami, comptez sur mon amitié.

« R. »

« Nice, 6 avril 1819.

« Nous venons de faire une charmante course en Pro-
« vence, nous nous sommes reposés vingt-quatre heures
« à Hyères, au milieu des orangers; nous allons com-
« mencer la cavalcade le long de la Corniche et comparer
« cette côte à celle de Crimée; jusqu'à présent, ce que j'ai
« vu est plus cultivé, mais je n'ai pas rencontré un point
« de vue aussi pittoresque, une végétation aussi vigou-
« reuse, un site pareil à Ourzouff. Nous verrons plus loin.

« Toute la Provence est parfaitement tranquille. J'ai man-
« qué ici Venanson; il commande une division à Coni.

« Je vous embrasse.

« R. »

« Gênes, le 16 avril 1819.

« Je vous remercie de vos démarches, cher ami, pour
« mettre en règle la dotation; j'ai écrit à M. Decazes,
« comme ce n'est pas du tout une affaire, je ne conçois
« pas pourquoi on ne termine pas.

« Je n'ai pas envie d'allonger ma promenade; je vais
« aller en Lombardie, à Venise, jusqu'au moment où
« l'on pourra entrer en Suisse. Adressez-moi mes lettres
« chez le consul de France à Milan. Je ne sais ce qui
« m'est réservé, mais ce dont je suis certain, c'est que je
« ne serai plus ministre, aucune puissance humaine ne
« peut me faire faire une seconde fois pareille sottise.

« Vous n'avez jamais rien vu de beau comme la ville
« de Gênes.

« Je vous embrasse.

« R. »

« Florence, 11 mai 1819.

« Ma santé n'est pas bonne, ce ne sont plus des maux
« de nerfs, mais un délabrement d'estomac, et des maux
« d'entrailles continuels, le voyage cependant ne me
« fatigue pas, au contraire, je suis persuadé qu'en place,
« cela serait pire. J'ai fait une charmante tournée, j'ai vu
« Sicard à Livourne, il vous dit bien des choses. Dans
« trois jours, je prends le chemin de Milan, par Bologne,
« Ferrare et Venise. Écrivez-moi à Milan, chez le consul
« de France.

« Au revoir cher ami.

« R. »

« Milan, 5 juin 1819.

« Mille remerciements, cher ami, des détails que vous
« me donnez sur ma situation financière, elle me paraît
« très consolante, je suis touché des soins que vous
« prenez de mes affaires. Cessez toutes démarches pour
« les vingt mille francs de rentes, je n'y ai aucune pré-
« tention, je trouve que cette allocation a été faite sans
« aucun droit, je suis convaincu que, tôt ou tard, cette
« création sera attaquée ; d'ailleurs, je me trouve tout
« aussi riche que je le désire. Dites à M. de Pradel que
« je ne prétends à rien, qu'il veuille bien faire connaître
« mon intention au Roi.

« Achetez-moi deux beaux chevaux de selle, bien
« dressés, s'il le faut, cent louis pièce, j'ai grande envie
« de monter à cheval. Je descendrai probablement en
« hôtel garni, à l'hôtel Meurice, si c'est possible. A
« Venise, j'avais bien envie d'aller à Vienne et à Odessa,
« cela sera pour l'année prochaine. Écrivez-moi à Genève,
« où je serai dans quinze jours, après avoir visité le lac
« de Côme, le lac Majeur et passé le Simplon.

« Vous connaissez mon sincère attachement pour la
« vie.

« R. »

« Zurich, le 19 juillet 1819.

« Mille grâces, mon cher ami, pour l'emplette des che-
« vaux, et pour les soins que vous donnez à mes affaires,
« j'espère toutefois que cela ne vous distrait pas de vos
« occupations militaires, qui, grâce aux progrès de
« MM. les ultra-libéraux, deviennent plus actives et
« pourront bien le devenir encore davantage.

« Je viens de passer seize jours dans les montagnes, en
« visitant Genève, Lausanne, Fribourg, Berne et surtout
« l'Oberland; encore une petite excursion dans l'Ap-
« penzel, et j'irai prendre une saison d'eaux à Spa. Je
« comptais rester encore deux ou trois jours ici; ce matin,
« je trouve un bouquet à l'auberge. *Ma jolie de Reine*
« serait donc arrivée? Elle me poursuit de son amour
« insensé, je me sauve bien vite.

« Stempkowski est rappelé par le prince Wolkonski, il
« partira de Bâle pour Paris, et de là pour la Crimée, je
« l'ai voulu, il s'agit de son avancement.

« Mille choses, cher ami.

« R. »

« Spa, le 2 septembre 1819.

« Je mande à Stempkowski, qui vous le dira, cher
« ami, combien je suis bouleversé par une maudite nou-
« velle que j'ai trouvée dans la *Gazette de Vervins*,
« quoiqu'il n'y ait aucune apparence que cela soit, je ne
« serai tranquille que quand j'en aurai la certitude;
« d'ici là, je suis incapable de penser à autre chose. Je
« vous embrasse. (On annonçait sa rentrée au ministère.)

« R. »

« Spa, le 17 septembre 1819.

« Je vous remercie de votre lettre du 14, je réponds
« tout de suite, quoique je ne sois pas plus gai que
« l'autre jour. M. de Pradel m'a écrit pour le logement
« affecté au grand veneur, je lui réponds, c'est chose
« faite.

« Je ne conçois rien à ce que vous me dites, de la

« grande dépense qu'il faudra faire pour me mettre en
« ménage; dans une maison toute meublée, il ne faut
« qu'un peu d'argenterie, du linge, une batterie de cui-
« sine, porcelaines et cristaux, tout cela ne doit pas être
« ruineux; du reste, j'économise tant que je peux, pour
« avoir de quoi m'établir et donner des bals. Stemp-
« kowski me manque, c'est une rude chose qu'une
« séparation, après avoir été onze ans ensemble, sans se
« quitter; si, par hasard, il n'était pas parti, embrassez-le
« pour moi. Je dois cent cinquante francs au baron de
« Damas, de Marseille, ayez la bonté de le payer. Je suis
« ici jusqu'au 1er octobre, après, il faudra m'adresser mes
« lettres à Francfort. Serait-il possible de m'envoyer mon
« habit de pair à la Haye, il faudra bien que j'aille à la
« Cour, que j'y voie la grande-duchesse Anne; envoyez-
« moi le nécessaire chez La Tour du Pin, de façon que
« cela arrive le 20 octobre; joignez-y l'ordre du Lion de
« Belgique. Je n'ai pas besoin de chapeau, vous recevrez
« une caisse contenant un petit coffret de Spa, remettez-
« le à madame de Gourgues et payez le port. Croyez à
« ma tendre amitié.

« R. »

« Spa, le 25 septembre 1819.

« Je continue, mon cher ami, à me trouver parfaite-
« ment des eaux, je fais sept ou huit lieues à cheval
« tous les jours; du reste, je vis absolument seul, et
« comme cela ne m'est jamais arrivé de ma vie; j'ai des
« livres abondamment.

« *Ma folle de Reine* est ici, mais dans un incognito
« sévère, et tellement voilée, que si je la rencontre, je ne
« suis jamais sûr que cela soit elle, et je passe mon
« chemin, cela est pourtant au total assez ennuyeux.

« Les élus de cette année prouvent que nous ne sommes
« pas en bonheur, quelle honte! quel scandale que ce
« Grégoire! et tant d'autres, voilà les hommes que l'élite
« du peuple français, les propriétaires de 1,500 francs de
« rente et au-dessus choisissent pour les charger de leurs
« affaires; pourquoi ne suis-je pas resté à Odessa? Je
« vous souhaite bonheur et santé, et vous embrasse de
« tout cœur.

« R. »

« Spa, le 30 septembre 1819.

« En voici bien d'une autre, cher ami, celui qui
« occupe la maison qui m'est destinée ne veut pas sortir,
« faites décider par M. de Pradel si je dois avoir cette
« maison, oui ou non. Je ne veux pas revenir à Paris
« pour loger à l'auberge, le Roi ne le veut pas plus que
« moi. Si la géologie et la minéralogie, auxquelles Sa
« Majesté ne prend pas un vif intérêt, doivent l'em-
« porter, il faut qu'Elle se décide, pour que je puisse
« prendre d'autres arrangements. Il me semble qu'il n'y
« aurait rien de dégradant pour ce cabinet, d'être logé au
« Louvre, il faut parler ferme à ce monsieur, sinon il
« trouvera toujours un prétexte pour ne pas loger ses
« pierres. Écrivez-moi à Düsseldorf, poste restante.
« Adieu, mon cher, je vous embrasse. Mille choses à
« Meyffredi.

« R. »

« Francfort-sur-le-Mein, 11 octobre 1819.

« Je me flatte, mon cher ami, de trouver de bonnes
« nouvelles à Düsseldorf; pour ne pas les manquer, je
« vais prolonger par la Bergstrasse, jusqu'à Heidelberg,

« de là, je reviendrai par Manheim et Mayence, ce sont
« trois jours de plus, qui donneront à vos lettres le temps
« d'arriver. Ces pays sont dignes d'observation, surtout
« depuis les résolutions de Carlsbad, qui viennent d'être
« converties en acte de la Diète. Les révolutionnaires en
« rugissent de fureur, mais néanmoins, si ces décisions
« sont exécutées avec fermeté, surtout avec unanimité, si
« on les accompagne d'adoucissements dans les impôts,
« afin d'ôter aux malveillants les armes dont ils peuvent
« se servir pour remuer le peuple, il n'y a aucun doute
« qu'elles sauveront l'Allemagne d'une catastrophe, mais
« il faut : uniformité de conduite et dégrèvement d'im-
« pôts, qui sont trop élevés partout.

« Je reçois une lettre du consul, il me confirme que
« Langeron a demandé à l'Empereur la permission
« d'épouser la plus belle personne de son empire, made-
« moiselle Brümmer. Si mon pauvre ami n'est pas fou,
« le Roi n'est pas noble! Ma lettre par Stempkowski
« viendra trop tard. D'ailleurs, toutes mes raisons auraient
« été inutiles. Adieu, cher ami, je vous embrasse de
« tout cœur.

« R. »

« Düsseldorf, 22 octobre 1819.

« J'ai fait un si joli voyage sur le Rhin, mon cher
« ami, j'ai eu si beau temps, et l'aspect de cette belle
« vendange et de tant de visages joyeux était si agréable,
« que je me suis arrêté un peu plus; ce n'est qu'aujour-
« d'hui, en arrivant, que j'ai reçu votre lettre du 4 octo-
« bre. Je doute, malgré votre bonne volonté et tous vos
« efforts, que vous parveniez à faire évacuer ma future
« maison pour la fin du mois. Pourvu que cela soit

« pour la fin de novembre, je serai content, mais pas
« plus tard. Je ne dépense plus que 1,500 francs par
« mois, cela fera, pour trois mois, une petite économie,
« qu'il faudra employer pour acheter mon ménage, et
« m'acheter les choses indispensables. Je vais à Amster-
« dam, pour voir le nord de la Hollande; je ferai venir
« mes lettres de la Haye. Ne doutez pas du vif désir que
« j'ai de vous voir heureux, non plus que de mon amitié
« bien tendre pour vous.

« R. »

Cette dernière phrase fait allusion à un projet de mariage dont il était question pour moi, et, naturellement, j'avais prié M. de Richelieu de conduire la négociation. Il s'était empressé de me donner une nouvelle preuve de son affection toute paternelle, en écrivant au père de la jeune fille :

« Spa, le 25 septembre 1819.

« Monsieur le Marquis,

« J'espère que vous ne trouverez pas mauvais que je
« prenne la liberté de m'adresser directement à vous,
« dans une circonstance aussi importante pour le comte
« de Rochechouart, que, depuis longues années, je suis
« accoutumé à regarder comme mon fils. Je suis informé
« qu'il désire ardemment s'allier à vous, et je suis per-
« suadé, d'après tout ce que j'ai appris, qu'il ne pourrait
« rien faire de plus propre à assurer son bonheur; j'ose
« sans aucun détour et avec une franchise que j'ai tou-
« jours employée dans les actions importantes de ma vie,
« vous demander pour M. de Rochechouart la main de
« mademoiselle votre fille. Son nom est des plus beaux

« de France, il est l'aîné de sa maison; sa fortune a été
« détruite par la Révolution, comme celle de tant d'autres,
« mais sa bonne conduite lui avait fait retrouver en
« Russie une existence honorable. Il était aide de camp
« de l'Empereur, et rentré, du consentement de ce prince,
« dans sa patrie, il a obtenu au retour du Roi la pre-
« mière place militaire de son grade, celle de comman-
« dant de Paris. Il l'occupe depuis six ans et a su, malgré
« les difficultés de ce poste, se concilier l'estime et
« l'amitié de ses chefs et de ses subordonnés. Pendant
« presque tout le temps de son service en Russie, M. de
« Rochechouart a été employé auprès de moi, et je lui ai
« voué une tendresse paternelle. Mais, quelque prévenu
« que je sois en sa faveur, je vous proteste que si je ne
« le croyais pas fait pour rendre heureuse la personne
« qui lui donnera sa main, rien ne pourrait m'engager à
« la démarche que je fais aujourd'hui. Je crois inutile
« d'ajouter qu'une partie de ce que je possède lui est
« destiné après moi; cela est malheureusement peu
« considérable.

« J'attendrai avec impatience la réponse que vous
« voudrez me faire, je désire ardemment qu'elle soit
« favorable. Mais quel que soit le parti que vous vous
« déciderez à prendre, je vous prie de ne jamais douter
« des sentiments de haute considération avec lesquels
« j'ai l'honneur d'être, Monsieur le Marquis, etc., etc.

« RICHELIEU. »

« Amsterdam, le 7 novembre 1819.

« J'ai reçu ici vos deux lettres que La Tour du Pin
« m'a envoyées de la Haye et un mot du père de la
« future. Il ne me semble pas concluant, c'est comme

« M. Pincé, l'homme aux trois raisons, chacune d'elles
« peut servir d'obstacle, si l'on en a envie. Je n'ai pas
« cru qu'il fût à propos de lui écrire une seconde lettre;
« si vous le désirez, mandez-le-moi, je le ferai sur-le-
« champ. Vous savez bien que je ne désire rien plus au
« monde, que de contribuer à votre bonheur.

« Je suis charmé que l'affaire de la maison soit décidée,
« arrangez cela de votre mieux; je trouve les frais de
« l'établissement considérables, il faut s'y résigner. Je
« rapporte cinq mille francs, songez à du vin, il ne doit
« pas en rester. J'ai arrêté le cuisinier qui était cet hiver
« chez mes sœurs, il faudra le prendre du 1ᵉʳ décembre.
« Je ne reviendrai pas avant, dites que ma maison ne
« sera prête qu'à cette époque. Je resterai à la Haye jus-
« qu'au 15 novembre, j'irai à Bruxelles, puis à Ostende,
« à Dunkerque et à Lille quelques jours chez Jumilhac.

« Au revoir, mon cher ami, je vous embrasse tendre-
« ment.

« Remerciez M. Decazes de son zèle dans l'affaire de
« la maison.

« R. »

J'ai cru intéressant de reproduire cette correspondance si intime et si affectueuse. Enfin, le 2 décembre, je recevais M. de Richelieu, dans l'hôtel affecté au grand-veneur, place Vendôme; tout était organisé : cuisinier à ses fourneaux; valets de pied dans l'antichambre, chevaux dans l'écurie. Il m'embrassa tendrement, après cette absence de onze mois.

Cette année 1819 se passa pour moi sans événements importants; ainsi que M. de Richelieu me le recommandait sans cesse, je me tins complètement en dehors de la politique, je restai soldat.

Au commencement de 1819, M. Lainé, ministre de l'intérieur, m'ayant accordé un bloc de marbre des magasins de l'État, je chargeai un sculpteur de talent, M. Butchiel, de faire le buste de M. de Richelieu. Ce buste, très ressemblant, était terminé au mois de septembre, je l'envoyai par Stempkowski au comte de Langeron, gouverneur de la Nouvelle-Russie; la lettre suivante accompagnait mon envoi :

« Paris, 25 septembre 1819.

« Monsieur le Comte,

« Mon cœur sentait depuis longtemps le besoin de
« témoigner la reconnaissance que je dois au duc de
« Richelieu, car vous n'ignorez pas toutes les obligations
« que je lui ai. Une occasion s'est présentée, je l'ai saisie
« avec empressement; je suis parvenu à faire exécuter son
« buste, et je prends la liberté de vous l'adresser en vous
« priant de le faire agréer à la ville d'Odessa.

« J'avoue qu'un peu d'orgueil se mêle au plaisir que
« j'ai de faire cet hommage à la capitale de la Nouvelle-
« Russie, car en donnant une marque aussi authentique
« que durable de la reconnaissance la plus vive, de
« l'amitié la plus vraie, j'unis mon nom à celui dont la
« mémoire ne périra jamais. J'espère que les habitants
« d'Odessa ne doutent pas de la satisfaction inexprimable
« que j'éprouve à me dire qu'ils tiendront ce présent de
« moi. Je réclame en cette occasion, Monsieur le Comte,
« vos anciennes bontés pour moi, en vous suppliant de
« vouloir bien être l'organe de mes sentiments, auprès
« de ces habitants qui vous doivent tant et vous chéris-
« sent à si juste titre. Veuillez, etc., etc.

« Le comte de Rochechouart. »

M. de Langeron me répondit :

« Odessa, 21 novembre-1ᵉʳ décembre 1819.

« Stempkowski m'a remis votre lettre, mon cher
« comte; vous recevrez une réponse du comité, pour le
« cadeau que vous lui faites. Je vous remercie tout par-
« ticulièrement. Le buste est placé dans mon salon, on
« l'y verra avec plaisir. Je travaille à me faire un pied-à-
« terre ici, à me séparer entièrement de votre pays. Je
« croyais que vous en seriez à la Convention en 1822, je
« me suis trompé, vous l'aurez l'année prochaine.

« Recevez, mon cher comte, etc., etc.

« Le comte de Langeron. »

Dès le 2 décembre 1819, je reprenais la direction de la maison du duc de Richelieu. Les mois de décembre 1819 et janvier 1820 s'écoulèrent tranquillement. Le Roi désigna M. de Richelieu pour le représenter au couronnement de George IV, qui venait de succéder sur le trône d'Angleterre à son père George III; nous faisions tous nos préparatifs pour cette importante mission, lorsqu'un terrible événement vint bouleverser tous nos projets.

L'orage grondait; le Roi, rassuré par M. Decazes, son premier ministre et son favori, seul, ne voyait rien. Au mois de février, le comte Jean Greffulhe donna un bal magnifique en l'honneur de Mgr le duc de Berry; le matin du bal ce riche banquier reçut un billet l'avertissant que le prince serait assassiné pendant la fête. On comprend les angoisses de ce maître de maison, n'osant prévenir son auguste invité, ne le quittant pas plus que son ombre, surveillant tous les mouvements des personnes qui l'approchaient! Hélas! le crime n'était qu'ajourné.

Le 13 février, le duc et la duchesse de Berry assistaient à la représentation de l'Opéra, on jouait le *Carnaval de Venise*. Pendant un entr'acte, au moment où le duc de Berry accompagnait à sa voiture la princesse un peu souffrante, un ouvrier nommé Louvel s'approcha de lui et le frappa d'un coup de poignard. Mgr le duc de Berry expira dans la nuit, en annonçant la grossesse de la princesse. On comprend le désespoir de la France entière! La branche aînée des Bourbons plaçait sur la tête de ce prince ses seules espérances de postérité! Je passai toute la nuit, allant de la rue Richelieu à la place Vendôme, ordonnant des mesures d'ordre, les surveillant, écoutant les rapports des officiers de place, rentrant de patrouille; la ville était émue, mais tranquille.

Un *tolle* général s'éleva contre le ministère Decazes, on l'accusait d'avoir, par son libéralisme, trop laissé les coudées franches aux révolutionnaires, de ne pas surveiller leurs menées, et d'avoir ainsi compromis la sécurité du pays. Le Roi s'adressa à M. de Richelieu, le suppliant de constituer un nouveau ministère. Après avoir hésité plusieurs jours à assumer cette lourde charge, M. de Richelieu accepta, le 20 février, la présidence du conseil, sans portefeuille, ne sachant rien refuser au Roi et à la famille royale, qui, en présence de si grandes douleurs, lui demandaient de triompher de sa répugnance. Le baron Pasquier prit le portefeuille des affaires étrangères, et le marquis de La Tour-Maubourg celui de la guerre. Le 21 avril, je reçus de nouvelles lettres de service, me maintenant dans le commandement du département de la Seine et de la place de Paris. Le ministère employa le printemps à faire voter à la Chambre des députés, après une longue et pénible discussion, une loi de censure contre les écarts de la presse, et une loi permettant de faire arrêter les individus prévenus de machinations contre la sûreté des princes et de l'État.

Le maréchal Gouvion Saint-Cyr, qui, pendant l'année 1818, avait fait voter par les Chambres des lois si sages sur la création des écoles militaires, le recrutement et la réorganisation de l'armée, les pensions de retraite, etc., était malheureusement imbu d'idées très libérales, il avait admis dans les rangs de l'armée plusieurs officiers dont les opinions hostiles au gouvernement semèrent des ferments de révolte dans quelques régiments. Au mois d'août 1820, la police militaire découvrit un commencement de complot parmi les officiers de deux légions, en garnison à Paris. J'adressai à ce sujet le rapport suivant au général comte de France, absent en ce moment. (Le comte de France avait remplacé, en 1818, le général Despinois dans le commandement de la 1re division.)

« Paris, le 21 août 1820.

« Mon Général,

« Conformément à la lettre que vous m'avez fait l'hon-
« neur de m'écrire hier, je m'empresse de vous adresser
« mon rapport sur les événements des 17, 18 et 19 de ce
« mois : dans la matinée de jeudi 17, le colonel de La
« Béraudière, commandant la première légion du Nord,
« vint me prévenir qu'il se tramait dans son régiment
« une conspiration, tendant à renverser le gouvernement
« existant. Il me donnait tous les renseignements, et me
« remettait un rapport que je vous ai adressé. Le lieu-
« tenant-colonel Mounier faisait la même déclaration au
« directeur général de la police.
« M. le duc de Richelieu m'ayant fait appeler chez lui

« peu d'instants après, m'apprit que pareille conspiration
« s'ourdissait dans la légion de la Meurthe, sous l'inspi-
« ration du capitaine Mantile, de la 6ᵉ compagnie, 2ᵉ ba-
« taillon. En conséquence, le président du conseil des
« ministres me dit d'amener dans la soirée le colonel
« comte de Laugiers-Villars, commandant la légion de
« la Meurthe, chez le baron Pasquier, où devait se
« réunir un conseil des ministres. Le ministre de la
« guerre ayant invité à dîner le colonel et le lieutenant-
« colonel de la légion du Nord, était chargé d'amener ces
« deux officiers supérieurs.

« Le conseil réuni, M. de Richelieu lut le rapport
« d'un sergent de la garde royale, indiquant la part que
« les officiers, adjudants, et sous-officiers de la légion de
« la Meurthe, avaient dans le complot. M. de La Bérau-
« dière communiqua verbalement la révélation de deux
« officiers de sa légion. Les ministres, après avoir entendu
« le rapport du maréchal duc de Raguse, convinrent de
« faire suivre les conjurés, afin de découvrir les preuves
« du complot et le nom des complices.

« Vendredi 18, je fus appelé au conseil des ministres,
« on décida que la plus grande surveillance serait exercée
« sur les militaires de la garnison de Paris, ne pouvant
« croire, malgré les révélations de plusieurs conjurés,
« que la conspiration éclaterait à minuit. On m'enjoignit
« le plus grand secret, et la plus grande prudence, afin
« qu'aucun acte ne laissât soupçonner que le gouver-
« nement avait connaissance du complot.

« La police fit de fréquentes patrouilles dans les quar-
« tiers avoisinant les casernes des légions de la Meurthe
« et du Nord; de mon côté, je recommandai aux deux
« colonels de redoubler de surveillance. J'avais distribué
« mes adjudants de place dans les quartiers suspects, ils

« devaient me prévenir dès qu'ils constateraient un mou-
« vement. Tout fut tranquille cette nuit-là.

« Samedi 19 : Je ne reçus aucun ordre dans la matinée
« mais à cinq heures du soir, S. E. le ministre de la
« guerre me fit appeler et me prévint qu'on allait arrêter
« les conspirateurs, et que je devais me concerter avec le
« préfet de police. Il se chargeait d'arrêter les officiers,
« moi, je devais arrêter les adjudants et autres sous-offi-
« ciers compromis; nos opérations commenceraient après
« la retraite, c'est-à-dire à neuf heures. Ayant découvert
« que vous n'étiez pas instruit de tout ce qui se pas-
« sait, je fus chez le général comte de Durfort, votre
« chef d'état-major, et l'engageai à vous avertir et à
« vous prier de revenir à Paris. Je lui demandai de
« me seconder de tout son pouvoir, et d'envoyer un
« officier d'état-major près du maréchal Mac-Donald, qui
« était de service et, m'avait-on dit, commandait en
« chef.

« Je donnai ordre au colonel de la légion des Côtes-du-
« Nord de tenir pendant la nuit deux cents hommes prêts
« à marcher, M. de Saint-Michel devait coucher à la
« caserne de la Courtille, et M. l'aide-major de place
« Filleul à la caserne des Petits-Pères, avec ordre de
« commander un piquet de cent hommes et de surveiller
« la Banque de France et le Trésor. J'envoyai deux adju-
« dants de place auprès du colonel de La Béraudière, pour
« en disposer selon les besoins, soit pour me prévenir de
« ce qui pourrait se passer d'extraordinaire, soit pour
« requérir secours et assistance des agents de police et de
« la gendarmerie de la Seine. Pareille mesure fut prise pour
« la légion de la Meurthe, j'y joignis trois agents de ma
« police militaire, pour seconder le colonel dans les arresta-
« tions qu'il avait à faire. J'envoyai encore un adjudant de

« place près le colonel de la légion du Bas-Rhin, auquel
« j'ordonnai de faire surveiller ses casernes par les chefs
« de bataillon : de Koch, Mabout et Plu. L'adjudant de
« place Carel ne devait pas quitter M. de Tressan. Des
« adjudants de place devaient parcourir successivement
« les quartiers douteux et veiller au transport des pri-
« sonniers. Je me tins de ma personne au quartier géné-
« ral, prêt à monter à cheval et à me porter où ma pré-
« sence serait jugée nécessaire.

« La nuit se passa tranquillement, les arrestations
« eurent lieu, comme on en était convenu, à l'exception
« du capitaine Mantile que l'on ne put prendre. Je dois
« vous faire observer, mon général, comme vous le verrez
« par le rapport ci-joint du colonel de La Béraudière, que
« tout s'est passé dans sa légion avec le plus grand ordre;
« je n'en puis dire autant de la légion de la Meurthe. Je
« reçus à trois heures du matin par l'entremise du général
« comte de Durfort, l'ordre de départ de cette légion, que
« je fis exécuter dans tous ses détails. Le nombre et le
« nom des personnes arrêtées se trouvent dans mon rapport
« du 20, on m'apporte à l'instant même celui de la légion
« du Nord. Je n'ai pu recevoir le rapport de la légion de
« la Meurthe, à cause de son départ précipité.

« Je viens d'être retardé encore dans l'envoi de ces
« différentes pièces par la demande faite par le conseil
« des ministres, de lui donner lecture du rapport du
« colonel de La Béraudière. Le ministre de la guerre me
« charge de vous inviter à envoyer copie de cette pièce à
« M. Jacquinot de Pampelune.

« Dans le cas, mon général, où ces détails ne vous
« suffiraient pas et que vous auriez besoin d'autres ren-
« seignements, je suis prêt à vous satisfaire. Permettez-
« moi de vous rappeler que je n'ai reçu aucun ordre

« écrit, et que j'ai dû prendre beaucoup sur moi. En
« considération des raisons et des événements, vous vou-
« drez bien excuser ce que vous ne croiriez pas régulière-
« ment fait.

« Agréez, etc., etc.

« Comte de Rochechouart. »

Je laisserai M. de Richelieu discuter devant la Chambre des députés la nouvelle loi électorale et assister à la réunion d'une nouvelle Chambre en 1820, fidèle à mon principe de ne pas m'occuper de politique; il en était cependant beaucoup question chez le président du conseil, soit à sa table, soit dans son salon.

Le 29 septembre 1820, cent un coups de canon apprenaient aux Parisiens que madame la duchesse de Berry venait d'accoucher d'un fils qui recevait les noms de Henri-Dieudonné et le titre de duc de Bordeaux. La joie fut immense; elle se manifesta dans toute la France par de nombreuses adresses au Roi; l'espérance renaissait dans le cœur des royalistes, la couronne ne passerait pas dans la branche cadette d'Orléans! Dieu en décida autrement.

Au mois d'avril 1821, le ministre de la maison du Roi m'informa en ces termes de ma nomination de gentilhomme honoraire de la chambre du Roi :

« Paris, 24 avril 1821.

« Je m'empresse, Monsieur le Comte, de vous annoncer
« que le Roi, par une ordonnance du 22 de ce mois, a
« bien voulu vous nommer gentilhomme de sa chambre;
« vous serez porté en cette qualité sur les états de la
« maison de Sa Majesté, à la date du 1ᵉʳ mai prochain.
« Vous jouirez des honneurs et entrées attribués aux

« gentilshommes de la chambre de service. J'aurai inces-
« samment l'honneur de vous prévenir du jour où vous
« serez appelé à prêter serment entre les mains du Roi.

« Je me félicite d'avoir à vous transmettre ce témoi-
« gnage de la bienveillance de Sa Majesté, je profite de
« cette occasion pour, etc., etc.

« *Le ministre secrétaire d'État de la maison
« du Roi,*

« Marquis de Lauriston. »

Le marquis de Lauriston m'invita à me trouver le dimanche 29 avril dans la salle du Trône, à onze heures, et comme le Roi prévoyait que mon costume ne serait pas fait, il m'autorisait à me présenter en uniforme de général, pour prêter serment.

J'ai dit que les négociations pour la libération du territoire en 1817 et 1818 avaient créé des relations assez suivies entre M. de Richelieu et M. Ouvrard. Pendant l'été de 1821, le mariage de mademoiselle Élisabeth Ouvrard était décidé avec Raoul de Montmorency, il allait se conclure, lorsque son oncle, Thibault de Montmorency, mourut des suites d'une chute de voiture. Raoul renonça à ses projets de mariage avec mademoiselle Ouvrard, et il épousa sa tante un an après.

Mademoiselle Élisabeth Ouvrard, fort agréable, sans être remarquablement belle, me plaisait beaucoup. Je priai M. de Richelieu de me faire agréer. L'abbé Nicolle, revenu d'Odessa, alors directeur du collège Sainte-Barbe, plus tard collège Rollin, voulut bien se charger des négociations. M. Ouvrard, fort flatté d'avoir pour gendre un parent du président du conseil des ministres, donna son consentement. J'écrivis au Roi pour solliciter son

approbation et le prier de me faire l'honneur de signer à
mon contrat ; je reçus la réponse suivante :

« Tuileries, 8 décembre 1821.

« J'ai l'honneur de vous annoncer, Monsieur le Comte,
« que le Roi a bien voulu donner son agrément à votre
« mariage avec mademoiselle Ouvrard, et que Sa Majesté
« signera le contrat.
« Agréez, etc., etc.

« Le duc d'Aumont. »

Le duc de Richelieu était fort occupé en ce moment
par la discussion de l'adresse de la Chambre, en réponse
au discours du Trône. La majorité voulait insérer cette
phrase : « Nous vous félicitons, Sire, de vos relations
« amicales avec les puissances étrangères, dans la juste
« confiance qu'une paix précieuse n'est point achetée par
« des sacrifices incompatibles avec l'honneur de la nation
« et avec la dignité de la couronne. » M. de Richelieu
soutenait qu'une pareille insinuation était elle-même
offensante pour la dignité de la couronne; la majorité
ayant maintenu la phrase, M. de Richelieu donna sa
démission le samedi soir ; le Roi l'accepta. Le dimanche,
après la messe, il assistait à la signature de mon contrat,
par le Roi; le soir, il partait pour Courteille, d'où il
écrivit à M. Ouvrard :

« Courteille, 25 décembre 1821.

« L'abbé Nicolle m'a remis la lettre que vous m'avez
« fait l'honneur de m'écrire. Monsieur, je n'ai eu aucun
« mérite à retarder mon départ, pour assister à votre
« contrat de mariage; les jeunes gens en ont beaucoup

« davantage à m'attendre jusqu'au 5 janvier, je leur en
« sais bon gré. Veuillez remercier mademoiselle votre
« fille en l'assurant du plaisir que j'ai de voir établis
« entre nous des rapports intimes. Je reviendrai sans
« faute le 3 janvier, il me fallait absolument escamoter
« les visites du jour de l'an. Je ne répondrai pas en détail
« aux choses sérieuses que contient votre lettre; votre
« prévention en ma faveur vous fait illusion et vous
« représente comme possibles des événements, non seu-
« lement invraisemblables, mais même, je le dis avec
« conviction, qu'il n'est plus au pouvoir des hommes
« d'amener. Tout ceci serait trop grave pour être traité
« la veille d'une noce; plus tard, si vous voulez bien,
« nous pourrons en reparler.

« Veuillez, Monsieur, etc., etc.

« Richelieu. »

M. de Richelieu m'écrivait le même jour :

« Je vous sais bien bon gré, mon cher ami, d'avoir
« consenti à retarder une époque que vous devez attendre
« avec impatience, afin de me donner le plaisir d'en être
« témoin; vous rendez justice par là à la part bien
« tendre que je prends à cette grande circonstance de
« votre vie, qui, j'espère, en sera le bonheur. Témoignez
« bien à votre promise combien je suis touché qu'elle ait
« bien voulu se prêter à ce retard, et assurez-la bien que
« je voudrais de toute mon âme pouvoir contribuer à la
« rendre heureuse.

« Ne faites rien pour ma maison, avant mon retour;
« vous vous êtes trompé sur le revenu, les dix mille francs
« comme ministre d'État n'existent plus; cette dimi-
« nution nécessitera de l'économie, et comme j'aurai peu

« de choses à faire, c'est moi qui dorénavant veux me
« charger de régler mon ménage, vous en avez un plus
« spécial à soigner. Seulement, faites faire un inventaire :
« argenterie, linge, chevaux, voitures, batterie de cui-
« sine, etc., etc., afin que je trouve cela à mon arrivée et
« que je puisse en prendre connaissance. Le soin de ma
« maison me prendra une demi-heure par mois, cela ne
« vaut pas la peine de ne pas le faire soi-même. C'est une
« résolution arrêtée, qui me satisfera tout à fait. Faites
« en sorte que tous les mémoires soient soldés jusqu'au
« 1er janvier, afin de commencer dès ce moment ma
« dépense comme elle doit l'être.

« Je vous embrasse.

« R. »

Le 5 janvier, mon mariage se célébrait à Saint-Roch ; j'étais réellement le plus heureux des hommes ; j'appris bientôt que la roche Tarpéienne touchait le Capitole : deux ans plus tard, tout s'écroulait.

Je plaçai le million que ma femme m'apportait en dot, en rente 5 pour 100 au taux de 86.25. J'insiste sur ce point, parce que l'on a dit à cette époque, et peut-être est-ce écrit dans des mémoires : « Rochechouart a bien eu « la femme, mais Ouvrard a gardé la dot. » Je donne le démenti le plus formel à cette insigne calomnie, j'ai parfaitement touché la dot, et plus tard, ainsi que je le dirai, j'ai acheté des propriétés, car cette dot m'avait été donnée avant la catastrophe de mon beau-père, à l'époque où il possédait une fortune considérable. Le bon Stempkowski venait de prendre sa retraite ; ce fidèle et loyal garçon obtint la permission de me remplacer près de son ancien général, il abandonnait tout avenir pour se dévouer complètement à lui.

M. de Richelieu avait pris un grand goût pour Courteille, il allait fréquemment se reposer des fatigues de la vie politique dans cet intérieur calme, près de sa femme et de sa belle-mère, instruites, spirituelles, entourées de quelques voisins aimables et intelligents; on causait littérature, philosophie, on recevait les livres nouveaux, la politique seule était exclue, les journées passaient rapidement. Au mois de mai, après une discussion irritante à la Chambre des pairs, le duc partit pour Courteille. Le 22 mai au matin, se sentant indisposé, il revint à Paris. Il y arriva à quatre heures du soir. J'accourus le recevoir et l'embrasser; une heure après, il tombait sans connaissance, frappé d'une apoplexie nerveuse. Prévenu aussitôt, l'abbé Nicolle était avec moi près de son lit, cherchant à s'assurer s'il s'unissait aux prières que nous récitions, pendant que M. l'abbé de Feutrier, curé de l'Assomption, lui administrait les derniers sacrements. Avant de mourir, M. de Richelieu parut comprendre les prières de son ami, il lui serra la main, et quelques larmes coulèrent de ses yeux, déjà voilés par la mort. A onze heures du soir, il rendait le dernier soupir. Il était âgé de cinquante-cinq ans et huit mois.

Je sortis de l'appartement, brisé et anéanti. J'aimais M. de Richelieu comme un père, il avait lui-même une grande affection pour moi, et n'avait cessé de m'en donner des preuves depuis mon arrivée à Odessa; ses avis, ses sages conseils m'avaient guidé dans ma jeunesse, sa protection allait me manquer, au moment où elle m'aurait été si utile; je le pleurai sincèrement.

On enterra le duc de Richelieu à la Sorbonne, sépulture de tous les Richelieu, depuis le cardinal. Sa femme réclama son cœur, elle voulait l'avoir près d'elle, n'ayant jamais cessé de l'aimer d'amour. Je ne voulus confier à personne cette précieuse relique, je la portai moi-même dans l'église de Courteille. La duchesse de Richelieu mourut en 1830, et fut inhumée dans le même monument qui réunit, après leur mort, deux cœurs séparés pendant leur existence.

Stempkowski ayant rendu les derniers devoirs à son chef retourna à Odessa ; il partit au mois d'août, voyagea lentement et m'écrivit en route :

« Vienne, 14 octobre 1822.

« Vous me supposez depuis longtemps à Odessa, mon
« cher comte ; et vous ne serez pas peu étonné de me
« savoir encore à Vienne. J'y suis arrivé au moment de
« la débâcle du congrès, j'ai pu cependant encore voir
« MM. de Caraman, de Rayneval et de la Ferronnays ;
« M. de Rayneval m'a dit avoir eu une longue audience
« de l'empereur Alexandre qui ne lui a parlé que de
« notre pauvre patron, et cela avec la plus vive émotion
« et les larmes aux yeux ; quelle plus belle oraison
« funèbre que les larmes d'un souverain ! Il paraît que
« ses regrets sont très vifs et qu'il sent bien cette perte
« *irréparable pour la France*, ainsi qu'il l'a dit à M. de
« Montmorency, lorsque celui-ci s'est présenté chez lui
« à Vienne. Je n'ai pu voir aucun des Russes qui
« accompagnaient l'Empereur, ils partaient tous le jour
« de mon arrivée.

« J'espère, mon cher comte, que vous me conserverez
« votre amitié, le malheur commun que nous venons
« d'éprouver doit resserrer le lien qui nous unit depuis
« tant d'années, l'éloignement, j'espère, n'y portera
« aucune atteinte ; ne doutez jamais de mon sincère et
« inaltérable attachement.

« I. Stempkowski. »

J'étais encore tout entier à ma douleur, pleurant mon bienfaiteur, quand je reçus la lettre suivante du ministre de la guerre. Je ne m'attendais pas à pareil coup :

« *Ministère de la guerre.* — 5ᵉ *bureau, section des
« états-majors.*

« 23 décembre 1822.

« Monsieur le Comte, je suis informé que des retenues
« illégales ont été faites sur les indemnités accordées
« par le grand et petit Mont-de-piété, l'Odéon, la Banque
« de France, etc., etc, aux sous-officiers et soldats de
« garde à ces différents postes, et que ces retenues ont
« été partagées entre le major de place et votre aide de
« camp. Je vous invite à donner sur-le-champ des ordres
« pour faire restituer aux troupes la portion de solde de
« service qui leur a été illégalement retenue, depuis le
« 15 janvier 1822.

« J'ai l'honneur d'être, etc., etc.

« *Le maréchal ministre secrétaire d'État*
« *de la guerre,*

« De Bellune. »

Je répondis immédiatement :

« Paris, 24 décembre 1822.

« Monsieur le Maréchal,

« J'ai l'honneur de vous accuser réception de la lettre
« que Votre Excellence m'a écrite hier, par laquelle
« elle m'invite à donner des ordres pour faire payer aux
« troupes la portion de solde de service rétribué, qui
« leur a été retenue depuis le 15 janvier 1822. J'avais
« abandonné cette somme à certains officiers de mon

« état-major, à titre de gratification, je rembourse de ma
« poche. J'ai donc l'honneur, Monsieur le maréchal, de
« vous informer que j'ai remis aux troupes de la garni-
« son ce qui leur revenait, ainsi qu'aux troupes qui ont
« quitté la garnison de Paris.

« Je ne saurais, Monsieur le maréchal, vous exprimer
« la peine et la douleur extrêmes que j'ai ressenties en
« cette occasion; je suis cruellement puni d'avoir fait du
« bien. Lorsque je pris, en 1815, de M. le comte Cla-
« parède, le commandement de la ville de Paris, j'appris
« de son chef d'état-major, le colonel Mergez, qu'il était
« d'usage de faire une retenue sur la somme provenant
« des postes salariés, pour la distribuer en gratifications
« aux officiers de la place les plus méritants. Le général
« Claparède me confirma l'ancienneté de cet usage. Pen-
« dant l'Empire, sous le général Hulin, la chose était
« ainsi établie, j'invoque à cet égard l'assertion de cet
« officier général. Voilà donc dix-neuf ans que cela
« existe; après tant d'années d'usage, j'ai laissé la chose
« subsister. J'ai eu soin seulement que le tout fût bien
« distribué. Mon aide de camp, entre autres, n'a aucune
« fortune et nourrit sa vieille mère.

« Je devais ces détails à Votre Excellence; les faits lui
« sont présentés peut-être d'une façon trop malveillante
« pour moi, fort de votre justice, de votre bonté et de ma
« conscience, je me console en disant : Je suis blâmé
« pour avoir suivi un ancien usage.

« Daignez agréer, etc., etc.

« LE COMTE DE ROCHECHOUART. »

Suivant une demande du ministre de la guerre, je
fournis la note suivante : « Les recettes des postes
« salariés de la ville de Paris montent pour l'année 1822

« à 1,486 francs par mois. Les troupes de la garnison
« ont reçu la moitié de cette somme à la fin de chaque
« mois, sur quittances, l'autre moitié a été répartie ainsi :

Au major de place............	180 fr.
A M. de Tamnay............	180
Au secrétaire Choquet.........	80
Au secrétaire Roy............	80
Au secrétaire-archiviste.........	80
Au secrétaire Saint-Elme.......	30
Location de l'écurie des officiers...	100
Total :	750 fr.

« Le surplus a été porté à la masse, pour subvenir à
« différentes dépenses, telles que : frais de voitures pour
« reconduire des sous-officiers de la garde nationale
« ivres, pour des officiers nécessiteux qui demandent
« assez souvent des secours à la place. Ci-joint le relevé
« exact de ces dépenses pour l'année. »

Je devais croire cette affaire arrangée, quand je reçus la
lettre suivante :

« Paris, le 31 décembre 1822.

« Monsieur le Comte,

« J'ai l'honneur de vous prévenir que par ordonnance
« en date du 30 de ce mois, le Roi a appelé le maréchal
« de camp, comte de Wall, au commandement de la
« place de Paris. Sa Majesté a décidé en même temps que
« vous seriez momentanément en disponibilité, en
« attendant qu'il vous soit assigné une nouvelle destina-
« tion.

« J'informe le lieutenant général comte Coutard,

« commandant la 1re division militaire, de ces disposi-
« tions et le charge de leur exécution.

« J'ai l'honneur, etc., etc.

> « *Le maréchal, ministre secrétaire d'État*
> « *de la guerre,*

« DE BELLUNE. »

Impossible de prendre une mesure plus arbitraire, rien ne la justifiait; un de mes amis communiqua au maréchal duc de Bellune une ordonnance de décembre 1799, signée du général Berthier, ministre de la guerre, autorisant cette retenue sur les postes salariés : « Le comman-
« dant de la place de Paris distribuera les fonds pro-
« venant de cette retenue aux officiers méritants ou
« nécessiteux. » On pouvait voir dans cette mesure un abus, me donner l'ordre de le faire cesser; mais me destituer, pour un acte autorisé par un ministre de la guerre, était, je le répète, de l'arbitraire. Si l'on avait à se plaindre de moi, pour quelque autre motif, pourquoi ne pas le dire franchement? Je n'ai jamais connu le véritable motif de ma disgrâce, mon protecteur n'était plus là pour me défendre! La duchesse de Richelieu, à mon insu, tenta une démarche en ma faveur; le duc de Bellune lui répondit qu'il n'y avait pas lieu à revenir sur cette décision. C'était, je l'avoue, mal récompenser mon dévouement à la cause royale, dévouement dont je n'avais jamais cessé de donner des preuves depuis 1814.

CHAPITRE VI

1823-1834

Expédition d'Espagne. — Ruine de M. Ouvrard. — Expédition d'Alger. — Mise en réforme. — Départ pour Édimbourg. — Missions à la Haye et à Saint-Pétersbourg. — Retour en France.

Le général Coutard, commandant la première division militaire, me transmit, le 31 décembre, l'ordonnance signée la veille, nommant le comte de Wall au commandement du département de la Seine et de la place de Paris ; jolies étrennes ! Ma femme était accouchée la nuit précédente. Vers le soir, je reçus la visite de l'aide de camp du comte de Wall, qui désirait prendre au plus tôt possession de son commandement et de l'hôtel. Je lui exprimai mon embarras par suite des couches de madame de Rochechouart; il me répéta que son général avait hâte d'entrer en fonction. Forcé de céder à des instances si pressantes, je fis enlever les meubles, qui presque tous m'appartenaient, et le 4 janvier, on transporta madame de Rochechouart sur un brancard dans mon nouvel appartement, comme on porterait un malade à l'hôpital ! Grâce à Dieu, ce déménagement si proche de ses couches et ces émotions ne nuisirent pas à la santé de ma femme.

La nouvelle de ma disgrâce se répandit rapidement, ainsi que le prouve cette lettre de Stempkowski :

« Odessa, 16-28 janvier 1823.

« Je vous écris, mon cher comte, pour vous remercier
« de votre bon souvenir, et surtout pour vous faire part
« du chagrin que j'ai eu de voir, dans la *Gazette russe* de
« Pétersbourg, que vous étiez remplacé par M. de Wall.
« Revenu de mon premier étonnement, j'ai réfléchi que
« les journaux de Paris, qui nous arrivent directement,
« auraient dû nous donner cette nouvelle, si elle était
« vraie, beaucoup plus tôt ; comme il n'en est pas ques-
« tion, j'aime à croire que le journaliste russe aura copié
« une fausse nouvelle. J'attends avec la plus vive impa-
« tience une lettre de vous, me détrompant complètement.

« M. James nous a dit que vous faisiez faire une belle
« copie du portrait du bienfaiteur de nos contrées pour
« la donner à Odessa ; cette nouvelle a causé une joie
« universelle, on possédera donc les traits si chers d'un
« homme qu'on ne cesse de regretter. J'espère que cette
« copie le représente en uniforme russe, tel qu'on avait
« l'habitude de le voir ; M. de Castelnau pourra vous
« fournir un modèle, veuillez me dire quand et comment
« vous pourrez l'envoyer.

« Les habitants d'Odessa ont l'intention d'ériger une
« statue au fondateur de leur ville ; la souscription vient
« d'être ouverte à Odessa, et, malgré la stagnation des
« affaires, elle marche bien ; on a envoyé des listes dans
« les trois gouvernements et à Kiew, où l'affluence des
« Polonais, qui ont tant profité du port d'Odessa, nous
« promet de bons résultats. Le gouverneur d'Odessa m'a
« nommé du comité d'organisation et m'a chargé d'écrire
« en France, pour proposer aux personnes qui ont joui
« des bienfaits et de l'amitié de M. de Richelieu, de con-
« tribuer à cette œuvre de reconnaissance publique. Après

« avoir écrit à madame la duchesse de Richelieu, à mes-
« dames de Montcalm et de Jumilhac, je m'adresse à
« vous; vous agirez dans le cercle de vos connaissances,
« vous pourrez convenir avec le général Pozzo de la
« manière d'ouvrir votre liste de souscription, il pourra
« vous assister auprès des Russes qui se trouvent à Paris.
« On a décidé que la statue serait en bronze, les gelées et
« les brouillards de la mer détruisent trop vite le mar-
« bre; elle regardera le port qu'il a créé, elle ornera la
« place Richelieu, construite sur l'emplacement des
« anciennes casernes. Tout le monde vous aime ici et se
« souvient de vous; on me charge d'une foule de souve-
« nirs, etc., etc.

« J. STEMPKOWSKI. »

« Ourzouff était trop lourd pour moi comme entretien,
« je l'ai vendu au comte Woronzoff; je vais faire bâtir
« une maison modeste à Odessa, près de la mer, non loin
« de la maison Blaremberg et de la cathédrale. »

Les grandes puissances de l'Europe se réunirent en
Congrès à Vérone, pendant l'automne de 1821, pour
discuter les affaires du royaume de Naples et examiner la
situation de Ferdinand VII, roi d'Espagne, dont la couronne était menacée par les libéraux. Le vicomte de Cha-
teaubriand, ministre des affaires étrangères, et le duc de
Montmorency, ambassadeur à Vienne, représentaient la
France. Le Congrès reconnut la nécessité d'une intervention armée contre l'Espagne, et chargea la France
d'exécuter cette décision.

Le discours du Roi, prononcé le 28 janvier 1823, à l'ouverture des Chambres, contenait la déclaration de guerre,
et la nomination de S. A. R. Mgr le duc d'Angoulême

au commandement de l'armée française. La fortune que madame de Rochechouart devait recueillir de son père ayant été engloutie par suite de cette expédition, je ne puis entreprendre de donner tous les détails sur la conclusion des marchés de vivres avec M. Ouvrard ni sur leur exécution, on m'accuserait de partialité; je tracerai seulement les grandes lignes de cette affaire, j'établirai des points indiscutables, renvoyant les personnes qui voudraient étudier à fond cette grave question à la discussion devant la Chambre des pairs, en juin et juillet 1826, aux rapports du marquis de Pastoret et du comte Portalis, enfin aux *Mémoires* de M. Ouvrard, imprimés chez Fain, en 1827.

La guerre déclarée, l'armée française se dirigea sur Bayonne, où S. A. R. Mgr le duc d'Angoulême, généralissime, arrivait le 31 mars. Il constata tout de suite que l'armée manquait de vivres, de chevaux pour le transport des vivres et des munitions, en un mot que rien n'était prêt pour entrer en campagne. Le comte Portalis, dans son rapport à la Chambre des pairs, s'exprime ainsi : « Le
« foin, la paille, l'avoine manquaient également ; des
« réquisitions tempérées par l'esprit libéral de nos institu-
« tions constitutionnelles, l'amour des habitants, l'excel-
« lente discipline de nos troupes, ont pu seuls fournir en
« France à la subsistance de l'armée ; ces réquisitions
« étaient impossibles en Espagne. On avait besoin d'un
« homme actif, entreprenant, qu'aucune difficulté n'ar-
« rêtât. M. Ouvrard se présenta ; qui pourrait dire qu'il
« ne possédait pas ces qualités ? Ce n'était point au capi-
« taliste qu'on s'adressait, mais à un homme de capacité,
« d'expérience, dont les longues relations en Espagne
« étaient précieuses en pareille occurrence. »

Mgr le duc d'Angoulême, désolé de voir les jours s'écouler et le résultat de sa campagne compromis, apprenant que M. Ouvrard, qui se trouvait à Bayonne, se préparait à entrer en Espagne pour des affaires personnelles, lui fit écrire :

« M. Ouvrard est attendu aujourd'hui, à onze heures,
« chez Son Altesse Royale, qui désire lui parler.
« *Pour le major général,*   *L'aide-major général :*
                          « Baron DE MÉRIAGE. »

Les négociations s'entamèrent de suite, et dans la nuit du 5 au 6 avril, les traités furent signés par « Charles « Sicard, intendant en chef de l'armée d'Espagne, sous « l'approbation de S. A. R. Mgr le duc d'Angoulême, « généralissime de l'armée d'Espagne, et M. Julien-« Gabriel Ouvrard ». Les prix acceptés de part et d'autre étaient identiques aux prix payés par l'État à MM. Vanderberghe et Doumerc, pour les rations des troupes casernées dans la région pyrénéenne.

Le 6 avril, M. Sicard écrivait au comte Guilleminot, major général :

« MON GÉNÉRAL,

« Vous savez combien est précaire la situation des res-
« sources qui doivent concourir à assurer le service de
« toutes les opérations de l'armée. Ma conscience et
« l'honneur m'imposent l'obligation de ne pas vous dis-
« simuler toutes les entraves que la méchanceté, l'impré-
« voyance et l'ignorance semblent avoir multipliées dans
« toutes les parties. J'ai fait tout ce qu'il était humaine-
« ment possible de faire, mais il est un obstacle qu'au-
« cune puissance humaine ne peut vaincre, c'est le

« manque de temps, l'absence des hommes et des choses.
« Néanmoins, je m'empresse de vous informer que je
« crois avoir trouvé l'homme qui nous créera tous les
« objets dont on nous a laissé manquer jusqu'à ce jour.
« Cet homme, c'est M. Ouvrard. Il a déjà des opérations
« majeures avec la régence d'Espagne, je n'ai donc pas
« dû hésiter, dans la position critique où nous nous trou-
« vons, de recevoir les propositions que j'ai l'honneur de
« vous adresser, et dont la prompte adoption peut nous
« tirer de la situation fâcheuse où nous nous trouvons.
« Je vous supplie de les transmettre à l'approbation de
« Son Altesse Royale, et de me faire connaître si elle
« daigne donner son adhésion. J'ai l'honneur, etc., etc.

« SICARD. »

Le 6 avril, le duc d'Angoulême revêtit les marchés de
son approbation, et le 7, l'armée passait la Bidassoa. L'intendance ayant vidé ses magasins à Bayonne, en donnant
trois jours de vivres aux hommes, le service du munitionnaire devait commencer à Tolosa. Mais on n'impro-
vise pas du jour au lendemain un service aussi compli-
qué, où tout doit être réglé et prévu d'avance, dans un
pays où surtout le fourrage est rare. Les premiers jours,
M. Ouvrard dut faire d'énormes sacrifices pour remplir
ses engagements. Le duc d'Angoulême et tous les chefs
de corps ont constaté et certifié que, pendant toute la
durée des marchés, tous les services de l'armée ont été
assurés, les vivres de bonne qualité, et les distributions
faites régulièrement et sans le moindre retard.

Le 8 avril, le comte Guilleminot remettait à M. Ouvrard la copie d'une lettre que le duc de Bellune, ministre
de la guerre, venait de lui adresser :

« Monsieur le Comte,

« J'apprends indirectement qu'un marché pour les vivres et transports de l'armée a été passé avec M. Ouvrard. Les circonstances ont pu dicter cette mesure extraordinaire, et sous ce rapport, *je dois l'approuver*, mais on oublie que le ministre de la guerre est seul responsable des dépenses résultant de ce marché; que celui-ci ne pouvait être légal sans l'approbation authentique du ministre de la guerre. Cette omission était facile à éviter, puisque je me trouvais à Bayonne, mais je me suis aperçu déjà plus d'une fois qu'on s'occupe aussi peu des règles que des convenances. Du reste, je vous prie de m'adresser ce marché à Paris, pour qu'il reçoive les formalités sans lesquelles son exécution pourrait présenter des difficultés. *J'en approuve toutefois provisoirement* les dispositions, afin de lever les entraves que le service administratif éprouve. Recevez etc., etc.

« De Bellune. »

Le 26 juillet, des modifications furent introduites dans les marchés, par une convention entre l'intendant Joinville, successeur de M. Sicard, et M. Ouvrard.

D'après le traité du 6 avril, le service devait durer pendant tout le séjour des troupes en Espagne, et M. Ouvrard comptait précisément sur la période de paix pour compenser les dépenses extraordinaires des premiers jours Après la prise du Trocadéro et de Cadix, on signa la paix. Le généralissime proposa la résiliation du marché, comme une chose qui lui serait personnellement agréable; M. Ouvrard n'hésita pas, il consentit à tout et reçut cette dépêche en échange de son désistement:

« Au quartier général de Breviesca, le 14 novembre 1823.

« Nous, Louis-Antoine d'Artois, fils de France, duc
« d'Angoulême, etc., etc. ;

« Considérant qu'en vertu du traité d'occupation qui
« doit incessamment être conclu entre Sa Majesté Catho-
« lique et Sa Majesté Très-Chrétienne, les subsistances,
« les fourrages, le chauffage et les transports nécessaires
« aux troupes de l'armée d'occupation, dont M. Ouvrard
« a l'entreprise, aux termes du traité du 6 avril 1823,
« seront désormais à la charge du gouvernement d'Es-
« pagne, et voulant donner au munitionnaire tout à la
« fois une preuve de notre satisfaction sur la manière
« dont son service a été exécuté, et une indemnité pour la
« cessation prématurée de ses marchés, avons ordonné et
« ordonnons ce qui suit :

« ARTICLE PREMIER. — Les fournitures de toute espèce, à
« exécuter en vertu dudit traité du 6 avril, cesseront à
« dater du 1er janvier ; elles seront, pour toute la durée du
« service du munitionnaire, liquidées et soldées, d'après
« les conditions et prix dudit traité.

« ARTICLE II. — Toutes décisions relatives aux four-
« nitures de l'armée, intervenues postérieurement aux
« traités du 6 avril, sont et demeurent rapportées

« ARTICLE III. — Une ampliation de la présente
« ordonnance sera adressée au munitionnaire général.

« LOUIS-ANTOINE. »

Le major général, en transmettant cette ordonnance,
ajoutait :

« Monsieur le Munitionnaire général,

« Je vous remets ci-joint copie d'une ordonnance rendue
« par Son Altesse Royale, qui l'a revêtue de sa signature.
« Je suis chargé de vous demander votre adhésion aux
« conditions exprimées dans cette ordonnance. Son Altesse
« Royale veut employer ce moyen régulier de terminer
« une affaire qui a donné lieu à tant de discussions; si
« vous me remettez cet acte, *tout sera terminé et scru-*
« *puleusement observé par le gouvernement*. Monseigneur
« n'aura plus de décision contestée, ou contestable. Je suis
« bien persuadé que vous vous empresserez de m'apporter
« l'acte d'adhésion que Son Altesse Royale désire recevoir
« de vous. Recevez, etc., etc.

« *Le major général,*
« Comte Guilleminot. »

Cette lettre était formelle, et après avoir donné son adhésion, M. Ouvrard pouvait se croire certain que cette importante affaire serait liquidée à Madrid, conformément aux traités du 6 avril; il n'en fut rien! Le comte de Bourmont prit le commandement de l'armée et Mgr le duc d'Angoulême se hâta de retourner en France; il avait accompli sa mission : Ferdinand VII était libre.

M. Ouvrard comptait rester à Madrid quelque temps, puisque, d'après les marchés, la liquidation devait s'effectuer dans cette ville; il me pria d'amener sa fille pour faire les honneurs de sa maison. Les difficultés commencèrent peu de temps après notre arrivée.

Le général Digeon, qui remplaça le comte de Bourmont dans le commandement de l'armée française, informa M. Ouvrard que la liquidation de son service se ferait à Toulouse, première violation du traité, qui stipulait qu'elle se ferait à Madrid. M. Ouvrard protesta; le comte Digeon le prévint que s'il ne partait pas dans les vingt-quatre heures, il avait ordre de le faire arrêter et conduire à la frontière. De plus, on posa les scellés sur les magasins; mesure absurde et inique, car toutes les denrées placées sous les scellés furent perdues, sans avantage pour personne.

Mon beau-père céda devant la force et partit pour Toulouse; et, voyant que la liquidation le maltraitait trop, il vint à Paris. M. Seguin, se disant créancier pour des avances faites au munitionnaire général, réclama son argent. M. Ouvrard demandait qu'il attendît la liquidation avec l'État. M. Seguin refusa tout délai et fit mettre son créancier à Sainte-Pélagie.

Pour trancher les nombreuses difficultés ou discussions sur les marchés, M. Ouvrard réclamait l'application de l'article XXI du traité :

« ARTICLE XXI. — Dans le cas où des contestations
« s'élèveraient, pour l'interprétation ou l'exécution du
« présent marché, soit entre l'intendant en chef de l'armée,
« soit entre les agents du gouvernement et ceux du
« munitionnaire, ces contestations seront jugées par des
« arbitres contradictoirement nommés, qui en cas de par-
« tage, s'adjoindront un troisième arbitre pour prononcer.
« Si les deux arbitres ne s'accordaient pas sur le choix du
« troisième, chacun d'eux désignerait deux noms, et le
« sort déciderait celle des quatre personnes qui devrait
« trancher le désaccord. »

Violant une seconde fois les traités du 6 avril, et ne tenant aucun compte de l'article XXI, les ministres saisirent le Conseil d'État de cette affaire. C'est ainsi que l'on exécutait la promesse faite à Breviesca par le duc

d'Angoulême : « que tout serait liquidé suivant les clauses
« du traité, qui serait scrupuleusement observé par le
« gouvernement. »

Le conseil des ministres fit transférer M. Ouvrard à la
Conciergerie le 25 avril 1825, sous l'accusation de corruption envers le général comte Guilleminot, l'intendant
Sicard, le général Bordesoulles, etc., etc. Cette accusation
entraîna de longues discussions à la Chambre des pairs; le
gouvernement l'abandonna après les rapports du marquis de Pastoret et du comte Portalis.

Mgr le duc d'Angoulême insista à plusieurs reprises,
mais sans succès, auprès des ministres, pour que l'engagement qu'il avait pris à Breviesca fût respecté. Mais
le Conseil d'État opérait toujours sa liquidation, sans
entendre M. Ouvrard, qui réclamait, outre les sommes
déjà touchées, environ douze millions, dont la moitié lui
avait été avancée par M. Seguin, banquier. M. Ouvrard
fut déclaré créancier de l'État de sept millions huit cent
onze mille cinquante-huit francs quarante-quatre centimes. Par cette liquidation, le munitionnaire aurait
nourri à ses frais le 1/6 de l'effectif de l'armée ! M. Ouvrard
ayant employé toute sa fortune dans cette affaire, avant de
recourir aux avances de M. Séguin, ne put lui rembourser ses six millions, M. Seguin le fit déclarer en faillite!

Un ministre français que je ne veux pas nommer, eut
le cynisme de dire à M. Ouvrard : « Si nous n'avions pas
« craint que Mgr le duc d'Angoulême ne prît la poste
« pour revenir à Paris, abandonnant son commandement,
« on vous aurait fait arrêter à Vittoria. » Cette phrase
explique tout.

En 1832, pendant mon séjour à Édimbourg, causant
avec lord S..., l'un des principaux hommes d'État d'Angleterre, la conversation tomba sur cette affaire de four-

nitures; cet homme éminent me dit : « La solution du
« procès intenté par le gouvernement à M. Ouvrard, a
« été vivement critiquée en Angleterre, berceau du par-
« lementarisme; les ministres anglais, au lieu d'attaquer,
« comme le firent les ministres français, les traités du
« 6 avril, les auraient défendus pour empêcher que la
« signature du prince qui, par son sang et par son rang,
« était appelé à régner un jour, fût protestée. Il est acquis,
« ajouta-t-il, que M. Ouvrard ne s'est pas offert, on a été
« le chercher; il fallait alors exécuter le marché conclu
« dans un moment d'embarras, pour assurer le succès de
« la campagne. »

Revenons maintenant à ce qui me regarde personnellement. Le 1er-13 décembre 1827, une lettre de Stempkowski m'annonçait l'inauguration à Odessa de la statue
du duc de Richelieu, au milieu de l'émotion générale.
Cette lettre m'apprenait également le départ de notre ami
del Castillo, nommé ministre plénipotentiaire d'Espagne
à Constantinople.

Je vivais avec ma famille, dans la Dordogne, au château
de Jumilhac que j'avais acheté en 1828 avec une partie
de la dot de ma femme, lorsque l'expédition d'Alger me
rappela au service. Je reçus le commandement d'une brigade de réserve, pendant que le prince Jules de Polignac
remplaçait provisoirement le général de Bourmont au
ministère de la guerre.

« Paris, le 20 avril 1830.

« Monsieur le comte, j'ai l'honneur de vous annoncer
« que, par décision du 11 avril 1830, le Roi vous a
« désigné pour commander une brigade de la division de
« réserve de l'armée d'expédition d'Afrique, sous les
« ordres du lieutenant général vicomte de Fezensac. La

« première brigade, dont le commandement vous est
« assigné, se compose des :

« 18ᵉ régiment de ligne, en garnison actuellement à
« Caen ;

« 60ᵉ régiment de ligne, en garnison actuellement à
« Dijon.

« Je vous prie de vous tenir prêt à partir, au premier
« ordre qui vous sera donné.

« J'ai l'honneur, etc., etc.

« *Pour le ministre :*

« *L'aide de camp de Monsieur le Dauphin,*
« *sous-secrétaire d'État de la guerre,*

« Vicomte de Champagny. »

Le 9 juin, ma brigade arrivait à Toulon ; le 18ᵉ de ligne restait cantonné à la Seyne et le 60ᵉ de ligne à Hyères ; j'établis mon quartier général à Toulon. Le 6 juillet, le préfet maritime de Toulon reçut du président du conseil des ministres la dépêche suivante : « L'intention
« du Roi est que la première brigade de la division de
« réserve, mise au complet, et commandée par le comte
« de Rochechouart, le plus ancien des maréchaux de
« camp, embarque sur-le-champ pour rejoindre l'armée
« d'Afrique. »

L'embarquement s'effectua le 8 juillet, sur le *Chameau* et les *Cinq-Frères*, bâtiments de commerce nolisés à cet effet. Mais le 9 juillet, au moment de prendre la mer, la dépêche suivante nous arrêta :

« Suspendez le départ de la première brigade. Alger
« s'est rendu, le drapeau blanc flotte sur le palais du Dey.

« Prince de Polignac. »

Mes deux régiments reprirent leurs cantonnements, nous restions à la disposition. Pendant ce temps, de graves événements se passaient à Paris, et après les journées des 27, 28 et 29 juillet, le roi Charles X abdiquait à Rambouillet et s'embarquait à Cherbourg. Nous suivions avec anxiété les nouvelles que nous apportait le télégraphe. Nous apprîmes que le duc d'Orléans était nommé lieutenant général du royaume.

Le 10 août, je reçus l'ordre de ma mise en non-activité. Ainsi s'évanouissait mon espoir d'être nommé lieutenant général, grade que je devais espérer obtenir, étant le deuxième par rang d'ancienneté des maréchaux de camp faisant partie de l'expédition d'Afrique.

Le 31 mars 1831, le ministre de la guerre m'avisait de ma mise en réforme :

« Paris, 30 mars 1831.

« Général, j'ai l'honneur de vous annoncer que le con-
« seil des maréchaux de France, créé par ordonnance du
« 15 novembre 1830, ne vous a pas compris au nombre
« des officiers généraux qui devront faire partie, en 1831,
« des cadres d'activité et de réserve de l'état-major
« général.

« Conformément à l'article III de l'ordonnance de
« réorganisation de ces deux cadres, vous êtes admis, en
« date du 22 mars 1831, au traitement de réforme, sous
« la réserve de vos droits à la retraite. Recevez, géné-
« ral, etc., etc.

« *Le Ministre secrétaire d'État de la guerre,*
« *Maréchal duc* DE DALMATIE. »

On liquida mes services à : seize ans trois mois vingt-huit jours, on m'accorda une somme annuelle de deux mille francs, jusqu'en 1839, payable par trimestre. Ainsi remercié, comme tous les officiers rentrés en France en 1814, je recouvrais toute ma liberté.

A son arrivée en Angleterre, le roi Charles X prit le nom de comte de Ponthieu, le duc et la duchesse d'Angoulême s'appelèrent comte et comtesse de Marnes, et la duchesse de Berry, comtesse de Rosny. La famille royale habita pendant quelques mois dans le comté de Dorsetshire, le château de Lulleworth appartenant au cardinal Joseph Weld, qui le quitta pour l'offrir aux augustes exilés. Mais ce château n'était pas assez grand pour la famille royale et les amis fidèles qui l'accompagnaient ; le Roi s'installa bientôt près d'Édimbourg, au château d'Holy-Rood, séjour des anciens rois d'Écosse. Il avait déjà habité ce château avant 1814, et le roi d'Angleterre le lui offrait de nouveau.

Madame la duchesse de Berry, habituée au climat de Naples, ne put supporter celui d'Édimbourg, elle s'établit à Bath, la température y étant plus douce. Elle rêvait déjà de reconquérir le royaume de France pour son fils, en s'appuyant sur les populations de Vendée, d'Anjou et de Bretagne, qui l'avaient reçue avec tant d'enthousiasme en 1828. Elle obtint du Roi qu'il renouvelât son acte d'abdication de Rambouillet, et qu'il lui remît la déclaration suivante, dont elle ne devait faire usage qu'après son entrée en France :

« Holy-Rood, 27 janvier 1831.

« M..., chef de l'autorité civile, dans la province de...,
« se concertera avec les principaux chefs, pour rédiger et
« publier une proclamation en faveur de Henri V, la-
« quelle annoncera que madame la duchesse de Berry est
« régente pendant la minorité du Roi son fils, et qu'elle

« en prendra le titre à son entrée en France; car telle est
« ma volonté.

« CHARLES. »

Madame la duchesse de Berry quitta Édimbourg le 17 juin 1831, débarqua à Rotterdam, remonta le Rhin jusqu'à Mayence, traversa la Bavière et le Tyrol et arriva à Gênes sous le nom de comtesse de Sagana. Trop espionnée à Gênes par les émissaires de Louis-Philippe, elle partit pour Massa, et vint à Rome, où elle séjourna près d'un mois, entourée d'égards par le Pape. A Rome, on lui présenta Deutz, comme un Juif converti digne du plus grand intérêt. Madame se rendit ensuite à Naples, près de son frère, qu'elle n'avait pas revu depuis la mort de son père, décédé dans les premiers jours de 1831. Puis elle revint à Massa, s'embarqua enfin à Livourne pour gagner la Vendée en traversant le midi de la France, et elle débarquait à Marseille, dans la nuit du 29 au 30 avril 1832.

N'ayant pas de relations de famille en Vendée, et ne pouvant être d'aucune utilité de ce côté-là, je chargeai mon ami intime, le duc de Guiche, qui avait suivi le Roi, d'offrir mes services à Sa Majesté. Une personne sûre me remit une lettre dans laquelle on me priait d'aller à la Haye, demander au roi de Hollande la permission pour les augustes exilés d'habiter son royaume, le climat de l'Écosse ne convenant pas à la santé de Charles X. Tel était le prétexte, mais en réalité, les relations étant très intimes entre George IV et Louis-Philippe, notre petite Cour craignait d'être trop observée. La révolte de la Belgique soutenue par la France, l'élection du prince Léopold nommé roi des Belges, son mariage avec une fille de Louis-Philippe, tous ces événements faisaient espérer que la demande serait favorablement accueillie. Je partis pour la Haye dans les premiers jours de mars 1832, avec un passeport au nom de baron de Fallenstein, *roche tombée*. Reçu immédiatement par le roi des Pays-Bas, il m'assura être animé des meilleures dispositions pour Charles X et sa famille, et très disposé à leur donner l'hospitalité dans ses États; mais le moment lui paraissait mal choisi, les armées françaises et hollandaises étant sur le point de commencer les hostilités. Bref, je reçus force eau bénite de Cour, mais pas autre chose. A la vérité, la position de Charles X eût été bien fausse pendant la guerre franco-hollandaise.

La grande-duchesse Anne, sœur de l'empereur Alexandre, que le duc de Richelieu aurait voulu faire épouser au duc de Berry, était devenue princesse d'Orange; ayant eu l'honneur de lui être présenté à Pétersbourg, je ne voulus pas quitter la Haye sans lui faire ma cour.

En partant de la Haye je devais me rendre à Londres, une lettre du duc de Guiche, du 24 mars, me traçait ma ligne de conduite en arrivant dans cette ville :

« Je me fais un véritable plaisir de vous voir inces-
« samment, mon cher Fallenstein, je sens toute l'impor-
« tance que votre course ici soit ignorée, nous sommes
« entourés d'indiscrets qui écrivent en France. Il vous
« faudra rester le moins de temps possible au Black-
« Bull; aussitôt après votre arrivée, faites demander un
« fiacre, dites-lui d'aller dans Princess street, n° 50, vous
« donnerez cette adresse tout haut et devant tout le
« monde; mais une fois que votre cocher vous y aura
« conduit, vous lui direz de se rendre à l'hôtel Simpson,
« Queen street, où je vous ai retenu un logement, sous
« le nom de baron de Fallenstein. Les personnes seules

« dans le secret de l'affaire iront vous voir à votre hôtel ;
« annoncez-moi votre arrivée, aussitôt que vous serez à
« Simpson hotel, mais pas avant, cela donnerait l'éveil
« sur les papiers que vous rapportez de France ; adres-
« sez-moi votre lettre au n° 36, York place. Sans cet
« *indispensable* secret, je vous aurais offert une bonne
« chambre et une mauvaise chère, mais mes gens vous
« connaissent.

« G. »

Trois jours après, je partis au milieu de la nuit pour Édimbourg, rendre compte du peu de succès de ma mission au duc de Blacas, et lui remettre des papiers que j'apportais de France. M. de Blacas connaissait mes relations intimes avec le comte Alexis Orloff, mon ancien camarade à l'état-major de l'empereur Alexandre, je venais de le rencontrer à Londres. Il me pria de lui écrire pour connaître les intentions de l'empereur Nicolas. Le Roi approuva cette lettre avant son départ :

« Le 26 mai 1832.

« J'espère, mon cher Orloff, que vous êtes maintenant
« bien remis de votre long voyage, et que le plaisir de
« vous retrouver au milieu des vôtres ne vous a pas fait
« oublier les pauvres exilés dont je vous parlais la veille
« de mon départ de Londres. J'espère aussi que vous
« vous rappellerez la promesse que vous me fîtes alors,
« de vous charger de demander à l'Empereur, si dans le
« cas d'un non-succès dans les efforts qu'ils vont tenter,
« Sa Majesté Impériale voudrait leur accorder une pro-
« tection, qui leur devient chaque jour plus nécessaire,
« surtout avec la crainte que doivent inspirer l'état de
« l'Angleterre et les suites que le bill peut avoir.

« La prudence leur fait un devoir de se tenir en garde
« contre les actions, et même les pensées du gouverne-
« ment anglais, étroitement lié avec Louis-Philippe. Le
« cœur magnanime de l'Empereur ne saurait, j'en suis
« certain, abandonner notre jeune et malheureux prince,
« l'intérêt que son royal avenir inspire repose sur des
« bases si importantes pour le repos de l'Europe, qu'un
« souverain aussi sage et aussi généreux ne peut lui
« refuser aide, secours et protection. Je suis un vieil
« incorrigible, dévoué de cœur et d'âme à mes princes
« légitimes, je sais bien que cela n'est plus à la mode,
« mais c'est un péché originel qui me suivra jusqu'à mon
« dernier gîte.

« Écrivez-moi donc, ou faites-moi écrire, ou donnez-
« moi à entendre quelques paroles de consolation, et
« croyez-moi pour la vie votre tout dévoué.

« Le comte de Rochechouart. »

Les événements se précipitèrent. Madame, traquée, poursuivie, avait été obligée de se cacher à Nantes le 8 juillet, chez mesdemoiselles Duguigny. Un de ses dévoués serviteurs apporta à Édimbourg une lettre qu'elle voulait faire parvenir à l'empereur Nicolas; elle croyait avoir une promesse formelle d'intervention de sa part, et cette lettre était un appel pressant. Ma connaissance de la langue russe, mes relations avec les personnages les plus importants de l'entourage de l'Empereur, me désignaient pour cette mission. Je reçus pour instruction formelle de ne remettre la lettre de Madame qu'à l'Empereur personnellement, ou à une personne qui répondrait à un signe convenu.

Je m'embarquai à Hambourg pour Pétersbourg; et rencontrai à bord du bateau le comte Woronzoff et

sa famille. A notre arrivée à Pétersbourg, nous devions subir les ennuis d'une quarantaine; mais le comte Woronzoff, ayant prouvé l'inutilité de cette mesure, le 1ᵉʳ-12 août, le général Beckendorf vint sur son yacht le chercher au lazaret. Il m'invita à profiter de l'occasion, me traitant avec politesse, mais comme un étranger. Dans la soirée, le général Beckendorf m'envoya un billet, me priant de venir chez lui, le lendemain, à huit heures du matin, afin d'être certain de ne rencontrer personne. Il me fit alors l'accueil le plus gracieux, me parla de notre camaraderie à l'état-major de l'empereur Alexandre, et m'expliqua la froideur de sa réception de la veille, par la nécessité que notre liaison fût ignorée. Il s'informa en détail de la situation de madame la duchesse de Berry, portant à cette princesse un intérêt vraiment touchant. Je le priai de demander pour moi une audience à l'Empereur, étant chargé de lui remettre une lettre, et j'ajoutai : « J'ignore ce que nous allons devenir en
« France, je solliciterai de Sa Majesté Impériale, le cas
« échéant, la permission de venir en Russie, avec ma
« famille. » Le général Beckendorf me promit de transmettre le jour même la demande d'audience que je sollicitais. Le lendemain, il me fit dire de la part de l'Empereur de voir le comte Nesselrode.

Là encore, je reçus un accueil charmant : le chancelier, après m'avoir parlé du passé, m'accabla de questions sur la duchesse de Berry, sur sa vie, sur ses chances de succès, puis il ajouta : « L'Empereur est à Tsarskoë-Selo, il sera
« donc bien difficile que vous puissiez lui être présenté;
« du reste, Sa Majesté Impériale m'a chargé de causer
« avec vous, vous pouvez donc vous ouvrir à moi, en
« toute confiance. » N'ayant pas reçu de réponse au signe convenu, je lui répondis que, chargé de remettre une

lettre à l'Empereur, en personne, j'attendrais ses instructions.

Le lendemain, le général Beckendorf m'assigna un nouveau rendez-vous, et répondit dès mon entrée au signe mystérieux, je lui remis alors ma dépêche en lui disant : « Je n'étais pas autorisé par mes instructions à confier « cette lettre au comte Nesselrode, je ne pouvais lui dire « que Sa majesté Impériale était affiliée à une association « que lui-même ne connaissait pas, puisqu'il n'avait pas « répondu au signe de convention. La lettre est écrite « avec de l'encre sympathique, il faudra donc, pour la « lire, tremper la barbe d'une plume dans une solution « de couperose verte, et en mouiller le papier. Dans « le cas où il y aurait une réponse écrite, je puis la « faire remettre à Madame, cinq jours après mon retour « en Hollande, par une personne qui sait toujours où « elle est, et qui lui fait parvenir toute sa correspon- « dance. »

Trois jours plus tard, un billet du comte Nesselrode m'invitait à me rendre à la chancellerie; pour m'éviter de paraître à la police, et pour que les journaux ne signalent pas ma présence à Pétersbourg, un de ses employés prit mon passeport et le remplaça par un passeport russe. Après un échange de paroles courtoises, le comte Nesselrode me dit : « L'Empereur a lu la lettre qui vous avait « été confiée. Madame demande à Sa Majesté Impériale « l'appui et le secours qu'Elle lui a promis. Je ne sais à « quelle époque ni à quelle occasion Sa Majesté a pu « faire une pareille promesse; qu'est-ce que cela veut « dire ? » M'apercevant qu'il s'agissait d'engagements que l'Empereur n'avait pas trouvé à propos de faire connaître à son chancelier, je simulai une parfaite ignorance. Il m'affirma que Sa Majesté Impériale portait le plus vif

intérêt à Madame et à son fils, qu'Elle faisait des vœux bien ardents pour la réussite de ses projets et le triomphe de sa cause, et qu'après le moindre succès, Madame trouverait plus que des vœux, secours et appui; mais l'Empereur voulait attendre. Avant de me congédier, le comte Nesselrode ajouta : « Sa Majesté Impériale m'a chargé en
« plus de vous dire que non seulement Elle vous rece-
« vrait avec plaisir en Russie, avec votre famille, mais
« que vos services lui étant connus, dès que vous les
« offrirez, ils seront acceptés. »

Mon voyage eut pour résultat de resserrer les bonnes relations entre le Tzar et Madame, et de détruire de fâcheuses impressions. J'emportai la certitude qu'à la suite d'un succès, l'intérêt serait plus significatif, en un mot, j'avais fait connaître à l'Empereur et au comte Nesselrode la contre-partie de ce que disait mon cousin le duc de Mortemart, ambassadeur de Louis-Philippe près la Cour de Russie. Je ne m'étais fait voir à personne, j'avais fait seulement, le soir, quelques visites à des amis intimes, à d'anciens camarades; je m'embarquai et arrivai le 10 septembre à la Haye.

Je trouvai en arrivant la réponse du comte Orloff :

« Péterhof, le 1er août 1832.

« J'ai reçu, mon cher Rochechouart, votre lettre du
« 26 mai, vous ne doutez assurément pas de l'intérêt bien
« sincère que je prends aux malheurs dont elle me parle,
« mais vous conviendrez avec moi qu'il est hors de
« votre pouvoir, ainsi que du mien, de nous constituer
« comme des intermédiaires, appelés à traiter une affaire
« trop grosse en elle-même, pour qu'il soit permis d'en
« parler comme s'il s'agissait de nos propres intérêts. Au
« surplus, j'apprends que les intentions qui paraissent

« vous avoir engagé à chercher en Russie un asile pour
« d'augustes infortunés, ont complètement changé.
« Comme il ne peut plus être question du projet dont
« votre lettre fait mention, il ne me reste qu'à vous
« adresser mes excuses d'avoir différé si longtemps ma
« réponse.

« Croyez à l'expression des sentiments de mon ancienne
« amitié et d'attachement.

« Comte Alexis Orloff. »

En effet, pendant mon voyage, Charles X acceptait l'hospitalité de l'empereur d'Autriche, quittait Holy-Rood, débarquait le 12 septembre à Altona et s'installait à Prague. J'envoyai au Roi un rapport détaillé de mon voyage, de ses incidents et de mes impressions, et je restai à la Haye comme représentant de Madame, près du roi de Hollande.

Je trouvai à la Haye le comte Lucchesi-Palli, ami d'enfance de Madame; il agissait dans le même sens que moi, et témoignait une si profonde affection, et un si grand dévouement pour la princesse, que nos relations devinrent fort intimes. Je le voyais tous les jours, il fit cependant un ou deux voyages, d'environ un mois chacun, on a prétendu plus tard qu'il était venu à Nantes, quant à moi, je ne connus jamais la cause de ses absences. J'étais en fort bons termes également avec M. Drouyn de Lhuys, alors secrétaire à la légation de France et chargé d'affaires, mais plus tard, il m'a avoué que sa mission consistait à surveiller mes démarches et à en combattre les effets.

J'échangeais une correspondance régulière avec le duc de Guiche, le comte de Saint-Priest, madame du Cayla et le baron Capelle, ancien ministre de Charles X qui l'avait accompagné à Édimbourg et à Prague. Il était oncle de

Marie Capelle, plus tard, madame Lafarge, qui acquit une triste célébrité. On me tenait au courant de tous les événements importants de Vendée, et de l'expédition de Dom Miguel en Portugal, expédition commandée par le maréchal de Bourmont; de mon côté, je signalais tout ce que j'apprenais; mon dossier renferme soixante-huit lettres plus ou moins intéressantes.

Après être restée cachée quatre mois à Nantes, espérant un secours qui n'arrivait pas, recevant seulement quelques intimes, et parmi eux Deutz, Madame fut trahie par cet infâme Juif, qui la livra le 6 novembre : « Judas vendait « son Dieu pour trente pièces d'argent, Deutz livra sa « bienfaitrice pour cinquante pièces d'or, progrès de la « civilisation! » (Extrait d'une lettre du baron Capelle.) Madame fut conduite en prison au château de Blaye, les portes se fermèrent sur elle le 19 novembre 1832. C'est également à la fin de novembre que le général Gérard, commandant l'armée française, investit la place d'Anvers; elle se rendit le 23 décembre, après vingt-cinq jours de tranchée; ce fait d'armes valut au général Gérard le bâton de maréchal de France.

Des bruits bien attristants circulaient en France, on parlait de la grossesse de madame la duchesse de Berry. Personne ne voulut d'abord croire à cette nouvelle, on ne voyait là qu'une infâme calomnie de Louis-Philippe et de son ministre Thiers; mais il fallut bientôt se rendre à l'évidence. Les amis de Madame, connaissant mes relations intimes avec le comte Lucchesi, et son affection pour elle, me chargèrent de faire appel à ses sentiments et à l'engager à l'épouser pour sauver son honneur; il ne répondit pas à mes ouvertures.

Louis-Philippe et M. Thiers s'apercevant de la grossesse de Madame, espérant la déshonorer complètement et lui rendre impossibles toutes nouvelles tentatives politiques, décidèrent de la retenir prisonnière jusqu'à ses couches. En vain, madame la duchesse de Berry déclara qu'elle avait contracté un mariage morganatique en Italie, comme elle ne nommait pas son époux, on ne la croyait pas. Enfin, le jour de la délivrance arrivée, M. Deneux, accoucheur de Madame, remit la déclaration suivante à l'officier de l'état civil de Blaye : « Cejourd'hui est née « une enfant du sexe féminin, fille de madame la duchesse « de Berry et de M. le comte Lucchesi-Palli, duc de la « Gratia. » Cette déclaration produisit un effet immense, et M. Thiers subit tout l'odieux de ses lâches intrigues.

Le 8 juin, Madame reçut l'autorisation de retourner en Sicile, elle s'embarqua à Blaye sur l'*Agathe* et arriva le 15 juillet à Palerme, toujours accompagnée de son geôlier. Après le débarquement de Madame, le général Bugeaud prit passage sur l'*Actéon*, mis à sa disposition pour le ramener en France.

Au mois d'août, madame du Cayla m'écrivit la lettre suivante, qui m'expliqua le silence de M. de Lucchesi relativement aux ouvertures que je lui avais faites quelque temps auparavant :

« Torino, 21 août 1833.

« Il y a longtemps, cher comte, que je veux vous
« répondre, mais j'étais attaquée par le choléra, et pis
« que cela, cinq docteurs! J'ai échappé à tous ces dan-
« gers, mais non sans en ressentir les griffes : bêtes,
« lancettes, emplâtres, c'était une jolie macédoine
« d'agréments, enfin m'en voilà quitte; je suis encore
« très faible, écrire me paraît une fatigue dans le genre
« d'une machine de Birmingham, sachez-moi donc gré
« de vous écrire des bêtises, que vous ne pourrez peut-

« être pas lire, devinez au moins toute mon occupa-
« tion.

« Vous savez que le mariage qui nous intéresse et qui
« était un secret pour tous, a été célébré à Rome, en
« juillet 1831.

« Madame est débarquée le 15, à Naples, elle s'ache-
« mine vers Prague, elle passera par Florence, heureuse
« de revoir sa sœur la grande-duchesse de Toscane.
« Mesdames de Podenas et de Beauffremont l'accom-
« pagnent, cette dernière ira peut-être jusqu'à Prague,
« mais cela n'est pas encore décidé; le Roi est excellent
« pour sa belle-fille, mais on dit que le duc de Blacas
« fait tout son possible pour que Sa Majesté ne la reçoive
« pas aussi tôt.

« Monseigneur le duc de Bordeaux est vivement affecté
« du départ de M. Barande, il ne veut plus rien faire; il
« a dit au baron de Damas : « Et vous, quand vous
« chasse-t-on? » Cela n'est pas respectueux! En voilà bien
« long, cher comte, sur de bien hauts personnages, pou-
« vez-vous lire? Reconnaissez toute mon amitié et ma
« confiance, dans ma précipitation à vous répondre. Ne
« parlez à personne de tout ce que je vous mande, mais
« je regarde comme essentiel que vous sachiez tout.

« Mille amitiés.

« C. »

Ainsi, Madame était bien réellement mariée! Le secret
qu'on avait gardé du mariage célébré à Rome se comprenait facilement; on ne pouvait divulguer cette union
morganatique, au moment où Madame entreprenait sa
campagne en Vendée, elle aurait perdu tout son prestige,
compromis le succès de son entreprise; enfin, elle savait
que Charles X se montrerait fort irrité, et lui retirerait

les pouvoirs de Régente, concédés par la proclamation d'Holy-Rood, du 27 janvier 1831.

Je reçus quelque temps après une lettre du comte Lucchesi :

« Leoben, ce 17 novembre 1833.

« Mon cher ami,

« Le marquis de Podenas vous remettra cette lettre ;
« vous connaissez son dévouement à la cause royaliste et
« à Madame personnellement : je le recommande à vos
« soins ; connaissant le pays et les personnes, vous pou-
« vez lui être d'une grande utilité. Vous saurez par lui
« quelle a été et quelle est la position de Madame, il
« pourra vous donner des détails sur ce qui s'est passé
« ici, et sur ce qu'on compte faire. Je suis sûr qu'il s'en-
« tendra parfaitement avec vous.

« Depuis que je vous ai quitté, mon bon ami, il s'est
« passé bien des choses, j'ai bien souvent pensé à vous,
« et je me suis toujours rappelé avec plaisir votre bonne
« amitié.

« Madame me charge de vous dire bien des choses de sa
« part, elle n'ignore pas ce que vous avez fait pour elle,
« et vous en est très reconnaissante.

« Parlez de moi à tous nos amis, particulièrement à
« Auguste, Allegri, d'Eyragues. Je ne sais pas s'il souf-
« frira qu'on le salue de ma part, rappelez-moi au bon
« souvenir de Ruig. Adieu.

« Votre ami dévoué.

« H. Lucchesi-Palli. »

Ma présence ne me paraissait plus nécessaire à la Haye, j'avais manifesté l'intention de retourner près des miens ; une lettre de Madame retarda mon départ.

« Gratz, le 30 janvier 1834.

« J'ai à vous remercier, Monsieur, de la nouvelle
« preuve de zèle que vous me donnez, en secondant,
« comme vous le faites, les démarches de M. de Podenas ;
« bien que mes affaires prennent en ce moment une
« tournure plus favorable, l'amitié du roi des Pays-Bas
« m'est trop précieuse à cultiver, pour que je ne vous
« sache pas gré du soin que vous prenez de mes intérêts
« dans ce pays.

« Croyez que j'y suis fort sensible, et recevez l'assu-
« rance de tous mes sentiments bien sincères.

« Marie-Caroline. »

Ayant constaté un grand changement dans les dispositions du roi Guillaume, je recherchai les motifs de ce
revirement, et j'en instruisis tout de suite le comte Louis
de Saint-Priest :

« La Haye, 27 mars 1834.

« Vous serez certainement bien étonné, mon cher Saint-
« Priest, du changement subit non pas des sentiments,
« car ils sont toujours les mêmes, mais des dispositions
« du roi Guillaume à l'égard de Madame. Plus que
« personne j'ai dû être surpris de ce refroidissement,
« survenu tout à coup dans des relations qui jusqu'à ce
« jour prouvaient au contraire que l'on portait le plus
« vif intérêt à la cause de Son Altesse Royale, intérêt
« dont tout récemment j'avais obtenu une preuve tou-
« chante, dans l'agrément donné par Sa Majesté au séjour
« de la princesse dans ses États, sous prétexte que sa
« santé exigeait des bains de mer. J'avais depuis long-
« temps ménagé cette entrevue, elle devait avoir, selon

« moi, plus d'un résultat satisfaisant, et certes, j'étais
« loin de m'attendre à voir mon ouvrage détruit, au
« moment où le projet allait s'exécuter. Quelle est la
« cause du changement survenu dans les intentions du
« roi des Pays-Bas? Je vais essayer de vous l'expliquer.

« Vous devez vous rappeler que dernièrement, dans
« une séance des Chambres belges, un M. Pierson a
« dit qu'il avait la certitude que le roi Guillaume avait
« soudoyé des assassins pour tuer Louis-Philippe, et
« qu'il avait entendu dire au maréchal Gérard lui-même :
« J'ai la preuve que le roi de Hollande a donné trois
« cent mille florins pour se défaire du roi des Français.
« M. de Fabricius, chargé d'affaires des Pays-Bas, se
« plaignit amèrement au duc de Broglie dans une au-
« dience; il exigeait pour l'honneur de son souverain
« que le maréchal Gérard s'expliquât clairement : Avait-
« il, oui ou non, tenu le propos que lui attribuait le
« député belge? Deux jours après, M. de Broglie écrivait
« à M. de Fabricius que le maréchal Gérard refusait
« toute explication et avait menacé simplement de pro-
« duire la correspondance du prince d'Orange, qui a été
« saisie dans les papiers de Madame, et qui est entre les
« mains du Roi. Ainsi finit cette altercation, car M. de
« Fabricius savait que des lettres du prince d'Orange
« avaient été prises, mais il en ignorait le contenu, il a
« cru ne pas devoir continuer la conversation. Voilà ce
« qu'il a écrit la semaine dernière et ce qui, probablement,
« a forcé le roi Guillaume à refuser ce qu'il avait accordé
« précédemment.

« L'assurance du maréchal Gérard doit reposer sur
« quelque chose de positif, que M. de Broglie n'a pas
« voulu expliquer. Voici encore ce que je crois : Pen-
« dant le siège d'Anvers, M. de Milanges conçut le projet

« d'enlever le duc de Chartres et le duc de Nemours,
« pour servir d'otages, disait-il, à échanger contre
« Madame. Des Belges orangistes devaient lui faciliter
« les moyens d'entrer en Belgique, et je crois que des
« ordres furent donnés au commandant de la flottille
« hollandaise, et même au général Chassé, soit pour
« secourir l'entreprise, soit pour faciliter le départ des
« prisonniers, dès qu'on aurait pu s'emparer de leurs
« personnes. Ce fut un tort : on ne pouvait avoir con-
« fiance dans M. de Milanges, son indiscrétion com-
« promit le Roi. Pressé par madame du Cayla, M. de
« Milanges a avoué qu'il avait fait part à sa femme de
« l'expédition projetée.

« Le roi Guillaume est peu satisfait du voyage de son
« fils à Pétersbourg, on l'a comblé de politesses et de
« croix, mais voilà tout, on a fait beaucoup de vœux, en
« disant que l'on ne pouvait rien de plus pour le moment.
« Ma présence ici ne pouvant plus être utile aux intérêts
« de Madame, je désire voir ma femme et mes enfants,
« puis, si Madame a besoin de moi plus tard, elle me
« retrouvera. Le Roi a des bontés pour moi depuis deux
« ans que je suis ici, il m'en a donné des preuves, il n'a
« consenti à recevoir Podenas que sur mes instances.

« Adieu, mon cher ami, vous me connaissez depuis
« trop longtemps pour que je vous fasse des protes-
« tations, vous pouvez compter sur mon sincère attache-
« ment et sur mon dévouement à toute épreuve.

« L. R. »

Je reçus la réponse suivante, intéressante par ses détails :

« Vienne, 29 avril 1834.

« Votre lettre du 25 mars m'a été exactement trans-

« mise, mon cher Rochechouart; je vous remercie de
« m'avoir donné les détails pleins d'intérêt qu'elle con-
« tient. Ils expliquent très bien les changements survenus
« dans les dispositions si bien préparées par vous, et qui
« s'annonçaient comme plus favorables encore. Heureu-
« sement, il n'y a point en ce moment de motif pour les
« mettre à l'épreuve. Il est faux que les pièces dont vous
« me parlez soient entre les mains de certaines per-
« sonnes, elles n'ont pu en avoir que des copies, les ori-
« ginaux ont été déposés en lieu sûr, et une lettre vient
« d'être écrite, pour que celui qui en était le dépositaire
« les remette à M. de Fabricius, ou lui certifie qu'elles
« ont été anéanties. Robert va être instruit de cette parti-
« cularité, qu'ignorait le porteur de votre lettre.

« J'ai gardé par devers moi les renseignements relatifs
« à M. de Milanges, je le connais assez pour être certain
« qu'il n'y a eu de sa part qu'imprudence et légèreté, je
« n'ai pas cru devoir communiquer ces détails, ils auraient
« pu être interprétés dans un sens plus fâcheux.

« J'en viens maintenant au sujet qui vous intéresse
« davantage, le voyage de Madame et la situation de ses
« affaires. Vous avez su ce qui l'avait amenée à Gratz,
« elle y a fait preuve de patience et de persévérance, en
« attendant que la permission d'embrasser ses enfants lui
« fût accordée. Ce désir maternel a été l'objet de longues
« négociations, elles ont été enfin terminées, grâce à la
« bonté de l'Empereur qui, en mettant à sa disposition
« le château de Brunzée, à trois milles de Prague, a
« coupé court à toutes les difficultés que faisait naître
« l'idée de vivre sous le même toit. Madame a été en
« même temps invitée à venir voir la famille impériale
« à Vienne, ce qui a eu lieu avant-hier. Madame est
« descendue au palais impérial, elle y a dîné avec l'Em-

« pereur le 27 et le 28, et est repartie hier au soir pour
« la Bohême, fort satisfaite de l'accueil qu'elle a reçu, et
« des entretiens qu'elle a eus avec l'Empereur et le prince
« de Metternich.

« Je crains bien maintenant que la réception qui lui
« sera faite dans sa famille ne soit pas aussi favorable,
« mais elle compte s'armer de douceur et de patience, et
« peut-être parviendra-t-elle à dissiper par sa présence
« les préventions dont elle peut être l'objet. Le but de
« Madame, en effet, n'a rien de personnel, elle ne demande
« pour elle ni influence ni autorité, elle demande seu-
« lement, avec toute la France, que les droits de notre
« jeune Roi soient établis et reconnus, qu'on ne laisse
« plus planer de doute à cet égard ; que son éducation,
« enfin, soit confiée à des hommes qui inspirent estime
« et confiance. Vous savez que c'est au respectable mar-
« quis de La Tour-Maubourg que le titre de gouverneur
« appartient depuis le départ du baron de Damas ; puis-
« qu'il ne peut en remplir les fonctions, il importe que
« le sous-gouverneur soit un officier général capable, et
« connu de l'armée. M. d'Hautpoul remplissait ces
« conditions, on l'a écarté, et M. de La Tour-Maubourg,
« blessé de ce renvoi, exige qu'il soit réintégré. Voilà le
« nœud de l'affaire : on veut agir à Prague, sans con-
« sulter Madame ni personne ; on veut donner des pou-
« voirs, sans que le nom de Henri V soit prononcé,
« et la France légitimiste veut précisément le con-
« traire.

« Je ne m'étendrai pas davantage sur ce sujet, que
« vous connaissez aussi bien que moi. Un grand point a
« été obtenu : la réunion de Madame avec sa famille.
« Satisfait d'avoir pu y contribuer, et éloigné de la mienne
« depuis huit mois, je vais rejoindre ma femme et mes

« enfants. J'espère avoir l'occasion de vous voir, ou de
« recevoir quelquefois de vos nouvelles.

« Adieu, mon cher ami, Madame sait combien elle
« peut compter sur votre dévouement et votre zèle ; si
« elle en avait besoin, elle ne manquerait pas de vous
« l'écrire.

« Gardez-moi un peu de souvenir.

« S.-P. »

Madame étant réconciliée avec le Roi, je n'avais plus à la représenter à la Haye. Je m'empressai de rejoindre ma famille dont j'étais séparé depuis deux ans. J'embrassai ma femme et mes quatre enfants le 16 mai.

Le manuscrit et les notes s'arrêtent ici. Après son retour de la Haye, le général comte de Rochechouart se retira dans son château de Jumilhac ; ne faisant plus partie de l'armée, éloigné de la politique, il partageait son temps entre l'éducation de ses enfants et le soin de ses affaires, et consacrait ses loisirs à de minutieuses recherches historiques. Il écrivit l'*Histoire de la maison de Rochechouart,* et employa les dernières années de sa vie, presque jusqu'à sa mort, à relire et compléter les souvenirs de son enfance et de sa jeunesse. La mort de sa femme, qui succomba le 26 juillet 1857, après une longue maladie, brisa sa vie ; le chagrin de cette séparation altéra sa santé. Le 21 février 1858, il fut frappé d'une attaque d'apoplexie et mourut le 28, au moment où l'un de ses vœux les plus ardents allait être exaucé : le mariage de son fils aîné avec mademoiselle de La Rochejaquelein. Il eut la consolation, avant de mourir, de savoir qu'il était décidé.

(*Note de l'éditeur.*)

APPENDICE

Après une longue discussion, qui avait occupé trois séances, la Chambre des députés vota, le 29 janvier 1819, par 124 voix contre 95, la loi suivante :

Art. 1er. Il sera créé en faveur du duc de Richelieu, pair de France, à titre de récompense nationale, pour être attaché à sa pairie, et transmissible au même titre, un majorat de 50,000 francs de revenu.

Art. 2. Le majorat sera composé de biens, choisis par le Roi, parmi les domaines de l'État qui sont disponibles.

Art. 3. *Amendement de M. Courvoisier :* En cas d'extinction de la ligne masculine, la dotation retournera au domaine de l'État.

La Chambre des pairs vota cette loi, sans modification, le 2 février 1819, par 83 voix contre 44 et un bulletin nul.

Tableau des 42 parcelles de biens affectés à la dotation par lettre d'investiture du 16 novembre 1819.

Eure-et-Loir...	La ferme de Malassis à Aunay. Le moulin d'Herlancourt à Saint-Luperce. Des pièces de terre à Authon et à Thiron.	923 71
Manche........	140 hectares à Nehou.	2,609 40
Marne.........	Un pré à Pierry.	1,248 31
Nord..........	43 hectares de terre à Denain, Raimbeaucourt et Villernicolle.	2,791 81
Pas-de-Calais...	6 hectares de terre à Duisans.	720 »
Bas-Rhin.......	16 pièces de terre et de bois aux environs de Strasbourg.	15,986 06
Seine-et-Marne.	3 parcelles de prés et de bois.	2,197 34
	A reporter....	26,476 63

	Report. . . .	26,476 63
Yonne..........	{ L'étang de Bourdon. La métairie d'Ormoy. La ferme de Charbonnière, de 108 hectares. }	5,045 66
Seine..........	{ A Paris : Une maison rue Saint-Louis. Une maison rue Fontaine-Montmartre. Une maison, 10, rue d'Enfer. Trois maisons à l'Arsenal. La caserne des Pompiers, place des Vosges. La caserne de gendarmerie. La mairie du sixième arrondissement. Le Château d'Eau, place Saint-Michel, 123. }	18,477 71
		50,000 00

Le 20 avril 1820, par-devant Mᵉ Eustache Montaux, notaire à Paris, M. le duc de Richelieu fit donation à la ville de Bordeaux, pour la reconstruction de son hôpital de Saint-André, de 50,000 francs de rente — revenu de son majorat voté par les Chambres. M. le vicomte de Gourgue, maire de Bordeaux, intervint dans l'acte, au nom de la Ville. Par ordonnance du 14 août 1820, M. Laisné, ministre de l'intérieur, autorisa la ville à accepter la donation.

L'administration de l'hospice, espérant toucher pendant de longues années la rente de 50,000 francs, commença des travaux dignes de son bienfaiteur et de l'importance de la ville de Bordeaux. La mort du duc de Richelieu, survenue deux ans et demi après, mit l'administration dans un grand embarras, le devis des constructions s'élevant à un prix bien supérieur aux 128,000 francs qu'elle avait touchés.

TABLE DES MATIÈRES

CONTENUES DANS CE VOLUME

Préface.................................. VII

CHAPITRE PREMIER
1788-1801.

Mes premières années. — Séjour à Caen, Fribourg, Londres et Altona. — Voyage d'Hambourg à Lisbonne. — Entrée au service militaire................................. 1

CHAPITRE II
1801-1806.

Débuts militaires. — Nomination de sous-lieutenant. — Campagne de l'Alentejo. — Paix d'Amiens. — Licenciement du régiment de Mortemart. — Séjour à Paris. — Voyage de Paris à Odessa par Milan, Venise, Vienne, Cracovie, Lemberg. — Arrivée à Odessa. — Mort de ma mère. — Voyage à Constantinople. — Entrée au service de la Russie.................... 30

CHAPITRE III
1806-1812.

Campagne de Bessarabie. — Voyage à Jassy. — Prise d'Anapa. — Expédition en Circassie. — Nomination de lieutenant. — Inspection des colonies et troupes de la Nouvelle-Russie. — Voyage à Pétersbourg. — Expédition de mon frère Louis en Circassie. — Maladie du duc de Richelieu. — Nomination de lieutenant dans la garde impériale russe. — Nomination d'aide de camp de l'empereur Alexandre Ier. — *Voyage de madame Narishkin à Odessa et en Crimée.* — *Prise de Soudjouk-Kalé.* — *Expédition en Circassie.* — *Invasion de la Russie.* — *Peste d'Odessa.* — Conduite du duc de Richelieu.   64

CHAPITRE IV

1812-1814.

Organisation des armées de Volhynie et de la Russie Blanche. — Marches et contremarches. — Prise de Minsk. — Passage de la Bérézina. — Marche sur Vilna. — Trois mois à Saint-Pétersbourg. — Retour au quartier général. — Marche en avant. — Bataille de Lützen. — Armistice de Pleiwitz. — Bataille de Dresde. — Retraite en Bohême. — Bataille de Kulm. — Mission près de Bernadotte. — Bataille de Leipzig. — Nomination de colonel. — Marche en avant. — Mission à Darmstadt. — Passage du Rhin à Bâle. — Mort de mon frère Louis. — Formation d'un comité royaliste. — Lettres au Roi et au duc de Berry. — Lettres et démarches de Monsieur. — Rupture du Congrès de Châtillon-sur-Seine. — Bataille d'Arcis-sur-Aube. — Bataille de Fère-Champenoise. — Combat aux portes de Paris. — Reddition de Paris. — Nomination au commandement de la place de Paris. — Entrée des alliés dans Paris. — Nombreuses difficultés. — Organisation du service. — Entrée de Monsieur à Paris. — Entrée du Roi. — Je quitte le service de la Russie.   179

CHAPITRE V

1814-1823.

Nomination de maréchal de camp en France. — Nomination de lieutenant de mousquetaires noirs. — Débarquement de Napoléon au golfe Juan. — Le Roi quitte Paris. — *Nous le rejoignons à Gand.* — Nomination de chef d'état-major du ministre de la guerre. — Correspondance avec le duc de Richelieu. — Bataille de Waterloo. — Rentrée du Roi en France et à Paris. — Ministère Talleyrand et Fouché. — Ministère Richelieu. — Correspondance relative à cet événement. — Nomination au commandement de la place de Paris. — Le général Daumesnil à Vincennes. — Ma visite. — Procès et exécution du maréchal Ney. — Organisation du service de la place. — Libération du territoire. — Règlement de l'indemnité aux alliés. — Congrès d'Aix-la-Chapelle. — Démission du duc de Richelieu. — Correspondance pendant son voyage. — Assassinat du duc de Berry. — Second ministère Richelieu. — Retraite du duc de Richelieu. — Mon mariage. — Mort du duc de Richelieu. — Le duc de Bellune m'enlève le commandement de la place de Paris. — Mise en non-activité.   365

CHAPITRE VI

1823-1834.

Expédition d'Espagne. — Ruine de M. Ouvrard. — Expédition d'Alger. — Mise en réforme. — Départ pour Édimbourg. — Missions à la Haye et à Pétersbourg pour madame la duchesse de Berry. — Rentrée en France............................. 504

APPENDICE 537

FIN DE LA TABLE DES MATIÈRES.

PARIS

TYPOGRAPHIE DE E. PLON, NOURRIT ET Cie
RUE GARANCIÈRE, 8.

www.ingramcontent.com/pod-product-compliance
Lightning Source LLC
Chambersburg PA
CBHW070839230426
43667CB00011B/1855